KB065667

다큐의
기술

다큐의 기술

다큐멘터리스트는 무엇을 발견하고
어떻게 설득하는가

제1판 제1쇄 2020년 12월 7일
제1판 제7쇄 2024년 8월 5일

지 은 이   김옥영
펴 낸 이   이광호
주   간   이근혜
편   집   홍근철 박지현
펴 낸 곳   ㈜문학과지성사
등록번호   제1993-000098호
주   소   04034 서울 마포구 잔다리로7길 18(서교동 377-20)
전   화   02) 338-7224
팩   스   02) 323-4180(편집) 02) 338-7221(영업)
전자우편   moonji@moonji.com
홈페이지   www.moonji.com

ISBN 978-89-320-3810-0 03680

이 도서의 국립중앙도서관 출판예정도서목록(CIP)은 서지정보유통지원시스템 홈페이지(http://seoji.nl.go.kr)와
국가자료공동목록시스템(http://www.nl.go.kr/kolisnet)에서 이용하실 수 있습니다.
(CIP제어번호: CIP2020050816)

다큐의 기술

● REC

🔋

무엇을 발견하고 어떻게 설득하는가

다큐멘터리스트는

HD 4K

김옥영 지음

00:00:00:00

문학과지성사

스무 겹의 매트리스 아래
콩 한 알의 질문

나는 생각한다 고로
나는 질문한다

어릴 때 읽었던 동화 중에 이런 이야기가 있었다. 어느 폭풍우 치는
밤, 한 여인이 왕궁의 문을 두드리며 하룻밤 묵어갈 것을 청했다.
그녀는 자신이 공주라고 했지만 왕비는 그 말이 의심쩍어, 매트리스를
스무 겹 쌓고 그 위에 다시 오리털 이불을 스무 겹 쌓은 특별한 침상
위에서 그녀가 자도록 했다. 아침에 일어난 그녀는 무언가가 등에
배겨 한잠도 못 잤다고 불평을 했다. 그제야 왕비는 그녀가 진짜
공주임을 인정한다. 전날 밤 왕비는 그 침상의 맨 아래쪽에 완두콩 한
알을 넣고 그 위에 매트리스와 오리털 이불을 쌓아두었던 것이다. 즉
스무 겹의 오리털 이불과 스무 겹의 매트리스 아래 있는 그 완두콩의

존재를 몸으로 느낀 그 '예민함'이 동화에서는 공주의 자격으로
규정되었다.

그러나 나는 그 자격을 '공주'가 아니라 '다큐멘터리스트'로
바꾸어 부르고 싶다. 다큐멘터리스트는 천성적으로 혹은 후천적으로
불편함에 예민한 인간들이며, 인간들이어야만 한다. 달리 말하면
그것은 통상적으로 무시되어온 것들에 대한 예민함이다. 그것은
우리의 타성적인 사고에 대해, 관습화된 인식에 대해, 표피적으로만
소비되는 우리 사회의 온갖 현상에 대해 무심코 지나치지 못하는
'문제의식'에서부터 시작한다. 생각하면 의심하게 되고 의심하게
되면 질문하게 된다. 그래서 '좋은 다큐멘터리스트는 좋은
회의주의자'인 것이며, 다큐멘터리는 그 자체가 항상 질문이며
질문일 수밖에 없는 것이다.

독백이 아니라
대화의 형태

다큐멘터리를 만든다는 것은 그 질문을 '독백'이 아니라 '대화'의
형태로 구현할 수 있어야 한다는 뜻이다. 그것은 '나'의 질문을
'우리'의 질문으로 치환하는 과정이기도 하다. 즉 다큐멘터리는
사람과 사물과 행위와 풍경 같은 보이는 것들뿐 아니라 보이지
않는 감정과 생각과 의미와 가치까지 영상에 담는 일이고, 그것을
효과적으로 배열함으로써 다른 사람들도 그 영상의 흐름에서 어떤
서사와 담론을 인식할 수 있게 하는 일이다. 나아가 그 서사와 담론에

공감하고 동의하게 하는 일인 것이다. 바로 이 지점에서 전략적
사고와 기술적 고려가 필요하다.

다큐멘터리 연출자들은 '전략적'이라는 말에 흔히 알레르기
반응을 나타낸다. 다큐멘터리는 '있는 그대로' 찍는 것이며
'진정성'이 가장 중요한 장르인데, 무슨 전략적 사고가 필요하느냐는
것이다. 그러나 진정성이란 무엇인가? 만드는 사람이 대상에 대해
진정성을 가지고 있다고 해서 그것이 저절로 작품에 투영되는 것은
아니다. 보는 이가 그것을 느낄 수 있게 만들어져야만 느껴지는
무엇이기 때문이다. '만든다'는 것 자체가 만드는 이의 의지가
작용하지 않고는 존재할 수 없는 행위를 의미하는 것이다.

'의자'를 만들려면 자신이 만들려는 것이 '의자'라는 것을
인식해야 하고, 그것을 어떤 형태로 만들 것인지 의도해야 하며,
자신이 의도하는 형태를 구현하기 위해 어떤 재료들을 확보해야
하는지 생각하고 공급해야 하며, 그 재료들을 적소에 배치해 못을
박든 접착제로 붙이든 순차적으로 형태를 만들어내야 한다. 자신의
의도에 가장 근접한 의자를 만들어내려면 이러한 일련의 행위가 그
의도에 기여하도록 해야 하고, 기여하도록 하는 그 사고 과정 자체가
'전략적 사고'인 것이다.

사고하는 법을 아는 것이
첫걸음이다

내가 처음 방송사에 발을 들여 작가란 이름으로 다큐멘터리를 만들게

되었을 때, 가장 아쉬웠던 점은 바로 그런 것이었다. 다큐멘터리에 대해 공부하고 싶었지만, 나의 의도를 어떻게 하면 효과적으로 구현할 수 있을지에 대한 구체적 방법론은 드물었다. 학문적 이론이 아니면 추상적 개론, 촬영이나 편집 등 제작 실무에 대한 안내서가 대부분이었다.

다큐멘터리 작가로 30여 년, 제작자로 10여 년을 살아오면서 나를 가르친 것은 오히려 책보다 현장이었다. 무엇보다 좋은 작품 그 자체가 나의 스승이 되었다. 나 나름의 이론이 있다면 그것은 모두 현장 경험에서 구축된 것이고, 이 책에 수록된 내용은 그것을 바탕으로 한 것이다. 무엇보다 지난 시절, 내게 아쉬웠던 그 무엇들을 중심으로 책을 구성했다. 다큐멘터리에 입문하는 이들이 알아야 할 가장 근본적이고도 중요한 것은 '사고하는 법'이다. 전문용어를 알거나 제작 단계의 개념을 이해하거나 카메라나 편집기를 다루는 법을 아는 것이 아니다. 단언컨대 그런 걸 안다고 다큐멘터리를 만들지는 못하기 때문이다.

내가 만들려고 하는 다큐멘터리가 무엇인지, 대상에 대해 무엇을 어떻게 발견해야 하는지, 작품을 통해 말하고 싶은 것이 무엇인지, 왜 그 말을 하고 싶은 것인지, 과연 그 말이 발언할 만한 가치가 있는 것인지, 그 말을 하기 위해 어떤 에피소드와 어떤 이미지가 동원되어야 하는지…… 그런 것들을 '생각'할 수 있어야 비로소 우리는 한 세계 속에 첫걸음을 내디디게 되는 것이다. 그래서 이 책은 일반적인 제작 안내서와 구성을 달리하고 있다.

다큐멘터리 제작에 관련된 모든 책들은 대개 제작 공정의 순서로 기술되어 있다. 그 순서에 의존하자면 '기획' 챕터가 언제나 제일

먼저 나오는 내용이 된다. 그러나 이 책은 그런 공식을 배반하고
다큐멘터리가 무엇이며, 다큐멘터리의 이야기 구조는 어떤 것인가에
대해 먼저 이야기하고자 한다. 다큐멘터리란 장르에 대한 총체적 이해
없이 진정한 의미에서의 기획은 가능하지 않으며, 구조에 대한 이해
없이 '이야기 경로'를 생각하는 일은 불가능하기 때문이다.

오래 깨어 있는
당신을 위해

해마다 전 세계에서 쏟아지는 다큐멘터리를 보며 깜짝깜짝 놀란다.
현실을 바라보는 심오한 시선, 날카로운 해부, 선연한 감정들, 놀라운
이미지들…… 다큐멘터리는 계속 진화하고 있다. 그러나 그 본질은
다르지 않다. 여전히 그들은 질문한다. '스무 겹의 두터운 매트리스와
스무 겹의 두터운 오리털 이불 너머 내가, 당신이, 우리가 감촉하고
있는 완두콩은 무엇인가요?' 하고.
　　그러니 감히 소망한다. 다큐멘터리를 꿈꾸는 당신, 스무 겹의
매트리스와 스무 겹의 오리털 이불 위에서라도 당신은 늘 창창하게
깨어 있기를. 스무 겹의 매트리스와 스무 겹의 오리털 이불 아래
감추어져 있는 완두콩이 부디 당신의 등을 배기게 하고 오래오래
당신이 잠들지 못하게 하기를.
　　그 긴긴밤, 당신들에게 이 책이 유용한 길잡이가 될 수 있다면
더한 기쁨이 없겠다.

이 책에 각자의 의견과 자료를 나누어준 김동원, 김일란, 문창용, 윤재호, 이승준, 이창재, 진모영 감독과 예시 구성안을 제공해준 석영경, 신진주, 이아미, 정종숙, 조정화 작가에게 감사드린다. 햇수로 3년, 긴 기간 동안 연재를 허락하고 격려를 아끼지 않은 다큐멘터리 전문 웹진 『DOCKING』의 편집진 김원중, 이현숙 님과 기꺼이 출간을 맡아준 문학과지성사의 이근혜 주간과 에디터 박지현, 홍근철 님께도 깊은 감사를 드린다.

프롤로그

차례

1부

▶

다큐멘터리는
무엇인가

다큐멘터리는
발견의 예술이다

다큐멘터리는 무엇인가? 다큐멘터리에 대한 정의는 앞서간 이들이 남긴 고전들만 옮겨도 충분할 만큼 훌륭하고 적확한 말들이 많다. 거기에 굳이 내 말을 보탠다면, 제작하는 사람들 입장에서 좀더 알아듣기 쉬운 한마디 정도가 될 것이다. 질문에 대한 나의 대답은 지극히 간명하다. 그것은 '내가 본 것을 보여주는 것'이다.

다큐멘터리는 제작 주체인 내가 본 무엇을 제3자인 다른 사람, 즉 관객에게 보여주는 행위의 총체다. 이 말을 뒤집으면, 내가 본 것이 없으면 보여줄 것도 없다는 얘기가 된다. 이때 이 문장에서는 강력한 의문이 발생한다. '내가 본 것'이라고 할 때, 저 '본다'는 것의 의미는 과연 무엇인가? 하는 의문이다.

언어는 한 사회 구성원 사이에서 약속된 기호에 지나지 않는다. 최소한의 소통 매개인 말과 글로써 모든 것을 분명하게 표현하는 데는 한계가 있다. 그래서 하나의 단어에도 수많은 함의가 따른다. 우리가 익숙하게 사용하는 '본다'라는 단어도 마찬가지다.

엄밀하게 따지자면, 우리가 생물학적인 눈으로 보는 행위도 실제로는 많은 부분을 '보는' 것이 아니다. 우리가 눈을 뜨고 있는 시간에 '본'

모든 것을 우리는 기억하지 못한다. 의식적으로 눈여겨본 것이 아니고 타성적으로 사물의 표면을 미끄러져 지나갔기에 두뇌는 그것을 본 것으로 인식하지 못하는 것이다. 의식하지 않고 보는 것은 보는 것이 아니다.

내가 스스로 '본다'는 것을 의식하면서 대상을 바라볼 때, 나의 뇌는 그 대상에 대해 '해석'을 한다. A가 문을 열고 나가려는 B를 불러 머플러를 둘러주는 모습을 보고 A는 B를 좋아한다고 생각한다. C가 D를 만나 활짝 웃고 인사했는데 돌아서자마자 무표정으로 바뀌는 것을 보면서는 C가 가식적이라고 생각한다.

다큐멘터리에서 대상을 '본다'라고 하는 것은 반드시 이런 해석적 행위가 포함됨을 의미한다. 그냥 거기 무엇이 있다는 현상이 아니라 그 현상에 대한 자신의 해석이 포함됨으로써, 비로소 다큐멘터리적 '보는' 행위가 성립되는 것이다. 한발 더 나아가 이러한 해석이 독창적일수록 그 가치는 빛난다는 조건이 따른다.

100명이 보아서 100명이 똑같은 해석을 한다면 그것은 이미 해석이랄 게 없는 진부한 무엇일 것이다. 100명이 같은 대상을 보았어도 나만이 '본,' 즉 나만의 시각으로 '해석'한 무언가가 있을 때, 다큐멘터리스트와 다큐멘터리의 존재 가치가 증명되는 것이다. 이러한 보는 행위를 나는 '발견'이라 명명하고 싶다. 그리고 그런 이유로 나는 다큐멘터리를 '발견의 예술'이라고 생각한다.

다큐멘터리스트는 어떤 현장에서 자신이 '본'(발견한) 무엇을 자신이 본 바대로 타자들에게 '보여주려는' 존재이며, 다큐멘터리는 자신이 '본' 것을 자신이 본 바대로 제대로 '보여주려는'(전달하려는) 온갖 노력의 결과다. 다르게 말해, '본다'는 행위가 '무엇을' 추구하는 것이라면 '보여주는' 행위는 '어떻게'를 추구하는 행위인 것이다. 이것이 나는 다큐멘터리의 기본 태도라고 생각한다.

현실, 시각, 메시지, 설득

다큐멘터리를 구성하는 중요한 요소들은 결국 이 '본 것'과 '보여주는 것'으로 수렴된다. 다큐멘터리의 핵심은 현실, 시각, 메시지, 설득이라는 네 가지 키워드로 요약할 수 있는데, 내가 보는 행위를 통해 '현실'과 '시각'은 결정되며, 내가 보여주려는 의도와 방법론에 따라 '메시지'가 발생하고 '설득'이 이루어지게 되는 것이다.

1장 다큐멘터리의 첫번째 키워드
—현실

실재하는 것이
다큐멘터리의 '현실'은 아니다

다큐멘터리를 다큐멘터리이게 하는 그 첫번째 키워드는 '현실'이다.
두말할 것도 없이 다큐멘터리는 어떤 방식을 취하든 간에 현실을
다루는 장르라는 것. 과거나 미래가 아니라 지금 이 시대를 살고 있는
우리 삶을 다루는 것이 다큐멘터리다. 과거의 무엇이 소재로 등장한다
해도 과거를 위해 과거를 다루는 것이 아니라, 현재를 위해 과거를
돌아보는 것이다. 미래도 마찬가지다. 미래를 내다보며 지금 우리가
무엇을 생각해야 하는지 촉구하는 것이다. 현실이 질료가 되지 않는
다큐멘터리는 존재하지 않는다. '현실'은 곧 다큐멘터리의 '소재'와
직결된다.

　　그러나 '현실'이라는 단어에 대해 다시 한번 생각해볼
필요가 있다. 다큐멘터리는 현실을 다룬다고 쉽게 이야기하지만
"다큐멘터리에서 다루는 '현실'이란 과연 무엇인가?"라고 했을 때,

이 현실이란 단어가 실은 추상적인 단어임을 깨닫게 된다. 결론부터 말하자면, 다큐멘터리의 '현실'은 말 그대로 진짜 현실은 아니다.

'현실'이란 단어를 사전에서 찾아보면, "꿈이나 환상의 반대말로, 현재 실제로 존재하는 사실이나 상태"라고 되어 있다. 현실은 항상 실제로 존재하고 있는 어떤 것이다. 물리적으로 분명히 거기 있어서 보고, 냄새 맡고, 만질 수 있는 무엇. 어떤 거리, 어떤 건물, 어떤 사람, 어떤 사물 들과 거기서 파생하는 움직임은 실재하는 것이고, 그것이 현실이라고 우리는 생각한다. 그런데 과연 그것이 사실일까?

이제는 고전이 된 SF 영화 「매트릭스」(릴리 워쇼스키·라나 워쇼스키, 1999)는 가상현실 속에서 인간이 지배되는 미래 세계를 그리고 있다. 그 세계를 지배하는 AI는 인간의 기억마저 조작함으로써 사람들이 진짜 현실을 인식할 수 없도록 하는데, 매트릭스를 빠져나온 모피어스란 인물은 자신과 함께 인류를 구할 마지막 영웅을 찾아 헤매다 네오라는 한 청년을 지목하게 된다.

두 사람이 처음 만났을 때, 네오는 자신의 익숙한 일상이 진짜 현실이 아니라는 사실을 받아들이지 못한다. 그러자 모피어스는 이렇게 말한다. "진짜가 뭔데?" "그것이 촉각, 후각, 시각, 미각을 뜻하는 것이라면, 진짜라는 건 두뇌가 해석하는 전기신호에 불과하다"라고. 우리가 우리의 감각을 통해 실재한다고 믿는다고 해서 그것이 곧 현실은 아니라는 뜻으로, 영화 속 가상현실에만 해당되는 이야기는 아닐 것이다.

과거 선조들의 삶은 단순했다. 수렵 채집 시대와 원시 농경시대를 지나 농업 공동체의 삶을 영위할 때까지만 해도 그 삶은 보고 듣고 만지는, 즉 실재하는 것이 그대로 현실로 인식되는 범주를 크게 벗어나지 않았다. 그러나 산업화 시대, 정보화 시대로 넘어오면서 현실의 개념은 훨씬 복잡해졌다. 미디어와 테크놀로지가 발달하고 그것이 인간의 눈을 확장하면서 현실의 영역은 점점 넓어졌고, 무엇이 진짜 현실인지 구분하기는 점점 더 어려워진 것이다. 심지어는 미디어를 통한 대중 조작으로 가짜를 진짜로 믿게 하는 것이 얼마든지 가능한 시대가 되었다.

이런 시대에 다큐멘터리의 대상이 되는 어떤 '현실'을 발견하는 것 자체가 감독에게는 과제가 된다. '현실'은 어디 있는가?

감독에 의해
재구성된 현실

일단, 우리가 현실을 인지할 때 발생하는 인식의 충격을 '현실감'이라 부르기로 하자. 그 현실감을 가장 강력하게 느낄 때는 언제일까? 가령 1994년 우리나라에서 일어난 충격적인 사건인 성수대교 붕괴 사고를 돌아보자. 그날 아침 사건이 일어난 그 순간 가장 크게 충격을 받은 사람은 사고 희생자와 가족들을 제외하고는, 아마도 방금 그 다리를 지나간 사람이거나 앞 차의 추락을 보고 붕괴 직전에 멈춘 사람일 것이다. 그다음으로 비록 그날 그 시간은 아니더라도 늘 성수대교를 이용해 출퇴근하는 사람들, 그다음으로는 정기적으로 성수대교를 이용하는 것은 아니지만 한강 다리를 자주 건너다니는 사람들, 그다음으로는 자주 한강 다리를 건너다니는 것은 아니지만 언젠가는 다리를 건널 수도 있는 서울 사람들, 그다음으로는 한강 다리와는 거리가 먼 지방 사람들…… 이런 순서가 될 것이다.

이 순서가 의미하는 것은 무엇일까? 현실에서 실제로 일어나는 일도 누구에게나 동일한 현실감으로 다가오지 않는다는 것, 그 사건과 내 삶과의 관계에 따라 현실감의 감도는 달라진다는 것, 좀더 정확하게 말하자면 그 사건이 내 삶에 영향을 미칠 가능성이 클수록 느끼는 감각의 크기는 증폭된다는 것을 알 수 있다.

이렇게 생각할 때, 다큐멘터리의 대상이 되는 '현실'이라는 것은 그것이 실재하느냐 하지 않느냐와 상관없이, 감독이 자신의 삶에, 나아가 우리의 삶에 깊은 '영향을 끼친다고 생각하는 어떤 것'이라 정리할 수 있겠다. 감독이 발견하고 감독이 느끼는 현실감의 대상이 다큐멘터리의 소재가 되어 관객에게 나타나는 것이다.

그것이 구상적인 것이냐, 추상적인 것이냐, 형태가 있는 것이냐, 없는 것이냐와는 상관이 없다. 즉 '실재'가 다큐멘터리에서 '현실'의 기준이 될 수는 없다. 그건 그냥 감독에게 달렸다고 말할 수밖에 없다. 감독이 대상으로부터 느끼는 현실감의 충격이 클수록, 그리고 그것이 효과적으로 전달될수록, 관객 또한 그것이 자신의 삶과 관계있다고 느낄수록, 한 편의 다큐멘터리는 그들의 감각 속에서 생생한 현실로 받아들여지는 것이다.

다르게 말하면 관객이 다큐멘터리를 통해 보는 것은 진짜 현실이 아니라, 감독이 '현실'이라고 제시하는 무엇이다. 감독이라는 주관의 필터를 통과한, 감독이 주장하는 현실을 보고 있다는 말이다. 재현된 현실, 재구성된 현실이라는 뜻이다. 이것을 받아들이면 다큐멘터리를 대하는 태도에는 질적인 변화가 오게 된다.

'있는 그대로'는
없다

사실 촬영과 편집을 거치는 영상 작업에서 현실을 그대로 드러낸다는 것은 원천적으로 불가능하다. 카메라로 어떤 대상을 찍는다는 것은 우선 앵글과 프레임*을 결정하는 일이고, 앵글과 프레임을 결정하는 데는 반드시 주관의 개입이 필요하기 때문이다. 앵글과 프레임에 따라 대상으로부터 환기되는 감정은 달라진다.

편집 과정은 더 말할 것도 없다. 수많은 촬영 소스** 가운데 어떤 그림을 버리고 어떤 그림을 선택할지는 주관적 판단 없이 불가능하다. 그렇게 고른 컷과 신***의 순서를 결정하는 일은 더욱더 그렇다. 그래서 흔히 편집을 제2의 창조라고 하는데, 이것은 '현실의 재창조'란 말과 동의어다.

다큐멘터리라고 하더라도 말 그대로 '있는 그대로'의 현실을 보여줄 수는 없다는 이야기다. 결국 중요한 것은 '감독인 내가 본 것이 무엇인가?'이고, 감독은 자신이 본 것을 보여주려는 노력밖에는 더 할 수 있는 게 없다.

이렇게 보면 현실의 주관적 발견이라는 점에서 다큐멘터리와

* 앵글angle은 촬영 시 피사체를 향하는 카메라의 각도다. 피사체를 바라보는 카메라의 위치에 따라 하이 앵글high angle(부감), 로 앵글low angle(앙각) 등으로 구분된다. 프레임frame은 영상 이미지의 안과 밖을 구획하는 영상의 테두리를 말한다.
** source. 영상을 제작하는 데 바탕이 되는 재료. 촬영한 영상을 비롯해 자료 화면, 사운드, 일러스트 등을 포괄한다.
*** 컷cut은 한 번의 연속 촬영으로 찍은 장면으로, '숏shot'이라고도 한다. 신scene 역시 영상을 구성하는 극적 단위 중 하나다. 같은 시간과 장소에서 일련의 행동이나 대사가 이루어지는 부분을 가리킨다.

극영화의 차이는 없다고도 말할 수 있겠다. 극영화 역시 그 질료는 우리의 실제적인 삶에 있다. 허구를 다룬다고 하지만, 사실 모든 영화와 드라마의 이야기는 우리 삶의 실제 모습을 모사한 것이기 때문이다. 다큐멘터리와 극영화는 본질이 다른 것이 아니라, 단지 그것을 영상으로 재현하는 방법론이 다를 뿐이다.

2장 다큐멘터리의 두번째 키워드
—시각

대상을 바라보는
시각

불경은 부처님의 말씀을 글로 기록한 것인데 그 서두는 언제나
여시아문如是我聞으로 시작한다고 한다. "나는 이렇게 들었노라"라는
뜻이다. "부처가 이렇게 말했다"가 아니고 "나는 이렇게
들었노라"라고 하는 것에 묘미가 있다. 제자들이 부처의 설법을 글로
옮기면서 "내가 쓴 것이 부처가 말한 꼭 그대로인지는 모르겠지만,
어쨌든 나는 내가 들은 대로 쓴다"라고 전제하는 것이다. 확인할 길은
없지만, 그 경문은 제자가 듣고 소화한 그만큼의 내용으로 기록되었을
것이 분명하다.

　　다큐멘터리도 이와 같다. 어떤 대상을 그대로 옮겨놓는 것이
아니고 '내가 보고 해석한' 그만큼을 전달하는 것이다. 그래서
다큐멘터리라는 용어는 단순히 사실의 기록을 의미하는 것이 아니라
'기록하다'라는 뜻의 '다큐멘트'와 '논평하다, 견해를 밝히다'라는

뜻의 '코멘트'가 합쳐진 단어라는 해석도 있다. 감독이 발견한 어떤 현실, 즉 소재가 있다면 그 소재가 그대로 다큐멘터리가 되는 것이 아니고, '그 소재를 어떻게 바라볼 것인가?' '어떤 관점으로 평가하고 해석할 것인가?' 하는 자신만의 '시각'이 필수적으로 요구되기 때문이다. 이것은 주제와도 상관이 있겠지만, 좀더 과정적으로 말하자면, '눈앞에 있는 소재라는 덩어리를 어떤 측면에서 볼 것인가?'를 뜻한다. 어떤 지점에서 보느냐에 따라 그 결론은 미묘하게 달라진다.

그래서 다큐멘터리를 구성하는 두번째 키워드는 '시각'이다. '시각'은 '시선'이나 '관점'이라는 단어로도 표현될 수 있는데, 그 함의는 동일하다.

왜 반드시 시각이 있어야 하느냐고? 어떤 대상이나 현상에 대해, 온갖 정보를 늘어놓는 것이 다큐멘터리는 아니기 때문이다. 어떤 시각을 가지느냐에 따라, 어떤 정보는 감독에게 좀더 중요한 것이 되고 어떤 정보는 상대적으로 의미 없는 것이 될 수 있다. 그렇기 때문에 같은 소재를 다루더라도 감독에 따라 각기 다른 작품이 나오는 것이다. 대상을 해석할 수 있는 능력은 감독의 자기 존재 증명이나 마찬가지다.

예를 들어, 오랜 세월 동안 여러 번 다큐멘터리로 만들어졌던 '광주 5·18'이라는 역사적 소재를 보자. 오랫동안 금제되었던 이 소재는 9년이 지난 1989년에 와서야 처음으로 TV에서 방영할 수 있게 되었다. 피디들이 어렵게 쟁취해낸 성과였다. 당시 KBS와 MBC는 각자 다큐멘터리를 제작하여 같은 시기에 방영하기로 했다. 그렇게 나온 두 편의 다큐멘터리는 소재가 동일했음에도 불구하고 판연히 달랐다.

MBC는 한 희생자의 어머니가 주인공이 되어 어머니의 시선으로 5·18을 진술하는 방식을 택했다. 무고한 죽음들과 그 죽음들이 낳은 슬픔과 한을 통해 5·18의 비극성을 부각하려 한 것이다. 당연히 이 작품은 상당히 감성적인 접근 방식을 취했고, 시청자들의 정서적 공감을 불러내는 데 역점을 두었다(「어머니의 노래」, 김윤영, 1989).

반면에 KBS는 광주의 실상을 낱낱이 밝혀야 한다는 강력한 목표 의식을 갖고 있었다. 5·18이 처음 방송되는 것이고 당시까지도 광주 문제에 대해 "폭도 진압"이니 "북한 공작원들의 공작"이니 하는 일각의 주장들이 있었던 데다, 왜 발포했는지, 누가 발포 명령을 내렸는지도 밝혀지지 않은 상황이라, 최대한 객관적인 자료를 동원해 사실에 대한 판단을 시청자들이 할 수 있게 하자는 것이었다. 따라서 감정을 절제한 냉정한 태도를 취했고, 사건의 발단에서 종료까지 시간적 흐름을 따라가며 중간중간 쟁점을 부각하는 방식으로 내러티브를 구성했다(「광주는 말한다」, 남성우, 1989).

시각의 차이가
내용의 차이

이 대조적인 태도가 곧 5·18을 바라보는 시각의 차이에서 발생한 것이다. 이후에도 5·18 관련 다큐멘터리가 방송과 영화 양쪽에서 두루 나왔는데, 각자가 다른 시각으로 이 역사적 사건을 보려고 노력함으로써 차별화를 이루었다. 가령, 당시 그 격동의 사건한가운데 있었던 평범한 광주 사람들의 기억을 더듬어 이름 없는 민초들의 5·18을 재조명하거나, 진압될 것을 예감하면서도 끝까지 도청을 사수하다 사살된 시민군 한 사람의 행적을 통해 5·18을 보거나, 그 무렵 광주에서 이 사건을 취재하던 푸른 눈의 외국인 기자를 통해 보거나, 역설적으로 시민들을 진압하기 위해 광주에 투입되었던 공수부대원의 시선으로 보거나. 그럼으로써 같은 5·18의, 그러나 미묘하게 다른 지점들을 드러낸 것이다. 5·18 같은 경우 큰 주제가 달라지기는 극히 어렵지만, 어떤 시각에서 보느냐에 따라 미시적인 강조점은 달라진다.

이야기 자체가 크게 달라지는 경우도 당연히 발생한다. 기지촌을 대상으로 한 다큐멘터리 두 편을 보자. 한 작품은 기지촌 여성들의 삶에 초점을 맞추고(「거미의 땅」, 김동령·박경태, 2012), 다른 작품은 기지촌 여성들이 공급되는 국제적인 산업 시스템에 초점을 맞춘다(「호스트 네이션」, 이고운, 2016). 소재는 같아도 보는 시각이 다르면, 전혀 다른 이야기가 전개되는 것이다.

사실 감독이 어떤 소재를 발견하고 그 대상에 마음이 끌리는 것은, 물리적인 소재 그 자체라기보다 아직 의식화되지 못했을 뿐 그 속에 잠재되어 있는 어떤 해석의 방향성에 끌리는 경우가 대부분이다. 촬영 초기에 막연했다 하더라도 촬영이 진행되면서 그 방향성이 점점 뚜렷해지고, 방향성이 뚜렷해지면 촬영의 내용도 보다 초점을 가지고 예리해진다. 그러면 편집도 그러한 일관된 방향으로 진행되게 마련이다. 그런데 촬영이 끝날 때까지 대상에 대한 시각이 확정되지 못하면 편집의 방향이 나오지 않고, 편집의 방향이 없으면 작품은 그저 에피소드의 산만한 나열로 그치기 십상이다.

2017년 제67회 베를린영화제 제너레이션 KPlus 섹션에서 그랑프리를 받은 한국 다큐멘터리 「다시 태어나도 우리」(문창용·전진, 2016)는 처음 촬영이 시작되고 완성에 이르기까지 8년이 걸린 작품이라고 한다. 그런데 인도 라다크에서 주인공이 되는 인물을 발견했을 때, 처음부터 그를 어떤 시각으로 봐야겠다고 결정하고 찍은 것은 아니었다. 처음에는 다양한 가능성이 열려 있었다. 린포체의 환생으로 인정받았으나 자신의 사원이 없는 어린 린포체가 자기 사원을 찾아가는 불교적 역정에 초점을 맞출 수도 있고, 앙뚜를 처음 제자로 받아들였다가 린포체의 환생임을 알고 그 사실을 굳게 믿으며 어려운 환경 속에서도 어린 제자를 위해 헌신하는 스승에게 초점을 맞출 수도 있었다.

그러나 촬영의 중·후반으로 넘어가면서 「다시 태어나도 우리」의 이야기는 어린 앙뚜와 스승, 두 사람의 '관계'를 주목하는 쪽으로 기울어지고, 결국 그러한 시각에 따라 이야기는 완성된다. 영화를 보면, 두 사람의 관계가 변화하고 성장하면서 드러나는 극히 아름다운 장면들이 이 작품을 떠받치는 가장 튼튼한 기둥이 되고 있음을 알 수 있다.

3장 다큐멘터리의 세번째 키워드
─ 메시지

당신의 메시지는
무엇인가

다큐멘터리를 구성하는 앞의 두 가지 요소 '현실'과 '시각'이 모두
감독이 대상을 '보는 것'과 관련이 있다면, 세번째와 네번째 요소는
관객에게 '보여주는 것'과 관련이 있다.

어떤 대상을, 어떤 시각으로 깊이 들여다보면 그 과정에서
감독이 하고 싶은 이야기가 발생하는 것은 당연한 결과일 것이다.
본질에 있어선 극영화나 다큐멘터리나 마찬가지겠지만, 이들은 모두
발화發話하는 존재다. 관객들에게 전하고 싶은 이야기가 있고 그것을
건네는 사람이란 뜻이다. 하고 싶은 이야기가 없는데, 굳이 영상으로
무언가를 만들려는 사람이 있겠는가? 그럴 수는 없을 것이다.

다큐멘터리 감독은 자기가 '본 것'을 '보여주고' 싶은
사람들이다. 관객들이 그 이야기를 잘 알아듣든 잘못 알아듣든,
다큐멘터리에는 반드시 감독이 하고 싶은 이야기가 내포되어 있다.

감독이 하고자 하는 그 이야기를 상대가 알아들을 때, 그것은 비로소 '메시지'로 성립된다.

그래서 다큐멘터리의 세번째 키워드는 '메시지'다. 자신이 하는 이야기를 상대방이 잘 알아차리게 하는 것이 메시지의 기술이니, 이 단어를 '주제'라든가 '목표'라든가 '의견'으로 바꾸어도 상관없다. 어쨌거나 다큐멘터리에는 감독이 하고 싶은 이야기가 있어야 하고, 그 이야기가 관객에게 전달되어야 한다.

감독의 메시지가 자신이 의도한 그대로 관객에게 전달되는 것이 일차적으로 감독이 원하는 바다. 그러나 모든 사람이 100퍼센트 똑같이 감독의 의도를 읽어내지는 않는다. 그것을 어떻게 받아들이느냐는 궁극적으로 관객의 몫이고, 때론 관객이 감독이 의도하지 않은 것을 찾아내 그 의미를 확장하기도 한다.

그러나 감독이 전혀 의도하지 않은 메시지를 관객이 찾아내 그것으로 작품이 높이 평가되는 경우는 거의 없다고 본다. 원래 의도와 다르게 받아들이는 경우가 더 많다면, 그것은 그저 메시지 전달의 실패라고 보아야 할 것이다.

메시지는
반드시 명시적인가

그런데 이 대목에서 가장 자주 일어나는 오해는 '메시지'를 구호적이고 계몽적이며 명시적인 것으로 이해한다는 점이다. 이것은 한용운의 시 「님의 침묵」을 가르치며 '님=조국'이 정답이라고 단선적으로 외우게

하는 우리 교육의 오랜 문제 탓이 아닐까 싶다. '이 문단의 주제는
무엇인가?' '이 시의 주제는 무엇인가?' 하는 질문에 우리는 간략하게
정리된 한 줄의 답안을 내놓는 데 익숙해왔기 때문이다.

그러나 때로 감독이 하고 싶은 이야기는 분명한 개념적 언어로
정리되어 전달되지 않을 수도 있다. 그것은 내용을 구성하는 방법론과
상관이 있겠지만, 작품의 내용을 구성하는 영상언어가 일반적이지
않을수록, 이미지 의존적일수록 그 메시지는 생소하고 모호하게
느껴진다. 이러한 모호성이 작품의 해석 폭을 넓히는 효과도 있다.
명시적인 메시지는 한 번에 알아듣기 쉬운 장점은 있지만, 반면
너무나 익숙해서 진부한 것이기도 쉽다. 이 때문에 의도적 모호성을
부여하는 경우도 없지 않다.

방송사에서 해마다 계기성 특집으로 내보내는 6·25 다큐멘터리,
5월 가정의 달 다큐멘터리 등을 떠올려보면 이해하기 쉬울
것이다. 이런 다큐멘터리는 내레이션까지 동원하여 직설적으로
메시지를 남발하는 경우가 많다. 무슨 말을 하려고 하는지 너무나
뻔하지 않은가. 반면에 「액트 오브 킬링The Act of Killing」(조슈아
오펜하이머·크리스틴 신, 2013) 같은 작품이 던지는 메시지에
대해서는 얼마나 논의가 풍성한가. 앞의 경우는 관객이 힘들이지
않고 다큐멘터리의 의미를 알아차릴 수 있지만, 뒤의 경우는 관객이
그 의미를 찾아내려 공력을 들여야 한다. 다르게 말하면 메시지의
모호성이 크면 오히려 관객의 참여도는 커진다고 할 수 있는 것이다.

메시지 자체가 대단히 거창한 것이어야만 하는 것도 아니다.
자신의 집 창 너머 내려다보이는 풍경을 계절을 바꾸어가며 줄곧
찍은 작품도 있고, 길만 줄곧 찍은 작품도 있다. 거기서 나름대로

감독이 전하려는 의미를 찾아보려는 노력 자체가 이런 작품을 보는 재미이기도 하다.

정보가 메시지는 아니다

이런저런 경우도 아닌데, 하려는 이야기가 무엇인지 도무지 알기 어려울 때도 있다. 대개 처음 다큐멘터리를 만드는 초심자들의 작품에서 나타나는 현상이다.

이런 경우는 대개 두 가지 범주에 속한다. 첫번째는 정말 메시지가 없는 경우다. 소재와 관련한 정보들만 이것저것 중첩되어 있을 뿐, 정작 그 대상에 대해 특별히 하는 이야기가 없는 작품들이다. 탑골공원에 가서 이곳저곳 찍어서 이어놨다고 탑골공원에 대한 다큐멘터리가 되는 것은 아니다. 문장으로 치면 어떤 대상에 대해 나열한 설명문 같은 것일 뿐이다.

두번째는 상충되는 메시지가 하나의 작품 속에 혼재되어 있는 경우다. 탑골공원에 모인 노인들이 소외된 사람들이란 이야기를 하다가 탑골공원을 재개발해야 한다는 이야기를 한다면, 관객들은 감독이 탑골공원에 대해 무엇을 말하려고 하는지 어리둥절할 수밖에 없다.

이런 현상이 발생하는 원인은 단 하나다. 감독이 대상에 대해 '발견'한 것이 없기 때문이다. '발견'이란 곧 '문제의식'과 통한다. 관련된 것을 계속해서 촬영은 하고 있지만 그 속에서 특별히 발언하고 싶은 어떤 문제를 찾아내지 못하면, 그냥 이것저것을 찍게 되게 마련이다. 촬영하는 가운데 어떤 문제의식을 가지면 촬영의 방향과 범주가 달라지고, 촬영이 진행되면서 문제의식은 더욱 분명해지며, 이것이 편집을 통해 보다 견고한 형태를 갖게 된다.

그러므로 앞서 이야기한 다큐멘터리의 구성 요소인 '현실'과 '시각'과 '메시지'는 별개가 아니라 상호 연관 속에서 존재하는 것이다. 대상을 자신만의 시각으로 바라보면 거기서 말하고 싶은 어떤 문제를 발견하게 되고, 문제를 발견하면 전달하고 싶은 의견이 생기는 것은 너무나 당연하다.

다큐멘터리의 '진실'을 규정하는 것은 관객이다

'다큐멘터리는 현상을 넘어 진실을 추구한다.' 다큐멘터리를 만드는 사람이라면 한 번쯤은 들어봤을 법한 문장이다. 이 말이 뜻하는 바는 전적으로 옳다. 그러나 이것은 다큐멘터리를 만드는 사람들의 태도를 이야기하는 것이지, 세상의 모든 다큐멘터리가 '진실'이라고 말하는 것은 아니다.

세상의 모든 다큐멘터리가 다큐멘터리이기 때문에 더 올바르거나 가치 있는 것은 아니다. 다큐멘터리를 만드는 인간이라고 해서 그 인간이 다른 인간보다 더 올바르거나 더 가치 있는 것도 아니다. 그런 무임승차는 있을 수 없다.

어떤 다큐멘터리가 관객들에게 '진실'로, '올바른 것' '아름다운 것' '가치 있는 것' '감동스러운 것'으로 받아들여지는 이유는 오직 한 가지, 감독이 전한 메시지에 관객들이 전적으로 동의할 때뿐이다.

당신이 만일 다큐멘터리 감독이라면, 당신이 진실을 말했기 때문에 사람들이 그것을 진실이라고 말하는 것이 아니라는 사실을 알아야 한다. 반대로 관객의 대다수가 당신의 메시지를 진실이라고 보았기 때문에, 당신의 발언은 그 결과로서 '진실'로 간주되었다는 것이 사실에 더 가깝다. 현실에 대한 감독의 해석이 가치가 있느냐 없느냐는 관객이 판단한다. 즉 다큐멘터리 메시지의 진정성 여부는 관객에 의해 완성되며 결정되는 것이다.

바로 그렇기 때문에 다큐멘터리는 그것을 만드는 사람들이 가진 좋은 의도만으로는 불충분할 수밖에 없다. 관객들이 나의 메시지에 충분히 동의할 수 있을 정도로 '잘' 만들어야 하는 것이다. 그리고 잘 만든다는 것은 필연적으로 다큐멘터리의 화법 문제로 연결된다.

4장 다큐멘터리의 네번째 키워드
— 설득

소통의 욕구,
설득의 기술

다큐멘터리의 '현실'과 '시각'과 '메시지'가 실체로 드러나는 것은, 결국 촬영된 소스로 이야기를 어떻게 하느냐에 달려 있다. '이야기'라고 했지만 다큐멘터리는 영상 작업이니, '촬영된 영상 소스에서 무엇을 선택해서 어떤 방식으로 배열했느냐'라는 말이 될 것이다. 이것을 다큐멘터리의 '화법'이라고 하자.

'화법'이란 이 간단한 단어는, 그러나 실상은 다큐멘터리를 만드는 행위의 거의 모든 것을 의미한다. 그런데 어떤 방식으로 영상을 구축하든지 간에 다큐멘터리의 화법에는 공통적 지향성이 있다. 그것을 나는 '설득'이라고 부른다. 영상 구축의 방식과 상관없이 모든 다큐멘터리는 '설득적 화법'을 지향한다는 뜻이다.

왜 굳이 '설득'이란 단어를 쓰느냐? 설득은 내가 중요하다고 생각하는 어떤 문제에 대해 아무 관심이 없거나, 혹은 전혀 반대되는

생각을 하는 사람들로 하여금 나의 생각에 동의하게 만드는 언술
행위를 의미한다. 여기서 가장 중요한 것은, 강요에 의해서가 아니라
그들이 '자발적'으로 동의하게 만드는 것이 설득의 기술이라는
점이다. 다르게 말하자면, 내가 어떤 방식으로 말하든 내 말(내가
보고 느끼고 발견한 것)의 의미를 관객들이 알아듣고 내 말(내가 보고
느끼고 발견한 것)에 공감하고 동의해주기를 바란다는 것이다. 사실
이것이야말로 다큐멘터리를 만드는 사람들의 기본적인 욕구라고
생각한다. 수용자와의 교감을 원하는 것은 어떤 예술이라도
마찬가지일 것이다. 그러나 다큐멘터리는 특히 더 그러한 소통을
갈망하며, 나아가 관객을 설득하기를 원한다.

스크린을 넘어 진짜 현실을
변화시키기 위하여

나는 다큐멘터리가 이렇게 설득적 화법을 구사하는 데는 장르적
목표가 있다고 본다. 자발적으로 동의를 하게 해야만 하는 어떤
이유가 있다고 보는 것이다. 그리고 그것은 다큐멘터리가 현실의
변혁을 꿈꾸는 장르이기 때문이라고 생각한다.
　　다큐멘터리가 현실에 천착하는 이유는, 바로 지금 이곳의 '나의
삶' 혹은 '우리의 삶'에 대한 관심에서 비롯된다. 허구가 아닌 실제의
삶에서 때로 고통스럽고, 때로 슬프고, 때로 아름답고, 때로 부끄럽고,
때로 분노할 수밖에 없는 어떤 상황을 목격할 때, 관객의 마음속에서
일어나는 일은 무엇일까?

그것은 '각성'이다. 좋은 작품에는 내가 모르던 것이든 알고
있던 것이든 새삼스럽게 그 무언가를 깨닫게 하는 힘이 있다.
자발적으로 그 작품의 메시지에 동의하도록 하는 힘 말이다. 영상
속에서 일어나는 일이 현실이라고 인식될 때, 그 각성은 TV 화면이나
스크린을 떠나 곧바로 현실에 대한 각성으로 이어진다. 바로 나의
삶에 대한 각성인 것이다. 이런 한 사람의 각성은 한 사람의 인식
변화로 이어지고, 인식의 변화는 행동의 변화로 이어지며, 한 사람의
변화는 한 사회의 변화로 이어질 수도 있다.

실화를 기반으로 한 극영화도 많다. 그러한 영화들도 당연히
현실을 재인식시키는 힘이 있다. 그러나 극영화는 '이것이 바로
현실'이라는 핍진성은 떨어질 수밖에 없다. 극영화 관객들은 이미
이것은 허구라는 생각을 갖고 관람에 임하기 때문이다. 엄청난 영상
효과의 재난 영화를 보는 동안 관객은 손에 땀을 쥐지만, 자신이
실제로 위험하다고 생각하지는 않는다. 그렇기 때문에 영화 속 위기를
'즐길' 수 있는 것이다.

그러나 다큐멘터리는 다르다. 그것이 실제 현실임을 알면
곧 자신의 삶과 연결 지어, 그것이 나의 삶에 어떤 실체적인
영향을 미칠지 생각하게 되는 것이다. 핵 재난을 다룬 SF 영화와
체르노빌이나 후쿠시마를 다룬 다큐멘터리를 보는 감정은 확연히
다르다. 현실을 환기하는 힘이 다른 것이다. 후자의 경우는 그것이
진짜 일어난 일이기 때문에 우리나라의 원전에 대해서도 진심으로
걱정하지 않을 수 없게 된다. 그러한 걱정이 사회적인 탈핵운동으로
이어질 수 있고, 실제로 원전 폐쇄에 기여하게 될 수도 있다.

다큐멘터리가 세상을 얼마나 바꿨는지는 모르겠다. 그러나

다큐멘터리가 그런 욕망을 가지고 있는 것은 분명하다. 그렇지 않으면 왜 다큐멘터리가 굳이 우리 삶의 현실에 그렇게 관심을 가져야 하는지 설명되지 않는다. 다큐멘터리라는 장르의 욕망이 이런 것이라면, 그 화법이 주장이나 강요가 되면 안 되는 이유는 자명하다. 주장이나 강요는 그 논조의 강함과 반비례하여 사람의 마음을 움직이는 데는 몹시 취약하기 때문이다.

초등학교 시절, 운동장 조회에서 들은 교장 선생님의 훈화를 떠올려보자. 강의를 할 때마다 학생들에게 물어보지만, 당시의 훈화를 기억하고 있는 학생은 한 명도 없었다. 내 기억에도 그렇다. 어린 시절, 교장 선생님의 훈화는 늘 몹시도 지루하기 짝이 없었다. 교장 선생님 말씀이니 무척 훌륭한 내용이었을 텐데 왜 기억나는 게 하나도 없을까? 유추해보자면, 대부분의 교장 선생님들이 즐겨 쓰는 훈화의 방식은 '당위론'이었기 때문이라고 생각된다. 즉 공부를 열심히 해야 한다거나, 부모님께 효도해야 한다거나, 지각을 하지 말아야 한다거나 하는 당위적인 주장 일색이었다. 너무나 '올바른' 이야기지만 또한 너무나 상투적이어서, 들어도 '아, 그렇게 해야겠다'라는 생각은 절대 들지 않는 이야기인 것이다.

주장이나 강요는 듣는 사람들을 각성시키는 데는 가장 효과가 없는 화법이다. 오히려 반발심을 불러일으키기 십상이다. 권위의 힘에 눌려서 면전에서는 '옳습니다' '그렇게 하겠습니다'라고 말할 수 있지만, 진심으로 받아들이지는 않는 것이다.

다큐멘터리의 욕망이 TV 화면이나 스크린을 넘어 진짜 현실을 변화시키려는 것이라면 보는 사람의 마음을 진심으로 움직여야 하고, 그러기 위해서는 그들이 자발적으로 이야기에 귀 기울이게 해야 하며,

자발적으로 메시지에 동의하게 해야 한다. 그래야만 그 사람은 스스로 그다음 행동으로 나아가게 된다. 그것이 다큐멘터리가 어떤 방식이든 설득적 화법을 구사해야 하는 이유다. 가장 좋은 이야기는 감독이 어떤 메시지를 주고 있다는 걸 알아채지 못하고, 관객이 자기 스스로 의미를 발견했다고 느끼게 하는 것이다.

현재와 표면만을 찍는
카메라의 한계

다큐멘터리가 관객을 설득하는 전략은 세상의 모든 다큐멘터리 수만큼 많다. 그러나 그 근본이 되는 한 가지는, 관객으로 하여금 다큐멘터리에서 이야기하는 것이 현실임을 믿게 하는 것이다. 그러기 위해서 다큐멘터리가 일반적으로 취하는 태도는 내러티브를 구성하는 내용을 최대한 객관적 팩트로 제시하는 것이다. 대상(인물, 사건, 현상)으로부터 일정한 거리를 두고 냉정한 관찰자로서 사실을 전달하는 태도를 취한다. 이런 외형적 태도 때문에 다큐멘터리는 '있는 그대로'를 전한다는 오해가 유포된 것도 사실이다. 물론 이것은 철저한 오해다. 앞서 말한 대로 다큐멘터리는 현실 그 자체로 존재하는 것이 아니라, 감독의 주체적 관점을 거쳐 존재하는 것이기 때문이다. 감독이 하고 싶은 이야기는 개개의 팩트에 있는 것이 아니라, '그 개개의 팩트를 어떻게 내러티브화했는가?' 하는 맥락에서 발생하는 것이다.

　이러한 사실을 이해한다면 그다음 문제가 발생한다. '단순히 객관적 팩트를 제시하는 것만으로 내가 본 것을 충분히 보여줄 수 있는가?' 하는 문제다.

이것은 카메라 자체가 가지는 한계와도 닿아 있는 문제다. 사실 카메라는 모든 것을 보여줄 수 있는 도구가 아니기 때문이다. 카메라는 '현재'와 '표면'만을 찍을 수 있다. 객관적 팩트라고 쉽게 이야기하지만, 엄밀하게 말하자면 카메라는 지금 현장에서 물리적으로 존재하는 것, 혹은 물리적으로 일어나는 어떤 상황만을 찍을 수 있다. 그 상황이 일어나게 된 과거의 배경, 인간의 심리와 감정, 보이지 않는 사회 시스템, 미래적 상상…… 이런 것들을 카메라로 찍어낼 도리는 없다.

그런데 역설적으로 카메라가 가진 이런 한계를 극복함으로써 관객의 마음을 흔드는 탁월한 영상 작품들이 만들어져왔다. 위대한 영화 작가들은 영상 이미지와 사운드의 독창적인 조직을 통해 '현재'와 '표면'만 찍을 수 있는 이 편협한 도구로, 보이지 않는 수많은 심층의 것들을 표현해냈고 그 과정에서 영화예술은 진보해왔다.

장르적으로 이러한 '표현'을 하는 데는 극영화 쪽이 좀더 유리하다. 배우들과 세트 같은 장치들을 동원함으로써 실체적 재현이 가능한 까닭이다. 그런 의미에서 '현실성' 혹은 '현실 환기력'을 가장 큰 무기로 내세우는 다큐멘터리는 불리할 수밖에 없다. 객관적 팩트를 제시하는 것만으로는 내가 '본 것'을 '보여주는' 데 한계가 있을 수밖에 없기 때문이다.

그래서 많은 다큐멘터리들이 현재 보이지 않는 것들을 설명해주는 인터뷰나 자료 화면으로 그것을 보완하려 한다. 그러나 과연 그것으로 충분한가? 그것으로 충분히 설득적일 수 있는가?

보이지 않는 것을 보이게 할
'표현 전략'이 필요하다

다큐멘터리가 감독의 주관적 현실 이해의 산물임에 동의한다면, 그
표현에 있어서도 좀더 자유로워질 필요가 있다고 나는 믿는다. 그것이
오히려 진실에 더 가까울 수 있으며, 그러한 표현의 방법론을 통해
다큐멘터리 작가도 비로소 '작가'가 될 수 있다고 믿기 때문이다.
대상이 정당하고 의미 있는 존재라고 해서, 일어나고 있는 그 상황을
천편일률적으로 찍은 것이 훌륭한 다큐멘터리가 될 수는 없다. 누가
찍어도 거의 비슷하게 보이는 것은 어떤 의미에서 또 다른 소재주의일
뿐이며, 실재하는 것을 촬영해야만 다큐멘터리라고 생각하는 것은
관습적인 강박에 지나지 않는다.
      2000년대 초반, 나는 국내의 어느 영화제에서 우연히 한
작품을 보고 충격을 받았다. 31세의 미국 청년이 단돈 200여 달러로
만들었다는 자전적 다큐멘터리 「타네이션Tarnation」(조너선 카우에트,
2003)이었다. 다큐멘터리라기보다 전위적인 뮤직비디오에 가까운
인상을 주는 이 영화는, 종래까지 우리가 갖고 있던 다큐멘터리에
대한 관습적 사고에 말 그대로 융단폭격을 퍼붓는다.
      어릴 때부터 찍은 160시간 분량의 테이프와 200장의 사진,
전화기 음성 메시지, 컬트 영화 클럽의 몽타주*를 록 음악과 함께

----

* montage. 따로따로 촬영한 단편적인 컷들을 감독의 의도에
따라 이어 붙임으로써 하나의 새로운 장면이나 내용으로 만드
는 일, 또는 그렇게 만든 화면.

전시하면서 감독은 마약과 동성애, 성적 학대, 동생의 자살 등 불행한 가족사를 이야기하는데, 가장 강렬하고도 기이한 것은 한 장의 사진이 끊임없이 멀티 숏*으로 분할하고 합쳐지기를 반복하는 장면들이다. 그것은 분명 인공적인 이미지의 배열이었다. 그러나 관객은 전체의 흐름 속에서 이 장면들이 감독 자신의 분열된 자아와 혼란한 내면을 드러낸다고 직관적으로 받아들였다. 그것은 부정할 수 없는, 감독의 고통스러운 '현실'이었다. 역동하는 멀티 숏은 그 현실을 드러내고 전달하려는 표현 전략이었을 뿐이다.

이 영화는 2004년 선댄스영화제와 칸영화제에 소개되고 LA영화제에서 다큐멘터리 대상을 받았으며, 뉴욕 개봉 당시 폭발적인 환대를 받았다. 『뉴욕타임스』는 "이제 「타네이션」의 영향을 받은 이상하고도 흥미로운 영화가 속속 출현할 것"이라고 예측했다. 그리고 다큐멘터리 표현 기법의 다양한 출현이라는 점에서 그 예측은 맞았다.

이스라엘－레바논 전쟁에 대한 기억을 다룬 다큐멘터리영화 「바시르와 왈츠를 Waltz With Bashir」(아리 폴만, 2008)은 거의 전체가 애니메이션으로 제작되었지만, 다큐멘터리로 불리는 데 누구도 이의를 제기하지 않는다. 그뿐만 아니라 애니메이티드 기법**이 그 학살의 기억을 드러내는 데 더욱 효과적이었다고까지 이야기된다. 「바시르와 왈츠를」은 2008년 칸영화제에서 최고의 화제작이었으며, 그해 칸의 황금종려상, 2009년 아카데미상의 최우수외국어영화상에 노미네이트되었다.

앞서 언급한 「액트 오브 킬링」은 40년 전에 100만 명이 넘는

* multi shot. 하나의 숏이 여러 개의 분할 화면으로 구현되는 것을 말한다.
** 정지해 있는 그림 또는 사물을 프레임 촬영함으로써 움직이는 것처럼 보이게 만드는 기법인 애니메이션으로 영상을 구성하는 방식을 가리킨다.

공산주의자들을 학살한 옛 인도네시아 군부와 그 군부의 의뢰를
받은 정치 깡패들을 만나, 그들이 저질렀던 학살을 다양한 장르로
변주하여 학살자들에게 직접 재연하게 하는 독특한 전략을 택한다.
그 결과 이 영화는 학살자들의 현재와 그들이 스스로 연출·연기하는
과거가 초현실적인 이미지와 뒤섞이면서, 무어라 말할 수 없는 기괴한
분위기를 빚어낸다. "전대미문의 방법으로 인간의 도덕성을 뒤흔드는
충격적인 다큐멘터리"라는 평을 얻었으며, 2013년 베를린영화제
에큐메니컬 심사위원상과 관객상을 수상하고, 2014년 아카데미
최우수다큐멘터리상 후보에 올랐다.

두말할 것도 없이, 오늘날 다큐멘터리에 재연이나 일러스트나
애니메이션 같은 기법이 등장하는 것은 더 이상 이상한 일이 아니다.
자신의 메시지를 대중에게 설득하기 위해서는, 다큐멘터리에도
보이지 않는 것을 보이게 하는 '표현 전략'이 당연히 필요하기
때문이다.

「공동정범」(김일란·이혁상, 2016)은 용산 참사의 후일담을
다룬 작품이다. 부당한 재개발 정책에 맞서 망루 농성에 들어갔던
철거민들은, 경찰 특공대의 진압 과정에서 발생한 원인 모를 화재로
인해 동료들을 잃고 공동정범이 되었다. 수감 기간이 끝나고 그들은
다시 사회로 돌아왔으나 '동지들'의 사이는 예전 같지 않다. 특히
당시 철거민 대표였던 이충연은 다른 동료들과 섞이지 않고 왠지
날카롭게 대립한다. 보기에 따라 이충연의 말과 행동은 관객들에게도
공감을 얻기 어렵다. 그러나 그를 오래 촬영해온 감독들은 그의
그런 언행 자체가 그 자신의 내밀한 상처에서 나오는 방어기제임을
이해한다.

그들이 이해한 바를 내가 이해한 것은, 영화 속에 틈입된 한 장면을 통해서였다. 카메라는 동료들과 대립한 날 밤, 어둠 속에 누워 있는 이충연의 말없이 뜬 눈을 잡고 있었다. 감독이 매우 의도적으로 배치했다고 느껴지는 이 컷은, 아무 설명 없이도 타이트하게 잡은 그 뜬 눈을 한 얼굴 하나로 이충연의 내면이 '상처'임을 직관적으로 느끼게 해주는 것이었다.

이러한 의도적인 컷이 과연 다큐멘터리적 태도와 상치하는 것일까? 그렇지 않다. 다큐멘터리의 전체든 부분적인 맥락이든, 내가 드러내고자 하는 것을 보다 효과적으로 드러낼 수 있는 표현 전략이야말로 오늘의 우리 다큐멘터리에 더 필요한 요소다. 이런 표현 전략에 대한 욕구는 대상에서 자신이 주체적으로 '본 것'이 분명하고 '보여주고자 하는 것'이 분명할 때 나타나는 것이기 때문이다.

5장 다큐멘터리스트는 질문하는 자

다큐멘터리는 카테고리화하는
어떤 시도에도 저항한다

2004년 11월, 암스테르담 국제다큐멘터리 페스티벌의 심포지엄에 앨버트 메이즐스, 리처드 리콕, 로버트 드루, 프레더릭 와이즈먼, D. A. 펜베이커 등 이름만 들어도 쟁쟁한 다큐멘터리 거장들이 모였다. 전해진 소식에 따르면 이들은 이날 갑론을박에서 시네마베리테*가 무엇인지, 다큐멘터리의 본질이 무엇인지에 대해 결론을 내리지 못했다고 한다. 그러나 그들이 합의한 하나가 있었으니, 그것은 "최고의 다큐멘터리는 카테고리화하는 어떤 시도에도 저항한다"라는 것이었다.

나는 이 말에 적극 동의한다. 이미 십수 년 전의 이야기지만 이 말은 오늘에도 여전히 유효하다. 다큐멘터리는 이러이러한 것이어야

---

* cinéma vérité. '진실 영화'라는 뜻의 프랑스어로, 사실을 있는 그대로 기록함으로써 영화적 진실을 추구한 영화운동을 가리킨다. 감독이 현장에서 상황을 촉발시키는 등 적극적으로 개입하는 것을 특성으로 한다.

한다는 도그마에 스스로를 가두지 말아야 한다. 모든 경계는 무너지고 있다. 다큐멘터리가 가진 현실 환기력을 차용하기 위해 극영화에서 빈번히 다큐멘터리를 도입하듯이, 다큐멘터리가 대중 접근성을 위해 극영화의 기법을 빌린다고 해서 무엇이 문제가 되겠는가? 단지 다루고 있는 내용이, 나와 너의 삶을 규정하는 현실이란 사실을 잊지 않게끔 할 수만 있으면 되는 것이다.

그러니 다큐멘터리의 형태를 규정하려 애쓰기보다 남이 보지 못하는 것을 보는 눈을 기르고, 그것을 제대로 전달하는 방법을 고민하는 것이 더 바람직한 태도라고 생각한다. 그런 사람들이 작가로 불리고 그런 사람들에 의해 다큐멘터리는 진화한다.

그러면 이야기는 다시 원점으로 돌아간다. 다큐멘터리를 만드는 사람은 무엇보다 현실을 '바라보는' 사람이다. 현상을 바라보고, 현상의 이면을 뒤집어 볼 수 있어야 하며, 현상의 이면에서 문제를 찾아볼 수 있어야 한다. 그러기 위해선 무엇보다 질문하는 자가 되어야 한다.

다큐멘터리스트는 모든 곳에서 질문을 찾아낸다. 다큐멘터리스트는 일상의 회의주의자다. 의심하고 질문할 수 있을 때, 공고한 현실의 균열로부터 '다른' 어떤 것이 보이기 시작하기 때문이다.

2부

▶

다큐멘터리의 이야기는
어떻게 구축되는가

입체적 구조물로서의
다큐멘터리 영상

한 편의 다큐멘터리가 성공한 다큐멘터리라 불리는 것은, 감독이 의도한
무언가를 마침내 '보이게' 하는 데 성공했기 때문이다. 감독 자신이 현실
속에 실재하는 대상에게서 무언가를 발견했다 하더라도, 그것이 영상으로
치환되어 이야기 구조로 구축되지 않는 한 관객은 그것을 다큐멘터리로
인식하지 않는다. 그러므로 관객이 한 다큐멘터리에서 발견하는 이야기는
분명 사실이지만, 또한 사실 그대로는 아니다. 그것은 사실의 재구성이며
만드는 사람에 의해 100퍼센트 의도된 것이라 할 수 있고, 편집의 결과로
나타나는 것이다. 초보 감독들도 편집이야말로 감독이 현장에서 '본' 것을
관객에게도 구체적으로 '보이게' 하는 결정적 과정이라는 것을 본능으로 알고
있다.

　　그런데 그 편집 과정이 그들에겐 가장 지난한 과정이다. 컷을 이어
붙이는 기계적 과정이 어려운 것이 아니라, 그때까지 촬영한 소스들을
늘어놓고 그것으로 하나의 이야기를 만들어내는 과정이 어려운 것이다.
하물며 그냥 이야기가 아니라 '자신만의 이야기'여야 한다는 단서까지
붙어 있다. '이야기'라는 단어는 쉽다. 그러나 말로 하는 이야기가 아니고
영상으로 하는 이야기라는 것이 문제다.

나의 의사를 전달하는 데 있어 언어와 문자는 태어나서부터 일상적 학습에 의해 익숙한 방식이지만, 영상 이미지는 전혀 그렇지 않다. 외국어를 처음 배울 때는 기존에 자신이 익혀온 모국어의 문법 체계를 기준으로 비교하면서 그 언어의 다른 점을 익히게 되는데, 영상언어는 기존의 문자언어와는 종 자체가 완전히 다른 것이라 당황스럽기 짝이 없는 것이다. 굳이 문자언어로 비유해보면 여러 단어들이 흩어져 있는데, 이 단어들을 어떻게 이어야 문장이 되고 매력적인 이야기가 되는지 경로 체계를 알지 못하는 것과 같다.

다큐멘터리는 더욱이 극영화나 드라마와는 달리 시나리오에 따른 설정된 장면을 찍는 것이 아니고, 현실에서 일어나는 상황을 무작위로 찍는 경우가 대부분이다. 그 때문에 촬영 기간이 길면 길수록 엄청나게 쌓인 촬영 소스들은 길을 안내하는 지표가 아니라 길을 잃어버리게 하는 미로로 작용하기 쉽다. 다큐멘터리 초심자들은 그 앞에서 어찌할 바를 모르고, 직관적이고 자의적인 방식으로 각각의 영상 소스를 이렇게 붙여봤다 허물고 저렇게 다시 붙여봤다가 허무는 과정을 되풀이하게 마련이다.

이렇게 되는 것은 다큐멘터리의 방향성과 이야기 구조에 대한 확고한 방법론이 없어서이다. 최소한 나의 경험으로는 그러했다.

1980년대 초, 나는 극히 우연한 계기로 방송사에서 일을 하게 되었다. 하루아침에 아무런 준비도 없이 작가란 이름으로 불리며 다큐멘터리라는 것을 처음 하게 된 것이다. 나는 그때까지 다큐멘터리는커녕 영상에 대해서도 공부한 게 아무것도 없었다. 고작해야 관객의 입장에서 영화나 봤을 뿐이고, 심지어는 자취집에 TV도 없었다. 당시 나를 면담했던 A부장은 도대체 뭘 믿고 그랬는지, 프로그램 보조작가나 일반교양 프로그램 경험조차도 하나 없는 생면부지의 인물에게 다큐멘터리를 맡겼다. 요즘 같으면 결코 있을 수 없는 일이다.

돌이켜보면 당시는 방송사 다큐멘터리도 걸음마 수준이어서 소재도 기법도 단순한 것이었으나, 그때까지 문자언어로만 작업을 해온 나에겐 몹시도 낯선 세계였다. 당연하게도 처음에는 피디가 촬영하고 편집까지 해놓은 영상에 내레이션만 썼다. 두번째는 논의를 하는 수준이었고, 그사이 일종의 '감'을 잡아 세번째부터는 나름의 기획을 하고 내러티브 구성을 하기 시작했다. 구성을 하기 위한 어떤 이론이나 기준이 있었던 것이 아니고 말 그대로 순전히 자의적인 '감'에 의존한 것이었다. 생각해보면 처음에 그것은 그저 글로 쓴 것을 영상으로 직역하는 수준에 지나지 않았다.

다큐멘터리 영상이 일종의 입체적 구조물이며, 그 구조가 극히 중요하다는 인식을 갖게 된 것은 훨씬 이후에 국내외 다큐멘터리영화를 두루 보면서부터였다. 가령 마이클 무어의 「볼링 포 콜럼바인Bowling for Columbine」(2002)을 처음 봤을 때, 무슨 이야기를 하는지는 알겠으나 감독이 왜 저런 방식으로 편집을 했는지는 알 수가 없었다. 내러티브 중간중간에 괴상한 이미지들이 출몰하는 방식 말이다. 관객으로서는 그냥 감각으로 받아들이면 될 일이지만, 다큐멘터리를 만드는 사람들로서는 감독의 입장에 이입하여 그가 왜 그렇게 했는지 그의 사고를 따라가보고 싶은 욕구를 누를 수 없는 법이다.

감독의 입장에서는 단 하나의 컷도 이유 없이 배치하지 않는다. 그렇기 때문에 다른 사람들의 작품을 주의 깊게 보고 복기해보면, 전체를 관통하고 있는 모종의 '질서'가 있다는 것을 발견하게 된다. 어떤 새로운 시도도 그 자체의 질서 속에 편입되지 않으면 돌출적인 이물질이 되거나, 오히려 이야기의 흐름을 방해하는 무엇이 될 뿐이다. 감독이 부여한 그 질서가 곧 작품의 구조를 이루며, 우리가 '스타일'이라고 부르는 것도 사실은 그 아래 각각의 개성적인 골격이 떠받치고 있기 때문에 존재한다는 것을 알게 되었다. 마이클 무어의 작품 역시 그 질서 속에 있는 것이었다.

다큐멘터리 세계에 입문하고 이후 이것이 나의 전업이 되리라는 사실을 자인하게 되면서부터 나는 다른 사람들의 작품을 볼 때 그 구조부터 파악하는 습관이 생겼다. 한 작품을 몇 번이나 돌려보며, 면밀하게 구조를 분석해보기도 했다. 단언컨대 이 방식이 이론서 100권 읽는 것보다 훨씬 더 도움이 되었다. 그것이 곧 다큐멘터리 이야기 구조에 어떻게 접근해야 할지에 대한, 나름의 방법론의 틀을 만들어주었다고 본다.

그러므로 결국 이 글은 내가 다큐멘터리를 경험하고 이해한 과정과 거기서 배운 바를 적용한 방법론에 대한 이야기가 될 것이다. 그러기 위해서 우선 영상이 이야기로 인식되는 과정을 되짚어보고자 한다.

1장 영상 구조물의 존재 방식

사라지는 방식으로
존재하는 이야기

영상으로 이야기를 구축한다는 것이 어떤 것인지를 이해하려면
영상으로 만들어진 구조물이 어떤 방식으로 존재하는지, 관객들과의
관계에서 어떤 방식으로 작동하는지 잘 들여다볼 필요가 있다.

극영화든 다큐멘터리든 애니메이션이든, 장르와 상관없이
영상으로 만들어진 모든 것이 가지는 공통점이 하나 있다. 이들은
모두 시간적 진행을 한다는 사실이다. 이야기의 흐름이 시간의 흐름과
함께 전개된다는 뜻이다. 문자로 기록된 이야기도 내용상으로는
시간적 진행을 한다. 그러나 문자로 기록된 책은 어쨌거나 물리적으로
공간 속에 존재한다는 점이 다르다. 책을 읽어가다가 납득이 잘 안
되면 앞으로 돌아가 다시 곱씹어 읽어볼 수 있고, 지루하면 중간을
훌훌 건너뛰어 뒷부분을 당겨 읽을 수도 있다.

그러나 영상은 본질적으로 앞뒤를 뒤적여볼 수 있는 것이 아니다.

요즘이야 DVD나 영상 파일로 다시보기나 돌려보기를 할 수 있지만, 기본적으로 영상은 우리 인생의 시간이 그렇듯 매 순간이 새롭게 전개되는 운명을 타고났다. 영화에 대한 소개를 읽고 영화를 볼 수는 있지만 그 영화의 첫 장면은 관객이 처음 조우하는 장면일 수밖에 없고, 그 뒤에 오는 장면 또한 여전히 처음 조우하는 장면이 될 수밖에 없다. 필름이나 하드 디스크, DVD는 물질이지만 '영화' 그 자체는 물질이 아니기 때문이다.

우리가 극장에 있을 때, 그 영화가 물리적인 실체로 우리와 한 공간에 존재하는 시간은 거의 찰나다. 프레임 단위로만 우리는 그 영상과 공간을 함께 점유한다. 한 프레임이 지나고 또 다른 프레임이, 한 컷 다음에 또 다른 컷이, 한 신 다음에 또 다른 신이…… 쉴 새 없이 새로운 국면이 우리 앞을 스쳐 지나가는데, 한 장면을 납득했든 말든 그 장면은 사라지고 새로운 장면이 도착한다.

우리는 그러한 행위를 통틀어 '영화를 본다'라고 말한다. 즉 영상으로 된 이야기는 견고하게 우리 앞에 놓이는 것이 아니고 끊임없이 사라짐으로써 존재한다고 말할 수 있다. 사라짐으로써 존재하는 양식인 것이다.

영화의 장면은 사라지는데, 영화의 존재는 그럼 어디에 남을까? 바로 여기에 주목해야 한다. 그것은 우리의 뇌리, 기억 속에 남는다. 영화가 시작되면 한 시간 반이나 두 시간 동안 영화는 스크린 위에서 계속 사라진다. 영화가 끝나는 순간은, 영화가 완전히 다 사라져버린 순간이다. 영화는 사라지고, 그 대신 우리의 기억 속에 한 편의 영화가 저장된다.

그렇다면 영화의 이야기 구조를 만든다는 것은, 다르게 말해 기억의 경로를 구성하는 작업이라는 것을 깨닫게 된다. 이러한 속성은 영상의 존재 방식을 문자보다 구술에 더 가깝게 만든다. 그러나 구술과도 다른 것이, 영상은 이미지와 사운드를 동원한다는 점이다.

무엇을 기억하게 하느냐? 어떻게 기억하게 하느냐? 어떤 순서로 기억하게 하느냐? 기억의 방식이 무엇이냐? 영상을 구조화해서 이야기를 만든다는 것은, 이미지와 사운드라는 수단을 가지고 이러한 질문을 시작한다는 뜻이다. 이 독특한 존재 양식을 이해하는 데서부터 영상을 하나의 구조물로 만드는 작업은 시작될 수 있다.

영상은 어떻게 맥락을 만들고 의미화되는가

문자언어는 사회적 약속에 따라 그 뜻이 공유되는 관념적 기호다. 지시하는 정보가 객관적이므로, 주변의 사물과 개념에 대한 공통의 이해를 기반으로 다중의 소통이 가능해진다. 영상언어는 비주얼 이미지로서 그것이 가진 일반적인 정보는 즉물적으로 전달되나, 그것이 환기하는 느낌은 주관적이며 모호하여 다중에게 동일하게 전달되지는 않는다. 분위기로 감각되거나 은유나 상징으로 해석됨으로써 그 의미를 부여받는다. 비주얼 이미지가 갖고 있는 이 본질적 모호성은 오히려 다양한 해석을 가능하게 함으로써 보다 큰 확장성을 내포하고 있다고도 하겠다. 중요한 것은, 모든 컷과 신은 언어적 · 비언어적으로 전달되는 모종의 의미를 내포하고 있다는 사실이다.

산술적으로 이야기하자면, 영상 문맥은 개개 컷의 집합 배열 혹은 카메라로 포착된 어떤 상황의 집합 배열에 의해 이루어진다. 이 컷이나 상황에는 쉽게 언어화될 수 있는, 혹은 쉽게 언어화될 수는 없으나 어떤 강력한 느낌과 감정을 환기하는 무엇이 담겨 있다. 우리가 한 장의 스틸이나 영화의 한 장면을 보고 감동하는 것도 거기 내재된 의미를 전달받았기 때문이다. 개개의 컷이나 상황에 내포된 이러한 언어적·비언어적 의미를 연결할 때 이른바 영상 문맥이 형성된다.

가장 단순한 상황 묘사의 예를 들어보자. 아래, 폐지 줍는 할머니가 길 가는 모습을 묘사한 네 개의 컷이 있다. 이 컷들을 순서대로 연결했을 때 어떤 맥락이 이루어지는지 살펴보자.

1. 백발의 할머니가 폐지박스 실은 손수레 끌고 길을 건너는 뒷모습
2. 오르막길을 힘겹게 오르는 할머니
3. 수레를 세우고 길가에 덜퍼덕 주저앉는 할머니
4. 고통스럽게 숨을 몰아쉬는 할머니 얼굴

「세상의 모든 라면박스」(최근영, KBS, 2006)

이 컷들에서 얻을 수 있는 즉물적 정보는 다음과 같다. 할머니의 생계 수단은 폐지를 줍는 것이다. 할머니는 손수레로 그 작업을 한다. 할머니의 걸음은 느리다. 할머니는 나이가 많고 체력이 약하다.

컷의 나열에서 환기되는 느낌은 좀더 다르다. 그것을 말로 기술하면 대략 다음과 같다.

1. 폐지 줍는 할머니가 손수레를 끌고 큰길을 건넌다. 길의 너비와
   손수레의 느린 속도가 대비되어 왠지 위험해 보인다.
2. 할머니가 오르막길을 오르고 있다. 무척 힘든 것 같다.
3. 더 이상 못 갈 만큼 힘들어 주저앉는구나.
4. 할머니에게 나이로나 체력적으로나 너무 힘든 노동이구나.
   안타깝다. 가슴이 아프다 등등.

　단 네 개의 컷이지만, 할머니가 폐지를 줍는다는 것은 너무나
힘든 노동이라는 것을 영상의 진행과 함께 점진적으로 확고하게
느낄 수 있도록 쌓아놓았다. 이 컷의 전개가 환기하는 감정까지를
충분히 고려한 배열이다. 그러나 컷을 이렇게 배열하기 위해서는
감독이 대상에게 실제로 그런 감정을 느껴야 하고 현장에서 그렇게
촬영되어야만 한다.
　그런 뜻에서 현장에서든 촬영 소스 앞에서든 감독의 감성은 활짝
열려 있어서, 자신이 우선 그 의미를 붙잡아낼 수 있는 감도 높은
그물망이 되어야 한다. 개개의 컷에서 전달되는 의미가 없다면, 그
컷들을 모아 문맥을 만드는 것은 불가능하기 때문이다. 영상 문맥은
컷을 선택하고 순서를 배열하여, 영상이 함축하고 있는 의미를
적극적으로 '의미화'함으로써 가능해진다.
　위의 예에서 보이는 '아, 저 할머니들은 나이에 비해 너무 힘든
노동을 하고 있구나'라는 인식은 관객이 자발적으로 한 것임에는
분명하지만, 실은 그러한 인식에 도달하게끔 감독이 의미화하고
맥락화한 것이다. 즉 그렇게 의미화되도록 영상을 조직한 것이라는
뜻이다.

가령, 저 네 개의 컷 사이에 할머니가 갑자기 춤을 추거나 외제 승용차에 타는 장면을 넣는다고 생각해보자. '할머니의 노동이 힘들구나!'라는 깨달음을 향해 일관되게 흘러가던 의미의 흐름은 일시에 깨어지고, 이 컷들의 배열이 무엇을 위한 것인지 어리둥절해질 수밖에 없다.

결국 하나의 장면이 다음 장면과 연결된다는 것은, 한 장면이 가지는 의미가 다음 장면의 의미와 연결된다는 것이며 또한 한 장면의 기억 위에 다음 장면의 기억이 축적된다는 것이다. 그래서 어떤 기억을 먼저 저장하느냐에 따라 이야기의 전개와 그 효과는 크게 달라진다. 영상의 시간적 선후 배열이 인과관계를 형성하기 때문이다.

아침 다음에 점심이 오는 것은 시간적 인과관계이며, 어느 집의 문을 열고 들어가자 다음 신에서 실내 장면이 나오는 것은 공간적 인과관계다. 범죄 현장이 나오고 경찰의 추격 신이 이어지면 사건적 인과관계가 된다. 연인과 이별한 장면 뒤에 그림자가 길게 늘어진 텅 빈 광장이 나온다면, 주인공의 심리를 반영하는 심리적 인과관계가 된다. 도시의 잡답 후에 광활한 자연이 제시되는 것도 도시와 대비되는, 대자연의 자유와 평화를 갈구하는 심리적 요구에 응답한 것이다. 요컨대 컷을 선후로 배열하는 것에는 어떤 식으로든 '관계'가 형성된다.

영상으로 이야기를 구축한다는 것은 바로 이러한 원리를 이용하는 것이다. 영상이 가지는 의미망과 인과관계를 이용하면, 일련의 이야기뿐만 아니라 자신이 강조하고 싶은 사실과 정서를 한층 두드러지게 하는 효과를 만들어낼 수도 있다. 이것은 컷과 컷, 신과 신, 시퀀스*와 시퀀스의 배열에 동일하게 적용된다.

편집을 하면서 컷과 신 혹은 시퀀스의 순서를 몇 번이고 바꿔보고 느낌이 어떤지 확인하는 것은, 우리 모두가 본능적으로 이 사실을 알고 있기 때문이다. 인과관계가 달라지면 전혀 다른 이야기, 전혀 다른 감정이 발생하는 것이다.

시퀀스는 어떻게
이야기의 키를 잡는가

시퀀스는 어떻게 연결되고 어떤 역할을 하는지 「세상의 모든 라면박스」를 조금 더 자세히 들여다보기로 하자. 옴니버스** 형태의 이 다큐멘터리는 독립된 단락들의 길이가 비교적 짧아서 하나의 예로 전체 구조를 살펴보는 데 유리하다.

「세상의 모든 라면박스」는 방영 당시로선 매우 희소한 형태의, 인상적인 작품이었다. 방송 다큐멘터리에서 보기 드문 감독의 미학이 개입하고 있기 때문이다. 그 시절 방송 다큐멘터리는 거의 정보 전달형으로 내레이션에 크게 의존하는 것이 정석이었다(지금까지도 큰 변화는 없다). 그런데 이 젊은 피디는 관행을 조용히 전면 거부하고, 전혀 다른, 자신만의 독창적인 문법으로 이 다큐멘터리를 만들었다. 방송에서는 유효한 정보가 있거나 신기하거나 재미있거나 아름답거나 과장된 감동이 있거나 등등이 소재와 에피소드를

---

* sequence. 몇 개의 신으로 이루어져 특정 상황의 시작부터 끝까지를 나타내는 영상의 구성단위.
** omnibus. 영화·연극에서 한 주제를 중심으로, 독립적이고 짧은 이야기 몇 개를 엮어 한 편의 작품으로 만드는 형식.

선택하는 가장 중요한 조건이 되어온 것이 사실이다. 그런데 이 다큐멘터리는 그와는 전혀 다른 길을 간다. 내레이션도 거의 없고, 극적인 서사 구조도 없다. 폐지 줍는 할머니들 다섯 명의 일상 풍경, 그들의 인터뷰, 그리고 소리꾼 김용우의 소리가 배치되어 있을 뿐이다.

할머니들 이야기는 별도의 소제목을 단 각각의 단락으로 분절되어 있다. 그중 한 편인 '일곱 계단'은 크게 세 개의 시퀀스로 구성되어 있다. 임의로 그 시퀀스에 제목을 붙여본다면 첫번째는 '일곱 계단의 시퀀스'라 불릴 만하다. 이 단락에서는 흰머리의 할머니가 폐박스를 끌고 골목길에 있는 일곱 개의 계단을 오르는 모습을 반복적으로 보여준다. 아마도 할머니의 집이 그 일곱 개의 계단 위에 있는 것이리라.

처음에는 폐박스를 끌고 그냥 올라가고, 두번째는 상자를 쏟고, 세번째는 무거운 폐라디오로 계단을 짚듯이 올라간다. 평지에서도 날렵하게 몸을 움직이기 쉽지 않은 나이의 할머니에게 이 일곱 개밖에 안 되는 계단은 참으로 넘기 힘든 장애물처럼 보인다. 그 사이사이에는 할머니의 인터뷰가 배치되어 있다. 취재하러 온 피디에게 관심을 보이고, 세상을 떠난 남편이 어떤 사람인지 얘기하고, 남편이 세상을 떠난 후 처음 폐지 줍는 일을 할 때의 부끄러움을 이야기하고…… 그러나 이제는 부끄러움보다 일이 있는 것이 더 갈급하다고 하는데, 인터뷰에서 넘어온 이 시퀀스의 마지막 장면은 그마저도 용이하지 않은 현실을 보여준다. 할머니와 이웃의 대화로 전해지는 상황은, 이웃이 어디서 책 두 뭉치가 나와 있는 걸 보고 할머니에게 가져가라고 했는데, 동작 빠른 다른(아마도 할머니가

「세상의 모든 럭셔리박스」 중 '일곱 계단의 사람들'

이정림 (83세)

아닌) 폐지 수집꾼이 먼저 가져가버렸다는 것이다.

두번째 시퀀스는 앞의 시퀀스를 이어받아 노동의 고통을 보다 증폭시킨다. 이른바 '고통의 심화 시퀀스'이다. 앞의 이야기와 연속성을 가지면서도 그와는 좀 다른 차별성을 갖고 있기에 우리는 새로운 시퀀스를 구분할 수 있다. 이야기의 방향성이 살짝 달라지는 변곡점을 인지할 수 있는 것이다.

할머니는 이날 그동안 모은 폐지를 고물상에 갖다주려고 한다. 위험한 큰길을 지나고 오르막길을 힘겹게 오른다. 그러다 심장이 터질 것 같은 고통으로 주저앉는다. 다행히 어느 젊은 환경미화원이 수레를 오르막 위까지 끌어주었지만, 웬일인지 길 한가운데서 손수레가 고장 나 꼼짝할 수 없게 되기도 한다. 우연한 호의에 기대는 것 외에 할머니가 의지할 어깨는 아무 데도 없다. 천신만고 고물상에 도착하여 무게를 재니 50킬로그램, 그런데 "오늘 많이 받았다"라는 그 대가는 단돈 2천 원이다. 카메라는 50킬로그램이라는 저울의 숫자를 클로즈업*으로 보여주고, 돈을 세는 할머니의 손으로 옮겨간다. 천 원짜리 두 장을 극명하게 클로즈업하고 카메라는 틸트업**하여 할머니의 얼굴로 올라간다.

이 카메라의 워킹***은 마치 이렇게 탄식하는 듯하다. "이렇게 천신만고 힘들게 몇 날 며칠 노동을 한 결과가 단돈 2천 원이라고?"

그리고 카메라는 다시 일곱 계단이 있는 그 빈 골목길을

---

* close-up. 영상에서 피사체의 일부를 화면에 확대해 보여주는 기법.
** tilt-up. 카메라를 수직으로 위를 향해 움직이면서 촬영하는 기법.
*** camera working. 화면 크기와 위치 설정, 카메라의 이동 방식 등 영상 촬영을 위해 카메라를 조작하는 모든 행위를 가리킨다.

「세상의 모든 라면박스」 중 '고통의 심화 시퀀스'

보여주고, 가파른 그 계단을 로 앵글*로 타이트하게 잡아 보여준다. 이제 이 계단의 의미는 할머니 집으로 가려면 올라야 하는 단순한 실물이 아니라, 할머니의 삶을 드러내는 하나의 상징으로 전화한다. 곁에 아무도 없이 혼자 헉헉대며 일곱 계단을 올라야 하는 것이 오늘날 할머니의 삶인 것이다.

그래서 바로 그 뒤에 할머니는 45년간 자신을 아껴주었던 남편에 대한 그리움을 말한다. 혼자 못 살 것 같았는데 살아지더라.

세번째는 '판타지 시퀀스' 또는 '위안의 시퀀스'라고 할 만한 것이다. 앞의 두 시퀀스가 있었기에 관객이 가슴속에 지니게 된 깊은 연민을 바탕으로, 감독은 과감한 판타지를 도입한다. 할머니를 위로하고 싶은 관객의 심정은 소리꾼 김용우의 「만드레사냐」 민요와 환상적인 컴퓨터 그래픽(CG)으로 꽃피어난다.

고단한 노동을 마치고 잠든 할머니의 좁은 방 한구석에 꿈인 듯, 환상인 듯 소리꾼 김용우가 나타나고, 그는 할머니를 대변하듯 생전에 할머니를 그렇게 아껴주었다던 '영감'을 부른다. 부귀 다남 백년 동락, 오래 함께 살자더니 "나 혼자 두고 어디로 갔느냐, 영감아……"

지하철의 수많은 사람들, 매일 손쉽게 지하철 계단을 오르내리는 수많은 사람들, 그러나 그들은 할머니의 '영감'이 아니다. 그들은 할머니와 무관하며, 할머니에게 관심조차 없는 무심한 사람들이다. 그 속에서 카메라는(혹은 김용우의 시선은) 버려진 신문지와 폐지를 모아 묶는 한 노인의 걸음을 따라간다.

화면은 일곱 계단을 오르는 할머니의 발걸음과 지하철 계단을 물결처럼 흘러가는 사람들과 그 사이로 무거운 폐지 뭉치를 들고 계단을 오르는 노인을 교차 편집한다. 사람들은 사라지고 폐지를 든

---

* low angle. 피사체보다 낮은 곳에서 촬영하는 기법. '앙각'이 라고도 한다.

「세상의 모든 라면박스」 중 '위안의 사료소'

노인만이 긴 계단을 오른다. 그것은 할머니의 짐을 대신 들어주고
싶어 하는 할머니의 꿈속 남편 모습 같기도 하고, 할머니의 고독과
고통의 짐을 덜어주고 싶은 김용우의(혹은 연출자의) 감정을 투사한
것 같기도 하다.

그러나 긴 호흡으로 이어지던 그 판타지의 장면이 끝난 후
시퀀스의 마지막을 막아서는 것은 다시 일곱 계단이다. 할머니는 현실
속에서 여전히 혼자 일곱 계단을 오를 수밖에 없는 것이다. 어찌할 수
없는 고통의 벽!

이때쯤 보는 사람들은 일곱 개밖에 안 되는 그 계단에서 할머니의
삶 전체를 가로막는 거대한 벽을 느끼고, 가슴 저릿한 아픔을 느낄
수밖에 없다.

여기서 새삼 발견하게 되는 것은, 첫번째 시퀀스 없이는 두번째
시퀀스의 감정이 증폭되지 않으며, 두번째 시퀀스 없이는 세번째
시퀀스가 성립되지 않는다는 것이다. 가령 세번째 시퀀스를 앞으로
보내고 두번째 시퀀스를 중간에, 첫번째 시퀀스를 두번째……
이런 식으로 배열 순서를 섞어버리면, 지금과 같은 의미와 정서의
상승작용은 결코 일어나지 않으며 일곱 개의 계단이 삶의 상징으로
확장되지도 않을 것이다.

2장 이야기의 조건

컷과 신과 시퀀스의 배열
— 직진하는 열차 구조

컷과 신과 시퀀스의 선형적 배열로 만들어내는 이 세계는 직진하는 열차의 구조를 닮았다(그림 2-1). 각각의 의미가 담긴 컷과 컷이 연결되어 어떤 장면(신)을 형성하고, 이 신과 신이 연결되어 어떤 의미망을 만들어내며, 이 의미망이 각 시퀀스의 테마를 대변하고, 시퀀스들은 연결되어 전체의 이야기 얼개를 만들어낸다.

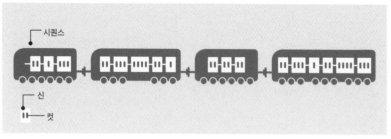

그림 2-1. 서사 열차의 구조

컷과 신과 시퀀스는 각각의 단위에서 기승전결의 흐름을 갖게
된다. 컷 하나를 편집하더라도 어느 지점에서 시작하여(인점*) 어느
지점에서 끝낼지를(아웃점**) 결정해야 하는 것이다. 여러 개의 컷으로
이루어진 신의 경우도 마찬가지다. 어떤 컷으로 시작해서 어떤 컷으로
끝나야 하는지 결정해야 하고, 시퀀스 역시 어떤 신으로 시작해서
어떤 신으로 끝나야 하는지 의지를 가지고 결정해야 한다. 그냥,
공짜로, 알아서 되는 경우는 없다.

미국의 영화 제작자이며 작가인 셰일라 커런 버나드는 저서
『다큐멘터리 스토리텔링』에서 동업 제작자들(로널드 블루머, 머피
마이어)을 인용해 이를 '서사 열차'라고 지칭한다.*** 그러나 이 열차
구조의 비유가 반드시 전통적인 서사에만 적용되는 것은 아니다. 영상
다큐멘터리에서는 어떤 양식의 이야기든 이 열차 구조에 실릴 수
있고, 그 열차는 모두 다 시간이라는 레일을 따라 달려가게 된다.

이야기의 조건

여기서 이야기 구조를 만드는 몇 단계를 규정할 수 있다.

첫째, 컷과 신과 시퀀스가 긴밀하게 연결된 열차가 한 방향으로
달려가기 위해서 필수적인 것은 '목표'라는 사실이다.
무엇을 이야기하기 위한 열차인가가 분명해야 혼란이 없다.

* in point. 컷이 시작되는 지점.
** out point. 컷이 끝나는 지점.
*** 셰일라 커런 버나드, 양기석 옮김, 『다큐멘터리 스토리텔링』,
커뮤니케이션북스, 2009.

열차가 달려갈 목적지를 알아야만, 가장 효율적인 경로로 시퀀스를 구성하고 연결할 수 있다. 목표가 불투명하면 어떤 정보가 더 유용하고 어떤 에피소드가 더 의미 있는 것인지 판단할 수 없고, 어떤 정보가 앞에서 소화되고 어떤 정보가 뒤에 배치되어야 하는지도 판단하기 어렵다.

'일곱 계단'의 경우, 목표는 무엇이었을까? 이 다큐멘터리를 만든 최근영 피디는 작품 초반에 폐지 줍는 할머니들을 '평소에는 보통 사람들의 눈에 보이지 않는 사람들'로 규정한다. 그가 가진 질문은 이런 것이었다.

"당신이 여자이고 노인이고 가난하다면, 그래서 쓸모없어 보인다면, 효율성이 지배하는 이 사회에서 어떻게 살아남을 것인가? 그들은 과연 우리와 아무 상관 없는 존재인가?"

그래서 그는 평소에 보이지 않던 할머니들이 실제로 어떻게 살아가고 있는지, 그 일상의 단면을 들여다보고자 한다. 보이지 않던 할머니들은 그의 시선 속에서 비로소 각각의 삶의 구체성과 존재의 개별성을 획득하고, 보는 사람들에게 정서적 교감의 대상이 된다. 모든 컷과 신과 시퀀스는 그 목표를 향해 구축되고 있다.

둘째, 목표에 도달하기 위한 실체적인 영상 소스를 동원한다.

많은 촬영 소스 가운데서 유효하다고 판단되는 에피소드, 이미지, 인터뷰가 선별되고, 거기다 필요하면 과거의 자료 화면, 재연, 자막, 컴퓨터 그래픽, 애니메이션, 일러스트 등 다양한 부가 장치가 활용될 수 있다.

이렇게 나열된 영상 재료로 우리가 할 수 있는 작업은,

현상적으로는 '선택'과 '배열'이 전부다. 촬영 소스 중에서 어떤 장면을 선택하고 어떻게 순서를 배열하는가 하는 2차원 작업이 작업의 거의 전부란 뜻이다. 그러나 내용적으로는 간단하지 않다. 3차원적 사고가 필요한 것이다. 내가 하고자 하는 이야기를 관객에게 잘 전달하기 위해서는 전체를 조감하는 시야를 가져야 한다. 그래야 어떤 에피소드를 어떤 위치에 어떤 모양으로 갖다놓는 것이 가장 효과적일지 결정할 수 있다. 자신이 하고자 하는 이야기를 설득적으로 구조화하려면 전략적 사고가 요구되는 것이다.

셋째, 이 재료들을 각각의 시퀀스로 구조화한다.
전체 이야기 구조에서 시퀀스의 역할은 중요하다. 각 시퀀스는 의미 단락의 가장 큰 단위이며, 이야기 전개의 중요한 변곡점을 제공함으로써 전체 이야기의 방향을 그려내기 때문이다. 이 시퀀스들이 이야기의 적절한 변곡점을 제공할 때, 이야기의 흐름은 긴장과 탄력을 갖게 되고 리듬감을 확보하며 관객이 몰입할 수 있게 해준다. 물론 그 하부의 컷과 신들이 시퀀스의 내용을 단단히 받쳐주어야만 시퀀스가 제 역할을 하는 것은 당연하다. 반면에 시퀀스를 제대로 구분할 수 없다는 것은 이야기가 단락화될 만큼 변별되지 않는다는 뜻이니 그 흐름이 지극히 지루해지기 쉽다.
'일곱 계단'에서는 앞서 살펴보았다시피 '일곱 계단의 시퀀스' '고통의 심화 시퀀스' '위안의 시퀀스' 등으로 구조화되었다.

넷째, 각 시퀀스들을 효과적으로 연결하여 기억해야 할 순서에 따라 배치한다.

여기서 주목해야 할 것은 이야기를 진행시키는 힘은 시퀀스가 아니라 시퀀스와 시퀀스 사이에서 발생한다는 사실이다. 시퀀스와 시퀀스를 연결하는 연결 논리, 즉 시퀀스와 시퀀스 사이의 인과관계가 어떤 것이냐에 따라 이야기의 흐름이 달라지기 때문이다.

연결 논리에는 대략 세 가지가 있다. 나는 이것을 각각 '그리고'의 연결 논리, '그러나'의 연결 논리, '그런데'의 연결 논리라고 부른다. '그리고'가 앞의 시퀀스와 동질적인 연속성을 가지는 시퀀스로 연결되는 것이라면, '그러나'는 앞 시퀀스의 내용을 바탕으로 하되 그와는 전혀 상반된 내용으로 이어지는 경우다. '그런데'는 앞 시퀀스와 상관없이 전혀 엉뚱한 이야기를 가져오는 경우를 일컫는다.

'그리고'가 연속성의 논리라면, '그러나'와 '그런데'는 전환의 논리이면서 각각의 성격이 다르다고 말할 수 있다. '연속성'의 연결은 보는 사람을 편안하게 이야기 속으로 끌어들이는 역할을 한다. '전환'의 연결은 그 역설이나 의외성으로 이야기 전체에 긴장감을 불러일으키고 주의를 환기시킨다. 연속성은 점진적으로 이야기를 심화시키고, 전환은 이야기의 새로운 국면을 불러온다.

여기에 비추어보면 '일곱 계단'의 두번째 시퀀스는 첫번째 시퀀스의 내용과 감정을 이어받으면서 내용을 보다 심화시키는 '그리고'의 방향을 선택한다. 세번째 시퀀스는 첫번째와 두번째 시퀀스의 내용을 바탕으로 하면서도, 전혀 엉뚱한 방향으로 이야기를 전환시키는 '그러나'의 연결을 선택하고 있음을 알 수 있다.

이렇게 단계를 나누어 썼지만, 사실 이 네 단계는 순차적으로 고려되는 것이 아니라 동시에 사고되어야 한다. 단단하게 구조화된 이야기는 최초의 한 컷에서부터 최종의 시퀀스에 이르기까지 한 방향으로 작용하는 힘을 가지고 끊임없이 목적지를 향해 나아간다.

이야기의 근본적인 진행 방식은 소재와 목표에 종속된다

이러한 과정이 모든 다큐멘터리 제작 과정에서 공유되는 것이라면, 세상의 모든 다큐멘터리들은 동일한 이야기 구조를 가져야 하지 않을까? 그러나 실제로는 그렇지 않다. 내러티브, 비내러티브 다큐를 통틀어 세상에 나온 다큐멘터리의 이야기 구조 유형은 오히려 놀라울 만큼 다종다양하다.

이것은 이야기를 만드는 각 단계 이전에 선행되는 조건이 있기 때문이다. 각 다큐멘터리의 이야기 목표는 소재와 깊은 연관이 있고, 이야기의 근본적인 진행 방식은 그 목표에 종속된다는 것을 고려해야 한다. 이야기의 중심축이 되는 진행 방식은 몇 가지 유형으로 나눌 수 있다. 거기에 어떤 부가 장치를 동원하느냐, 어떤 화법을 구사하느냐에 따라 무한한 순열 조합이 가능한 것이다.

어떤 사람들은 편집을 '감'이나 '촉'으로 한다고들 하는데, 직관적 감수성이 도움이 되는 것은 사실이지만 전적으로 '감'과 '촉'에만 의지하는 것은 위험할뿐더러 너무나 낭비가 많은 방식이다. 이야기 구조에 대한 방법론 탐구가 필요한 것은 그 때문이다.

3장 플롯의 이해

무엇을 '선택'하고
어떻게 '배열'하는가

나의 경험으로 미루어볼 때, 초보 감독과 초보 작가들이 가장
곤혹감을 느끼는 순간은 이야기를 만드는 시간, 이른바 '구성'을 해야
할 때다. 구성은 대개 두 경우로 나뉜다. 다큐멘터리의 소재에 따라
촬영 전에 미리 이야기 얼개를 만들 수 있는 경우 시나리오 형태의
촬영 지시안을 만드는데, 이를 '촬영구성안'이라 한다. 촬영이 끝나야
이야기를 확립할 수 있는 경우는 촬영 소스를 배열하는 형태로 편집
지시안을 만드는데, 이는 '편집구성안'이라 부른다(촬영구성안에
대해서는 6부, 편집구성안에 대해서는 8부 참조).

　　방송에서는 대부분 촬영 전에도 촬영구성안을 만들어야 하지만,
본격적인 도전은 촬영 소스를 직접 프리뷰*한 뒤에 내놓아야 하는
편집구성안(방송에서는 이런 걸 작가들이 만들고 있다)이다. 이것은

---

* preview. 편집에 앞서 촬영 소스를 파악하는 작업을 뜻하는
방송 용어. 영화 관계자들을 초청해 개봉 전에 영화를 상영하는
시사회를 뜻하기도 한다. 8부 1장 참조.

영화에서도 마찬가지다. 영화가 방송과 다른 점은 지난한 시간을 거쳐 촬영된 소스의 분량이 대체로 어마어마하다는 사실이다. 이 재료를 가지고 어떻게든 이야기를 만들어내야 하는 것이다.

오해를 피하기 위해, 여기서 '이야기'라 함은 내러티브와 비내러티브를 구분하는 용어가 아니고 그 모두를 포함한 '담론'을 지칭하는 것임을 일단 밝혀둔다.

대개 촬영이 종료될 즈음에는 자신이 무슨 이야기를 하고 싶은지, 그 목표가 비교적 분명해져 있다. 이 시점까지 이야기의 목표가 잡히지 않았다면, 그것은 앞으로 편집 기간 동안 무수한 방황과 좌절의 구렁텅이를 헤매는 험난한 도정을 예약한 것과 같다. 그러나 목표를 명확히 인식하고 있다고 하더라도, 수많은 촬영 소스 중에서 무엇을, 어떻게 골라 타임라인* 위에 올려놓아야 자신이 원하는 이야기가 될 것인지, 그 막막함을 피할 길은 없다.

영상으로 이야기를 만든다는 것은 자신이 발화하고자 하는 바를 설득적으로 구조화한다는 의미다. 이것을 행위로 규정하자면, 수많은 촬영 소스 중 어떤 컷, 어떤 신을 '선택'해서 타임라인 위에 '배열'하는 것에 지나지 않는다. 그러나 이 선택과 배열이 곤혹스러운 것은 그 기준이 무엇인지, 어떻게 해야 자신의 이야기를, 이야기가 품고 있는 주제를 보다 효과적으로 전달할 수 있을지에 대해 판단하기 어렵기 때문이다.

* timeline. 영상 편집 프로그램에서 영상이 배열되고 편집되는 소프트웨어상의 작업 공간을 가리킨다. 러닝타임이 적혀 있어서 원하는 타이밍에 영상을 배열할 수 있다.

모든 이야기의 토대,
3막 구조

일반적으로 다큐멘터리에서 이야기를 구축한다고 할 때, 만드는 사람들이 가장 먼저 기대는 것은 전통적인 내러티브 구조다. 아리스토텔레스의 『시학』은 아직도 모든 스토리텔러들이 우러르는 성전이며, 그가 말한 3막 구조는 여전히 세상 모든 이야기의 가장 강력한 토대가 되고 있다. 아리스토텔레스는 "모든 이야기에는 시작이 있고 중간이 있고 끝이 있다"라고 말한다. 이것은 불변의 진리일 것이다. 즉 모든 이야기는 발단(시작), 전개(중간), 대단원(끝)으로 구성되는데, '발단'은 곧 갈등의 씨앗을 심는 단계이며, '전개'는 갈등이 점점 심화되어가는 과정이고 그 정점에 클라이맥스가 존재한다. 이 모든 갈등이 파국을 맞거나 해결되는 지점이 '대단원'이다.

2천여 년 후 시드 필드는 이를 현대의 시나리오에 대입하여 보다 구체적으로 각 막의 진행 시간을 추출한다. 보통 상영 시간 120분 영화를 기준으로 했을 때 30분까지가 시작 부분인 1막인 것이 일반적이며, 그다음 60분가량이 중간 단계인 2막, 갈등이 풀리고 해결로 나아가는 마지막 30분이 3막이라는 것이다.* 시드 필드는 할리우드 영화 시나리오를 기준으로 이야기한 것이지만, 사실 이러한 내러티브 구조가 쉽게 적용되는 다큐멘터리도 많다.

모든 다큐멘터리가 이 구조로 수렴되는 것은 아니다. 그럼에도 불구하고, 이러한 3막 구조는 전통적인 내러티브 구조가 아닌 경우에도 적용하는 데 큰 무리가 없다. 비내러티브 구조의

* 시드 필드, 유지나 옮김, 『시나리오란 무엇인가』, 민음사, 2017.

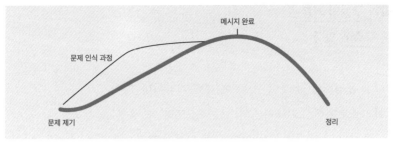

그림 2-2. 다큐멘터리에서의 3막 구조 적용 그래프

담론도 시작과 중간과 끝을 가질 수밖에 없기 때문이다. 단지 그 각각의 역할은 좀 다르게 규정되어야 한다. 즉 '발단'은 문제의 제기, '전개'는 문제를 인식해가는 발전 과정으로 내러티브 구조 그래프에서 갈등의 정점에 해당하는 지점은 발화자가 전하고자 하는 의견이 완전히 전달됐다고 여겨지는 지점, '대단원'은 지금까지의 논의를 되돌아보고 정리하는 부분으로 치환하는 것이다(그림 2-2). 이렇게 생각하면 훨씬 더 포괄적으로 다큐멘터리에 적용 가능해진다.

여기서 가장 중요한 것은 '전개'의 과정이다. 즉 문제를 인식해가는 발전 과정은 다큐멘터리 창작자가 스스로 문제의 내용을 이해해가는 과정이기도 하지만, 엄밀하게 말해 관객이 문제의 내용(혹은 갈등의 내용)을 인식해갈 수 있도록, 관객의 이해도가 발전해갈 수 있도록 포석해간다는 의미이기 때문이다. 단적으로, 이 '포석'이 이야기의 결정적 요체라고 말할 수 있다.

이야기 구성의 기본은
플롯 구축에 있다

이때 유념해야 할 것이 '플롯'에 대한 개념이다. 다시
아리스토텔레스로 돌아가면, 그는 '스토리'와 '플롯'을 엄격하게
구분한다. 스토리는 그냥 이야기다. 작가적 관점으로 말해, 이것은
'소재'에 해당된다. 플롯은 이 스토리를 구성하고 있는 에피소드를
분절하여 재구조화한 것을 의미한다. 흔히 플롯에 대한 이해를 돕기
위해 동원하는 문장을 인용해보자.

> 왕비가 죽었다. 1년 후에 왕도 죽었다. → 스토리
> 왕비가 죽었다. 슬픔 때문에 1년 후 왕도 죽었다. → 플롯

플롯에 대한 사전적 정의는 "한 스토리 안에서 서로 인과적인
관계를 갖고 있는 사건들의 구조"다. 플롯이 이야기를 사건 단위로
분절하여 '인과관계'를 부여함으로써 재배열한 것이라는 사실은
틀림없다. 그러나 다시 한번 강조하자면 영화에서의 이 플롯 구성은
단순히 인과관계를 부여하는 것을 넘어, 관객에게 사건을 어떤
인과관계로 인식시킬지에 따른 재구조화라는 사실이다. 즉 관객에게
사건을 어떻게 인식시키느냐 하는 것은, 내가 하고자 하는 이야기를
어떻게 잘 전달할 수 있느냐 하는, 고도의 전략적 선택이라는 점을
이해해야 한다.
또한 이 재배열의 방식이 무한하다는 데 주의를 기울일 필요가
있다. 하나의 이야기에 대해서도 만드는 사람에 따라 각기 다른

플롯이 나올 수 있는 것은 이 때문이다. 사건을 자세히 들여다볼수록, 그 해석이 다양할수록, 거기에 상상력이 더해질수록 플롯은 다기하게 발전해갈 수 있다.

같은 이야기에 대한 플롯의 다양한 변주를 보자.

왕이 죽었다. 그의 죽음은 깊은 슬픔 때문이었다. 그는 1년 전에 죽은 왕비를 잊지 못했다.

사건의 세부를 좀더 깊이 들여다보면 이렇게도 재구조화할 수 있다.

왕은 슬픔에 빠져 있다. 그는 모든 먹는 행위를 거부한다. 그가 하는 일은 왕비를 그리워하는 것뿐이다. 그에게 왕비는 지상에서 가장 아름답고 사랑스러운 여인이었다. 그러나 1년 전 왕비는 죽었다.
왕비가 죽은 그 침상에서 왕도 숨을 거둔다.

이야기의 재구조화에서 가장 중요한 것은 '이 이야기가 무엇에 대한 것인가? 즉 목표가 무엇인가?'라는 점이다. 이 점은 앞에서도 이미 강조한 바 있다. 내가 만일 이 이야기를 재구조화한다면, 나는 이 이야기의 목표가 '사랑'에 있다고 볼 것이다. 그 목표를 염두에 두고 좀더 파격적으로 구조화하면 이럴 수도 있다.

가장 아름답고 사랑스러웠던 왕비의 모습을 기억한다. 왕은 음식을 거부하고 있다. 가장 아름답고 사랑스러웠던 왕비의 모습을 기억한다. 왕은 또 음식을 거부한다.

슬픔이 그를 지배하고 있다. 가장 아름답고 사랑스러웠던 왕비의 모습을 기억한다.

왕은 국정을 보살피는 일을 거부한다. 가장 아름답고 사랑스러웠던 왕비의 모습을 기억한다. 왕은 통곡한다. 가장 아름답고 사랑스러웠던 왕비가 죽은 모습을 기억한다. 왕도 숨을 거둔다.

이쯤 되면 모두가 알아챘겠지만, 다큐멘터리의 이야기 구성이란 결국 소재의 재구조화, 즉 플롯의 구성과 그것의 세부 구축을 의미한다. 그런데 이 모든 것을 알면 좋은 이야기를 만들 수 있을까? 유감스럽게도 그렇다고 말하기는 어렵다. 아니, 사실을 말하자면 이런 공부 열심히 한 사람이 좋은 이야기를 만든다는 공식은 어디에도 없다.

단지 플롯의 개념에서 가장 중요하게 기억해야 할 요소가 있다면 그것은 '인과관계'다. 우리가 말하는 '이야기'는 어디에서 발생하는가? 그것은 이야기를 구성하고 있는 개개의 에피소드라든가 그 에피소드로 구축된 시퀀스 자체에 있는 것이 아니라, 시퀀스와

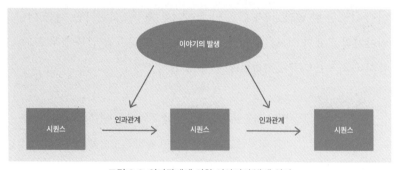

그림 2-3. 인과관계에 의한 이야기의 발생 원리

시퀀스 사이에서 발생한다.

　서사 열차의 차량과 차량 사이가 어떤 인과관계로 연결되었느냐가 전체 이야기를 만드는 데 기본 구조 틀이 된다(그림 2-3). 그것이 파편으로 나열되어 있는 에피소드와 이미지를 한 방향으로 엮어내는 역할을 한다.

4장 하나의 다큐멘터리는
   하나의 세계

'자유'가 창조한다

이야기를 만드는 사람에게는 무한한 창조의 자유가 있다. 하지만
현실에서 많은 다큐멘터리 감독들은 자신에게 주어진 창조의 자유를
믿지 못하는 경향이 있다.

빌 니콜스의 『다큐멘터리 입문』이 처음 한국에 소개되었을 때,
그가 제시한 다큐멘터리의 여섯 가지 유형 — 시적 양식, 설명적 양식,
관찰자적 양식, 참여적 양식, 성찰적 양식, 수행적 양식 — 은 선풍적
관심을 모았다.[*] 이전까지 다큐멘터리를 이러한 양식적 틀로 분석한
경우가 없어서이기도 하지만, 각 유형 분류와 성격에 대해 탁월한
논의를 전개했고 이에 대한 동의가 광범위하게 이루어졌기 때문일
것이다.

그러나 나는 창작자들이 빌 니콜스의 양식 분류를 반드시 알아야
한다고 생각지 않는다. 그는 학자이며 이론가로서 당시까지 생산된
다큐멘터리를 펼쳐보고 자기 나름의 객관적 관점으로 분류했을

---

[*] 빌 니콜스, 이선화 옮김, 『다큐멘터리 입문』, 한울아카데미,
2005.

뿐이다. 그 양식적 분류는 사후적이라는 뜻이다. 따라서 지금까지 생산되었고 앞으로 생산될 모든 다큐멘터리가 이 여섯 가지 양식에 다 수렴될 거라고 생각하지 않으며, 그렇게 되지도 않을 것이다. "나는 성찰적 양식의 다큐멘터리를 만들겠어"라거나 "나는 수행적 양식의 다큐멘터리를 만들겠어"라는 식으로 스스로를 기존의 분류항에 구속시키는 것은 난센스에 지나지 않는다.

2014년 제39회 토론토 국제영화페스티벌에서 한 마이클 무어의 연설에는 이런 대목이 있다. "대학교 강의 같은 스토리텔링은 하지 말라. 새로운 방법, 새로운 스토리텔링 모델을 고안해야 한다"라고. 그는 자신이 정말로 "다행으로 생각하는 것은 한 번도 논문 쓰는 방법을 배우지 않았다는 것"이라고 천명하며, 학교를 싫어했던 것도 "선생님이 이야기한 것을 기억해서 글로 또는 말로 반복하는 외에는 아무 의미가 없었"*기 때문이라고 말했다.

자신이 어떤 다큐멘터리를 만들 것인가 하는 문제는 외부적 규정이 아니라 자신의 의지에 달려 있으며, 그 의지 앞에 놓인 것은 아무런 경계가 없는 허허벌판이다. 이 허허벌판을 자유로 받아들일 때 진정한 의미에서의 창조가 가능하다. 그러나 자유는 본질적으로 불안한 것이다. 많은 사람들이 앞선 사람들의 작업 궤도를 따라가려는 것은 이 때문이다. 그편이 훨씬 안전해 보이니까. 그러나 그것은 사실일까? 그것은 결국 반복에 지나지 않는 것은 아닐까?

* 마이클 무어, 「마이클 무어가 말하는 성공적인 다큐멘터리를 만드는 13가지 방법」, 『허핑턴포스트』, 2014-09-23.

세계를 건설하고
'질서'를 부여하라

내 경험으로 돌아가보면, 아무것도 모른 채 방송사에 입성했던
나는 그 시절 영상 플롯에 대한 개념 따위도 알 리가 없었다.
누구나 그렇듯이 초기에는 텍스트를 영상으로 직역하는 수준에서
이야기를 구성했다. 머릿속에 글을 먼저 쓰고 그에 걸맞은 영상과
인터뷰를 맥락에 따라 배치하는 식이었다. 이런 방식으로 해도
'머릿속 글의 플롯'이 과히 나쁘지 않으면, 이야기가 영상으로도
그럭저럭 구축되고 촬영된 양상에 따라 심지어는 감동도 주게
된다. 그런데 얼마 지나지 않아 필연적으로 텍스트와 영상은 그
속성이 명백하게 다르다는 것을 인식하는 때가 온다. 즉 영상은
이미지이며, 그 이미지는 텍스트보다 훨씬 직관적이고 강력한 감정을
불러일으킨다는 것을 체득하게 되는 것이다.

　내가 이것을 남들보다 좀더 빨리 인식한 것은 이전에 시를
써왔다는 사실과 무관하지 않을 것이다. 시의 언술은 '묘사'와
'진술'로 이루어지는데, 묘사란 결국 언어로 유추되는 이미지이기
때문이다. 그런데 영화의 이미지는 유추되는 것이 아니라 그 자체로
보다 직접적으로 구현되는 것이어서 나를 매혹시켰다.
또한 시에서의 이미지는 단순히 사실을 그린다기보다 어떤 메타포로
작용하는 것으로, 돌아보면 시의 이러한 점이 영상언어를 이해하는
중요한 하나의 통로가 되어준 것 같다. 이미지와 더불어 사운드는
영상의 표정을 더 풍부하게 하고 전달 효과를 배가한다. 문자의
세계에서는 결코 경험할 수 없는 것들이었다.

텍스트와 다르다는 것을 알게 되면서 내가 재미 붙인 것은 영상으로써만 가능한 어떤 것을 구현하는 것이었다. 당시 '다큐멘터리는 이러한 것'이라며 통용되던 관습은 따분했고 그 테두리를 뛰어넘는 것은 큰 즐거움이었다. 상투적인 것을 싫어하는 반항아 기질은 '내 멋대로'의 다큐멘터리 작법으로 나아가게 했다.

플롯 구축 자체를 남들이 하지 않는 방식으로 하려 했고 각각의 영상 시퀀스의 세부 내용도 좀 다른 방식을 추구했다. 그 결과 내가 개입한 다큐멘터리에는 일반적인 방송 다큐멘터리에서 보기 어려운, 이른바 '낯설게 하기'의 기법이 자주 등장했다. 특히 현장이 풍부하지 못한 역사물에서 시청자의 영상 주목도를 높이고 긴장감을 부여하기 위해 이런 기법을 즐겨 사용했다. 가령 역사물이나 시사물에서는 부족한 현장을 보완하기 위해 스튜디오가 흔히 설정되는데, 이 스튜디오는 대개 진행자가 멘트를 하는 공간으로, 이전 VCR*과 이후 VCR을 연결해주는 장치로 사용되는 것이 보통이다. 그런데 스튜디오를 왜 그렇게만 사용해야 할까?

나는 이 스튜디오를 보다 적극적인 영상 시퀀스로 전환시키곤 했다. 스튜디오를 두 개로 나누어 현재의 진행자가 과거의 인물들과 대화를 나누게도 하고〔이 형식은 후일 KBS의 레귤러 다큐「TV 조선왕조실록」(1997~1998)의 공식 포맷으로 차용됐다〕, 스튜디오를 미니멀한 장치의 연극 무대로 바꾸기도 했다. 주인공이 좋아하던 노래를 편곡하여 다큐멘터리 전편의 맥락으로 삼기도 하고, 허구적

---

* Video Cassette Recorder. 혹은 Video Cassette Record. 영상 카세트 녹화기 혹은 이것으로 녹화한 영상을 가리키는 약자. 방송 큐시트상에서는 스튜디오 촬영(ST)과 구분되는, 야외 촬영을 지칭하는 용어로 통용된다. 현재는 카세트테이프를 사용하지 않고 하드 디스크 드라이브(HDD), 솔리드 스테이트 드라이브(SSD), 메모리 디스크를 이용해 디지털 녹화를 하고 있다.

인물과 상황을 내세운 드라마와 실사 다큐멘터리를 결합하기도 했다. 내 의식을 지배한 것은 '왜 그러면 안 되는가?'였다.

이런 여정을 거치면서 깨달은 것이 있다. 다큐멘터리를 만든다는 것은 '이러이러해야 한다'라는 규칙에 지배되는 것이 아니며 '이러이러하면 안 된다'라는 규칙에 지배되는 것도 아니라는 사실이었다. 중요한 것은, 하나의 다큐멘터리는 하나의 세계라는 점을 인식하는 일이다. 다큐멘터리 이야기 구조를 만든다는 것은 그 세계에 어떤 질서를 부여하는 것이며, 어떤 타인의 다큐멘터리가 말하는 바를 알아챈다는 것은 그 질서를 이해한다는 뜻이다. T. S. 엘리엇도 예술이란 "삶에 어떤 질서를 부여하며 그 안에 있는 질서를 인식하도록" 해주는 어떤 것이라 말했다지 않은가.

다시 말하면, '내 멋대로' 작법은 무질서를 의미하는 것이 아니라 나만의 질서를 만드는 것을 의미한다. 한 편의 다큐멘터리를 만든다는 것은 세계를 창조하는 것이라는 얘기다.

모험을 두려워하는 창조주는 이전에 많은 사람들이 시험해본 질서의 길을 따라간다. 그 길은 안전해 보이지만, 때로는 진부함을 각오해야 한다. 모험을 선택한 창조주는 과감하게 새로운 질서를 세워보지만, 때로는 아무에게도 이해받지 못하는 난삽함을 초래할 수도 있음을 인정해야 한다. 우리가 만일 실패했다면, 그것은 규칙을 따르지 않아서가 아니라 내 작품의 질서를 만드는 데 실패했기 때문이다.

질서는 나의 세계에 통일성과 조화로움을 만들어내는 조건이다. 그런데 자신이 만들고자 하는 질서를 명확하게 인식하지 못하면, 이야기 전반부와 후반부의 질서가 달라지고 무엇이 질서인지조차 알 수 없게 되는 경우도 생기는 것이다.

질서를 만드는 데는 어떤 기준이 필요하다. 초등학교 운동장 조회 때 전교생이 나와 줄 설 때를 떠올려보라. 이렇게 단순한 줄 서기에도 기준은 있다. 대략 '키 순서'라든가 '번호 순서'라든가. 1학년은 '왼쪽,' 6학년은 '오른쪽' 같은 공간적 기준도 있다. 영상을 선택하고 배열하는 일 또한 기준 없이는 불가능하다. 특히 시퀀스와 시퀀스를 연결하는 기준이 무엇인가에 따라 이야기의 기본 구조 틀이 달라진다. 보다 분명하게 말하자면, 시퀀스와 시퀀스를 연결하는 인과관계가 어떤 것이냐에 따라 이야기를 형성하는 가장 기본적인 축이 결정된다.

3부

▶

다큐멘터리
이야기의
기본 구조 틀

시간이라는 목걸이 줄에
구슬 꿰기

영상으로 이야기를 만드는 것은 줄에다 구슬을 하나하나 꿰어 목걸이를 만드는 일과 비슷하다. 촬영 소스에 담긴 여러 에피소드와 다양한 이미지도 목걸이 줄처럼 '시간'이라는 외줄기 단선 위에 배열해야만 하기 때문이다.

목걸이 줄에는 단색의 구슬을 꿸 수도 있지만 여러 색깔의 구슬을 꿸 수도 있고, 색깔뿐 아니라 크기와 모양이 다른 구슬을 한 줄에 꿸 수도 있다. 그 각기 다른 구슬들을 규칙적으로 교차하며 꿸 수도 있고 구획을 나누어 한 번에 같은 것끼리 몰아서 꿸 수도 있다. 아니면, 의도적 무질서를 연출할 수도 있다. 줄은 외줄기지만 꿰는 종류와 방식에 따라 실로 다양한 분위기를 만들어낼 수 있는 것이다.

다큐멘터리든 극영화든 영상으로 완결된 이야기는 소재, 구조, 표현이라는 세 가지 요소가 어우러져 그 각각의 독창적인 미학을 이룩한다. 소재가 '구슬'이라면 구슬을 꿰는 방식이 '구조'를 만들어내며, 그 하나하나 구슬에 각기 다른 형태와 무늬를 세공하는 것이 '표현'의 영역이 될 것이다.

이야기의 기본 구조 틀이란, 이를테면 구슬을 꿰는 방식의 기준이 무엇인가를 생각하는 행위다. 그 방식이 만들어낸 결과가 곧 이야기 구조의 질서라 명명할 수 있다. 어떤 구조 틀을 취하든 공통적인 것은, 이 질서는 이야기가 지향하는 최종적인 목표를 향해 달려가도록 구축된다는 점이다. 그러니까 이야기를 구축하기 전에 목표를 인식하는 것이 필수임을 전제하고, 기본 구조를 만드는 방식들을 살펴보기로 하자.

가장 흔하게 사용되는 기본 구조 틀은 진행형 구조와 논증형 구조다. 진행형 구조는 국내외를 통틀어 다큐멘터리에서 가장 많이 활용되는 것으로, 시퀀스와 시퀀스를 이어가는 인과관계의 기준을 '시간의 흐름'으로 잡고 그 축 위에 에피소드를 배열하는 방식이다. 논증형 구조는 그 기준을 '논리적 발전 관계'로 잡고 결론을 향해 논리를 구축하고 증명해가는 방식을 취한다.

여기에 하나를 더해 굳이 이름 붙여보자면, 자의恣意형 구조가 있을 수 있다. 진행형 구조나 논증형 구조는 누가 보아도 쉽게 그 구조를 파악할 수 있을 만큼 객관적 규칙성이 있다. 그러나 자의형 구조는 말 그대로 어떤 기준에 의거해서 저런 연결을 했는지 도무지 짐작하기 어려운 구조다. 글로 치자면 에세이형이라고나 할까? 형식에 얽매이지 않는 글이라고 하지만, 에세이도 글의 주제를 잘 드러내고 잘 전달하는 것이 잘 쓴 글인 만큼, 자의적으로 구성했다고 해도 그만의 질서를 내장하고 있다는 점에서는 다르지 않다. 그러나 그 질서가 진행형이나 논증형처럼 한눈에 파악할 수 있는 것이 아니라서 관객을 어리둥절하게 하는 것이다.

게다가 기본 구조 틀은 단일하게 진행되는 경우도 있지만, 많은 경우에 부분적으로 혼용된다. 혼용을 어떻게 하는가에 따라 다큐멘터리의 인상과 전달력은 달라진다. 또한 기본 구조 틀은 그 세부에서 변용이 얼마든지 가능하다.

다큐멘터리가 예술로 가는 길목에 그 수많은 변용의 갈림길들이 있는 것이다.

1장   진행형 구조
─영화 속의 시간을 흐르게 하다

진행형 구조란

국내외를 막론하고 방송과 영화를 통틀어서 가장 널리 활용되는 것은
진행형 구조 틀이다. '시간의 흐름'을 축으로 놓고 그 위에 이야기의
단위들을 구축하는 방식이다(그림 3-1). 목걸이 줄에 시간 순서대로
일어난 일들을 꿰어나가는 것처럼 보인다. 관객의 입장에서 봤을
때, 영화 속 시간이 진행되고 있다는 느낌을 주는 경우가 바로 이에
해당한다.

긴 시간 대상을 쫓아가는, 이른바 관찰형 다큐멘터리들이 주로
이런 구조를 취하는데, 1년이고 2년이고 하나의 대상을 따라가다 보면
크고 작은 사건을 만나게 되고, 그 과정의 에피소드를 연결하다 보면
자연스럽게 하나의 이야기가 형성되게 마련이다. 그 때문에 감독이
크게 의식하지 않아도 촬영 소스를 선택하여 배열하는 과정 속에서
시퀀스와 시퀀스 사이에 시간적 인과관계가 자리 잡게 되는 것이
보통이다.

그러나 우리가 의식적으로 진행형 구조를 택하려고 한다면 다음과 같은 사항을 꼭 유념하는 것이 좋다. 우리가 만드는 진행형 구조는 모든 것을 실제 촬영한 시간의 순서대로 편집하는 것을 의미하지 않는다는 점이다. 중요한 것은, 관객이 영화 속에서 '시간이 흐르고 있다'라고 느끼게 편집하는 것이다.

보는 사람이 시간의 흐름을 느끼는 것은 '변화'를 통해서다. 즉, 봄에 남녀가 만나서 연애를 하다 가을에 결혼하고 이듬해 가을에 아기를 낳았다면, 미혼에서 기혼으로, 부부에서 아기가 있는 가족으로 변모하는 그 과정에서 시간의 흐름을 느끼지만, 그런 중요한 변곡점 사이에 놓여 있는 평범한 일상들에서 시간의 흐름을 느끼기는 어렵다. 어제의 출근길과 오늘의 출근길은 별다른 사건이 없는 한, 보는 사람에게 변별되지 않는다는 뜻이다. 그 앞뒤에 커다란 변화를 느끼게 하는 사건이 배치됨으로써 관객은 무리 없이 영화 속 시간이 전체적으로 흐르고 있다고 받아들인다.

그러나 영화의 입장에서는 커다란 변화 그 자체보다 그 변화와 변화 사이에 있는 사소한 순간, 사소한 이미지, 그 사소함을 쌓아가는 순서…… 이런 것들이 더 중요할 수 있다. 그런 요소들의 집합을 통해 감독은 자신만의 스타일을 만들어낼 수 있고, 자신이 하고 싶은 이야기를 보다 더 잘할 수 있게 된다. 만일, 변화 그 자체만이 중요하게

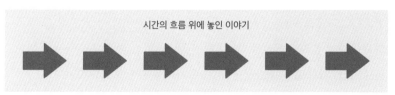

그림 3-1. 진행형 구조

다루어진다면 그것은 일반적인 보도의 형태와 별반 다르지 않을 것이다.

진행형 구조의
여러 유형

진행형 구조는 그 대상에 따라 크게 세 가지 형태로 나타난다.

이 구조의 특성과 효과가 극명하게 드러나는 것은 어떤 큰 사건의 전말을 쫓아가는 경우다. 처음부터 사건이 어떻게 진행되는지를 추적하는 경우도 있고, 대상을 따라가다 보니 사건과 만나게 되는 경우도 있다. 어느 경우든 사건이 전편을 압도적으로 지배할수록, 사건의 시작과 끝이 크게 달라질수록, 이야기는 긴장감과 박진감을 갖게 된다. 자연 발생적으로 그 사건의 결말이 어찌 될 것인지에 대한 강력한 궁금증을 유발하기 때문이다.

대표적인 예로 「베를린 필과 춤을Rhythm Is It!」(토마스 그루베·엔리크 산체스 랜쉬, 2004) 같은 영화를 들 수 있겠다. 이 다큐멘터리는 베를린 필하모닉 오케스트라의 상임지휘자 사이먼 래틀과 영국의 안무가 로이스턴 말둠이 기획한 대규모 예술교육 프로젝트를 다룬 것이다. 이들은 "음악은 사치가 아니라 공기, 물 같은 필수품"이라며, 클래식 음악을 들어본 적도 없고 발레 교습을 받은 적도 없는 소외 계층의 청소년 250명을 모아 춤을 가르치기 시작한다. 3개월 후 베를린 필이 연주하는 스트라빈스키의 「봄의 제전」에 맞춰 합동 공연을 하는 것이 목표지만, 처음 접해보는 무용 훈련에 아이들은 당혹스러워하고 진도는 지지부진하기만 하다. 과연 이 아이들이 공연을 할 수 있을지

의문스러울 정도지만, 놀랍게도 아이들은 하루하루 달라져간다. 춤과 음악의 리듬에 눈뜨고 인간으로서 성장하는 것이다. 그리고 마침내 베를린 필과 성공적인 협연을 펼친다. 그 순간의 감동을 향해 다큐멘터리의 시간은 3개월을 달려온 것이다. 자존감 없고 반항적이고 냉소적이던 아이들이 베를린 필과 춤을 출 수 있다는 자신감으로 충만해진 것은 얼마나 극적인 변화인가.

이처럼 뚜렷한 사건을 중심에 놓고 그 추이를 쫓아가는 것은, 전형적이긴 해도 가장 효과적으로 극적 흥미를 만들어낼 수 있는 이점이 있다.

「베를린 필과 춤을」처럼 처음부터 의도적으로 어떤 사건의 추이를 따라가는 경우도 있지만, 대상의 일상을 쫓아가다 사건을 만나게 되는 경우가 더 흔하다. 가령 「다시 태어나도 우리」는 인도 라다크에서 린포체로 공인받은 어린 소년 앙뚜와 그를 돌보는 스승 우르갼의 삶을 그린 영화인데, 영화가 진행되면서 앙뚜가 어떻게 그의 사원을 찾을 것인가가 과제로 떠오르게 된다. 린포체는 전생의 업을 잇기 위해 환생한 고승을 일컫는 말이다. 환생이 인정되면 전생의 고승이 살던 사원에서 린포체를 모셔가 엄격한 승려 교육을 시키는 것이 티베트 불교의 법도다. 그러나 중국령이 된 티베트에서는 아무도 앙뚜를 찾아오지 않는다(정치적 상황으로 찾아올 수가 없다). 자신의 사원이 없는 앙뚜는 린포체임을 의심받는 상황에까지 이르고, 마침내 스승과 제자는 앙뚜가 기억하는 전생의 사원이 있는 곳 티베트 캄을 향해 떠나게 된다. 이 영화에서는 캄의 사원을 찾아가는 여정이 가장 큰 사건으로 다루어진다.

「님아, 그 강을 건너지 마오」(진모영, 2014)는 백발의 노년에도 소년과 소녀의 감성으로 사랑을 나누는 노부부의 삶을 쫓아가는 이야기다. 그러나 동화 같은 노부부의 일상은 할아버지의 병과 죽음을 만나면서 돌연 큰 변곡점을 그리게 되고, 지나간 일상의 편린은 관객의 기억 속에서 새로운 의미로 재배치된다.

반면, 사건이 아니라 대상 캐릭터 자체에 집중하며 시간의 흐름 속에서 그의 일상을 포착해가는 작업도 있다. 「마지막 수업 Être et avoir」(니콜라 필리베르, 2002)은 프랑스 중부의 한적한 오지 마을 오베르뉴의 작은 학교와 이곳에서 35년간의 교직 생활을 마감하는 조르주 로페즈 선생님의 마지막 6개월을 그린 다큐멘터리다. 네 살 반부터 중학교에 입학하기 전까지 나이가 다른 아이들 열세 명이 전교생으로, 이들이 한 학급에서 복닥거리며 공부하는 내용을 겨울부터 그다음 해 여름까지 그야말로 느린 호흡으로 따라간다. 큰 사건은 없다. 아이들마다 다른 개성과 이를 다루는 선생님의 수업 방식이 내용의 전부라 해도 지나치지 않은데, 그런데도 감동이 있다. 놀라운 것은 이런 영화가 프랑스에서는 180만 명의 관객을 동원하고 박스오피스 10위 내에 6주간이나 머물렀다는 사실이다.

「춘희막이」(박혁지, 2015)도 그렇다. 남편이 세상을 떠난 후, 본처와 후처의 관계로 46년간을 동거해온 두 할머니의 일상을 그리고 있는 이 다큐멘터리에도 전체를 관통하는 커다란 사건은 없다. 그러나 일상의 소소한 에피소드들이 구축되어 시간의 흐름과 함께 두 할머니와 그 관계에 대한 이해가 깊어질 수밖에 없게 구조화되었다.

이야기의 극적 효과는 전술한 세 가지 유형 중 앞에서 뒤로 갈수록 약화된다. 따라서 소재를 선택할 때는 향후 대상에게 어떤 사건이 생길 것인지에 대해 충분한 고려를 해야 하고, 별다른 사건이 있기 어려운 경우에는 캐릭터에 집중해야 한다. 일반적인 휴먼 다큐멘터리의 경우, 캐릭터의 매력이 이야기를 소구하는 거의 전적인 책임을 지기 때문이다. 또한 세번째 유형은 사건적 스토리가 약하기 때문에 오히려 작가주의적 주제와 표현의 방식이 더 눈길을 끌게 된다.

진행형 구조의 강점
— 현장성과 정서적 공감

어떤 유형이건 이런 구조를 요구하는 것은, 다큐멘터리 작가가 전하고 싶은 무엇이 대상의 과거에 있는 것이 아니라 현재 혹은 미래에 있을 때이다. 이때 카메라는 대상에 대해 관찰적 태도를 유지하며, 대상에 밀착하여 일어나는 상황을 실시간으로 포착해나간다. 즉 카메라는 대상과 함께 살아가는 것이다. 이 방식을 취하면 카메라는 항상 대상의 현재를 찍게 된다. 그러므로 이렇게 대상을 기록한 다큐멘터리에서는 강력한 '현장성'을 느낄 수 있다. 이것이 진행형 구조가 가지는 가장 큰 강점이다.

현장성은 어떤 일이 지금 내 눈앞에서 일어나고 있다는 강력한 느낌을 말한다. 실제로 지금 일어나고 있는 일이라도, 특정한 시간을 인지하기 어려운 풍경에서는 '현장성'이란 감각을 얻기가 난감하다. 1년 365일 똑같이 깜박이는 신호등 불빛, 1년 365일 똑같이 컨베이어 벨트 위에서 돌아가는 음료수 병들에서 현장성을 잘 느끼기 어려운 이유다. 결국 현장성은 예측할 수 없이 우연히 맞닥뜨린,

결코 평범하지 않은 상황들을 목격할 때 느끼는 것이다. 사소한 일이라도 그것이 우리가 일상에서 만나기 어려운 우연이라면 강력한 현장성을 느낀다. 그 사건 자체가 엄청난 것이라면 더 말할 것도 없다. 9·11테러 당시, 비행기가 세계무역센터 건물에 꽂히던 순간의 충격을 상기해보라. 항상 엄격하고 무서웠던 아버지가 남몰래 무너져 흐느끼는 것을 목격하는 순간도 결코 가볍지 않은 충격을 안겨준다.

이러한 현장과 맞닥뜨리는 것은 카메라가 대상과 함께 살아가기에 가능한 것이다. 또한 이 때문에 진행형 구조는 대상의 변화를 드러내는 데 매우 유리한 방식이 된다. 다큐멘터리가 처음 시작할 때의 상황과 끝날 때의 상황 변화를 통해 관객에게 많은 것을 전해줄 수 있기 때문이다.

촬영된 내용은 시간의 흐름이나 사건의 전개 과정에 따라 배열되고, 이렇게 배열된 상황은 주인공—사건—배경이라는 전형적인 스토리 구조를 갖춤으로써 누구나 쉽게 접근할 수 있는 '이야기'로 전달된다. 옛날이야기나 동화, 소설과 같은 이야기 말이다. 이런 이야기 구조는 정서적 공감을 불러일으키는 힘이 크다.

이야기 구조이니만큼 감독이 전하고자 하는 메시지는 이야기 속에 잠복되어 은유적으로 전달되게 마련이다. 그러한 연유로 때때로 관객의 오독이 일어나기도 한다. 그러나 그 메시지가 직접적이지 않으므로 영화가 가지는 의미의 결이 보다 미묘하고 섬세하게 감각으로 전달되며, 결과적으로 그것이 영화의 의미를 더 풍부하게 증폭시킨다고 말할 수 있다.

상상하라
—사소하고도 중요한 순간

한 편의 영화는 편집 단계에서 그 구조가 크게 바뀌는 경우가 많다. 사실 촬영이 진행되는 동안에도 다큐멘터리 감독의 머릿속에는 완성된 영화의 모양이 무수히 지어졌다가 부서지고 새로 지어지기를 반복한다고 할 수 있다. 할 수 있을 뿐 아니라 그렇게 해야만 한다. 편집은 촬영 소스의 제약을 받기 때문에 그 구조와 표현의 방법론은 사실상 촬영 단계에서 예비되어야 하는 것이다. 그래서 촬영에 들어가기 전에 완성된 영화의 구조가 어떻게 될 것인지 그려보는 일은, 촬영을 진행하는 데 많은 도움이 된다.

진행형 구조가 되어야 한다면, 촬영할 때 이 구조의 특장점을 살릴 수 있도록 충분히 대비하는 것이 좋다. 첫째, 대상에 대한 집요한 관찰자적 시선이 필요하다. 강력한 현장성의 강점을 충분히 살리려면, 카메라 앞에서 예기치 않은 상황이 발생할 수 있는 가능성을 항상 염두에 두어야 한다. 자칫 방심하여 표피적 상황만 따라가면, 결과적으로 '아무것도 일어나지 않는' 다큐가 될 수 있다.

둘째, 전체 이야기를 앞질러 정해놓을 수는 없으므로 촬영하면서 감독의 시선이 대상에게서 어떻게 드러날 수 있을지 고민해야 한다. 상투적인 무엇이 되지 않으려면, 자연 발생적으로 일어나는 상황 속에서 감독만의 발견이 이루어져야 하기 때문이다. 어떤 사람의 눈에는 하등 중요하지 않은 순간이, 다른 사람의 눈에는 영화를 위해 가장 중요한 순간이 되기도 하는 것이다. 특히 사건이 아니라 캐릭터에 의존하는 경우에는 남들이 간과하는 '사소한 순간'들이 정말

중요하다. 그 사소한 정황에서 의미를 포착해낼 수 있는 매의 눈이
영화의 주제를 구원한다.

그러기 위해서 관찰자에게 필요한 것은 '상상하는 능력'이다.
흔히 이렇게 말하면 '그런 건 허구를 다루는 극영화에서나 필요한 것
아닌가?'라는 질문이 들어온다. 그러나 다큐멘터리는 눈앞에서 벌어지는
사실만 찍는 것이 아니다. 눈앞에서 벌어지는 사실이 중요하지 않다는
것이 아니라 그런 사실은 누구나, 즉 지나가는 행인이라도 볼 수 있다는
것이다. 남이 보고도 인식하지 못하는 것, 지나쳐버리는 것, 중요하지
않다고 느끼는 것. 그런 사소함에서 무언가를 발견해내는 시선이 그
영화를 감독만의 독창적인 것으로 만든다.

그런데 그러려면 감독은 아직 일어나지 않은 대상의 행위에 대해,
대상의 감정에 대해 끊임없이 유추해야 한다. 카메라가 밀착한다고
하지만 대상과 매 시간을 함께 살아낼 수는 없다. 언제, 무엇을, 얼마나
찍어야 할지를 결정하는 것은 이런 상상의 결과다. 대상을 길게 찍고
있을 때, 감독들은 그 대상에게 어떤 특별한 리액션이 일어날 것
같은 때를 놓치지 않는다. 상호작용이 활발하게 일어나는 경우라면,
어떤 일을 해보자고 직접 권유하기도 한다. 이때 감독의 머릿속에서
일어나는 것은, 그것을 계기로 일어날 수 있는 여러 버전의 상상이다.

자신의 예상과 전혀 다르게 나타나는 경우도 많지만, 때로는 그
상상을 능가하는 폭발적 상황을 만나기도 한다. 대상에 대해 끊임없이
상상한다는 것은 영화적 키를 쥐고 있는 그 '사소하고도 중요한
순간'을 놓치지 않게 하는 중요한 기제다. 즉 상상함으로써 예측할 수
있는 것이다.

2장 논증형 구조
─논리를 구축하는 증거주의

논증형 구조란

논증형 구조는 시퀀스와 시퀀스를 논리적 인과관계로 이어가서, 마침내 결론에 이르는 구조를 말한다. 대개는 어떤 문제의식으로부터 촉발되어 그 해답을 찾는 과정을 구조화하는 형태로, 방송에서는 시사, 탐사, 역사, 과학 등의 분야에서 광범위하게 활용되고 있고 다큐멘터리영화에서도 이러한 구조를 적용한 경우가 적지 않다.

　　논증형을 이해하기 위해서는 학창 시절 배웠던 삼단논법을 최소 단위로 떠올려보면 좋을 것이다. '사람은 두 발로 걷는다 → 나도 두 발로 걷는다 → 고로 나는 사람이다' 같은 삼단논법은, 각 단락이 어떤 방식으로 연결되어 결론으로 나아가는지 쉽게 알게 해준다. 앞에 제시한 정보가 디딤돌이 되어 다음으로 발전하고, 다음 내용이 또 디딤돌이 되어 그다음으로 발전하는, 대단히 견고한 연쇄 관계를 이루는 것이 논증형의 특징이다(그림 3-2). 다시 말해 전체 이야기의 축은 시간의 흐름이나 사건의 진행이 아니라 논리 그 자체가 된다.

이런 형태의 작품들은 철저하게 증거주의적 태도를 갖는데, 작품에 동원되는 모든 사실은 논리를 구축하는 퍼즐의 조각이 되며 결론을 이끌어내는 데 기여하는 증거로 작용한다. 이 증거로서의 팩트가 다큐멘터리를 이루는 가장 중요한 요소가 되는 것이다.

　이러한 논증형의 구조로 되어 있더라도 각 작품은 소재와 표현의 방식에 따라 다양한 형태로 나타난다. 진행형 구조에 비해 그 형태의 다양성은 훨씬 더 크다고도 할 수 있다.

논리의 연쇄 고리로 엮인 이야기

그림 3-2. 논증형 구조

논증형 구조의
여러 사례

감독이 적극적 수행자의 역할을 하는 경우는 방송사의 탐사 다큐멘터리에서 흔히 볼 수 있는데, 영화 「자백」(최승호, 2016)도 그 연장선상에 있다.

　「자백」은 2012년에 일어난, 이른바 서울시 공무원 간첩 사건이 국정원에 의해 어떻게 조작되었는지를 밝히는 다큐멘터리다. 탈북자로 당시 서울시 공무원으로 근무 중이던 유우성 씨가 간첩 행위를 했다며 국정원이 발표한 사건이었다. 이 발표의 가장 큰 근거는 여동생 유가려 씨의 자백이었으나 그것은 강압에 의한 것으로 밝혀졌다. 국정원이 유우성 씨의 간첩 행위를 증빙하는 자료라고 제시한 중국 정부기관의 북중 국경 출입국 기록 또한 위조된 것이었다.

감독 최승호는 유우성의 혐의가 조작된 것임을 밝히기 위해 직접 영화 속에서 사건을 파헤치는 수행적 역할을 담당한다. 국내는 물론 중국까지 가서 증거를 수집하고, 국정원이 어떻게 피의자를 다루는지, 그리고 그것이 인간을 어떻게 파괴하는지를 보여주기 위해 다른 피해자들의 사례를 디딤돌로 삼거나 인식을 확장시키는 근거로 삼는다. 유우성은 재판에서 간첩 혐의에 대해 무죄판결을 받았다. 영화는 그 사실을 담고 있지만 재판의 결과를 알리는 데서 멈추지 않는다. 최승호는 집요하게 국정원 관계자, 검찰 관계자들을 추궁하고 카메라를 회피하거나 밀어내는 그들의 리액션을 담아내며, 1970년대 재일교포 유학생으로 고문을 당해 간첩으로 조작되어 그 후유증으로 오랜 세월 정신질환을 앓아온 김승효 씨의 모습으로 영화를 마감한다. 그 후 크레디트가 오르기 전 블랙 화면에는 수많은 조작 간첩단 사건들의 목록이 줄줄이 올라간다.

이러한 이야기의 경로를 따라가다 보면, 감독의 관심이 유우성의 무죄 여부에만 있는 것이 아니라 조작으로 죄를 만들고 인간을 파괴하고도 반성이 없는, 무도한 정부 시스템에 대한 고발에 있다는 것을 명백하게 인지할 수 있다. 그렇게 인식될 수밖에 없도록 에피소드들을 층층이 쌓아올렸기 때문이다.

「더 코브: 슬픈 돌고래의 진실The Cove」(루이 시호요스, 2009)도 마찬가지다. 여기서도 감독은 적극적으로 이 사태에 개입하고 발언하는 주체적 수행자가 된다. 「더 코브」는 매년 2만 3,000마리의

「더 코브」
돌고래 대량 포획 중에 붉은 피로 물든
타이지 마을 앞바다.

야생 돌고래를 포획해 학살하는 일본의 타이지 마을에 대한 이야기다.
감독은 돌고래 보호를 위해 싸우고 있는 릭 오배리와 함께, 수중
촬영 카메라맨, 녹음 전문가, 특수 효과 아티스트, 세계적 수준의
프리다이버 등 전문가들로 팀을 구성하여 외부인의 접근을 막고 있는
타이지 마을에 잠입한다. 마을 전체의 방해에도 불구하고 돌고래
학살의 현장을 잡기 위한 그들의 노력은 첩보 영화를 방불케 한다.
그사이에 관객들은 돌고래가 어떤 지적 능력을 가진 생물이고, 수족관
돌고래 쇼의 이면은 무엇이며, 돌고래 고기를 식용으로 하는 것이 왜
위험한지, IWC(International Whaling Commission, 세계포경회의)가
왜 일본의 포경에 관대한지 등에 대해서 차츰차츰 알아가게 된다.
마침내 그들은 푸른 바다가 온통 돌고래의 피로 물드는 충격적인
현장을 촬영하는 데 성공한다. 릭 오배리는 자신들이 촬영한 동영상을
띄운 모니터를 목에 걸고 나가, 일본의 거리와 IWC 회의장에서
돌고래 포획의 진실을 폭로한다. 그럼으로써 이 영화는 단순히 타이지
마을에 대한 영화가 아니라, 타이지 사례를 들어 전 세계 돌고래
포획에 대해 고발하는 영화로 자리매김한다.

　최승호와 루이 시호요스는 하나의 강력한 사례의 잘못을
추적함으로써 더 큰 전체의 잘못을 환기시키는 목표를 갖고 있고,
그를 위해 모든 증거들을 포석하고 있다.

이미 고전이 된「가늘고 푸른 선The Thin Blue Line」(에롤 모리스,
1988)은 이들 영화와는 또 다르다. 1976년 11월 추수감사절 주간
미국 텍사스 주 댈러스 시에서 로버트 우드 경사가 근무 중 권총으로
살해된다. 데이비드 해리스라는 16세 소년은 28세의 뜨내기 랜들
애덤스를 살인범으로 지목한다. 오히려 데이비드 해리스가 범인일
가능성이 높았지만 경찰과 검찰은 겉으로는 친절하고 예의 바른
열여섯 살 소년을 앞세워 애덤스를 기소하고, 애덤스는 수많은
의혹에도 불구하고 유죄 평결을 받아 종신형으로 복역하게 된다.

　감독 에롤 모리스는 이 영화에서 법원이 이미 경찰 살해범으로
판단을 내린 인물 랜들 애덤스가 진범이 아니라는 것을 증명하는
데 정확히 초점을 맞추고 있다. 그가 주요 수단으로 채택한 것은
사건과 관련된 수많은 사람들의 인터뷰다. 그는 이 사건에 대해
상반된 입장에서 상반된 증언을 하고 있는 200여 명을 취재하고,
그중 핵심적인 내용을 추려내 관련 인물 24명을 카메라 앞에서
인터뷰했으며, 그중 20명의 인터뷰를 영화에 사용했다. 그는 사건에
관한 사람들의 인터뷰를 포석하되, 관객들이 그 증언의 모순들과
법정의 이면을 알아차리게 하는 방식으로 배열했으며 각자의 주장에
따라 사건 현장을 재연해 보여주었다. 막판에는 1년 반이나 기다린
끝에, 다른 사건으로 감옥에 수감되어 있던 데이비드 해리스로부터
"애덤스는 죄가 없다"라는 결정적 증언을 끌어낸다.

　이 영화는 당시 법정 공방 중이었던 애덤스 사건에 영향을 미쳐
결국 그가 무죄로 풀려나는 데 큰 기여를 하게 된다. 보이는 것이
실재가 아니라 그 이면에 있는 것이 실재임을 알려주는 근거들을
차곡차곡 쌓아올려 결국은 모든 관객을 설득하는 데 성공한 결과였다.

열거한 다큐멘터리들이 가지고 있는 공통적인 특성은, 주장하는 것이 아니라 명백한 증거를 제시한다는 것이다. 증거들의 구축을 통해 관객들로 하여금 꼼짝없이 감독이 설정한 결론에 도달하게끔 만든다. 이것은 모든 논증형 구조가 취하는 태도다. 그 결과 논증형 구조에서는 감독이 말하고자 하는 메시지가 대단히 직접적이고도 명시적으로 전달된다.

다르게 말하자면, 진행형 구조에서보다 논증형 구조에서 감독이 관객을 설득하고자 하는 태도가 강하다는 걸 알 수 있다. 이것은 논증형 구조를 택하는 소재들 자체가 정서적인 것이 아니고, 대부분 사회적 현실이나 사실의 문제이기 때문으로 보인다.

논증형 구조의 강점
― 시공간 이동의 자유로움

이런 형태의 다큐멘터리를 만들자면, 문제의식이 발생한 그 순간부터 해답을 알아내려는 노력이 시작되게 마련이다. 많은 자료를 읽고, 전문가를 만나고, 현장을 취재하며 나름대로의 결론을 찾아가는 노력이 선행되어야 한다. 해답을 모르면 무엇을 찍어야 할지조차 모르기 때문이다. 그래서 이런 구조를 가진 작품들은 대개 모든 상황을 파악하고 결론을 내리고 난 후에 촬영에 들어가게 된다. 즉 촬영구성안을 먼저 만드는 것이 가능하고, 따라서 계획적이고 효율적인 촬영이 가능해진다. 현재 방송사에서 방영하고 있는 시사, 역사, 과학, 문화 등 다큐멘터리의 대다수가 이런 논리 구조로 구성되고 있다. 긴 시간 대상과 관계를 맺고 대상을 쫓아가는 진행형 구조보다, 방송이란 환경에는 논증형 구조가 더 적합하기 때문일 것이다. 무엇을, 어떻게 촬영할 것인지에 관한 촬영구성안이 먼저 나오므로 결과를 예측하기 쉽고, 사전에 품질 관리가 가능할뿐더러 시간이나 인력 관리도 용이한 것이다.

사실, 따지고 보면 다큐멘터리영화의 논증형 구조는 카메라의 속성에는 반하는 형태라고 할 수 있다. 카메라는 인간 시각의 연장이다. 그러니까 눈앞에서 벌어지는 현실을 보는, 즉 '묘사'하는 것으로 일관하는 진행형 구조가 카메라의 본래적 속성에는 훨씬 잘 맞는 구조다. 진행형 구조에서는 목격자의 시선으로 현장에서 일어나는 일들을 보고, 본 것을 연결해놓기만 해도 관객이 이해하는 데 큰 어려움이 없다. 관객은 카메라의 시선에 자신의 시선을 이입하기 때문이다. 진행형 구조에서는 대부분 내레이션을 쓰지 않아도 무방하다.

그러나 논증형 구조는 시퀀스와 시퀀스가 논리적으로 연결되기 때문에 보는 것만으로는 얼른 이해하기 어려운 부분들이 발생한다. 이러한 연결은 두뇌로 그 논리적 관계를 추론해야 하기 때문이다. 가령 「더 코브」를 보면 릭 오배리와 감독이 차를 타고 일본의 타이지로 들어가는데, 그다음 시퀀스에서는 미국에 있는 해양 리조트 시월드의 돌고래 쇼가 튀어나온다. 왜 갑자기 일본에서 미국의 해양 리조트로 장면이 옮겨가는지 어리둥절할 수밖에 없다. 그러나 다행스럽게도, 그리고 유효적절하게도 그 사이에 감독의 인터뷰가 삽입되어 있다. "IWC 발제자로 예정되어 있던 릭 오배리가 갑자기 발제자에서 빠지게 됐는데 알고 보니 그 회의의 스폰서가 바로 시월드였다." 그리고 시월드의 돌고래가 하늘로 튀어 오르는 것이다.

이러한 구조에서는 영상의 비약을 상쇄할 수 있게 보완적 요소로 내레이션을 쓰거나, 인터뷰와 그 보이스 오버*를 내레이션처럼 활용하는 경우가 흔하다. 오히려 유리한 점도 있다. 관객들은 영화가 어떤 화법으로 진행되는지 금방 적응하기 때문에, 논증형 구조에서는 논리의 일관성만 있으면 「더 코브」처럼 시공간의 이동을 무한정 자유롭게 운용할 수 있다. 논리의 일관성만 있으면 100년 전 과거로 갔다가 현재로 왔다가, 서울 상황을 보여주다가 갑자기 런던 상황으로 튀어도 이야기에 전혀 지장이 없다.

같은 논리로 어떤 방식의 인서트**든 개입이 자유롭다. 논증형 구조는 사건이나 시간의 흐름에 종속되지 않기 때문이다. 자료 필름, 사진, 신문, 문헌, 글자, 통계, 인터뷰, 토론 등 사실이기만 하다면 모든 것을 소화해낼 수 있다. 그만큼 화면에 다양한 변화를 불러올 수 있는 이점이 있는 것이다. 이를 이용해 여러 가지 실험적 방식을 도입할 수도 있다.

폐쇄회로의 논리와
보이스에의 의존

그러나 이 구조의 문제는, 영화에서 제기하는 문제의식이 의미 없으면, 혹은 관객들이 의미 없다고 판단하면, 영화 전체가 의미

---

* voice over. 화자(다큐멘터리 해설자, 전지적 시점의 내레이터, 혹은 출연자 등)가 등장하지 않는 화면에 화자의 목소리를 덮는 기법.

** insert. 장면을 강조하기 위해 장면 사이사이에 다른 장면이나 구성 요소를 삽입하는 것을 뜻한다.

없어진다는 사실이다. 영화 내의 논리가 보편성을 잃게 되는 경우가 특히 그렇다.

논증형 구조의 내부 논리는 폐쇄회로적 논리다. 즉 영화 내부에서만 논리적 일관성을 이룩하면 그 자체로는 흠잡을 데가 없지만, 진실의 입장에서 위배될 수도 있다는 얘기다.

앞서 인용한 삼단논법 "사람은 두 발로 걷는다 → 나도 두 발로 걷는다 → 고로 나는 사람이다"라는 논리는 두 발로 걷는 다른 생명체들, 이를테면 걸을 때는 두 발로 걷는 두루미나 비둘기 같은 생명체를 배제함으로써 성립되는 것이다. 증거의 취사선택으로 전혀 다른 결론을 끌어낼 수 있다는 것이 논증형 구조의 함정이다. 그래서 논증형 구조는 만드는 자신도 모르게 프로파간다에 빠질 수 있다는 위험을 항상 인식하고 있어야 한다.

또한 논증형 구조는 진행형 구조와 달리 카메라가 대상에 밀착하여 관찰하는 방식을 취하지 않기 때문에 현장성이 떨어지는 약점도 가지고 있다. 특히 보이스voice(내레이션 및 인터뷰) 의존도가 클수록 영상의 현장성은 반비례하여 더 떨어진다는 것도 유의해야 한다. 만드는 사람들이 노력하지 않으면 기계적인 논리로 구성된 관행적인 작품들을 양산하기 쉽다. 심한 경우에는 막연한 스케치 그림에 인터뷰나 내레이션으로 이야기를 이어가는 다큐도 없지 않다.

어떤 구조 틀을 활용하든 현장성은 다큐멘터리의 생명이다. 현장성이 없는 다큐멘터리는 생동감이 없고 무미건조해지기 쉽다. 이런 다큐멘터리를 시청자나 관객이 오래 참을성을 가지고 봐줄 리가 없다. 그래서 좋은 논증형 다큐는 논증 구조 속에서도 현장성을 놓치지 않으려고 애쓴다. 현장성이 강하게 가미될수록 다큐멘터리는 흥미로워진다. 어떻게 해도 현장성이 떨어진다면, 정보의 새로움을 더 강화하여 그 내용으로 관객의 관심을 붙들어두어야 한다.

3장 구조 틀의 변용
― 무한한 변용이 가능하다

**기준선을 중심으로 한
다양한 변주**

진행형이든 논증형이든 이러한 구조 틀은 감독이 편집을 해내기 위해
최소한의 기준을 잡는 일이다. 즉, 기본 구조 틀을 생각한다는 것은
비행장 활주로의 착륙 유도선을 그리는 것과 같다. 이것이 있어야
감독은 이 보이지 않는 가상의 선을 따라 비교적 안전하게 자신의
이야기 비행기를 착륙시킬 수 있는 것이다(그러나 사실 이야기의
시작은 그때부터라 할 것이다. 비행기는 몇 번이고 착륙 지점에서 다시
출발할 수 있다).

모든 영화는 생략에 의해 비로소 그 모습을 드러낸다. 감독은
수많은 촬영 소스 중에서 자신의 주제를 가장 잘 나타낼 수 있는
에피소드와 정황과 이미지와, 그를 보완할 수 있는 인터뷰를 남기고
나머지를 생략한다. 그리고 골라낸 그 소스들을 시간이란 선상에 크게
어긋나지 않게, 동시에 자신이 하고자 하는 이야기를 가장 잘 드러낼

수 있게 고려하여 배치한다. 관객이 무엇을 먼저 알아야 할 것인지, 무엇을 먼저 느끼는 것이 유리할지를 깊이 고민하는 것이다.

바로 이런 과정에서 뭔가 미흡함을 느끼게 되면 기본 구조 틀에 이런저런 변용을 시도하게 된다. 감독이 자신의 생각을 전하는 데 필요하다고 생각하면, 기준선을 중심으로 필요한 변주를 가하는 것이 얼마든지 가능한 것이다.

진행형 구조의
변용

진행형 구조는 얼핏 단순하다고 생각하기 쉽다. 그러나 기본 구조 틀은 다양하게 변주된다(그림 3-3). 구조 틀의 변용과 저마다의 표현 방식이 결합할 경우, 그 하나하나가 매우 특별한 인상을 주게 된다. 가령 이런 구조에서 시간은 대부분 진행 순서에 따라 귀납적으로 흐르는 것이 보통이지만, 어떤 경우에는 연역적으로 흐르는 것도 가능하다. 현재가 먼저 나오고 과거로 점점 퇴행해가는 도치의 방식 말이다. 자신의 소재와 주제에 그러한 구조가 적합하다면 그렇게 못 할 것이 무엇인가. 이야기 진행 중에 부분적인 도치는 너무나 흔하다. 전체를 통틀어 여러 번의 도치가 이루어지기도 한다.

또 다른 방식으로는 현재가 먼저 나오고 과거로 돌아가 다시 연대 기적으로 이야기를 펼칠 수도 있다. 수미상관으로 앞뒤에 현재를 두는 방식도 가능하다.

좀더 실험적인 방식으로는 시간의 흐름을 복수로 교차하는 것도 가능하다. 「버블 패밀리」(마민지, 2017)는 감독 자신의 현재 시간과 1970~1980년대 한국 사회의 시간대가 병치되어 구성된 예다. 또는 전혀 다른 두 사람, 세 사람의 시간대를 병치하는 것도 가능하다.

영상의 재료를 달리해서 전혀 다른 인상을 줄 수도 있다. 일반적으로 진행형 구조에서는 실제 현실을 촬영한 실사가 펼쳐지는 게 보통이다. 그러나 어떤 경우에는 인터뷰가 시간의 전개를 맡는 주류가 되기도 하고 프리젠터*가 전체 시간을 이끌고 가기도 한다. 어떤 경우에는 삽화나 애니메이션이 현장을 대체하기도 한다. 이런 경우는 촬영 시점보다 앞서 있었던 어떤 상황을 이야기하기 위한 불가피한 선택이기 쉽다.

보다 더 중요한 것은, 이야기 구조 틀이 반드시 단일한 구조로만 진행되는 것이 아니라는 사실이다. 진행형 구조에 부분적으로 논증형이 차용되는 경우는 대단히 흔하다. 가령 「베를린 필과 춤을」에는 본격적으로 일이 진행되기 전에 이런 기획을 한 두 사람,

「버블 패밀리」
아버지가 이 영화의 제작 지원금을 부동산에 투자하라고 감독에게 권하는 장면(위).

1970년대 서울 잠실지구 개발 계획을 다룬 TV 뉴스 화면(아래).

베를린 필의 상임지휘자 사이먼 래틀과 영국의 안무가 로이스턴
말둠이 어떤 사람이며 어떤 의도로 이런 일을 하게 됐는지, 그들
각자가 스스로를 설명하는 부분이 삽입되어 있다. 상황이 진행되는
대로만 배치한 것이 아니라, 직진하는 시간대를 잘라 잠깐 멈춰
세우고 그 지점에 필요하다고 생각되는 설명을 끼워 넣은 것이다.
춤을 배우는 과정에서도 비슷한 방식이 동원된다. 몇 명의 청소년이
중심인물로 떠오르는데, 춤 강습 과정에서 이들 각자의 배경과 상황에
대해 시간의 흐름을 잠시 잘라내고 설명을 부가한다. 감독은 관객들이
나중에 드러날 이들의 변화에 대해 특별한 감정을 느낄 수 있으려면,
이 중심인물들에 대해 좀더 구체적으로 알릴 필요가 있다고 판단한
것이다. 이것은 두말할 것도 없이 논리적 인과관계에 의한 사고의
결과다. 사실, 진행형 구조라고 해도 특정한 촬영 소스를 선택하고
순서를 배열하는 과정에서는 늘 논리적 사고가 개입한다. 이야기가
정서적이라고 해서 그것을 만드는 과정이 정서로만 해결될 수는 없는

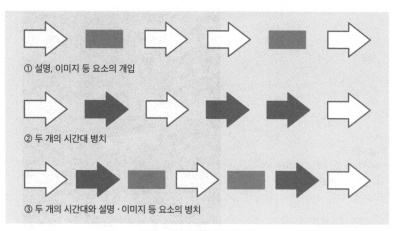

① 설명, 이미지 등 요소의 개입

② 두 개의 시간대 병치

③ 두 개의 시간대와 설명·이미지 등 요소의 병치

그림 3-3. 진행형 구조의 변용

것이다.

또한 논리의 개입이 아니더라도, 시간의 맥락과 상관없는
에세이적 서술이나 특정한 이미지가 같은 방식으로 틈입될 수도 있다.
단순히 사건의 진행만 따라가기보다 필요한 지점에 필요한 배경이나
설명을 넣음으로써 좀더 입체적인 이야기가 구축된다.

논증형 구조의
변용

논증형 구조의 변용은 이 구조가 가지고 있는 한계를 돌파하기
위해 다양한 형태로 시도되어왔다(그림 3-4). 특히 이러한 구조의
다큐멘터리들은 현장성을 보강하고자 부분적으로 진행형 구조를
적극 도입하고 있다. 하나의 진행형 이야기를 중심에 두고 따라가며
그 사이사이에 논거가 되는 사실들을 구축해가는 방식이 대표적으로,
「더 코브」의 경우가 바로 그러하다.

「더 코브」의 이야기는 앞에서 말한 대로 돌고래를 왜 포획하면
안 되는지에 대한 근거들을 차곡차곡 쌓아가는 형태로 진행된다.
릭 오배리는 돌고래 사랑의 열풍을 일으킨 「플리퍼」라는 미국 TV
시리즈에 출연하면서 유명세를 탔으나, 출연했던 돌고래 캐시가
수족관에서 자살하는 모습을 목격하고 돌고래 포획 반대운동에
뛰어들게 된다. 그러한 그의 개인적 경험에서부터 시작해 돌고래가
어떤 생명체인지, 돌고래 쇼가 돌고래에게 얼마나 치명적인지,
그럼에도 이것이 어떻게 산업화되고 있는지, 허용량의 20배가 넘는

수은이 함유된 돌고래 고기가 과연 식용으로 가능한지, 일본의 자본이 IWC를 어떻게 '요리'하고 있는지 밝혀나간다. 그러나 이러한 정보들은 타이지에서 돌고래 포획 장면을 촬영하기 위한 릭과 그 일행의 노력이 진행되는 선상에 배치되고 있어서 전혀 지루하거나 딱딱하지 않다. 관객은 릭 일행이 과연 포획 장면을 촬영할 수 있을지를 숨죽여 기대하는 가운데 돌고래에 대한 인식의 확장을 경험하게 된다.

또 다른 경우는, 시퀀스와 시퀀스를 잇는 것은 논리일지라도 그 시퀀스의 내용은 진행형으로 채워 넣는 방식이다. 「자백」에서 감독 최승호가 수행하는 시퀀스는 그 각각의 내부에서는 사건의 전개나 시간의 흐름을 가지고 있다. 감독이 공항 대기실에 있는 김기춘을 발견하고 돌진할 때, 원세훈을 향해 돌진할 때 관객들은 강력한 현장성을 느끼며, 그들이 어떤 대응을 할 것인지 흥미진진하게 귀추를 주목하게 된다. 그러한 시퀀스와 시퀀스로 논리가 구축되면 관객들은 지루해할 틈이 없는 것이다.

「가늘고 푸른 선」에서는 재연 이미지가 활용된다. 카메라가 찍을 수 없는 각 개인의 과거 기억을 재연으로 재구성한 것이다. 다큐멘터리는 현실을 촬영하는 것이라고 하지만, 카메라가 찍을

「자백」
최승호 감독이 우산으로 얼굴을 가린 원세훈 전 국가정보원장에게 돌진해 인터뷰를 시도한다.

수 없는 과거를 의사 현실로써 보여주는 것이 재연의 방식이다.
재연으로 사건의 진행을 보여주는 것이다. 이 '라쇼몽'식 재연 방식은
당시 시네마베리테가 주류이던 다큐멘터리계에 큰 충격과 반감을
안겨주어 아카데미상 후보에도 오르지 못하는 결과를 낳았지만, 지금
생각해보면 선도적인 방식이 아닐 수 없다.

　　그 외에 파격적인 이미지를 활용하기도 한다. 「볼링 포 콜럼바인」은
온갖 표현 기법이 동원된 데다 감독의 입담(내레이션)까지 더해져,
얼핏 보면 현란하기 짝이 없는 다큐멘터리다. 그러나 꼼꼼히 따져보면
이 영화 역시 철저히 논증형으로 구조화되었음을 알 수 있는데,
일반적인 논증형 영화로 보이지 않는 것은 감독이 구사하고 있는
독특한 이미지 활용 방식 때문이다. 각 시퀀스에 풍부한 현장성을
내장하고 있는 것은 물론이고, 총기협회 측 홍보물에 나온 이미지를
분절하여 시퀀스 사이에 배치함으로써 이른바 '낯설게 하기'의
효과를 배가한다. 이 이미지들은 축적되어 결국은 총기 자유화가 낳은

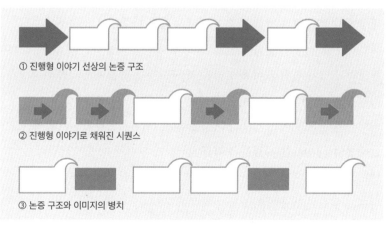

① 진행형 이야기 선상의 논증 구조

② 진행형 이야기로 채워진 시퀀스

③ 논증 구조와 이미지의 병치

그림 3-4. 논증형 구조의 변용

비극에 대한 반어적 희화로 관객의 기억 속에 자리 잡게 된다.

무한한 변용이
가능하다

진행형은 시간적 인과관계로 시퀀스를 연결하고, 논증형은 논리적 인과관계로 시퀀스를 연결한다. 진행형과 논증형 중 하나를 지배적인 구조로 삼고, 부분적으로 다른 이야기 구조 틀을 차용하는 것이 일반적인 이야기 구조 틀의 활용 방식이다. 즉 시간의 흐름을 중심으로 구조화된 이야기에 필요에 따라 논증적인 부분이 삽입될 수 있고, 논리의 흐름을 중심으로 구조화된 이야기에도 시간적으로 진행되는 스토리가 삽입될 수 있는 것이다. 한 작품 속에서 이런 혼용은 일회성에 그치지 않고 여러 번 되풀이되기도 한다.

감독이 대상에 대해 관심을 가지면서부터, 사실상 그의 내부에는 대상에 대한 생각과 함께 아직 태어나지 않은 다큐멘터리 구조에 대한 생각도 더불어 자라게 된다. 구조에 대한 인식을 하면서 촬영하는 것과 목적 없이 촬영하는 것 사이에는 하늘과 땅만큼 큰 거리가 있다. 촬영을 시작할 시점에는 어떤 구조 틀로 가야 할지 이미 방향성이 정해져 있는 경우가 대부분이다. 그러나 그것이 진행형이든 논증형이든, 만드는 사람들은 다큐멘터리가 완성될 때까지 끊임없는 변모를 시도한다. 소재와 구조와 표현 방식의 순열 조합에 의해 그 형태는 무한한 변용이 가능하기 때문이다.

창의성이란 무엇일까? 그것은 완전한 무에서 유를 만드는 것이

아니라, 기존의 질서를 남들과 다르게 비틀어 새로운 질문으로
나타나게 하는 능력일 것이다.

4장 자의형,
관습으로 규정되지 않는 구조

익숙한 이야기 구조를
거부하는 다큐멘터리

공적인 행사에 참석해 만나는 사람들은 대체로 비슷비슷해 보인다. 직업도, 직책도, 나이도 다르지만, 그런 자리에서는 그저 관습적인 대화를 주고받을 뿐이라 개인차가 드러날 여지가 없다. 그런데 그곳에서 암묵적 매뉴얼에 따른 대화 방식을 거부하고 자기만의 독특한 화법으로 개성을 드러내는 사람들도 더러 있다. 좋은 의미로든 나쁜 의미로든, 그런 사람들은 한 번 더 돌아보게 되는 것이 사실이다.

다큐멘터리도 그와 다르지 않다. 다큐멘터리를 보다 보면 왠지 낯설고 생경한 인상을 주는 작품들이 있는데, 많은 경우 전형적인 이야기 구조 틀로 분류할 수 없는 작품들이기 쉽다.

앞서 말한 바와 같이, 다큐멘터리의 이야기 구조 틀은 진행형과 논증형에 크게 의지한다. 그런데 이와 같이 우리에게 익숙한 이야기 구조를 거부하는 다큐멘터리는 첫인상부터 낯설기 짝이 없다.

이야기라는 것이 있기나 한지, 이야기를 어떻게 따라가서 어떤 의미를 추출해야 하는지 당혹스러운 것이다. 그러나 바로 그렇기 때문에, 이런 작품에서 이야기가 펼쳐지는 방식을 주목하지 않을 수 없게 된다. 도대체 감독이 어떤 의도를 가지고 어떤 기준으로 자신의 이야기를 펼쳐내려고 하는 것인지, 그 과정을 추측하는 일이 자못 흥미롭기까지 하다. 관습으로 규정되지 않는 이야기 구조에서 그 구조가 구축되는 과정을 추론해보는 것은, 감독의 생각의 행로를 유추해보는 것과 다르지 않다.

의자에 대한 이야기가
아닌 의자 이야기

다큐멘터리영화 한 편을 예로 들어보자. 「의자가 되는 법」(손경화, 2014)은 제목에서 드러나듯이 카메라가 포착하는 주 대상이 '의자'인 다큐멘터리다. 2014년 제6회 DMZ국제다큐멘터리영화제에서 상영된 이 작품은 브로슈어에 이렇게 요약·소개되고 있다. "의자가 만들어진다. 버려진다. 던져진다. 부서진다. 다시 만들어진다. 의자는 내내 가만히 있다."

소개 글은 다분히 시적이다. 시가 그렇듯이 이 글을 읽어봐도 다큐멘터리가 무엇을 말하려는 것인지 명백하게 알 수가 없다. 그런데 「의자가 되는 법」을 실제로 보고 나면, 이 소개 글이 말 그대로 영화에서 다루고 있는 내용을 거의 즉물적으로 옮겨놓은 것이라는 사실을 발견하게 된다. 내용을 그대로 옮겨놓는 것이 쉽지, 이 영화가 무엇을, 어떻게 이야기하고 있는지 풀어서 말하기가 더 쉽지 않다고나 할까? 어쩌면 감독으로서도 영화의 진행 과정을 명징하게 논리적으로 설명할 수 없기 때문에 이렇게 시적으로 던져놓는 것이 역설적으로 작품을 더 정확하게 드러낼 수 있다고 믿는 것 같다.

그 어느 쪽이든 소개 글이 이렇게 나오게 된 것은 이 영화의 비관습적인 구조 탓이 크다. 영화의 주된 대상은 의자지만, 어느 특정한 의자가 주인공이 아니다. 의자와 관련된 어떤 사회적 사건을 조명하는 것도 아니다. 그러므로 이 작품의 각 시퀀스는 직접적인 인과관계로 연결되지 않는다. 특정한 의자가 겪는 사건이나 생애를 따라가는 것도 아니고, 의자에 대해 어떤 논증적 결론을 내기 위해 정보를 구축해가는 것도 아니다. 의자와 관계있다는 공통점만 있을 뿐, 주요한 각각의 시퀀스는 그 전후의 시퀀스에 대해 독립적이다.

첫번째 시퀀스는 어느 카페의 의자를 시작으로 세상의 각종 의자를 소개한다. 두번째 시퀀스는 공장에서 의자가 만들어지는 과정을 보여준다. 다음에는 나무를 잘라 수작업으로 의자를 만들고 배달하는 모습을 보여준다. 버려진 의자를 갖고 다니며 사진을 찍는 어느 사진작가의 작업을 조명한다. 디자인랩의 목공 수업에서 학생들이 각자의 의자를 디자인하는 작업을 소개한다. 그 사이사이에 버려진 의자의 이미지, 던져지는 의자의 이미지가 배치된다.

시퀀스들을 이런 순서로 그 자리에 놓은 감독의 의도는 인터뷰를 통해 희미한 궤적을 그려내고 있는데, 특히 사진작가의 인터뷰가 결정적이다. 그는 버려진 의자를 놓고 사진 작업을 하는 이유에 대해 설명하면서 "버려진 의자가 사람처럼 느껴진다"라고 말한다. 이것은 거의 감독의 시각을 대변하는 것처럼 보인다.

의자를 디자인하는 젊은이들이 자신들의 삶에서 받는 각종
스트레스를 말하는 모습은 곧 의자 등받이 강도 테스트를 하는
모습으로 환치되면서, 이후 관객은 의자에 앉아 있는 사람과 의자를
동일시하여 보기를 권유받는다는 느낌을 갖게 된다.

이때부터 낯익은 진행형 구조의 이야기가 4~5회 등장하며
영화의 후반 전체를 수렴하는데, 부서진 플라스틱 의자를 주워 가서
수선을 하는 과정이 그것이다. 그 과정 사이에 틈입되는 시퀀스도
전반과는 살짝 다른 방향성을 보여준다. 철거되는 식당에서 의자가
수거되어 창고에 보관된다. 다음에 다시 쓰이기 위해서일 것이다.
버려질 법한 낡은 의자들이 골목길 노인들의 휴식처가 되고 있음을
보여주고, 버려진 의자를 해체하여 철물 부품을 분리하는 모습을
보여준다. 버려졌으나 여전히 그 자체로 쓸모 있는 존재임을
역설하듯이 말이다.

그렇게 버려진 의자의 존재 의미를 재인식하게 되면, 이후에
다시 나열되는 버려진 의자는 앞에서 본 버려진 의자와는 좀 다르게
보일 수밖에 없다. 그리고 그 직후에 배치된 무성한 담쟁이덩굴과
벌레, 비둘기, 참새 떼와 잡초 들은 버려진 의자와 등가적 존재로
인식되기를 바라는 감독의 소망으로 읽힌다. 자세히 들여다보지
않으면 보이지 않는 미물들이지만, 그들은 모두 자신의 삶을 살아가는
존재들이니 말이다.

디자인랩의 청년들이 자신들이 디자인하고 제작한 의자들을 들고
숲으로 모여들고, 그 의자들을 하나씩 조명하는 것이 이 다큐멘터리의
엔딩 시퀀스다. 의자들의 퍼레이드는 부서진 부분을 나무로 수선한
한 플라스틱 의자의 초상으로 끝난다. 각자의 삶은 그렇게 각자의

모양으로 존재하며 함께 어우러져 세상을 이루는 것이다.

　이렇게 보자면 이 영화는 의자를 오브제로 했으나 의자는 은유일 뿐, 의자를 통해 우리 삶의 존재론을 말하려는 듯하다. '~듯하다'라고 말하는 데는 이유가 있다. 이 영화의 시퀀스들이 긴밀한 인과관계를 가지고 스토리나 논리를 구축해나가 누구도 부정할 수 없는 결론에 이르는 방식을 취하고 있지 않기 때문이다. 관객은 정보의 구축에 의해서가 아니라 이미지의 연쇄가 불러일으키는 직관적인 감흥으로 작품을 유추·해석하게 된다.

　「의자가 되는 법」의 이러한 존재 방식은 이른바 자의적인 구조를 취하고 있는 여러 다큐멘터리들을 이해하는 데 시사하는 바가 크다. 감독이 관습적인 구조를 취하지 않고 자기만의 이야기 구조를 만들어내고자 하는 데는 공통의 특성이 있기 때문이다.

「의자가 되는 법」

자의형 구조에서 보이는
공통적 특성

첫째, 이런 다큐멘터리들은 진행형이나 논증형으로 구현할 수 없는 목표를 지향하고 있는 것이 보통이다. 「달팽이의 별」(이승준, 2012)이나 「님아, 그 강을 건너지 마오」 같은 인물 다큐멘터리들은 대상 인물의 시간과 동선을 따라가면서 그 인물에게서 감독이 말하고 싶은 어떤 것을 끄집어낸다. 「자백」이나 「공범자들」(최승호, 2017) 같은 다큐멘터리는 명확한 목표를 가지고 간첩조작사건이나 언론 장악의 증거들을 쌓아가, 영화를 본 사람이면 누구나 그것이 잘못되었다는 결론에 이르게 한다. 이런 다큐멘터리들의 대상과 목표는 명확하다.

그러나 「의자가 되는 법」에서 다큐멘터리의 대상과 목표는 명확하지 않다. 수많은 의자를 찍었지만 실은 의자에 대한 이야기가 아니다. 감독이 말하고 싶었던 것은 오히려 자신에 대한 이야기, 우리에 대한 이야기가 아닐까 싶다. 이 다큐멘터리는 '하잘것없고 미미하게만 느껴지는 버려진 의자 같은 우리가 어떻게 살아가야 할까?'라는 질문으로 시작해 그 해답을 찾아가는 과정으로 보인다. 그 해답 자체가 주관적이고 자의적일 수밖에 없으며, 그러므로 그것은 대상에 대한 진행형 묘사나 논증으로 객관화시킬 수 없는 통찰의 영역에 있는 것이다. 다르게 말하면, 자의형 구조의 다큐멘터리들이 지향하는 목표는 다분히 추상적이고 관념적인 경우가 많다.

둘째, 그러므로 이러한 구조의 다큐멘터리들이 시퀀스를 연결하는 고리는 시퀀스와 시퀀스 사이의 필연적인 인과관계에

있다기보다 감독의 생각이 이행하는, 혹은 확장하는 순서를 따르게
마련이다.

셋째, 따라서 관객들이 감독의 이행해가는 감정 혹은 사유에
동의하게 되는 것은 이성적인 분석에 의해서이기보다 직관적이고
감성적인 동화작용에 의해서다. 이것은 감독이 시퀀스를
발전시켜나가는 주요한 수단으로, 이미지의 연쇄와 충돌을 활용하기
때문이기도 하다. 그래서인지 한국 다큐멘터리에서 구조의 자의성이
특히 두드러져 보이는 작품들은, 현대미술에서 다큐멘터리 영역으로
작업을 확장해온 작가들의 것인 경우가 많다. 어쨌든 그 결과로
드러나는 의도적·비의도적 모호성은 해석의 범위를 확장한다는
순기능으로 작용하기도 하지만, 대중적 접근을 가로막는 장벽이
되기도 한다.

그럼에도 불구하고, 이러한 다큐멘터리들이 가지는 기본적인
발화법을 이해한다면 대중의 시선으로 보아도 그렇게 당혹스럽지만은
않을 것이다. '자의적'이라는 말 그대로 각 다큐멘터리에 공통적으로
적용될 수 있는 규칙성은 없다 하더라도, 감독의 의도대로 발화를
하기 위해서는 한 작품 안에서 이미지와 사운드를 어떻게 구축해나갈
것인지에 대한 자신만의 기준은 있어야 하기 때문이다. 모든 예술은
어떤 방식으로든지 내재된 통일성과 일관성을 지니며, 그럼으로써 한
작품으로 완결되는 것이다. 그런 의미에서 몇몇 다큐멘터리의 구조적
전략을 좀더 살펴보기로 하자.

5장 자의적 다큐멘터리의
　　　구조적 전략

현실 정보 사이에 틈입하는
은유적 이미지

현실의 팩트 사이에 은유적 이미지를 틈입시키는 방식은 이런 구조의
작품들에서는 상당히 일반적이다. 「위로공단」(임홍순, 2014) 역시
그렇다.

　「위로공단」은 여성들의 노동을 주목하는 다큐멘터리다. 감독은
그 여성들의 노동이 어떤 것이었는지를 지극히 낮게, 가까이,
자세하게 성찰하고, 그것을 함께 인식하고 느끼기를 요청하는 태도를
취한다. 이 영화는 한국 경제개발기 산업화의 밑거름이 되었던
방직공장, 가발공장 여공들의 삶에서부터 시작해 오늘날 반도체 공장
노동자와 마트, 항공사, 콜 센터 노동자들의 감정노동에 이르기까지
40여 년에 이르는 여성 노동의 역사를 아우른다. 심지어는 국내
이주 노동자와 우리의 과거를 재현한 듯한 캄보디아, 베트남 여성
노동자들의 삶까지로 그 시야를 넓힌다.

「위로공단」

    여성은 우리 사회의 가장 취약한 계층이므로 여성의 노동은 가장 많은 희생 위에서 이루어진다. 다큐멘터리의 중심축을 이루는 것은 과거로부터 현재에까지 이어지고 있는 그 엄혹한 노동의 조건과 그 속에서 저항하는 노동자들의 인터뷰들이다.

    그들의 구체적인 경험이 진술되는 그 사이사이에 임흥순 감독이 연출한 인위적 이미지들이 삽입된다. 흰 천으로 온통 얼굴을 가린 두 여성, 눈을 가린 소녀의 모습 같은, 「위로공단」의 포스터에 등장하는 인상적인 이미지들이 대표적이다.

    여성 노동자들의 인터뷰가 드러내는 것이 살아 있는 현실이라면, 사이에 배치된 이미지들은 그 현실을 감독의 시각으로 해석한 '예술적 표현 행위'라 할 수 있다. 이 표현 행위는 대단히 능동적이고 주관적으로 이루어진다. 그것은 여성 노동이라는 사실에 대한 감독의 미학적 조망이다. 노동자들의 실체적 경험이 감독이 창조해낸 은유적·추상적 이미지와 만나면서 그 경험은 단순한 현실 고발의 층위를 넘어 미학적 영역으로 확장되고, 그럼으로써 관객의 감각도 확장되는 것이다.

기존의 다큐멘터리에서도 익히 다루어져온 사회성 소재가 그렇게 하여 이 영화에서는 낯설고 경이로운 무엇으로 탈바꿈하게 된다.

「의자가 되는 법」과 「위로공단」은 구조의 구축 방식으로 보아서는 같은 궤에 있다. 즉 다양한 현실 정보가 주어지지만, 각각의 시퀀스 사이에는 직접적인 인과관계가 없고 그 사이사이에 강력한 이미지가 도입된다는 점에서 그렇다. 그런데도 이 두 작품이 대단히 다르게 보이는 것은 대상이 다르고, 대상을 바라보는 감독의 시각이 다르고, 정보와 이미지를 다루는 방식이 다르기 때문이다.

현실 정보의 경우, 「의자가 되는 법」에서는 비주얼에 더 많이 기대고 「위로공단」에서는 인터뷰에 더 많이 기댄다. 「의자가 되는 법」이 배열하는 정보는 시간적으로 모두가 수평적인 관계를 이루나 「위로공단」에서 그 정보는 과거의 시간부터 현재로 이행하는 수직적인 관계를 이룬다. 즉 역사성을 가지고 있다. 더 근본적인 것은 대상이 다른 만큼, 대상을 바라보는 감독의 시선 자체가 다르다는 점이다. 대상과 관련된 이런저런 정보를 배열한다는 점에서는 동일하지만, '의자'를 바라보는 손경화의 시선이 좀더 사적이고 감성적인 데 반해, '여성 노동'을 바라보는 임흥순의 시선은 좀더 명확한 사회적 의견을 드러내고 있다.

그 연장선상에서 이미지를 활용하는 방식도 다르다. 「의자가 되는 법」이 현실을 다룬 시퀀스와 시퀀스 사이에 의도적으로 배치한 이미지는, 만들어진 것이 아니라 채집된 것이다. 거기 어딘가에 버려진 사물들에 감독은 자신을 투사한다. 그것들의 이미지는 반복됨으로써 강조되고 강조됨으로써 의미가 부여된다. 그렇게 하여 관객이 감독의 발화에 충분히 감정이입됐을 때, 그 의자들의

그림 3-5. 「의자가 되는 법」과 「위로공단」의 이야기 구조

'버려짐'은 전후에서 다른 인상을 주게 된다. 반면, 「위로공단」에서 감독은 이미지를 연출한다. 그것은 여성 노동 현실에 대한 감독의 적극적인 해석으로, 매번 다른 국면을 만들어낸다. 노동자의 현실적 발화에서 오는 감정을 강화시키거나, 충돌하는 이미지의 생경함으로 긴장감을 불러일으키는데, 이것이 상호 상승작용을 일으키며 계속해서 새로운 층위로 감각 세계를 확장한다.

두 작품은 전혀 다른 세계다. 그러나 두 다큐멘터리는 모두 자신의 이야기를 구조화하는 방법론적 기준선으로 같은 방식을 택하고 있다(그림 3-5).

즉 세부적으로는 다양한 차이가 있음에도 불구하고, 시퀀스를 쌓아가는 구조적 방법론에 있어서는 동일한 기준을 적용하고 있는 것이다. 따지고 보면 이런 구조를 채택하는 다큐멘터리는 상당히 많다. 감독이 유효하다고 생각하는 현실을 나열하고, 이미지로 그 팩트들을 강화시키는 방식이다. 진행형이나 논증형에서도 흔히 차용하는 방식이지만, 자의적 구조는 이야기를 견인하는 힘이 상대적으로 약하기 때문에 시각적 장치에 좀더 집중하는 특징이 있고 관객의 입장에서도 그 점을 더 두드러지게 느끼게 되는 차이가 있다.

이미지의 배열을 통한
구조화

나아가 어떤 종류의 다큐멘터리는 현실에 대한 정보적 진술을
거의 배제하고 이미지에만 집중하여 배열하기도 한다. 당연히
이러한 다큐멘터리는 무언가에 대한 구체적 설명보다 보이는 것이
불러일으키는 정서에 집중한다. 동렬의 이미지 연쇄나 이항의
충돌로써 전개의 리듬을 만들어가고, 관객은 여기서 무엇을
'알게' 되기보다 '느낌'으로써 어떤 의미에 도달한다. 흔히
'시적 다큐멘터리'라고 일컬어지는 작품들이 이에 속한다.
　　가령, 2017년 제9회 DMZ국제다큐멘터리영화제에서 상영된
「여자와 빙하Woman and the Glacier」(오드리우스 스토니스, 2016) 같은
작품을 예로 들 수 있다.
　　오드리우스 스토니스 감독은 카자흐스탄 텐산 산맥 해발
3,500미터에 위치한 투윅수 빙하 지대로 향한다. 그곳에는 소비에트
연방 시절 만들어진 오래된 빙하연구소가 있고, 리투아니아의
빙상학자 오스라 레부타이테가 개 한 마리와 고양이 한 마리를 벗 삼아
홀로 살고 있다. 그녀는 30년 동안 외부 세계와 단절된 채 고독과 침묵
속에서 매일 조금씩 변화하는 빙하 지대의 기후를 관측하고 있다.
　　다큐멘터리는 편의상 시간의 흐름 선상에 이미지를 구축해간다.
그러나 시간에 따라 실제적으로 진행되는 사건은 없다고 할 수 있으므로
이는 말 그대로 '편의상' 빌려온 진행형 구조, 굳이 붙이자면 의사
진행형이라고 할 수 있다. 실제 전개되는 것은 장엄한 대자연의
변화하는 이미지다. 해가 뜨고 해가 지고 눈이 오고 비가 오고 바람이

불고 얼음이 녹고······ 그 속에서 한 점과 같은 여자의 일상은 단조롭기
짝이 없다. 심지어는 과거 이곳에 있었던 그녀 전임자의 일상도 흑백
자료 필름의 질감이 아니라면 거의 구분되지 않을 정도로 동일하게
반복된다. 여자는 거의 자연의 한 부분인 것처럼 보인다.

시간의 흐름 속에서 유일하게 드러나는 사건은 영화의 후반부
빙하연구소가 폐쇄되어 오스라가 산을 떠나는 것뿐인데, 그조차 별로
유의미하게 느껴지지 않는 것은 이 다큐멘터리의 주인공이 오스라가
아니라 빙하 그 자체로 보이기 때문이다. 감독은 여자의 개인적
사연에는 전혀 관심이 없다. 여자의 존재는 자연 속에서 빙하 지대의
돌이나 풀처럼 즉물적으로 그려지고, 그 배경인 자연의 거대함과
고요함, 신비로움을 더욱 강화시키는 요소로 작용한다. 영화는 억겁의
세월을 지켜온 원초적 지구의 모습을 응시한다. 이 영화 자체가 마치
'자연의 대사원'에 드리는 경건한 경배와 같다.

영화를 구성하고 있는 이미지의 범주는 고작 세 가지다. 빙하,
여자의 일상 그리고 막간에 등장하는 전통악기의 연주. 이 세 부분이
교차되는 것뿐이지만, 그 놀라운 이미지의 연속을 경험하며 관객의
감정은 일상의 잡다함으로부터 점점 분리되어 사원의 천장으로
솟아오른다. 한데 영화의 말미, 그 고양된 정적은 돌연 깨어진다.
거칠게 산길을 오르는 자동차의 소음과 중년 운전자의 끊임없는
수다 때문이다. 차를 타고 온 한 쌍의 남녀는 정상에서 의기양양
기념사진을 찍는다. 그들의 소음과 행위는 영화의 흐름을 거스르는
파격이면서 자연의 대사원을 범하는 천박함과 무례함으로 비친다.

그러나 감독은 아무 부연 설명 없이 마지막 장면으로 얼음 속에
박제된 나비의 형상만을 보여준다. 마치 손을 들어 달을 가리키는

선승의 손가락 같다고나 할까? 그게 끝이다. 나에게는 그것이 유구한 자연 앞에서 생명의 덧없음을 환기시키는 하나의 잠언처럼 느껴진다.

현실적 사건과 서사를 배제하고 이미지의 배열을 통해 영화를 구조화한다는 점에서는 「철의 꿈」(박경근, 2013)도 마찬가지다. 그러나 「철의 꿈」은 「여자와 빙하」에 비해 그 세부가 훨씬 복잡하다. 「여자와 빙하」의 이미지가 공간적으로 빙하 지대에 국한되고(간주처럼 들어가는 전통악기 연주가 예외적이긴 하지만 이 또한 넓은 의미에서 이 지역에 속한 것으로 해석할 수 있다) 동종의 이미지 연쇄를 활용하고 있다면(그림 3-6), 「철의 꿈」은 공간적으로 시간적으로 전혀 다른, 이종의 이미지들을 조합하고 있기 때문이다(그림 3-7).

그림 3-6. 「여자와 빙하」의 이야기 구조

그림 3-7. 「철의 꿈」의 이야기 구조

「철의 꿈」에서 축이 되는 이미지는 불교 제례, 고래, 제철·조선의 거대한 철의 이미지, 그리고 그 속에서 일하는 노동자들이다. 따로따로 보면 전혀 별개인 이들을 하나의 의미망으로 연결하기 위해 감독은 내레이션이라는 부가적인 장치를 도입한다. '승희'라는 가상의 연인에게 보내는 편지 형식의 이 내레이션이야말로 관객을 안내하는 친절한 도로 표지판인 셈이다. 내레이션을 통해 감독은 스스로 이미지를 쌓아가는 내면적인 기준선을 알려주고 있다.

「여자와 빙하」가 아무 설명 없이 빙하 지대로 진입하는 것으로 영화를 시작한 데 반해, 「철의 꿈」은 영화의 전반부에 상당히 설명적인 부분이 도입된다. 울산 반구대의 고래 암각화가 그렇고, 한국에 제철공장과 조선소가 건설되면서 철의 역사가 시작되고 노동쟁의가 가열되는 자료 필름 등이 그렇다. 이것들은 감독이 본격적인 이미지의 세계로 뛰어들기 위한 대전제에 해당된다. '설명'이라고 했으나 사실 정보적인 측면으로 보자면 설명은 부실하기 짝이 없다. 반구대 암각화에 대한 고고학적 사실 정보는 빈약하며, 중공업 노동자들의 시위와 파업에 대해서도 그 동기가 무엇인지, 무엇이 쟁점인지, 사측 대응이 어떠했는지 등등 구체적인 내용은 하나도 나오지 않는다. '노동자들이 싸우고 있다'라는 추상적인 덩어리로만 제시되고 있는 것이다.

고대인들에게 고래는 사냥의 대상이자 신이었다. 감독은 "아득한 옛날 이 암각화 앞에서 사람들이 고래 신에게 제례를 올리며 부족의 화합을 다졌을 것"이라 상상한다. 그러나 "1970년대 댐의 건설과 함께 신들의 이미지는 물속에 잠기고 이맘때 이 땅에는 새로운 신이 등장했다"라고 진술한다. 감독은 그 새로운 신을 한국의 산업화 시대를 알리는 '철'로 환치한다. 더 구체적으로는 고래와 조선소의 배를 등치시키고 있는 것이다.

노동자들의 투쟁에 대해 감독은 또 이렇게 진술한다. 기계를 통해 사람들의 감각이 신체 밖으로 확장되면서 몇몇 사람들은 "자신들이 거대한 기계의 부속품처럼 취급당한다고 생각했다"라고. 그러나

「철의 꿈」

싸우고 있을 때 사람들은 "마치 암각화 앞에서 춤을 출 때처럼 몸과 마음이 하나 되어 희열을 느꼈다"라고. 즉 감독에게는 시위가 또 다른 제례처럼 인식된 것이다. 그러므로 이러한 장면들은 다큐멘터리 속에서 탐구해야 할 사건으로서의 현실이 아니고, 자신의 관념을 뒷받침해줄 배경 이미지로 동원된 것처럼 보인다.

이러한 전제를 이해할 때, 이질적인 불교 제례와 고래와 조선소의 거대한 이미지가 어떻게 의미의 교집합을 이루는지 단번에 감각적으로 이해하게 된다. 영화의 중심은 대중들이 한 번도 본 적이 없었던 제철공장과 조선소의 압도적인 비주얼 이미지들로 이루어지며, 그 이미지의 '숭고함'은 거대 기계 이미지에 중첩되는 바닷속 고래의 유영과 탁월한 사운드의 효과에 힘입어 관객을 매료시킨다.

감독은 이렇게 말한다. "인간이 고래를 포획하게 되면서부터 고래의 거대함을 무서워하지 않고 숭고하게 생각할 수 있게 되었"으며, "고래와 야생동물, 사냥꾼들의 이미지들은 수렵 채집 시대가 끝난 농경 시대에 와서 그려졌다"라고. 그러므로 자신이

영화를 만든다는 것 자체가 산업화 시대의 끝을 증언하는 것인지도
모른다고 암시한다.

즉「여자와 빙하」가 자연에 대한 직관적 정서를 시각화해서
의미를 획득했다면,「철의 꿈」은 감독의 관념적 사유를 시각화해서
의미를 획득하고 있다. 그만큼 서로 다른 것이다. 구조화 방식이
비슷하다고 해도 구현하려는 '목표'가 다르면 그 외형은 엄청나게
달라질 수밖에 없다.

일상적인 현실 묘사의
다른 구축

이러한 구조화 방식이 반드시 미학적 이미지만을 수단으로 하는
것은 아니다. 다큐멘터리「개의 역사」(김보람, 2017)에 동원된 비주얼
이미지는 결코 특별하지 않다. 오히려 영화의 전편은 일상의 묘사로
점철되어 있다. 다른 것은 이야기를 구축해가는 방식뿐이다.

「개의 역사」에서도 편의상의 기준선으로 시간의 흐름을
차용하고 있다. 감독 자신의 열세번째 이사로 시작된 영화가
열다섯번째 이사로 끝나니 말이다. 전통적인 진행형 구조에서는
시간의 흐름과 함께 대상에게 어떤 일들이 일어나서 무엇인가
변화하거나 드러나게 되는데, 이 영화에서는 이사를 통해 드러나는
것이 없다. 또한 감독이 그렇게 진술했다고 해서 이 영화를 딱히
감독 본인의 이야기라고 보기도 어렵다. 이 영화는 사건의 진행보다
'이사를 자주 할 수밖에 없는' 어떤 삶의 양상을 말하려는 데

방점이 찍힌 것으로 보인다. 왜냐하면 감독의 관심은 자기 자신뿐
아니라 동네에서 만난 여러 장삼이사의 삶에 쏠려 있기 때문이다.
그 장삼이사들, 새 모이를 주는 아주머니나 길고양이를 돌보는
여자아이나 동네 건재상 아저씨나 미용사였던 독거 할머니는 서로
간에 아무런 연관이 없다.

그렇다면 이 다큐멘터리는 타이틀에도 등장하는 개 '백구'의
이야기인가? 그렇다고 보기도 어렵다. 학대받고 버려져 몸이 온전치
못한 백구는 동네 슈퍼 아저씨가 거두어 돌보던 개다. 동네가
재개발되면서 슈퍼도 문을 닫고 그 자리에 새 건물과 새 편의점이
들어서는 변화를 겪는 중에 백구는 죽고 만다.

심지어 이 영화는 첫 장면을 "백구가 죽었다"라는 결과론적
자막으로 시작한다. 그 두번째 장면이 "나는 열세번째 이사를
했다"라는 것이다. 이 의도는 너무나 자명하다. 감독은 백구와 자신의
삶, 혹은 자신이 포함된 장삼이사의 삶을 등치시키고 있는 것이다.
감독의 내레이션에 따르자면 그 삶은 "쫓겨나고 밀려나는 것들, 신경
쓰지 못했는데 사라져버리는 것들"의 삶이며, 감독의 이 영화는
그 "이름 없는 것들의 찾지 못한 이름들"과 "사라져버린 것들의
지워져버린 시간"에 대한 호명이나 다름이 없다.

그래서 감독은 시간을 도치하여 백구가 아직 살아 있던 시간으로
돌아간다. 카메라는 백구를 관찰하고 지나가는 사람들에게 백구에
대해 물어본다. 백구에 대한 질문으로 시작하여, 백구가 아니라
백구에 대해 답하는 그들 삶의 갈피들을 들여다보는 것으로 시야를
넓혀간다. 타자의 삶 따위에는 관심이 없는, 그러나 그 자신도 타자에
의해 존재가 무화되는 그 '이름 없는' 존재들의 삶 말이다.

감독의 태도는 영화 속에서 아이들을 대상으로 미디어 수업을 하는 장면에서 강하게 드러난다. 신문에 실리는 것은 중요한 사건이다. 그날 살인 사건이 신문의 지면을 가득 채웠는데, 감독은 살인 사건 외에 '다른 중요한 일도 많이 일어났다'라고 말하고 있는 것이다. 어떤 이에게는 살인 사건보다 더 중요했을 그 일은, 그러나 누구에게도 알려지지 않은 채 사라져간다.

이 영화는 하잘것없는 존재로 동네 축대 위에서 잠시 살다 간 백구의 삶에 하잘것없는 우리 자신들의 삶을 겹쳐보고, 그 하잘것없음에 대한 감독의 하염없는 애정을 기술한 에세이와 같다. 관객이 그 애정에 공명할 때 이 영화는 성취를 얻는다.

구조적으로 이 영화는「의자가 되는 법」과 극히 유사하다. 버려진 의자가 사람들의 삶 그 자체를 환기하도록 중간중간 등장시킨 것처럼, 여기서도 자칫 산만할 수 있는 사람들 이야기 중간중간 백구의 존재를 등장시켜 전편을 하나의 맥락으로 수렴하기 때문이다.「의자가 되는 법」의 의자나,「개의 역사」의 백구나,「철의 꿈」의 고래는 모두 환유換喩적 이미지들이다. 단지 이미지를 다루는 방식이 다를 뿐이다.「개의 역사」에서는 백구와 사람들 이야기, 두 개의 트랙을 교차시키되 지극히 일상적인 현실 묘사로 일관함으로써 앞서 예로 든 작품들과 다른 분위기를 만들어내고 있는 것이다(그림 3-8).

그림 3-8.「개의 역사」의 이야기 구조

현실을 쫓기보다
현실을 불러들이다

자의형 구조란 감독이 관습의 전형을 벗어나 주체적으로 만들어낸 구조 틀이다. 진행형이나 논증형이 구체적 대상이나 사건을 쫓아간다면, 자의형 구조의 작품들은 대개 그렇지 않다는 특징이 있다. 밖에 있는 대상을 쫓는 것이 아니라, 감독 자신의 생각이나 정서를 표현하고자 하는 욕구가 앞서는 경우가 많다. 그 생각이나 정서를 담아내기 위해 현실을 불러들이는 것이다. 그러다 보니 진행형이나 논증형 구조 틀로 해결되지 않아서 생각과 정서를 담아낼 그릇 자체를 독자적으로 만들게 된다. 그 구조화 방식을 획일적으로 규정할 수 없으므로 '자의형'이라 이르는 것이니, 내가 예로 든 몇몇 작품들의 방식으로 모든 다큐멘터리가 유형화된다는 오해는 하지 말았으면 좋겠다.

또한 예로 든 다큐멘터리는 내가 본 작품 중에서 각 구조에 해당한다고 생각되는 몇몇 작품을 거명한 것으로, 다큐멘터리 자체에 대한 가치 평가와는 무관하다. 구조에 대한 생각 역시 한 사람의 관객으로서 바라본 개인적 의견일 뿐으로 감독의 생각과는 다를 수도 있다는 점을 밝혀둔다.

4부

▶

기획―소재에
접근하는 법

길이 정말
길이 될 수 있을 때

'길'이라는 단어에는 늘 마음을 술렁거리게 하는 울림이 있다. 그것은 아득하기도 하고, 막막하기도 하고, 흔들림 같은 것이기도 하고 어슴푸레한 불안 같은 것이기도 하다. '집'이라든가 '마을'이라는 단어가 가진 안정감, 견고함을 느낄 수가 없다. 안정감이란 멈추었을 때 비로소 느껴지는 것이기 때문이다.

엄밀하게 말하면 '길'이란 단어 자체는 원래 '멈춤,' 즉 '정착'을 전제하지 않는다. 막다른 길도 그곳에서 멈추는 것이 아니라 돌아 나오는 것이며, 세상의 모든 길은 거미줄처럼 서로 이어져 있기 때문이다. 그 거미줄 위에서 돌고, 돌고, 돌더라도 길 위의 사람에게는 그저 가고, 가고, 가는 행위의 연속이다. 끝이 없다는 것은 일종의 무위와 같다. 그럼에도 불구하고 우리는 종종 '길'이란 단어를 돌파구나 해결책의 의미로 쓰기도 한다. "길이 있다"라고 말할 때는 자못 희망적이다.

길이 희망이 되는 경우는 인간이 주체로서 그 길 위에 시작점과 도착점을 찍었을 때뿐이다. 합정역이라는 한 점을 출발점으로 찍고 교대역이라는 한 점을 도착점으로 찍을 때 그 사이에 발생하는 선은 비로소 경로가 된다. 즉, 나 스스로가 출발하는 지점을 알고 내가 가야

할 목표로서의 지점을 설정할 때, 길은 비로소 방황을 멈추고 진정한
의미에서의 '길'이 되는 것이다. 이것은 삶에 대한 은유이면서 동시에 모든
프로젝트의 '기획'에 대한 은유이기도 하다.

다큐멘터리 제작에 관련된 많은 책들은 대개 제작 공정의 순서로
기술되어 있다. 그 순서에 의존하자면 '기획'을 논하는 챕터가 언제나 제일
먼저 나오게 된다. 그러나 이 책은 그런 공식을 배반하고 다큐멘터리가
무엇이며, 다큐멘터리의 이야기 구조는 어떤 것인가에 대해 매우 장황하게
먼저 다루었다. 거기에는 나름의 이유가 있다. 구조에 대한 이해가 있어야만
진정한 의미에서의 기획이 가능하기 때문이다.

기획이란
무엇인가

기획은 다큐멘터리의 소재가 무엇이고 이 소재에 대해 무엇을 이야기하려
하며 그 접근 방식은 어떤 것인가를 밝힘으로써, 스스로에게 길잡이가 될 뿐
아니라 제3자가 보더라도 완성작의 모양을 상상할 수 있게 해주는 것이다.
즉 소재를 바라볼 때 어디에서 '출발'해야 하며 무엇을 '목표'로 해야 하는지,
그럼으로써 어떤 '경로도'를 만들어야 하는지가 드러나는 것이 '기획'이다.

반드시 유념해야 하는 것은, 소재 자체가 기획이 아니라는 사실이다.
감독이 어떤 대상에 대해 촬영을 해나간다는 것은 끊임없이 머릿속에서
그 대상에 대한 이야기 경로도를 그렸다가 지웠다가를 반복하는 과정이다.
다큐멘터리의 대상은 배우가 아니기에 촬영하는 긴 시간 동안 감독이
애초에 그렸던 경로대로 진행되지 않는 경우가 태반이기 때문이다.

어떤 경우에는 감독이 애초 생각했던 것과 전혀 다른 실상이 드러나
작업을 중도 포기해야 하는 사태도 발생한다. 어떤 경우에는 기획 당시

구현하고자 했던 목표를 수정해야 하는 상황에 부딪히기도 한다. 다른 경우에는 대상 자체가 달라지기도 하고 이야기 구조 전체가 바뀌기도 한다. 다큐멘터리 기획이란 이 모든 가변성을 염두에 두고 수립된다. 그럼에도 불구하고 기획의 과정이 반드시 필요한 것은, 수없이 헝클어지는 상황 속에서도 그 상황에 매몰되지 않고 자신이 원래 하려고 했던 것이 무엇인가를 상기시켜주는 방향타 같은 것이기 때문이다.

목표를 수정하고 대상을 달리하고 이야기 구조를 바꾸는 것은 '원래' 의도했던 것을 명징하게 인식하고 있는 사람만이 할 수 있는 일이다. 내가 원래 부산에 가려고 했다면, 그런 뚜렷한 목적지가 있었기에 '아니, 이건 부산 가는 길이 아니잖아?' 혹은 '아니, 내가 하려는 일은 부산으로 가서 해결되는 게 아니었군, 이건 목포로 가야 하는 일이었어'라는 깨달음을 얻을 수 있는 것이다. 목표나 대상이나 이야기 구조에 대해서 원래 명확한 인식이 없었다면, 그것이 바뀌는 일 따위도 일어나지 않는다. 그냥 혼돈에서 시작하여 혼돈으로 진행될 뿐.

요즘은 다큐멘터리 피칭*이나 펀딩**을 위해 기획안을 의무적으로 써야 하는 경우가 많다. 타인들에게 내가 하려는 작품을 이해시키는 것이 주목적이며, 그렇다 보니 이른바 투자의 결정권자들이 이 작품을 어떻게 볼 것인지, 그들이 무엇을 좋아할 것인지를 고려하게 된다. 제작비를 확보해야 하니 이 과정이 무척 신경 쓰이는 것은 틀림없다. 그러나 자신의 진정한 목표를 알지 못한 채, 혹은 감춘 채, 제3자의 입맛에 맞는 기획을 하려는 것은 한마디로 바보 같은 짓이다. 기획은 가장 먼저 자신을 위한 것이다. 철저하게 자신을 위해 수립한 그 기획이야말로 타자에게 내놓기에도 가장 적합한 것이 된다.

* pitching. 편성과 투자 유치를 위해 작가가 방송사나 제작사, 투자자 등을 상대로 기획안을 발표하는 것을 말한다.

** funding. 제작을 위한 투자 자금을 제공하는 것을 말한다.

1장 소재의 발견

기획의 첫 단계
—소재의 발견

기획의 첫번째 단계는 '소재'를 발견하는 일이다. 영화라는 매개를 통해 현실 속에서 내가 드러내고 싶은 대상이 무엇인가를 스스로 인식하고 그것을 분명히 특정할 때, 그 대상은 소재가 된다.

다른 장르에서도 소재가 중요하지 않다고 말할 수는 없지만, 다큐멘터리 장르에서 소재는 극히 중요하다. 한국이라는 공간과 현재라는 시점을 놓고 보면 더욱 그렇다. 한 작품의 성공(관객의 선호도와 비평의 관점을 아울러)에 기여하는 바를 직관적으로 수치화한다면 '소재' 대 '표현 방법론'이 6대4 정도, 최소한 5대5는 되지 않을까 싶을 정도다. 특히 인물 다큐에서 캐릭터의 비중은 실로 어마어마하다.

물론 소재가 좋다고 결과가 다 좋은 것은 아니다. 좋은 소재를 미숙한 접근과 연출로 망치는 경우도 허다하다. 그러나 소재가

유력하면 영화가 성공할 가능성은 훨씬 커진다. 소재의 대중성은
흥행에 끼치는 영향이 매우 크기 때문이다. 마케팅 관점에서 보자면
일반적으로 대중이 선호하는 소재가 있고, 시대적으로 대중의 관심이
쏠리는 소재도 있다. 어렵고 난해한 작품이거나 대중의 관심 밖에
있는 소재를 다루었을 때 관객은 외면한다. 이른바 '촉'이 좋다는
피디나 감독은 대중이 좋아할 만한 소재에 본능적으로 끌린다. 비평도
이러한 대중적 쏠림 현상에 가세하는 일이 잦다. 주로 신문 비평의
태도가 그러하다.

그런가 하면, 일각에서는 다큐멘터리의 소재가 가지는
'명분'에 지배되는 경향도 있다. 우리 시대와 우리 사회에서
마땅히 이야기되어야 하는 것들에 대해 '이야기하고 있다'라는 그
자체만으로 우호적인 평가를 받는 경우가 없지 않다는 얘기다. 이것은
액티비즘*으로 출발하여 터 잡아온 한국 다큐멘터리 역사가 남긴
유산이기도 하다.

이러한 양상이 나타나는 것은 우리나라에서 다큐멘터리 비평이
그다지 활발하지 못해서이기도 하지만, 근본적으로 우리에게
다큐멘터리는 아직도 예술로 간주되고 있지 못하기 때문이라고
생각된다. 다큐멘터리는 어떤 현실을 포착하는 도구 정도로 인식되고
있고, 다큐멘터리 '영화예술'이 아니라 다큐멘터리가 포착하고 있는
그 현실 즉 소재에 대해 이야기하는 것이 더 익숙해 보인다.

그러나 사정이 어떻든 간에 기획의 출발점으로서 소재의
중요성은 더 말할 나위가 없다.

---

* activism. 부조리한 현실을 고발하고 사회적 변화를 촉구하
         는 사회 참여적 성격을 띠는 사조.

인물이라는
소재

소재의 범주는 편의상 크게 인물, 사건, 기타로 분류할 수 있다.

인물을 다룬 다큐멘터리는 가장 흔하게 눈에 띄는 유형이다. 한국에서 해마다 생산되는 독립 다큐멘터리영화에서도 양적으로 가장 많은 비중을 차지하는 것이 이 인물 다큐멘터리일 것이다. 구체적 대상이 존재하기에 당사자의 촬영 허락만 받으면 비교적 쉽게 접근할 수 있기 때문이라고 생각된다.

전형적인 인물 다큐는 한 명 혹은 복수의 인물이 전편의 주인공이 되는 것으로, 그 인물 자체에 대한 관심이 지배적이다. 이때는 인물 자체가 가진 '매력'이 다큐멘터리 전체의 매력으로 작용하는 경우가 많다. 그런데 그 매력을 발견하고 끌어낼 수 있어야만 인물이 소재가 될 수 있다. 제작은 대상을 정했다고 해서 시작되는 것이 아니고, 그 인물에 대해 이야기하려는 바를 스스로 인식하는 데서 시작되기 때문이다.

인간은 하나의 거대한 심연과 같다. 그 바닥을 알 수 없는 존재, 모순에 가득 차 있으면서도 한편으로 비루하고 한편으로는 불가사의한 아름다움과 위대함을 드러내는 존재. 어쩌면 인간이 한 인간을 온전히 이해하는 것은 거의 불가능한 일일지 모른다. 다큐멘터리 카메라가 인간을 바라본다고 해서 그 카메라가 그 인간의 '모든 것'을 보여주는 것은 아니다.

감독은 남들이 보지 못한 어떤 것, 자신이 해석해낼 수 있고 가장 중요하다고 생각하는 그 인간의 '어떤 것'을 보여줄 뿐이다.

커다란 성취를 이루어낸 인물의 이면에서 고독과 허무를 읽어내기도 하고, 평범한 생활인이지만 그 속에 깃든 삶에 대한 경이와 사랑을 드러내기도 한다. 그래서 다큐멘터리의 대상으로서의 인물은 유명인이건 보통 사람이건, 모두 특별한 사람이다. 그에 대한 깊은 이해와 거기서 비롯된 특별한 발견이 그 인물을 주인공으로 만들어내기 때문이다.

대상이 되는 인물은 대중에게 알려진 유명한 사람일 수도 있고, 전혀 알려지지 않은 일반인일 수도 있다. 미국의 영화배우 말론 브란도의 삶을 그린 「리슨 투 미 말론Listen to Me Marlon」(스티밴 라일리, 2015), 미얀마 불교 지도자 아신 위라투를 다룬 「승려 W The Venerable W」(바벳 슈로더, 2017), 고 노무현 대통령을 다룬 「노무현입니다」(이창재, 2017)가 전자라면, 「달팽이의 별」 「님아, 그 강을 건너지 마오」 「춘희막이」 등은 후자에 속한다. 「달팽이의 별」은 시청각 중복 장애를 가진 한 청년이, 「님아, 그 강을 건너지 마오」는 호호백발의 산골 노부부가, 「춘희막이」는 오래전에 고인이 된 한 남자를 사이에 두고 법적 아내와 둘째 부인으로 지내온 두 할머니가 그 대상이다. 진입 장벽이 낮으므로 전자에 비해 후자가 양적으로 훨씬 풍부하다.

「춘희막이」에서 감독이 주목하는 것은 두 할머니의 '관계'다. 나이는 많지만 꼬장꼬장한 '형님' 막이 할머니와 형님보다 한참 어린 데다 지능이 낮아 아직도 아이 같은 춘희 할머니의 동거기. 구도로 봐서는 서로 척지고 미워해야만 할 것 같은 두 할머니 사이에서 오래 묵은 간장 된장 같은 '정'을 읽어내고 있는 것이다. 그것은 결코 야단스럽지 않게, 때로는 해학적으로, 때로는 애틋하게, 길섶에 아무렇게나 피어나 밟히는 질경이 풀꽃처럼 질박하고도 은근한 광경으로 드러나는데 이 관계의 특별한 의미를 주목할 때, 비로소 두 할머니는 다큐멘터리의 소재가 될 수 있었다.

「노무현입니다」는 한국 현대사에 결코 지울 수 없는 한 획을 그은 대통령 노무현을 다룬 작품이다. 노무현에 대해서는 너무나 많은 이야기가 가능하다. 이미 그를 다룬 영화가 나와 있기도 하다. 그러나 감독은 방대한 자료를 제쳐두고 이 영화에서 대통령에 도전하는 그의 꿈에 초점을 맞춘다. 노무현은 2002년 대통령 후보 출마 연설에서 이렇게 말했다.

"조선 건국 이래 600년 동안 우리는 권력에 맞서서 권력을 한 번도 바꿔보지 못했다. 비록 그것이 정의라 할지라도, 비록 그것이 진리라 할지라도, 권력이 싫어하는 말을 했던 사람은, 또는 진리를 내세워 권력에 저항했던 사람은 전부 죽임을 당했다. 〔중략〕 '야 이놈아 계란으로 바위 치기다, 그만둬라. 너는 뒤로 빠져라.' 이 비겁한 교훈을 가르쳐야 했던 우리 600년의 역사, 이 역사를 청산해야 한다. 권력에 맞서서 당당하게, 권력을 한번 쟁취하는 우리의 역사가 이루어져야만이, 이제 비로소 우리 젊은이들이 떳떳하게 정의를 얘기할 수 있고, 떳떳하게 불의에 맞설 수 있는 새로운 역사를 만들어낼 수 있다."

노무현으로 대표되는 이 새로운 꿈은 시대의 열망이기도 했다. 국민참여경선 과정에서 지지율 2퍼센트의 비주류 정치인이었던 그를 마침내 대통령 후보로, 대통령으로 만들어낸 시민들의 꿈이었다. 거꾸로 보면 이 영화는 노무현을 통해 그 시대의 꿈을 그려내고 있으며, 그리하여 시대의 표상으로서 노무현의 존재를 드러내는 데 성공하고 있다. 즉, 인물을 바라보는 관점이 현실 속 인물을 작품의 소재로 만드는 것이다.

사회적 사건이라는
소재

사회적 사건도 자주 접할 수 있는 다큐멘터리의 소재다.

　　1976년 미국 텍사스 주의 댈러스 시에서 일어난 경찰관 살인 사건의 진범을 밝히는 「가늘고 푸른 선」, 같은 감독이 1953년 뉴욕의 호텔 13층 객실에서 떨어져 죽은 CIA의 민간인 과학자 프랭크 올슨에 대한 진상을 파고드는 「어느 세균학자의 죽음Wormwood」(2017), GM 자동차 생산 기지였던 플린트에서의 공장 폐쇄를 다루고 있는 「로저와 나Roger & Me」(마이클 무어, 1989), 콜로라도 주 리틀턴의 콜럼바인 고교에서 일어난 총기 난사 사건을 다룬 「볼링 포 콜럼바인」, 일본 타이지 마을의 돌고래 사냥을 다룬 「더 코브」 등이 다 이에 해당된다.

　　국내에서는 88올림픽을 대비한 도시 미화 작업의 일환으로 삶의 터전을 철거당한 상계동 주민들의 이야기 「상계동 올림픽」(김동원, 1988)을 필두로, 우리 사회의 약자 편에서 싸워온 미디어 활동가들의 액티비즘 다큐멘터리가 이 계열을 주로 채워왔다.

　　근년에 이르러서는 그 대상이 더욱 다양해진 양상을 보이고 있다. 용산 재개발을 둘러싼 대치가 주민들과 경찰의 죽음으로 이어진, 이른바 용산 참사를 소재로 한 「두 개의 문」(김일란·홍지유, 2011), 사상 초유의 연쇄살인을 일으킨 범죄 집단 지존파를 돌아보는 「논픽션 다이어리」(정윤석, 2013), 국정원에 의한 유우성 간첩조작사건을 다룬 「자백」, 경상북도 성주에서 일어난 사드 대치 반대투쟁을 다룬 「파란나비효과」(박문칠, 2017) 등등.

이미 세상에 나온 다큐멘터리에서 '사건'이 어떻게 다루어졌나를 되짚어보면, 해당 사건을 바라보는 감독의 시선을 명확하게 인식할 수 있다. 사건도 인물과 마찬가지로 감독의 시선으로 재해석됨으로써 성공적인 소재가 되었다는 사실을 깨닫게 되는 것이다. 사건 자체를 나열할 뿐이라면 그것은 그저 사건 정보에 지나지 않는다.

사건은 많은 것을 담고 있다. 어떤 사건은 인간의 숨은 욕망을 드러내기도 하고, 그 사회의 모순을 끄집어내기도 하며, 자신을 투영하는 거울의 역할을 하기도 한다. 그 사건을 통해 감독이 진짜 이야기하려는 것이 무엇인가? 사건을 보는 눈이 어떤 지향성을 가질 때, 사건은 단순한 사실의 지평을 벗어나 새로운 인식의 통로가 되고, '사건'에서 작품의 '소재'로 탈바꿈하게 된다. 그래서 사회적 사건을 소재로 한 영화들은 사회적 문제의식을 내재하고 있는 경우가 많다.

「볼링 포 콜럼바인」은 콜럼바인 고교의 총기 난사 사건을 다루고 있지만, 그 사건을 통해 감독 마이클 무어가 말하고 싶었던 것은 미국의 총기 자유화 정책에 대한 고발이다. '미국에서만 유독 많은 총기 사고가 일어나는 이유는 무엇인가?' 콜럼바인 고교 사건을 관통하여 그는 이런 질문을 던지고 있는 것이다. 만인을 만인의 적으로 간주하는 총기 자유화야말로 모든 총기 사고의 원인이라는 것이 감독의 시각이다.

「논픽션 다이어리」는 이미 형장의 이슬로 사라진 지존파를 현실로 다시 소환하여 살인의 동기를 되짚어보고, 그들의 삶과 행적으로부터 이른바 압축 성장을 해온 한국의 경제개발과 그 결과를 돌아보게 한다. 감독은 지존파 사건을 필터로 하여 거대한 탐욕을 동력으로 움직이는 한국 자본주의 시스템의 야만성을 통찰해내고 있는 것이다.

인물과 사건으로
집약할 수 없는 소재

그 밖에 특정한 인물과 사건으로 집약할 수 없는 소재들도 있다. 한 인물이나 사건에 다 담을 수 없는 문제의식이 소재가 될 수 있고, 한 사회에 광범위하게 퍼져 있는 어떤 현상이 소재가 될 수도 있으며, 어떤 관념이나 막연한 정서가 소재가 될 수도 있다. 무엇이든 거기에 문제의식을 느끼고, 거기에 만드는 자의 시선을 담고, 영상으로 그것을 충분히 전달할 수 있다고 생각한다면 비로소 그것은 소재가 된다.
「철의 꿈」을 만들게 된 최초의 계기는 울산의 조선소, 더 구체적으로는 조선소에서 다루는 거대한 철 구조물의 압도적인 스케일에 매혹되어서라고 한다. 그 매혹이 한 편의 영화가 된 것은, 감독이 '철'이라는 소재에 한국 산업 개발의 역사를 투영하고 그 시대의 표상으로 '철'을 자리매김했기에 가능했다. 「위로공단」 역시 마찬가지다. 이 영화는 여성 노동자에 대한 이야기로, 여성을 자본주의 세계의 가장 취약한 계층으로 인식하고 있는 감독의 세계관에 기대는 바가 크다. 그래서 감독은 특정한 여성 노동 현장에 대해서가 아니라, 과거로부터 현재에 이르기까지 세월이 흐르고 시대가 바뀌어도 바뀌지 않은, 여성에 대한 노동 착취의 본질을 이야기하려 한다.

「개의 역사」는 얼핏 개에 대한 이야기로 생각되지만, 실제 소재가 된 것은 자신을 포함한 '이름 없이 떠도는, 보잘것없는 사람들의 존재'다. 좋은 일이든 나쁜 일이든 결코 카메라의 중심에 잡힐 일이 없어 보이는 사람들의 존재를 드러내는 그 자체가 이 다큐멘터리의 시각이다.

인물을 전면에 내세우면
대중적 접근성이 좋아진다

이 모든 경우와 '인물'은 교집합을 이룰 수 있다. 인물은 다큐멘터리에서 정말 중요한 키워드다.

사건을 정면으로 다루지 않고 사건 속 인물을 주인공으로 다루는 경우는 매우 흔하게 볼 수 있다. 특정한 사건에 연루되지 않았더라도 그가 속한 사회의 문제를 드러내기 위해 감독이 의식적으로 상황 속 인물을 선택하기도 한다. 그럴 때 인물은 감독의 문제의식을 드러내 보여주는 하나의 '창'으로서 기능한다. 전략적으로 볼 때, 문제 그 자체를 드러내는 것보다 어떤 인물의 실체적 삶을 통해 보여주는 것이 접근성이 좋고 관객의 공감을 얻는 데 훨씬 유리하기 때문이다. 다큐멘터리란 장르 자체가 근본적으로 인간과 그 삶에 대한 관심에

근거하고, 실제적인 인간의 삶을 통해서만 그 시대 혹은 그 사건의
실체가 실감되기 때문이기도 하다.

「플라스틱 차이나Plastic China」(왕지우리앙, 2016)는 중국 칭다오
부근의 쓰레기 집하장에서 사는 이지에라는 열한 살 소녀와 그 가족의
삶을 통해 일회용 쓰레기에 대한 환경문제를 환기한다. 전 세계
재활용 쓰레기가 모이는 칭다오의 재활용 공장에서 폐플라스틱은
재생되어 다시 전 세계로 팔려나간다. 소녀의 가족은 그곳에서
일하며 폐플라스틱을 씻는 물에 세수하고 폐비닐을 태워 밥을 하며,
플라스틱으로 죽어가는 하천의 물고기를 건져 먹는다. 이지에를
중심으로 인물이 전면에 나와 있지만, 거대한 플라스틱 산은
관객들에게 시각적 충격을 주며 일회용품에 대한 인식을 다시 하게
한다.

「공동정범」은 용산 재개발 당시 저항했던 주민들 다섯 명의
후일담을 다루고 있다. 당시 마지막까지 농성하던 이들은 경찰의
기습 작전 속에서 벌어진 뜻하지 않은 화재로 몇몇의 죽음을 겪은 후
실형을 선고받고 수감되었다. 형이 끝나고 그들은 사회로 돌아왔으나,

「플라스틱 차이나」

그들의 내면에서 용산 참사라 불리던 사건은 끝나지 않았다. 상처는 내면화되어 서로를 반목하게 하고 고통스럽게 한다. 그것이 과연 그들 자신의 잘못일까? 두 감독은 그들 사이의 내적 갈등을 섬세하고도 날카롭게 그려내며, 인간을 파괴하는 도시 재개발의 야만성을 다시 한번 소환하고 있는 것이다.

「알레포의 마지막 사람들Last Men in Aleppo」(스텐 요하넨센·페라스 파이야드, 2017)은 7년 동안 계속된 시리아 내전의 참혹상을 민간 구조대 화이트헬멧 대원인 칼레드와 그 주변 인물들을 통해 전하고 있다. 계속되는 폭격으로 폐허가 되어가는 도시 알레포에서 구조 활동을 하면서도 떠나야 할까를 갈등하던 칼레드는, 영화의 말미 주검으로 등장하고 그 동료들도 모두 사망한다. 화이트헬멧의 영웅적인 활동보다 칼레드가 어린아이들과 주고받는 대화에서, 건물 잔해 속에 분수를 만들고 물고기를 기르는 행위에서 주제는 무엇보다 강력하게 전달된다. 몇십만 명이 죽었다는 통계 수치보다 한 사람의 구체적 삶의 디테일에 관객은 훨씬 강력하게 감정이입을 할 수 있는 것이다. 우리 모두가 인간이기 때문이며, 인간의 가슴과 상상력을 지녔기 때문에.

캐릭터, 사건, 문제의식, 표현 방식의 총합

강력한 캐릭터와 강력한 사건과 강력한 문제의식이 만날 때, 거기다 효과적인 표현 방식까지 더해질 때, 그 다큐멘터리는 실로 폭발적인 힘을 갖는다.

「액트 오브 킬링」이 그 대표적인 예가 될 것이다. 1965년 인도네시아 쿠데타 당시, 군은 공산주의자 청산을 명분으로 민간 조직을 앞장세워 100만 명이 넘는 사람들을 살해했다. 인도네시아에서 당시의 학살은 '애국'으로 정당화되고 살인의 행위는 조국을 위한 위대한 '업적'으로 칭송받는다. 학살에 가담했던 사람들에게서도 거리낌을 찾아보기 어렵다.

안와르 콩고는 40여 년 전 그 대학살을 주도한 중심인물 중 한 사람이다. 젊은 시절부터 할리우드 영화를 동경해왔다는 그에게 한 외국인 감독이 다가와 그들의 업적을 영화로 만들어보자고 제안한다. 그 제안을 받아들인 안와르 콩고와 주변 인물들은 영화 만들기에 돌입한다. 「액트 오브 킬링」의 외형을 한마디로 말하자면, 40여 년 전의 살인자들이 자신들의 살인 행위를 스스로 연출하고 재연하는 '영화 만들기'에 대한 영화인 것이다.

감독이 이야기하고 싶었던 것은 40년 전의 대학살이며, 그는 비인간적이며 부도덕한 그 학살에 대해 문제의식을 갖고 있었음이 분명하다. 그러나 감독은 이것을 안와르 콩고라는 주인공을 통해

「액트 오브 킬링」
안와르 콩고가 40년 전의
대학살을 스스로 재현한
영화의 초현실적인 장면.

이야기하고자 한다. 그런데 이 인물의 캐릭터가 실로 흥미롭다. 할리우드 영화 마니아라는 뜻밖의 면모에다, 살인 행위의 재현 과정에서 상투적인 예측을 넘어서는 모습을 보여주기 때문이다.

이 영화는 그들의 현재적인 일상생활과 그들이 만드는 영화의 이미지를 교묘하게 교차하면서 진행하는데, 이 '영화 만들기'라는 틀이 「액트 오브 킬링」을 전무후무하게 충격적인 작품으로 만드는 데 결정적인 역할을 하고 있는 요소다.

감독은 이를 실로 영리하게 활용한다. 혐의자를 심문하거나 살해한 각각의 장소와 그곳에서의 재연 행위들이 빚어내는 기괴한 이미지들을, 안와르 콩고의 영화 만들기에 대한 설명이라기보다 자신의 영화 진행을 위한 요소로서 포석하고 있는 것이다. 그 결과 이 영화는 언어로써는 도저히 설명될 수 없는, 영화미학의 특별한 한 꼭짓점에 도달하고 있다.

기획 초기에 안와르 콩고가 어떻게 변해갈 것이라고 예측하기는 어렵다. 그러나 학살의 행위를 자랑스럽게 떠벌리는 캐릭터의 독특함과 살인 행위의 구체적 재현이 가져오는 이미지 효과는 충분히 계획된 것으로 보인다. 이런 강력한 요소들이 결합함으로써 「액트 오브 킬링」의 놀라운 이야기 경로는 애초부터 예비될 수 있었다.

2장 그림을 그린다는 것

왜, 얼마나 절실한가

기획은 그림을 그리는 것이다. 여기까지 왔다면 감독은 머릿속에 자신이 만들어낼 미래의 완성작을 그려볼 수 있고, 다른 사람들도 감독이 그림을 그리고 있음을 알 수 있게 된다. 감독의 그림을 유추할 수 있고 그 그림에 신뢰를 가질 때, 완성작에 대한 기대와 투자로 이어질 수 있다. 도저히 그림이 그려지지 않는다면, 당신의 기획은 아직 무르익지 않은 것이다.

자신의 그림을 소개하는 장이 이른바 피칭이다. 피칭에서는 소재에 대한 질문도 자주 나온다. 가장 흔한 질문 중 하나가 "이 소재를 왜 하려고 하는가?" 혹은 "이 소재가 당신과 무슨 상관인가?"이다. 이런 질문을 받으면 대상과의 인연이나 외형적 관계를 설명하는 데 상당한 시간을 쓰게 된다. 지역에 기반을 둔 선거에서 흔히 후보들이 자신이 이 지역에 어떤 연고가 있는지 역설하는 것과 비슷하다. 이런 이야기가 유효하지 않은 것은 아닐

게다. 그러나 피칭에서는 이 질문의 진의가 무엇인지 파악한다면 보다
효율적인 답변이 가능하다.

　　다큐멘터리 감독이 자신과 실질적 관계가 있는 대상만
소재화한다면, 오늘날의 다큐멘터리 세계는 협소하기 짝이 없을
것이다. 감독은 자신과 아무 관계 없는 대상에 접근하는 것이
불가한가? 아니다. 그렇지 않다. 수많은 결과물이 이미 나와 있다시피
그것은 전혀 사실이 아니다. 오히려 감독은 낯선 인물과 새로운
세계에 대해 적극적으로 접근할 권리가 있다. 그러나 거기엔 하나의
조건이 있다.

　　재미교포 출신인 한 젊은 감독은 미국에서 대학을 다니다가,
우연히 TV에서 세월호의 침몰을 목격하고 큰 충격을 받았다. 그는
부모님의 만류도 마다하며 다니던 학교까지 때려치우고 무작정
한국으로 왔다. "도저히 그냥 있을 수가 없어서"였다. 한국에 온
그는 여러 사람의 도움을 받아 최초의 세월호 다큐 「업사이드
다운」(김동빈, 2015)을 만들었다. 한국에 오기 전까지 그는 세월호
유가족과 일면식도 없던 사이였다.

　　그럼에도 불구하고, 전혀 합리적이지 않아 보이는 그의 이야기는
듣는 사람을 이해시켰다(최소한 나는 이해했다). "도저히 그냥 있을
수 없는" "무어라도 하지 않으면 안 될 것 같은" 세월호에 대한
한국인의 집단적 죄의식을 그 단순한 한마디가 예리하게 대변해주는
듯 느껴졌기 때문이다. 대상에 대해 그가 느낀 감정의 '절실함'에
공감했다는 뜻이다. 한국에 온 그는 광화문에서 세월호 유가족들과
함께 지냈고, 그 결과로 만들어진 것이 「업사이드 다운」이다.

　　나는 이 일화에 다큐멘터리를 만들려는 사람들이 대상, 즉 소재에

대해 지녀야 할 태도가 어떤 것인지 그 해답이 함축되어 있다고
생각한다. "당신은 왜 이것을 찍으려 하는가?"는 대상과 당신이
어떤 물리적 관계를 맺고 있느냐는 질문이기보다 '당신에게 이것이
왜 중요한가' '당신에게 이것은 얼마나 절실한가'를 묻는 질문이기
때문이다. 이것이 핵심이다.

　이런 질문이 나오는 것은, 앞서 말한 바와 같이 다큐멘터리에서
소재가 극히 중요하기 때문이다. 소재 자체가 관객의 관심을
흡인할 수 있는 주요 요소인 경우가 많으므로 감독은 의식적이든
무의식적이든 대상을 '도구화'할 위험을 항상 가지고 있다. 영화를
위한 도구로 대상을 인식할 때, 감독은 의식적이든 무의식적이든
관객이 가장 좋아할 만한 이야기 속으로 대상을 몰아가거나 배치할
가능성이 없지 않다. 그런 작품에는 감독의 독창적인 시선이 아니라
관습이 반영되며, 은밀한 선정성이 이면에 깔려 있다. 소재에 대해서
다큐멘터리가 가장 경계해야 할 지점이다.

　대상과의 '관계 맺기'는 그다음에 시작된다. 소재가 되는 대상에
대한 그런 절실한 감정이 있을 때, 비로소 대상과 진실한 관계 맺기가
가능해진다. 고전이 된 『어린 왕자』의 왕자와 여우처럼 관계가 형성된
후에야, 대상이 되는 인물은 사회적 가면을 벗고(무장 해제를 하고)
자신의 내밀한 내면을 들여다보기를 허락한다.

　그렇기에 다큐멘터리에는 시간이 필요하다. 하나의 씨앗이
떨어져 싹이 틀 때까지의 시간, 열매가 영글어 단맛이 무르익을
때까지의 시간.

대상을 들여다보는 것은
자신을 들여다보는 것

성공적인 다큐멘터리를 만드는 데는 물론 많은 기술이 필요하다.
그러나 근본이 되는 것은 소재, 즉 대상에 대해 접근하는 태도의
'진정성'에 있다. 고전적인 단어이긴 하지만 진정성이 근본이 될 때,
비로소 대상에 대한 진짜 '발견'이 가능해진다.

여기서 근본을 돌아볼 필요가 있다. 한 편의 다큐멘터리를
만들겠다고 결심했을 때 그 동기는 무엇일까? 나는 그 출발점에 있는
것이 대상에 대한 막연한 '끌림'이라고 생각한다. 마치 이것은 연애와
같다. 처음에는 그 대상에게 왜 끌리는지 자신도 명확한 이유를
모른다. 아마도 그 이유를 파악하려면, 자신의 어린 시절부터 성장
과정까지를 다 뒤집어보는 심리적 대탐색이 필요할지도 모른다.

대상을 들여다보는 것은, 그래서 자신을 들여다보는 행위가
된다. 나는 왜 이 대상에게 끌리는가? 이 대상에게서 보이는 것은
무엇인가? 내게 보이는 어떤 지점들, 나에게 와닿아 어떤 감정의
증폭을 일으키는 그 지점들이 보다 명료해지는 과정이야말로 끌림이
'형상화'되는 과정이다. 그것을 타자와도 나눌 수 있다고 생각할 때,
다큐멘터리 기획이 시작되는 것이다. 개인적인 끌림이 '사회화'되는
과정이다.

그래서 기획은 무엇보다 자신을 위한 것이다. 타자에게 보이기
위해서가 아니라 자신에게 먼저, 자신이 하고 싶은 이야기가
무엇인가를 알아차리게 하는 과정이며, 자신의 절실함이 왜 타자에게
가닿아야 하는지 이유를 발견하게 하는 과정이자, 그것이 어떻게

타자에게도 절실하게 가닿을 수 있을지 대화의 기술을 탐구하게 하는
과정인 것이다.

좋은 소재란 무엇인가? 개인적으로 강력하게 끌리면서
사회적으로도 의미 있는 담론이 될 것이라는 확신을 갖게 하는,
그것이 감독에게는 가장 좋은 소재다.

개인적 '끌림'을
사회화하는 과정

기획은 개인적 끌림을 사회화하여 하나의 청사진으로 내놓는 것을
의미한다. 사적 다큐라 하더라도 그것이 타자와 나눌 만한 의미를
내포하고 있지 않으면 무의미하다. 지극히 사적인 개인사나 가족의
이야기를 다룬 것이라 하더라도 말이다.

「할매꽃」(문정현, 2007)은 감독이 자신의 가족사를 들여다보는
작품이다. 돌아가신 작은 외할아버지의 일기장을 통해 알게 된 것은
반세기 전 작은 산골 마을에서 일어난 계급과 이념의 갈등이었다.
그것이 남과 북, 일본 땅으로 일가가 뿔뿔이 흩어진 이산의 원인이
되었다. 자신의 가족 속에 한국 현대사의 비극이 그대로 집약되어
있었던 것이다.

「버블 패밀리」 역시 자신과 가족의 이야기다. 어린 시절 감독은
잘나가는 부모님의 '집 장사'로 안락한 삶을 누렸으나, IMF 외환
위기의 도래와 함께 집안은 몰락하여 경제 사정은 바닥으로 떨어진다.
그러나 비가 새는 집 안에서도 부동산에 대한 부모님의 환상은 꺼지지

않는다. 감독은 투기를 부채질하던 당대 한국의 부동산 광풍이 어떻게 그의 부모와 개인들을 왜곡시켰는지 직시하려 한다. 그럼으로써 이 영화는 어느 관객의 지적대로 "가장 개인적이면서 가장 사회적인 이야기"가 될 수 있었다. 이 두 작품은 사적 소재가 어떻게 한국 사회의 문제를 환기하는지 잘 보여주는 예들이라고 할 만하다.

다큐멘터리는 일기장이 아니다. 일기의 형식을 빌려 쓴 글이라고 하더라도 그 글이 개인의 일기인지 문학인지를 가르는 기준은, 그 개인의 경험과 생각이 다른 사람들의 보편적인 삶과 맞닿아 있느냐 아니냐, 그 글이 그들의 삶에 어떤 영향을 미치느냐에 달려 있다. 따라서 일단 만들기로 했으면, 자신의 이야기가 많은 사람들과 소통하고 그들에게 영향을 줄 수 있도록 설계해야 하는 것은 너무나 당연한 일이다.

3장 성공하는 기획의
조건

고려해야 할 조건
다섯 가지

그런 의미에서 보편적으로 대중의 관심을 환기할 수 있는 몇 가지
조건을 다시 한번 정리해보기로 하자. 성공하는 기획의 기본 조건으로
아래의 다섯 가지 사항을 꼽을 수 있다.

1) 새로워야 한다

하늘 아래 새로운 것이 없다지만, 어디선가 본 것 같은 작품이
환영받을 리는 없다. 이건 다큐멘터리에만 국한되는 이야기가
아니고, 다큐, 드라마, 방송, 영화 할 것 없이 통용되는 기본 조건이다.
이전의 어떤 작품과도 차별화되는 자신만의 독자성이 있어야
한다는 이야기다. 소재 자체가 새롭거나, 소재가 새롭지 않더라도
콘셉트가 다르거나, 스토리가 다르거나 표현 방법론이 다르거나……

그 무엇이든 이 작품이 이전의 어떤 작품과도 다른 것임을 스스로 증명해야 한다.

방송에서는 이 차별화의 압박감이 훨씬 더 크다. 자사의 이전 프로그램과도 차별되어야 하고 무수한 타 채널 프로그램과도 차별화되어야 살아남기 때문이다. 어느 채널에서 새로운 포맷의 프로그램이 등장해 인기를 얻게 되면, 다른 채널에서도 비슷한 프로그램들이 줄줄이 생긴다. 그러나 이런 아류들이 성공하는 경우는 거의 없다는 것을 타산지석으로 삼아야 한다. 소재가 비슷한데도 성공했다면, 반드시 거기엔 새로운 무엇이 있다.

한국에 사는 외국인들을 출연시켜 외국인의 시각으로 한국을 들여다본다는 콘셉트는 「미녀들의 수다」 「비정상회담」 「어서와~ 한국은 처음이지?」 등에서 되풀이되고 있지만, 이 각각의 프로그램은 포맷을 달리하여 시청자들에게 차별화된 인상을 남기고 있다. 다큐멘터리도 이와 다르지 않다. 누군가 동시대에 같은 소재, 같은 주제, 변별되지 않는 같은 이야기로 나보다 앞서 작품을 만들었다면, 굳이 지금 내가 왜 다시 이걸 만들어야 하는지 질문해볼 필요가 있다.

2) 동시대인의 관심과 닿아 있어야 한다

나 개인의 관심사지만 그것이 동시대를 사는 수많은 사람들의 관심이나 요구와 맞닿아 있을 때, 기획의 성공 가능성은 높아진다.

이전에 한국에서는 영화건 TV 프로그램이건 사회성 드라마는 흥행이 되지 않는다는 고정관념이 있었다. 이 지형도에 변화가 일어난 것은 2010년대 초반이었다. 2012년에 「26년」(조근현),

「부러진 화살」(정지영) 같은 영화가 나오기 시작했고, 2013년 「변호인」(양우석)에 천만 관객이 들면서 이후 「베테랑」(류승완), 「내부자들」(우민호), 「1987」(장준환), 「택시운전사」(장훈) 같은 영화들이 마치 봇물 터지듯이 줄지어 나왔다. 한국 사회의 정치권력과 자본권력에 대한 통렬한 비판을 담은 영화들이었다. 비슷한 시기에 방송에서도 이변이 일어났다. 2012년 오랫동안 방송가를 떠돌아다니던 대본이 어쩌다 기회를 잡아 일과성 미니시리즈로 제작되었는데, 그것이 바로 박경수 작가의 「추적자」였다. 이 드라마가 돌풍을 일으키면서 오래 금기시되어온 사회성 드라마가 방송가에서도 한 시대의 막을 연 것이다.

나는 이것이 우연이라고 보지 않는다. 정의로운 세상에 대한 사람들의 갈망이 쌓이고 쌓여 마침내 이들을 불러낸 것이고, 이 열망이 촛불혁명으로 이어졌으며, 「노무현입니다」 같은 다큐멘터리의 대흥행에도 영향을 미쳤다고 본다.

다큐멘터리는 영화나 드라마처럼 흥행이 된다는 것 자체가 어려운 일이지만, 호평을 받은 동시대 다큐멘터리를 들춰보면 그 속에는 반드시 어떤 시대성이 깃들어 있음을 발견하게 된다. 정치적·이념적 변화뿐만 아니라 가치의 변화, 취향의 변화들에 민감한 더듬이를 가져야 하는 이유다.

오랫동안 공개적으로 이야기하는 것이 금기시되었던 여성들의 생리를 세상의 표면으로 불러낸 「피의 연대기」(김보람, 2017), 실로 아무것도 아닌 이름 없는 개인들의 삶에 주목한 「개의 역사」 같은 작품들도 이전 시대에는 아예 나올 수 없었거나 나왔더라도 크게 주목받지 못했을 것이 분명하다.

3) 흥미로워야 한다

다큐멘터리는 대체로 엄숙하다고 생각하는 사람들이 많다. 그러나 실제로는 해학적이거나 재미있는 상황들도 많다. 재미있는 부분들은 100퍼센트 활용해서 할 수 있는 만큼 재미있게 만들 것을 권한다. 대중성을 포기하고 성취하려는 예술적 목표가 뚜렷하다면 그 길로 가는 것도 나쁘지 않다. 그러나 굳이 그 길이 아니라면 관객들이 다음 장면, 다음 이야기를 보고 싶게끔 만들어야 한다. 다큐멘터리는 가장 적극적인 대화의 방식이니 말이다.

'재미'라고 단순화해 말하지만 재미의 종류는 여러 가지다. 그것은 웃음일 수도 있고, 감동일 수도 있고, 호기심을 불러일으키는 미스터리일 수도 있으며, 손에 땀을 쥐게 하는 서스펜스일 수도 있다. 아름답거나 신기하거나 압도적이거나 한없이 긴장을 이완시키거나 혹은 팽팽한 지적 탐구심을 불러일으키거나…… 그 무엇이든 보는 사람을 자극함으로써 그다음으로 나아가는 힘을 가져야 한다.

그러기 위해서는 우선 소재에서 재미있을 만한 요소가 무엇인지 짚어내는 감이 있어야 하고, 그것을 뒷받침할 실체적인 이야깃거리가 있는지도 찾아봐야 한다. 예상할 수 있는 에피소드들이 단조롭지 않고 다양할수록 유리하다.

이야기의 재미를 좌우하는 데는 이야기를 구조화하는 방식, 즉 스토리텔링 방식이 큰 역할을 한다. 따라서 대상이 가지고 있는 잠재적인 이야기 요소들을 가장 효과적으로 활용할 수 있는 스토리텔링을 미리 생각해볼 필요가 있다. 이야기 구조를 이해하고 있으면 프리프로덕션* 단계에서 무척 유용하다.

4) 목표가 설정되어야 한다

이야기를 흥미롭게 하려다가, 강으로 가야 할 것을 산으로 가서는 안
된다. 기획에서 이야기의 도착점이 분명히 기재되어야 하는 이유다.
스토리가 없는 실험적인 작품이라 하더라도 그 실험을 통해 드러나야
할 목표는 분명히 인식되어야 한다.

　　목표는 거대하고 추상적인 것보다는 미시적이고 구체적인
것일수록 좋다. 가령, 작품의 주제를 '애국'이라 생각하기보다
'거리에서 태극기를 흔드는 것이 과연 애국인가?'에 대한 대답이라고
생각하는 편이 좋다. 그편이 훨씬 실제적이고 현실적으로 구현할
가능성이 더 높다는 얘기다.

　　이렇게 설정한 '목표'는 제작 기간 내내 만드는 사람을 지배하고
괴롭히며, 어쩌면 중간에 크게 바뀔 수도 있다. 그러나 '목표'를
가졌다는 것은, 나침반을 가졌다는 것과 동일하다. 소재가 가지고
있는 에피소드가 흥미로우냐 흥미롭지 않으냐를 판단하면서, 동시에
이것이 목표로 가는 도정에 기여할 수 있는 것이냐 없는 것이냐를
판단할 수 있기 때문이다.

　　＊ pre-production. 다큐멘터리 제작 과정에서, 본격적인 촬영
에 앞선 준비 단계를 일컫는 말이다. 일정을 짜고 예산을 확보
하고 출연자를 섭외하는 과정 등이 이에 해당한다.

5) 실현 가능해야 한다

여기에는 작품 내적인 것과 외적인 것 두 가지 의미가 있다. 감독이 끌리는 소재와 그 소재에서 구현하려는 목표가 쉽게 접근할 수 있는 것이 아닌 경우가 종종 있다. 그럼에도 도전해야 한다면, 그것이 현실적으로 가능하도록 기획 단계에서 방안이 마련되어야 한다.

기획은 막연한 아이디어를 써놓는 것이 아니다. 아이디어는 기획의 전 단계에 지나지 않는다. 우리가 '다큐멘터리 제작'이라고 하는 것은 기획의 단계부터 시작하는 것이다. 그러므로 실현될 수 있는 기획을 위해서는 철저한 취재와 스터디가 선행되어야 한다. 특히 소재가 사건이거나 사회적 현상일 경우에는 팩트에 대한 방대하고도 엄밀한 취재와 스터디가 필요하다. 사실관계가 틀리거나, 사실을 근거로 해야 할 지점을 추측이나 주정적인 정서로 얼버무리는 일이 없어야 하기 때문이다. 인물 다큐멘터리는 인물에 대한 감독의 해석이 더 중요한 요소가 되겠으나, 이 경우에도 취재와 스터디는 피해갈 수 없다. 인물과 주변에 대한 취재는 필수다.

이 과정을 허술하게 지나칠 때, 주인공 상을 오도할 수 있다. 이런 사고는 시간에 쫓기는 방송 다큐멘터리에서 가끔 일어나는데, 깊이 있는 취재를 하지 않고 앞에서 말한 관습적 사고의 틀에 인물을 집어넣음으로써 생기는 비극이다. 예컨대 아동 학대와 착취를 일삼는 범죄자를, 불우 아동을 돕는 선한 자선가로 소개하는 일이 일어나는 것이다. 방송뿐만 아니라 다큐멘터리영화에서도 이런 일이 없었다고 할 수 없다. 중요한 이슈일수록 철저하게 객관적인 취재가 이루어져야 한다. 자신의 추정 틀에 모든 상황을 끼워 맞추는 식은 취재라고 하기 어렵다. 소재가 무엇이든 제대로 된 취재와 스터디 과정을 거치지 않으면, 결과적으로 그것은 냉엄한 평가로 돌아오게 마련이다.

또한 자신이 하고자 하는 이야기를 영화적 이미지로 재현할 수 있는 방안을 마련해야 한다. 중요한 이슈라 하더라도 현실적으로 접근 가능한가에 대해 스스로 답할 수 있어야 하고, 추상적인 미학적 목표라 하더라도 그것을 어떤 방식으로 구현할 것인지에 대해 방법론이 설정되어야 한다. 가령 대통령 선거의 전자 개표 부정을 파헤치겠다는 목표를 정했다면, 의욕은 높이 사나 부정이 일어났다는 명확한 근거를 제시할 수 있어야 하고, 한편으로 일개인인 감독이 그것을 어떤 방식으로 파헤칠 수 있을지에 대한 구체적인 방안이 도출되어야 한다는 것이다.

예를 들어보자. 폐쇄되어 있던 한 나라의 경제가 개방되어 자본주의의 물결이 물밀 듯이 쏟아져 들어왔을 때, 그 자유 시장의 본질이 무엇인지, 그것이 인간을 어떻게 세뇌하는지를 비판하는 것이 영화의 주제라면 당신은 이것을 어떻게 '보이는 것'으로 만들 것인가?

체코의 한 영화학교 학생들의 졸업 작품 「체코 드림Czech Dream」(비트 클루삭·필립 레문다, 2004)은 허허벌판에 입간판식 대형 슈퍼마켓을 짓는 것으로 이를 구현했다. 그리고 존재하지 않는 그 슈퍼마켓을 위한 광고를 제작하고 미디어에 게재한다. EU 가입을 종용하는 체코 정치인들이 대중에게 심어놓은, 실속 없는 '체코 드림'에 대한 풍자로 그 광고들이 어떻게 허상으로 사람들을 세뇌하는지를 적나라하게 드러내는 것이다. 이 거대한 사기극은 슈퍼마켓의 개장일, 현장에 구름처럼 몰려온 인파가 모든 게 '가짜'임을 깨닫는 순간까지를 카메라에 담음으로써 그 목표를

「체코 드림」
슈퍼마켓 개장일, 현장에
몰려온 후에야 전부
가짜였음을 깨달은 군중.

완수한다.

또한 다큐멘터리는 작품 내적인 것으로만 실현되는 것이 아니다.
작품 외적인 조건을 감안하는 것도 중요하다. 한 편의 다큐멘터리를
만드는 데 소요되는 인력과 비용과 시간이 결과물을 제약한다. 이
현실적인 제약을 충분히 감안하고 그 조건 내에서 계획을 세워야
전체의 균형이 깨어지지 않는다.

출발점에서 충분한 시간을
투자할 것

소재의 발견이 길의 출발점이라면, 소재의 방향성이 가리키는 곳이
길의 목적지가 된다. 그 사이에 줄을 긋는 일이 경로도, 즉 스토리
구조를 생각하는 일이다. 이때 감독은 소재에 따라, 하고자 하는
이야기의 방향에 따라, 다양한 이야기 구조를 대입해본다. 효과적인
이야기 구조를 판단할 수 있다면, 기획 초기의 방황은 훨씬 짧아진다.

여기에 스타일까지 생각한다면 당신의 기획은 일단 유효한 것이 될 수 있다.

기획으로부터 출발하여 실제 도착점으로 가는 과정은 종이 위에 그려진 선을 현실 속에서 구현하려는 지난한 도정이다. 갈 길이 멀다 해도 출발점의 이 단계에 충분한 시간을 투자할 것을 추천한다. 기획 과정의 충실도가 높으면, 작품 개발과 제작 과정이 훨씬 용이해진다는 것을 잊지 말자.

5부

▶

사전 작업

—

자료 조사, 취재, 스터디

편집이
안 되는 이유

신인들이 첫 작품을 하면서 가장 큰 난관에 봉착하는 때는 편집 단계다.
편집은 당연히 누구에게나 어려운 것이긴 하다. 편집이란, 재봉질처럼 한
큐*에 드르르 되는 경우가 절대로 없다. 엎어보고 뒤집어보고 다시 메쳐봐도
잘 안 될 때, 신인들은 대개 그 이유를 자신의 편집 기술이 부족한 데서
찾는다. 기술 부족은 맞을 것이다. 그러나 대다수의 경우, 편집이 안 되는
가장 큰 이유는 편집 자체의 문제가 아니라 '촬영'이 잘못된 데 있다. 촬영의
결과물인 영상 소스가 부족한 것이 가장 흔한 이유다. 간단히 말하자면,
편집을 하려고 보니 있었으면 좋았을 '그림'이 없는 것이다. 그러나 그것을
깨달았다고 해도, 극영화와 달리 현장성이 강한 다큐멘터리는 그것을
돌이켜 작업할 수 있는 길이 거의 없다.

　　다큐멘터리는 마치 우리 인생과 마찬가지로 시간의 불가역성 위에
놓여 있다. 그때 그 상황, 그 상황 속에서의 주인공의 감정, 표정, 무의식적인
주변의 반응, 그때 불어오던 바람, 그때 감독이 느낀 감정으로 바라본
풍경…… 그 모든 것은 결코 재현될 수 없는 순간이며, 일회적인 것이다.

　　다큐멘터리 카메라는 바로 그 유일무이한 '순간'을 포착하는 도구다.
그렇기 때문에 다큐멘터리 작업에서 가장 중요한 과정을 하나만 꼽아야

* cue. 영상의 출연자와 제작진에게 촬영 시작과 끝 등을 지시
하는 신호. 전달 방식에 따라 워드 큐, 핸드 큐 등으로 나뉜다.

한다면, 그것은 단연 촬영 과정이어야 한다. 자료 조사, 취재, 스터디 등 프리프로덕션 작업은 촬영을 잘하기 위한 것이며, 편집과 후반 작업은 충분한 촬영 소스 없이 불가능한 것이기 때문이다. 촬영이야말로 다큐멘터리 제작에서 가장 핵심적인 작업이다.

그러나 오해하지는 말기 바란다. 이 글에는 카메라를 작동하는 기술적 방법론 같은 건 나오지 않는다. 그것은 나의 관심 밖이다. 솔직히 말하자면, 나는 기계치에 가깝고 기술 영역에 대해서는 언급할 능력도 없다.

비주얼 이미지를 어떻게 구현해내느냐는 촬영감독의 역할이고, '작가'(영화의 관점과 스타일을 만들어내는 존재로서)는 자신이 그리는 이미지의 비전을 제시하는 사람이어야 한다고 믿는다. 따라서 이 글은 촬영의 기술에 대해서가 아니라, 하나의 작품을 만들어내려는 '작가'의 입장에서 촬영 과정이 어떠해야 하는가를 논할 것이다. 편집 단계에 접어들어서야 뼈저린 후회와 자책에 빠지지 않기 위해서 말이다.

발화를 가능하게 하는
사전 작업

다큐멘터리의 시작은 '내가 보고 있는 것이 무엇인지 아는 것'이며 내가 '하고 있는 것이 무엇인지 아는 것'이다. 다큐멘터리란 이런 탐구로부터 출발하여 자신의 발언에 도달하는 과정이라고 할 수 있다.

그것은 아이가 말을 배우는 과정과 거의 유사하다. 무엇을 지시하는지 모를 불분명한 웅얼거림에서 시작하여 외마디 단어를 뱉게 되고, 불완전한 문장과 말 더듬기를 거쳐 마침내 완전한 문장에 도달하게 되는 것이다. "과자 주세요" "밖에 나가고 싶어요" "파란색이 좋아요" 같은, 그 완전한 문장들을 통해 아이는 비로소 자신을 둘러싼 세계와의 관계를 정립한다.

다큐멘터리 또한 완전한 발화가 되었을 때만이 세계와 관계를 정립한다.
그러나 분명히 말하지만, 그 이전의 오랜 탐구 과정 없이는 끝끝내 그 발화에
도달하지 못한다.

　　본격 촬영에 들어가기 전, 자료 조사, 취재, 스터디에서부터 촬영
계획에 이르는 사전 작업은 발화를 가능하게 하는 그 긴 과정의 시작을
의미한다.

아는 것이 없으면
무엇을 말해야 할지 모른다

촬영을 잘하기 위한 필수적인 전 단계가 자료 조사, 취재, 스터디로
일컬어지는 사전 작업이다. 이 단계는 기획을 위한 것이기도 하지만,
기획이란 좀더 실무적인 입장에서 보자면 그다음 단계인 촬영을 제대로
하기 위한 과정이다. 자신이 찍으려는 대상에 대해서 아는 것이 없으면
무엇을 말해야 할지 모르고, 무엇을 말해야 할지 모르면 대상을 어떻게
찍어야 할지를 모르고, 어떻게 찍어야 할지 작정이 되지 않으면 촬영
'계획'을 세울 수 없는 것이다.

　　좀더 엄밀하게 말하면, 사전 작업이 충실해야만 효과적인 촬영 계획을
세울 수 있다. 그리고 계획 없는 촬영이 무서운 것은 그것이 다큐멘터리
전체를 헤어날 수 없는 수렁에 빠뜨리는 일이며, 그동안 소요된 시간과
비용과 인력을 거대한 낭비로 만들어버리고 마는 첩경이기 때문이다.

1장 사전 작업의 방향성 잡기

사회적 쟁점을
다루는 경우

다큐멘터리 장르에 따라 이 사전 작업의 방향성과 방법은 조금씩
달라질 수 있다.

　장르의 성격이 분명한 역사, 과학 등 정보형 다큐멘터리에서는
자료 조사와 스터디의 분량이 어마어마하다. 전문가를 취재해
견해를 듣기도 하고 현장을 찾아가보기도 하지만, 무엇보다 이
분야는 텍스트 탐구가 기본이다. 누적된 기록과 지식 정보의 확인이
필수이기 때문이다. 신문 기사든 논문이든 책이든 공공기관의 문서든
종이 자료가 기본이 되고, 그다음 발로 뛰는 취재로 빈틈을 메꾼다.

　사회적 사건이나 현상을 정면으로 다루는 경우에도, 그 사건의
배경을 이해하기 위해선 방대한 기록의 확인과 취재가 우선되어야
한다. 국정원의 간첩조작사건을 다룬 「자백」, 세월호 침몰의 원인을
추적하는 「그날, 바다」(김지영, 2018), 박정희 시대의 강제 노동의

실상을 밝혀내는 「서산개척단」(이조훈, 2018), 2012년 대선 당시 국정원 댓글 공작을 다룬 「더 블랙」(이마리오, 2018) 등의 작품이 다 이에 해당하는데, 자신이 다루려는 사건에 대한 실체적 사실 탐구를 기반으로 하지 않고서는 가시화할 수 없는 소재들이다.

동일하게 역사적·사회적 사건에 대한 문제의식을 가지고 소재에 접근하더라도, 이를 사건 자체가 아니라 중심인물(들)을 통해 드러내는 경우도 많다. 이 경우 인물을 제대로 그려내기 위해서라도 배경에 대한 깊은 이해가 필요하다. 그 배경 정보가 다큐멘터리에 직접적으로 반영되느냐 아니냐는 전혀 상관이 없다. 모든 인물은 사실상 '역사적 존재'이므로, 한 사람을 알기 위해선 그가 속한 시대와 그에게 영향을 끼친 사건에 대한 올바른 이해가 필수 조건이다.

얼핏 떠오르는 작품들만 해도 「낮은 목소리」(일본군 위안부 문제, 변영주, 1995), 「송환」(미전향 장기수들, 김동원, 2003), 「오월愛」(5·18 광주항쟁, 김태일, 2010), 「어머니」(전태일과 노동환경, 태준식, 2011), 「논픽션 다이어리」(살인 집단 지존파를 만들어낸 시대의 조건), 「사람이 산다」(쪽방촌 빈민 현실, 송윤혁, 2015), 「잡식가족의 딜레마」(육식의 문제, 황윤, 2014), 「공동정범」(용산 4구역 재개발), 「노무현입니다」(노무현이 등장했던 시대의 정치적 환경), 「로그북」(세월호, 복진오, 2018) 등 수없이 많다. 앞으로는 더 많아질 것이다.

이러한 유형의 다큐멘터리 주인공들이 안고 있는 갈등의 대상은 외부 사회에 있다. 인물들과 대립하는 특정한 세력이거나 시스템이거나 한 사회에 팽배해 있는 고정관념이 그 대상들이다.

개인적 초상을
그리는 경우

그러나 인물을 중심에 두는 것은 마찬가지라 해도 그 유형이 전혀
다른 다큐멘터리들이 있다. 앞의 다큐멘터리 유형이 인물을 통해 한
사회의 문제를 바라보는 것이라면, 뒤의 유형에서는 인물 그 자체가
관심의 대상이다. 갈등이 자신에게 내재해 있거나 인간이라는 근본
조건을 성찰하거나 특정한 대상과의 관계를 조명한다.

가령 「님아, 그 강을 건너지 마오」는 산골에 사는 노부부의
동화 같은 사랑을 다룬 다큐멘터리다. 「뚜르: 내 생애 최고의
49일」(임정하·전일우·박형준·김양래, 2016)은 희귀 암으로 시한부
선고를 받은 한 청년이 침대에 누워 있기보다, 평생 꿈꾸던 자전거
경주 투르 드 프랑스에 참가하는 길을 택해 3,500킬로미터를
완주하는 이야기다. 이런 다큐멘터리들은 어떤 사회적 사건도
개입되지 않은 순수한 인간, 혹은 인간관계 그 자체에 천착하고 있는
것으로 보인다.

그러나 이런 인물 다큐에도 사전 작업은 건너뛸 수 없는
과정이다. 배경이 아니라 인간에 주목할수록 자료 조사와 취재의
공력이 줄어드는 건 사실이지만, 그렇다고 그 부담이 완전히 없어지는
건 아니다. 앞서도 말했지만 모든 인물은 역사적 존재이며 일정 부분
시대에 의해 규정받는다.

「님아, 그 강을 건너지 마오」의 카메라가 강계열 할머니와
조병만 할아버지의 현재를 쫓아간다 하더라도 그들이 어떤 시대를
살아왔는지 개인의 역사를 귀담아듣고, 그들의 과거와 환경이 그들의

삶과 어떤 관계를 맺고 있는지 들여다봐야 한다. 「뚜르: 내 생애 최고의 49일」도 마찬가지다. 스물여섯 나이에 죽음을 선고받은 청년 이윤혁이 왜 의사도 말리는 자전거 경주 길에 나서는지는 그 개인의 삶을 통시적으로 바라볼 수 있어야 이해가 가능해진다. 여기서는 이윤혁의 병의 증상, 진행 과정에 대한 지식과 투르 드 프랑스의 경기 방법, 행로의 지리에 대한 객관적 정보까지 병행되어야 한다.

2장 사전 작업의 단계

사전 작업의 첫번째 단계
—저인망식 작업과 실마리

사전 작업의 초기 단계는 다큐멘터리 자체에 직접적으로 필요한 것이라기보다 감독과 제작진이 대상을 이해하기 위한 것이다. 초기의 자료 조사는 대부분 광범위하게 저인망식으로 진행된다. 대상에게서 '말하고자 하는 것'의 초점이 처음에는 감독에게도 불분명할 수밖에 없으므로, 대상에 관계되는 자료 일체를 닥치는 대로 긁어와 기반 정보를 축적하는 단계다.

사회적 쟁점을 다루는 다큐는 특히 방대한 기초 자료를 섭렵해야 한다. 물론 이 단계에서 알게 된 내용의 80퍼센트는 작품에 쓰이지 않고 그냥 버려지는 정보들이다. 그럼에도 불구하고 초기 자료 조사가 광범위하게 이루어질 수밖에 없고 또 이루어져야 하는 것은, 이 단계의 정보들 속에서 '나침반'을 찾아내게 되기 때문이다. 정보의 양이 빈약하면 다큐멘터리 방향성의 선택지는 제한될 수밖에 없다.

여러 층위, 여러 방향의 정보들은 혼란스럽지만 다양한 선택지를 제공하는 수원지와 같다. '아는 만큼 보인다'라는 말은 여기에서도 해당된다 하겠다.

출발점은 신문, 잡지, 해당 소재를 다룬 책, 논문 등을 섭렵하는 것이다. 요즘은 인터넷을 이용해 보다 용이하게 자료 조사를 할 수 있게 되었지만, 방대한 자료 조사가 필요한 작업이라면 '맨땅에 헤딩'보다는 신뢰할 만한 전문가(학자, 기자, 해당업계 종사자 등)를 활용하는 것이 노동의 범위를 좁히는 데는 효율적이다. 서로 다른 성향의 전문가에게 무엇을 읽어야 할지에 대해 논문이나 책을 추천받는 방식이다. 이렇게 하면 나중에 허접한 것으로 판명될 수많은 자료 읽기의 고역을 어느 정도는 줄일 수 있다. 그러나 다루는 사건이 크면, 어찌하든 공부해야 할 분량은 막대하다.

사회적 사건이라면 팩트를 확인하는 것이 최우선 작업이다. 당대의 신문, 뉴스가 어떻게 이를 다루고 있는지, 그리고 후일 이에 대한 객관적 평가가 가능해졌을 때 이를 기사, 논문, 책 등이 어떻게 바라보고 있는지 두루 파악한다. 이때는 자료를 취사선택하지 않고 서로 다른 관점과 다른 주장들을 선입견 없이 모두 수용한다.

그런데 이렇게 자료를 공부하다 보면 무수한 사건과 정보와 견해들 속에서 좀더 구체적으로 알고 싶은 것들이 생긴다. 가령 5·18을 지칭하는 직접적인 기간은, 광주에서 상황이 발발한 18일부터 상황이 종료된 27일까지 단 10일이다. 우선 그 하루하루에 진행된 사건을 면밀하게 살펴봐야 한다. 당시 공수부대의 움직임, 그리고 광주 시내 곳곳에서 일어난 폭력의 현장들, 피해자의 상황, 시민들이 시민군으로 조직화되는 과정 등등 세부적인 사실을 조사하고 확인한다. 여기에는 광주 시민들을 "폭도"라고 규정한 정부 측 발표, 이에 동조한 당시의 언론 보도, 이와 정반대의 내용을 담고 있는 지하 유인물 등을 다 포함한다. 무차별 총격이 있었다, 없었다와 같은 엇갈린 주장들도 동일하게 섭렵한다.

이런 전반적 상황을 파악하고 나면, 이것이 어느 날 불현듯 일어난 사건이 아님을 이해하게 되고 왜 이런 일이 발생했는지 좀더 거시적인 시각으로 시대적 맥락을 읽을 필요가 대두된다. 그래서 시간을 되짚어 전두환 정권의 탄생과 전국적으로 민주화 요구가 거셌던 당시의 정국을 공부한다. 또한 이때 일어난 일들이 이후 광주 시민들과 국민들에게 어떤 영향을 미쳤는지, 정치권에는 어떤 영향을 미쳤는지, 5·18이 마침내 광주민주화운동이라 명명되기까지 어떤 과정을 거쳤는지를 두루 살펴본다.

이쯤 되면 자료를 조사하고 그 내용을 학습하는 사람에게는 그 자신만의 관점이 어렴풋이 생기기 시작한다. 광주항쟁에 대해 실로 여러 가지 관점을 가질 수 있겠으나, 어떤 사람은 5·18 당시 '정부와 언론이 합작하여 국민들을 속였다'라는 사실에 주목한다. 어떤 사람은 당시 광주 시민들의 '공동체 의식'에 감동한다. 또 다른 사람은 5·18 당시 '북한군이 내려왔다'라는 극우 인사들의 선전에 강력한 관심을 가지게 된다. 아직까지 신원이 밝혀지지 않은 '미상의 그들'은 누구인가?

바로 이 지점이 5·18이라는 소재의 덩어리에서 각자가 만들려는 다큐멘터리에 대한 '실마리'가 발견되는 순간이다. 다시 말하면 이 가느다란 실마리를 잡기 위해 그 엄청난 자료를 수집하고 공부했다고 해도 지나치지 않다. 이 실마리를 찾아내는 시선이야말로 '작가적'

시선인 것이다.

어떤 사건에 대해 '아는 것'과 '발화하는 것'은 전혀 다르다. 발화하는 것은 다음의 내용을 전제한다. 그것은 이전에 말해지지 않은 것이어야 한다. 우리 사회에서, 이 시점에, 발화될 가치가 있는 것이어야 한다. 누구도 아닌 자신이 잘 말할 수 있는 것, 혹은 자신만이 말할 수 있는 특별한 어떤 것이어야 한다.

실마리란 바로 이러한 발화를 가능하게 할 것 같은, 어떤 가능성을 제시하는 무엇이다. 그것은 무엇을 말해야 하는지(주제)와 관련 있을 수 있고, 어떤 인물이 주요하게 등장해야 하는지(주로 주인공), 스토리의 전개 방식은 어떠해야 하는지(스토리 구조), 영상 구성 전략은 어떠해야 하는지(스타일)와 관련이 있을 수도 있다. 이 실마리가 반드시 성공적이란 법은 없지만, 이것이 전방위적이던 자료 채집에 어떤 예리한 방향성을 부여해 다음 단계로 진입하게 해주는 것은 분명하다.

5·18 당시 '정부와 언론이 합작하여 국민들을 속였다'라는 사실을 주목한 사람은, 당시 광주의 진상을 영상 보도한 기자가 있었다는 사실에 끌리게 된다. 당시 광주 시민들의 공동체 의식에 감동한 사람은, 명망가가 아니라 주먹밥을 만들어 나르고 도망치는 학생들을 숨겨준 평범한 광주 시민들에게 초점을 맞춘다. 아직까지 미상으로 남아 있는 존재들에게 관심을 가진 사람은, 시민군으로 활동했던 생존자들을 통해 그들이 넝마주이 같은 사회 소외 계층이었다는 사실을 알게 되고 그들이 당시 어디에 있었고 무엇을 했는지 취재하고자 한다. 각각의 실마리는 이런 방향성을 갖게 하고 보다 심화된 취재를 가능하게 한다.

바로 이처럼, 사전 작업의 첫번째 단계에서 가장 중요한 것은 무엇을 말해야 할지에 대한 단서를 찾는 일이다. 이 단계에서 그것을 찾지 못하면, 사전 작업은 보다 긴 시간 동안 혼돈에 빠지게 된다. '말해야 할 것'을 끝내 찾지 못한 채 슈팅에 들어가면 그것은 일대 재앙이다. 촬영 과정에서라도 목표를 찾게 되면 다행히 상당한 낭비에 그칠 수도 있겠지만, 그렇지 않을 경우 그 다큐멘터리는 유기적 맥락이 결여된, 파편들의 나열에 지나지 않게 되는 것이다.

간혹 신인들이 착각하는 것이, 역사적·사회적 문제를 다루는 다큐멘터리는 문제를 '설명'하는 것이라고 생각한다는 점이다. 그래서 파편들의 나열이라도 뭔가를 말하고 있다고 여긴다. 사실 파편들의 나열로는 설명조차 잘 안 되지만, 근본적으로 다큐멘터리는 단순한 설명이라는 편견에서 벗어나야 한다.

다큐멘터리가 영상예술의 한 부분으로 존재하려면 '발화하는 자,' 즉 작가주의적 태도가 필요하며, 그것은 내용이든 양식이든 관점이든 자신만의 독자적인 시선을 요구한다. 사전 작업의 기초 단계에서 그 독자성의 실마리를 잡는 것이 가장 중요하다.

사전 작업의 두번째 단계
― 방향성을 확고하게 하기 위한 보강 작업

기초 조사에서 잡은 실마리는 처음에는 어렴풋할 수밖에 없다. 마음은 끌리지만 확신할 수 없는 상태다. 따라서 다음 단계는 그 방향성을 확고하게 하기 위한 자료와 취재를 보강하는 시기가 된다. 이때는 앞서 모아들였던 산더미 같은 자료들 중 작품에 필요할 것 같은 것만 남기고 나머지는 사정없이 버려야 한다.

방향성이 잡히면 좀더 깊이 취재해야 하는 것들이 생기게 마련이다. 따라서 이 단계에서는 좀더 세밀하고 심층적인 내용을 적극적으로 탐문해나간다. 기본이 되는 자료 위에 구체적인 살을 붙여나가는 시기로, 이때는 자료 조사와 취재도 보다 능동적이고 주관적인 방향성을 가지고 하는 것이 보통이다. 무엇을 알아보아야 하는지에 대한 목표를 세우고 그 목표를 달성할 수 있는 통로를 찾아내야 하는 만큼, 이때부터는 역량에 따라 사전 작업의 성취도가 달라진다.

다시 5·18 다큐멘터리로 돌아가보자. 당시 '정부와 언론이 합작하여 국민들을 속였다'라는 사실에 주목한 감독은, 국내 언론이 침묵하던 당시 광주 시내의 참상을 촬영한 영상이 있었다는 사실을 알게 된다. 그러나 그 영상을 누가 찍었는지, 어떤 경로로 찍었고 어떻게 은밀히 유포될 수 있었는지 아무것도 모르는 상태다. 최초에 촬영한 그 누군가를 찾아내야 하는데, 어떤 방법으로 그것을 알아낼 수 있을지부터 궁리해야 하는 것이다.

따라서 이 단계부터는 자료 조사에도 논리적 사고와 창의력이 요구된다. 추론이 필요하기 때문이다. 리서처의 역량에 따라 정보의 질과 내용이 현저히 달라질 수 있는 것이 바로 이 단계다. 어떤 실마리를 찾았다고 하더라도 그 단서를 살릴 수 있는 내용이 확보되지 않으면, 결국 그것은 발화로 이어지지 못한다. 그러나 그 실마리를 쫓아 보다 깊이 있는 조사와 취재가 이루어진다면, 감독의 머릿속에서 자신이 하고자 하는 다큐멘터리의 형태가 점점 더 뚜렷한 모습으로 자리 잡아가게 된다.

예를 들어, 5·18 이후 은밀하게 돌아다니던 영상의 출처를 찾던 감독은 당시 광주 주재 기자들로부터 그 영상을 촬영한 이가 국내 인물이 아니라는 사실을 알게 된다. 당시 자료에는 외신 기자들이 환영받았다는 내용이 포함되어 있었다. 그렇다면 그중 한 사람일 수도 있겠다는 가정이 세워지고, 그때 광주를 다룬 외국 언론을 추적하기에 이른다. 추적 끝에 그 영상이 한 독일 기자에 의해 촬영되었다는 사실과 영상을 방영한 방송사까지 확인한 감독은, 그 기자를 만났던 사람들을 수소문해 사실을 확인한다. 그리고 기자가 아직 생존해 있는지, 어디에 있는지를 탐문하고 소재를 찾아낸다. 독일 현지로 날아가 마침내 노쇠한 기자를 만난 감독은 1980년 광주에서의 참상을 취재한다. 기자가 광주에 잠입한 경로나 삼엄한 경계를 뚫고 촬영본을 반출한 경위 자체도 드라마틱하기 짝이 없다. 감독은 기자가 아직도 보관하고 있던, 광주 영상 원본도 확보한다.

감독은 자신이 취재한 이 이야기에 매혹된다. 5·18에 대해 이미 많은 이야기가 나왔지만, 외국인 기자의 이야기는 이전에 말해지지 않은 것이다. 또한 이방인의 시선으로 바라본 광주는 정파적 이해관계에 좌우되지 않는 객관적 진실을 담보하는 것으로 발화될 가치가 충분하며, 이것이야말로 자신이 잘 말할 수 있는 것, 혹은 자신만이 말할 수 있는 특별한 어떤 것이라고 느낀다.

이쯤 되면 감독은 자신이 만들어야 할 다큐멘터리의 방향에 대해 거의 확신하게 된다. 이후에는 이것을 어떻게 구체적으로 '보이는 것'으로 만들 수 있을지가 중점 과제가 된다.

횡적 탐색과
종적 탐구

이즈음에서 사회적 쟁점을 다루는 다큐멘터리와 개인의 초상을
다루는 다큐멘터리의 자료 구축 방식에 확연한 차이가 있음을 알아야
한다.

사회적 문제를 다룰 때는 핵심 문제를 중심에 놓고 그 취재
대상을 전방위적으로 펼친다. 5·18의 진행 상황도 알아야 하고,
독일인 촬영기자의 개인 동선도 알아야 하며, 그가 겪었던 위협도
확인해야 하고, 그가 기고한 기사도 확인해야 한다. 그 기사를
뒷받침해주고 당시 상황을 증언해줄 광주 시민을 찾아내 증언도
들어야 한다. 기자의 이후 상황도 알아야 한다. 그러다 보면 접촉해야
할 취재원들이 다양한 층위에서 넓게 횡적으로 분포하게 된다.

이 유형의 사전 작업은 취재할 거점들이 많아 여기저기를
뒤지거나 뛰어다니려면 부지런하기도 해야 하지만, 사뭇 혼란스러워
보이는 다종다양한 정보들을 머릿속에서 정리하여 어떤 질서를
만들어나가는 것이 필수 과제다.

순수하게 인물 자체에 집중하는 휴먼 다큐멘터리의 방식은 또
다르다. 인물의 경우에도 그를 둘러싼 기반 정보를 폭넓게 살펴볼
필요는 있다. 어떤 인물이 대상으로 잡히는 계기는, 자신과 잘 아는
사적 관계이거나 대부분 신문이나 잡지 같은 매체를 통해서다.
그래서 이 역시 처음에는 텍스트를 통해 개괄적인 이해를 하는 것이
일반적이다.

그런데 인물의 경우는, 매체에서 다룰 때 이미 어떤 방향성을

내재하고 있는 것이 보통이다. 그 인물이 주목받을 이유가 있기에 매체에서도 주목하는 것이며, 따라서 기사화될 때 이미 주제를 내포하고 있는 것이다. 가령, 노부부가 나이에 어울리지 않게 잉꼬부부라거나, 자폐인데 바이올린에 천재적 재능이 있다거나, 열두 남매를 키우는 대가족 집안의 애환이라거나……

  유명인사를 소개할 때도 마찬가지다. 스티브 잡스의 천재성이나 정주영 회장의 도전 정신을 거론한다. 그런데 이미 가시화된 이 주제를 답습하려는 것이 다큐멘터리스트의 목표는 아니다. 감독은 이미 주어진 내용을 가지고 이들을 만나되, 그것을 '동기' 이상으로 삼을 수는 없다. 훌륭한 다큐멘터리 감독은 기사에서 드러난 것 이상의 어떤 것을 찾거나 혹은 전혀 다른 이야기를 찾고자 하는 태도를 가져야 한다. 그렇지 않으면 '다큐멘터리 감독'으로서의 독자성을 어디서 찾을 수 있을 것인가? 장르를 막론하고 예술에서 동어반복은 치명적이다.

  그래서 휴먼 다큐멘터리의 경우 사전 작업의 비중은 인물을 직접 만나면서 훨씬 더 커진다. 대상이 유명인사라면 종이 자료가 보다 많을 수 있으나, 이 경우에도 직접 대면에서부터 본격적인 취재가 시작된다고 봐야 한다. 대신, 이 초기 단계에서는 대상 인물에 대한 주변 사람들의 취재가 좀더 긴요하다. 가족과 친구, 직장 동료, 경쟁자, 적 등 다양한 사람들로부터 주인공에 대한 다양한 이야기를 수집하면서 보다 입체적이고 복합적인 인물상을 그려볼 수 있다. 상반되는 이야기도 있지만, 신문 기사보다 훨씬 생생하고 다채로우며 섬세한 일화를 들을 수 있고 상투적으로 쓰인 기사와는 전혀 다른 인상을 받을 수도 있다. 때로는 동네 사람이 무심코 던진 한마디에서

섬광처럼 어떤 새로운 방향성을 잡아낼 수도 있다. 무엇보다 이러한 기반 정보를 바탕으로 당사자를 만나게 되면 그와의 인터뷰가 훨씬 밀도 있게 진행된다는 장점이 있다.

휴먼 다큐의 핵심은 결국 주인공 인물 자체다. 그 때문에 휴먼 다큐의 경우 사전 작업의 대부분은, 대상을 이해하고 좀더 구체적이고 차별적으로 이 인물에게서 무엇을 끌어낼 수 있을지를 탐색하는 과정이 된다. 처음에는 겉으로 드러나는 것부터 알아본다. 즉 이 인물의 평소 일과가 어떠한지, 자주 가는 곳은 어딘지, 취미는 무엇인지, 촬영 기간 중 특별한 행사는 없는지, 가족 관계는 어떠한지 같은 것들에서 차츰 그의 내부로 들어가게 된다. 자연히 그 취재 내용은 깊이에 대한 추구, 즉 인물 내부를 향한 종적인 탐구가 될 수밖에 없다. '관찰'과 '대화'(인터뷰)가 그 탐구의 주된 수단이다(이때부터는 보통 촬영이 병행된다. 즉 길게 찍는 휴먼 다큐의 경우, 사전 작업과 촬영의 경계가 불분명하다).

대상 인물이 어떻게 태어나 어떻게 성장했고 어떤 삶의 과정을 거쳤는지 일대기를 들어보는 것은 기본 조건이다. 이것은 단순히 정보적인 차원이 아니다. 자기 이야기를 할 때 사람들의 표정, 말하는 방식 등을 가만히 관찰해보라. 그 인물이 선택하는 단어, 문장, 말하는 방식, 뉘앙스, 무의식적인 표정들은 말보다 더 많은 것을 내포하고 있을 가능성이 크다. 거기서 좀더 파고들어가야 할 포인트를 찾아낼 수 있다. 따라서 관찰과 탐구의 기간이 길수록 인물에 대한 통찰이 깊어지고, 인물이 결코 말하고 싶어 하지 않는 것들까지 이해할 수 있게 된다.

그리고 이 인물에게서 무엇을 드러내야 하는지 비로소 확신하는 단계가 온다. 이때부터 그것을 뒷받침해줄 수 있는 재료와 상황을 더욱 예민하게 찾게 되는 것은 사회적 쟁점을 다루는 다큐와 동일하다.

　이 과정에서 날카로운 관찰자는 인물을 드러낼 표현 방법들을 효과적으로 습득하고 축적한다. 놓쳐서는 안 될 어떤 순간들, 어떤 습관, 어떤 표정에 대한 비주얼 이미지를 획득하는 것이다. 인물에 대해서 '말해야 하는 그 무엇'은 감독이 말하는 것이 아니라 결국은 영화 속에서 그 인물 자신이 말해야 하는 것이기에 '말해야 하는 그 무엇'을 드러내줄 주인공의 에피소드, 행위, 이미지는 그대로 내러티브에 투영되게 마련이다.

　「달팽이의 별」의 경우를 보자. 주인공 영찬은 시청각 중복 장애를 가진 청년이다. 방송에서 장애를 다루는 가장 흔한 방식은 이른바 '인간 승리'의 측면에 주목하는 것이다. 중복 장애를 가졌음에도 불구하고, 굴하지 않고 도전하여 무언가를 이루어냈다는 식으로. 그런데 「달팽이의 별」은 그런 공식을 따르지 않는다.

　이 다큐멘터리가 감동을 주는 것은 영찬이란 청년이 가진 삶에 대한 위대한 긍정, 낙관을 그대로 드러내 보이기 때문이다. "가장 값진 것을 보기 위해 잠시 눈을 감고, 가장 참된 것을 듣기 위해 잠시 귀를 닫고" 있다고 말하는 영찬의 시를 통해, 아내와의 사랑을 통해, 영찬이 구사하는 일상의 유머를 통해, 빗방울을 감각하는 표정을 통해, 나무를 끌어안고 나무의 숨결을 느끼려는 몸짓을 통해, 그것은 전달된다.

　그것은 한 인물을 오래 '본' 자만이 구현할 수 있는 것이다.

사전 작업의 세번째 단계
― 시점, 스토리 구조, 표현 방법론의 확정

사전 작업의 마지막 단계는 감독이 구현하고자 하는 이야기를
'보이게' 하기 위해서 필요한 자료를 보강하고 확보하는 과정이다.
목표는 확립되었고, 그 목표를 달성하기 위한 시점, 스토리 구조, 표현
방법론 등을 구체적으로 모색하는 단계다. 물론 이 목표는 촬영이나
편집 도중에 얼마든지 바뀔 가능성이 있다. 그렇다고 하더라도 이
단계에서 무엇을, 어떻게 하겠다는 결정을 하지 않으면 다음 단계로
나아갈 수 없다.

목표를 위해 꼭 필요한 에피소드가 있다면, 그 에피소드를
'보이게' 하기 위해 무엇을 더 찾아봐야 하는지를 보다 세밀하게
탐색해야 한다. 그래야 이 재료들로 실제적인 밥상을 차릴 수 있다. 즉
촬영을 위한 구성을 할 수 있게 된다.

가령, 복식사에 대한 다큐멘터리를 찍는다고 하자. 인간의 욕망이
복식에 어떻게 투영되었는지를 알기 위해서는 한국뿐 아니라 다른
여러 나라를 찾아가야 한다. 구체적으로 어느 나라의 어느 박물관,
어느 거리, 어느 회사, 어느 학자를 만나야 할지 이 단계에서 다
정해진다. 자료 조사를 하고 보니 박물관이나 역사 자료가 대부분이라
정적인 화면의 단조로움을 깨기 위해서는 프리젠터를 쓰는 것이
좋겠다고 생각한다. 그러나 한국인 프리젠터를 데리고 여러 나라를
돌아다니는 것은 비효율적일뿐더러 불가능하다는 결론에 도달한다.
그 결과 대담한 결정을 하게 된다. 그 시대를 잘 말해줄 수 있는 당대
인물의 초상화에서 인물을 그래픽으로 불러내어 그 역할을 맡기자.

그러면 누가 그 역할을 할 수 있는지, 그 인물의 초상화를 어디서 촬영할 수 있는지 알아내야 한다.

그렇게 해서 프랑스 대혁명기의 패셔니스타로 알려진 테레지아 카바루스 탈리앙이 1편의 프리젠터로 낙점되고, 그의 일대기와 초상화가 걸린 장소가 탐문된다. 2편에선 중세 유럽에서 최초의 패션 북을 남긴 독일의 회계사 마테우스 슈바르츠가 소환된다. 그의 패션화가 확인되고 패션 북이 보관되어 있는 도서관 역시 확인된다(「패셔너블」, 조선종, KBS, 2015).

올림픽에서 여자 스키점프가 정식 종목으로 채택된 것은 불과

「패셔너블」
프랑스 슈농소 성에 초상화가 보관된
테레지아 카바루스 탈리앙을 컴퓨터
그래픽으로 작업해 프리젠터로 내세웠다.

몇 년 전인 2014년 소치올림픽 때부터였다. 그것이 가능해지기까지 수많은 여자 스키점프 선수들의 노력이 있었다. 역사를 살펴보면, 선수들은 여자 스키점프가 2010년 밴쿠버 올림픽에서 정식 종목으로 채택되기를 바라며 법정에 제소하기도 했으나, 결과는 그들의 패배였다. 여자 선수들의 노력을 화면에 '구현'하는 데 이만큼 적절한 사건도 없다. 그래서 당시의 해외 언론을 뒤져 이 법정 사건을 다룬 TV 뉴스와 신문 기사, 사진들을 확보한다(「크로싱 비욘드」, 이승준, 2018).

이런 과정이 이루어지려면, 아직 사전 작업 단계일지라도 만드는 사람의 머릿속에 이미 그간의 취재를 기반으로 한 다큐멘터리의 이야기가 대략적이나마 실체적 형태를 갖추고 존재해야 하는 것이다.

휴먼 다큐는 탐색과 촬영이 동시에 진행되어왔기에 이러한 단계가 명확하게 구분되는 것은 아니다. 그러나 이 장르 또한 방향성이 확립되면, 이전에 소홀히 해왔던 것들을 보완해서 촬영하게 된다. 가령 「달팽이의 별」에서 처음 감독의 관심은 영찬이라는 주인공뿐이었으나, 영찬을 드러내기 위해서는 그의 아내 순호의 존재 또한 드러내야겠다는 데 생각이 미친다. 그러면 감독의 인터뷰와 관찰 카메라는 아내 순호의 행동반경을 포함하게 되는 식이다.

5·18 다큐도 마찬가지다. 1980년 이후 시중에 은밀하게 돌아다니던, 광주 참상을 담은 촬영 영상은 '누가 찍은 것인가?'라는 의문에서 시작된 취재는, 5·18 진상 취재와 독일인 촬영기자 위르겐 힌츠페터의 취재를 거쳐 구체적인 이야기의 윤곽을 띠게 된다.

감독은 이 다큐멘터리를 위르겐 힌츠페터의 시점으로 전개하기로 결정한다. 따라서 주된 스토리라인은 힌츠페터의 동선을 따르게 된다. 자연히 이야기의 중심축은 그가 어떻게 광주에 잠입하고 어떻게 필름 영상을 외부로 반출하여 세계에 알리게 되었는지로 잡힌다. 사건이 발생한 시점이 과거이니 이야기의 골격은 인터뷰와 자료 영상에 의존하되, 내용의 신뢰성을 담보하기 위해 당시 상황을 진술하는 직접 화자는 현재 시점으로, 즉 노년의 위르겐 힌츠펜터에게 맡기기로 한다. 광주의 참상은 그의 시선으로 이야기하고, 그가 직접 찍은 촬영 영상은 그 이야기를 뒷받침할 자료로 활용하는 식이다. 부족한 부분은 현장 경험자들의 인터뷰로 보완한다. 이 다큐멘터리의 목표는 1980년 5월 광주에서 무슨 일이 일어났는지에 관한 진실을 밝히려는 것이므로, 전체적인 이야기의 틀은 논리적 구조를 지향한다.

대략 이런 작정이 세워진다. 이 작정에 따라 구체적인 촬영구성안이 마련된다. 이것이 「80년 5월 푸른 눈의 목격자」(장영주, KBS, 2003)가 만들어진 과정이다. 방송 다큐로 제작되었던 이 작품은 2018년 영화로 재제작되었다.

앞에서 예로 들었던 다른 5·18 다큐도 모두 유사한 과정을 거쳤으나 최초의 '실마리' 즉 방향성에 따라 주제도, 내용도, 형식도 천양지차로 다른 각각의 작품으로 세상에 나오게 된다. 당시 광주 시민들의 공동체 의식에 주목한 감독은 이후 「오월愛」를 만들었다. 5·18 당시 시민군에 동참한 '넝마주이'에 관심을 가졌던 감독은 후일 「김군」(강상우, 2018)을 만들었다. 거시적 소재는 동일한 5·18이지만 이 작품들은 서로 너무도 다르다.

「오월愛」
광주 시민들이 시민군에게 밥을 나눠주고 있다.
이창성 촬영, 5·18기념재단 제공.

「김군」
「김군」은 극우 인사들에 의해 '제1광수'로 지목된
사진 속 인물 '김군'의 정체를 추적한다.

3장 사전 작업할 때 유의할 점

모든 주장을 검증하라
― 결론은 자신의 책임

사전 작업을 할 때, 특히 몇 가지 유의할 지점이 있다.

첫번째, 상반된 주장이 있을 때 절대로 하나의 텍스트를 신뢰하지 말아야 한다. 사회적 쟁점들은 상반된 주장들이 존재하는 장이다. 5·18의 경우는 '폭동이냐? 항쟁이냐?'의 주장이 대립하고 제주 강정 해군기지의 경우는 '국익이냐? 평화냐?'의 문제로 대립한다. 과학이나 역사학이나 산업 분야에서도 마찬가지다.

이때 다큐멘터리 창작자들은 평소 자신의 정치적 성향이나 대상과의 친소 관계를 떠나 철저하게 양측의 주장을 검증할 필요가 있다. 그 결과로서 자신이 결론을 내려야 하고, 자신이 책임을 져야만 한다. 유명인사의 주장이니까 그가 주장하는 논리를 따랐다고 책임이 면제되지 않는다. 양쪽의 주장을 철저히 검증하지 않고서 한쪽 논리를 따라가는 것은 너무나 위험한 일이다.

이러한 탐구는 결과적으로 다큐멘터리 내러티브 속에서 치밀한 논증의 형태로 드러날 수도 있지만, 내러티브에 적극적으로 반영하지 않는다고 하더라도 반드시 필요하다. 그래야 모든 반박에 대응할 수 있고, 이성적으로 논박할 일을 감성에만 호소하지 않게 되며, 관객을 자신 있게 설득할 수 있게 되기 때문이다.

다큐멘터리스트에게 진영 논리는 허용되지 않는다. 진영에 따른 논리는 프로파간다일 뿐이다.

캐릭터 선정은 만나본 뒤 하라
—공감할 수 있는 캐릭터 찾기

두번째, 인물 중심의 작품에서는 활자 매체에서 소개된 내용만 보고 덥석 주인공으로 결정해서는 안 된다. 주인공이 될 인물은 반드시 직접 대면을 해야 한다.

시간에 쫓기는 방송 다큐에서도 주인공이 될 인물이 국내에 있다면, 아무리 인물의 히스토리가 좋을지언정 직접 대면 인터뷰를 해보고 출연 여부를 결정한다. 해외 취재의 경우 거리상의 문제와 비용 때문에 현지 코디네이터에게 사전 작업을 맡기고, 그의 말에 따라 결정하는 경우가 빈번하다. 다행히 좋은 결과로 이어지기도 하지만, 카메라를 들고 현장에 갔는데 '이건 아니다' 싶은 경우가 없지 않다. 촬영 기간이 짧으면 수습할 길이 없다. 이럴 경우 현장에서 부랴부랴 인물을 대체하거나 별수 없이 인물의 '껍데기'만 촬영해 오게 되는데, 이렇게 만들어진 작품은 상투적일 수밖에 없다.

인물을 직접 만나는 게 왜 중요한가? 인물이 중심이 되는 다큐에서는 주인공의 캐릭터가 관객을 흡인하는 가장 큰 요소이기 때문이다. 시청자 혹은 관객들이 주인공에게 강하게 공감할 수 있어야 진심으로 마음속 깊이 이야기를 받아들이게 된다. 휴먼 다큐는 대상이 악인이든 선인이든 가해자든 피해자든 보는 사람들을 움직일 수 있는 매력적인 캐릭터가 필요한 것이다. 그런데 그 캐릭터는 그가 가진 과거의 사연이나 현재의 처지로 드러나는 것이 아니고, 직접 대면하여 이야기를 해볼 때에만 강력하게 드러난다. 사람의 느낌은 마치 공기의 파동이나 냄새처럼 형체 없이 감각되기 때문이다.

인물의 히스토리는 좋은데 너무나 비호감형일 경우 감독들의 고민은 깊어진다. 그런데도 이 인물을 끝내 버릴 수 없을 때, 사전 작업은 더욱 중요해진다. 얼핏 보아서 알 수 없는 대상의 숨은 매력을 끌어내는 노력을 해야 하니까 말이다.

인간은 겹겹의 껍질로 싸인 양파와 같다. 우리를 대하는 사람들의 얼굴은 사회적 가면이다. 방어적인 사람들일수록 그 가면은 두텁다. 인간을 그려낸다는 것은 그 한 겹 한 겹의 양파 껍질 아래 있는 어떤 민낯을 만나는 일이며 그 민낯을 이해하는 일이지만, 우리는 누구나 본능적으로 자신을 위장하고 자신의 민낯을 드러내기 싫어한다. 얼핏 보아서 알 수 없는 그 가면 너머에서 공감할 수 있는 어떤 감정의 깊이를 끌어낼 때, 최초의 인상은 전복된다.

시간과 진심이 관계를 무르익게 하라
― 그러나 대상에게 함몰되지는 말 것

세번째, 인물의 내면에 접근하기 위해서는 대상과의 '관계 맺기'가
무엇보다 중요하다. '관계 맺기'에는 우선 시간이 필요하다.
물리적으로는 인물이 카메라를 의식하지 못할 만큼 익숙해질 시간이
요구되는 것은 당연하다. 그러나 그보다 더 중요한 본질은 상호
신뢰를 쌓을 시간이다. 상대와 친숙해질 시간이 있어야 하고, 상대의
선의를 믿을 수 있는 경험이 쌓여야 한다. 그래야 서서히 방어막이
허물어진다.

시간과 함께 필요한 것은 나의 진심이다. 나의 진심이 전달되어야
상대도 진심을 내보이게 된다. 그러니까 감독은 카메라를 쥔 권력자가
되어 대상 인물을 착취하고 도구화해서는 안 된다는 뜻이다. 윤리적인
측면에서도 그렇고, 다큐멘터리 자체의 성과를 위해서도 분명히
그렇다.

그러나 여기서 다시 한번 생각해보자. 나는 대상과의 '관계
맺기'가 중요하다고 말하면서, 동시에 이 '관계 맺기'의 공식에만
함몰되어서는 안 된다고 말하고 싶다. 감독과 대상 인물은 정서적으로
가까워질 수는 있어도 결코 한편이 될 수는 없다. 다큐멘터리를
만드는 사람은 자연인이 아니기 때문이다. 감독은 두 개의 자아를
가져야 하는 사람이다. 대상과 진심을 나누고 신뢰를 쌓는 주관적
자아가 있는 한편, 상황을 냉정하게 분석하고 의심하며 판단하는
객관적 자아도 있어야 한다. 그래야 자신이 전하고자 하는 내용을
갖춘 '작품'을 만들 수 있다.

오랜 시간 대상과 함께 활동해온 미디어 활동가들의 경우, 대상의 입장에 일방적으로 경도되어버릴 수 있다. 특히 노동문제 현장 등에서 동고동락하다 보면, 대상이 보여주고 싶은 것만 담게 되기도 한다. 그러나 다큐멘터리는 '우리'가 아니라 '남'에게 보여주기 위한 것이다. 완전한 타자인 관객들의 눈에 어떻게 보일까? 그들을 설득할 수 있을까? 그것을 생각하는 객관적 자아가 작동해야만 보다 성공적인 작품을 만들 수 있다.

다큐멘터리를 만든다는 것은, 극영화보다 훨씬 더 미묘하고 복합적인 태도를 요구한다. 마이클 래비거는 다큐멘터리에 대해 "주체인 동시에 관찰자이고 사건이면서 동시에 사건에 대한 반응"*이라고 썼다. 이것은 살아 있는 현실 그 자체를 다루기 때문에, 그 현실을 질료로 재구성하는 독특한 예술 장르이기 때문에 발생하는 현상이다. 즉 다큐멘터리를 만드는 사람은 현장의 경험자이면서 동시에 관찰자이고, 다큐멘터리 서사는 사건 자체를 드러내는가 하면 동시에 사건에 대한 반응과 해석을 더 주요하게 다룬다. 다큐멘터리란 장르 자체가 주관과 객관이 동시에 작동해야 하는 독특한 장인 것이다.

다큐멘터리를 제작하는 태도 자체도 마찬가지다. 이 장르가 화면에 드러내려는 것은 실제 인물의 실제적인 삶이기 때문에 카메라가 그의 삶에 끼칠 영향에 대해 윤리적 고민을 하지 않을 수 없고, 다른 한편으로 현실이기 때문에 발생하는 가변적인 상황들을 어떻게 스크린 위의 영상 서사 맥락 속에 위치 지을 수 있을지 끊임없이 고민해야만 한다. '관계 맺기'와 '거리 두기'가 동시에 가능해야 하는 작업이다.

* 마이클 래비거, 홍형숙 · 조재홍 옮김, 『다큐멘터리 만들기』, 비즈앤비즈, 2010.

취재에도 카메라를 동행하라
— 날것의 이야기 채집하기

네번째, 본격적인 슈팅에 들어가기 전이라도 상대의 허락만 받는다면 취재 시 카메라를 가지고 가는 것이 좋다. '취재를 하러 가서 들은 이야기가 너무 좋았는데, 막상 촬영에 들어가니 그 이야기가 안 나오더라……'라는 경험은 다큐멘터리를 만들어본 사람이면 누구나 겪게 되는 일이다.

제작진이 출연자를 처음 만날 때, '아직 촬영 전'이고 지금은 촬영을 준비하기 위해 '취재'하는 단계라고 하면, 보통 사람들은 출연에 대한 마음의 준비가 미처 안 된 상태로 대화에 임한다. 즉 완벽한 방어막이 가동되지 않은 채로 엉겁결에 손님들을 맞는 것이다. 이때 계산되지 않은, 날것의 이야기들이 나올 확률이 높다.

그런데 '이제부터 촬영 시작'이라고 하면, 출연자는 긴장하게 되고 완벽한 방어막을 가동하기 시작한다. 자신이 어떻게 비칠 것인가, 자신의 말이 어떻게 들릴 것인가를 신경 쓰기 시작한다는 뜻이다. 대상이 카메라를 의식하는 이 초반의 인터뷰들은 거의 버린다고 하는 감독도 있을 정도다. 그래서 인물 다큐에서는 초반에 세워진 방어막이 시간이 지나 무뎌질 때까지 충분히 기다릴 필요가 있다. 또 바로 그렇기 때문에 취재할 때 인터뷰를 촬영해놓으면 의외로 유용하게 활용할 수가 있다. 물론 본인의 동의가 선행되어야 하지만 말이다.

특히 길게 찍는 인물 다큐는 취재 초반부터 꾸준히 촬영을 하는 경우가 많다. 즉 촬영과 탐색을 함께 진행하는데, 편집에서 많은 부분을 버리더라도 이렇게 하는 편이 결과적으로는 효과적이다.
2~3년씩 긴 시간 촬영을 할 경우에는 촬영 분량이 엄청나게 많아져서
어차피 많은 부분을 편집에서 버리게 된다. 그러니 버려지는 분량을
의식하기보다 건질 수 있는 내용을 더 많이 확보할 가능성에 투자하는
것이 낫다.

거울을 비추는 일을 잊지 말라
─ 목표에 따라 질문이 달라진다

다섯번째, 자료 조사와 취재는 다큐멘터리의 목표(주제)에 종속된다.
사전 작업을 효율적으로 하기 위해서는 이 점을 잊지 말아야 한다.
목표에 따라 같은 인물이라도 알아봐야 할 범주가 달라지고, 가야 할
곳이 달라지고, 질문 자체가 달라지고, 유효한 에피소드가 달라진다.
　가령, 「자백」은 간첩조작사건이 얼마나 반인권적인 일인가를
폭로하고 고발하는 작품이다. 따라서 이 영화의 취재 대상은 그
가해자나 피해자로 집약되며, 가해자에게는 그가 어떤 일을 저질렀고
어떻게 책임을 회피하고 있는지를 질문하는 한편, 피해자에게는
어떤 일을 당했으며 그 일이 그에게 어떤 영향을 미쳤는지를 주로
취재한다.
　「자백」의 말미에 등장해 관객들에게 충격을 안긴 재일교포
간첩단 조작 사건의 희생자 김승효의 예를 들어보자. 그는 바로
그런 질문에 대답하고 있는 존재다. 그는 7년간 감옥에 수감되었다.
고문의 후유증으로 정신병원 신세를 졌고, 수십 년의 세월이

흐른 오늘날까지도 정상적인 사회생활을 못 하고 있다. 그는
국가정보기관의 간첩조작사건이 어떻게 한 인간의 삶을 산산조각
내는지를 존재 자체로서 웅변한다.

　　만일 이 작품이 '정신병리'에 관한 다큐멘터리라면 그 질문은
전혀 달라지게 된다. 그의 이상 증상과 상태, 치료에 대한 구체적
질문들이 추가될 것이다. 그 어떤 경우에도 김승효가 밤에 화장실을
갈 때 누구를 깨워 함께 가는가는 중요한 관심사가 아니다. 그러나
「님아, 그 강을 건너지 마오」에서는 강계열 할머니가 밤에 화장실을
갈 때 무섭다고 조병만 할아버지를 데려가는 일이 중요한 에피소드가
된다. 일상의 사소한 한 장면이지만, 그것은 두 노인의 밀착된 관계를
보여주는 단적인 장면이기 때문이다.

　　이 장면이 영화에 들어간 것은, 제작진이 두 노인을 관찰하고
질문한 결과다. 노부부의 사랑, 즉 관계를 드러내려는 감독에게
할머니와 할아버지의 정치적 지향은 관심 밖이다. 그러니 질문하는
것도 인간으로서 두 노인들을 더 잘 알고 싶은, 그저 사소한 삶의
단면들이다. 할아버지는 할머니의 어디가 예쁜가? 왜 서로 존댓말을
쓰는가? 생일은 어떻게 보낼 것인가? 뭐 이런 것들일 게다. 그러나

「님아, 그 강을 건너지 마오」
화장실에 들어간 할머니를
위해 밖에서 노래를 불러주며
기다리는 할아버지.

이 다큐멘터리가 '노화'에 대한 것이라면, 신체와 심리의 변화가
그 무엇보다 중요한 탐구 대상이 될 것이고, 관찰의 방식과 질문은
대단히 달라질 것이다.

어떤 텍스트를 찾을 것인가? 어디를 갈 것인가? 어떤 사람을 만날
것인가? 그 텍스트에서, 그 장소에서, 그 사람에게서 무엇을 찾아볼
것인가? 그 답을 명확하게 인식하고 있는 사람은 행로의 방황을
그만큼 줄일 수 있다.

상투의 늪에
빠지지 않는 법

다큐멘터리 제작의 전 과정은 판단의 연속이다. 이것은 사전
작업에서부터 그렇다. 취재를 하면서 감독은 목표라는 거울에 비추어
그 정보를 끊임없이 판단한다. 목표를 인식하지 않으면 취재의 초점이
없게 되고, 취재의 초점이 없으면 많은 시간을 쓰고도 건지는 게
하나도 없거나 하나 마나 한 상투적인 내용을 얻는 데 그치기 쉽다.

그래서 감독은 고심한다. 지금 얻은 정보의 꼬리를 물고 더 깊이
내려갈 것인지, 다른 질문으로 건너뛸 것인지. 어떤 사람은 외곽을
두드리는 질문만 하고서 충분하다고 여기고, 다른 사람은 남 보기에
전혀 엉뚱한 질문을 던져 의외의 수확을 거두기도 한다. 여기에
공식은 없다.

그러나 아직 태어나지 않은 다큐멘터리의 목표와 행로를
머릿속에서 늘 복기하고 있는 사람만이 취재에서도 상투의 늪에

빠지지 않는다는 사실은 자명하다 할 것이다. 잊지 말아야 할 것은, 다큐멘터리 제작에서 자료 조사와 취재는 단순한 기능적 작업이 아닌, 창의적인 사고를 요하는 작업이라는 사실이다.

어떤 집을 짓기 위해서는 집의 형태가 먼저 구상되어야 한다. 사전 작업은 그 집의 형태가 어떠해야 하는지를 구상하게 하는 조건이면서 동시에 그 집의 형태를 만들기 위해 필요한 자재가 무엇인지, 어떤 자재를 쓰는 것이 더 유리한지, 그 자재를 어디서 구할 수 있는지를 점점 구체화해가는 일인 것이다. 사전 작업의 어느 단계에서도 자신의 다큐멘터리를 상상하지 못하면 수많은 낭비와 방황이 따르게 되고, 자칫하면 설계도 자체를 그릴 수 없거나 기형적인 설계도가 나오거나 남들과 차별화되지 않는 집이 되거나 아예 집을 짓지 못하는 결과에 이를 수도 있다.

6부

▶

촬영구성안

촬영구성안이란
무엇인가

취재와 스터디 등 사전 작업이 얼추 마무리되었다고 느꼈다는 것은,
만들어야 할 다큐멘터리의 형태가 감독의 머릿속에서 대략적인 모양을
갖추었다는 뜻이기도 하다. 그렇다면 이제는 촬영을 위한 구체적인 계획을
세워야 할 때다. 이 계획은 대략 두 가지 범주에서 고려되어야 한다.
첫번째는 촬영구성안 작업이고, 두번째는 물리적이고 기술적인 측면에서의
촬영 계획이다.

사실 촬영구성안은 사전 작업의 자연스러운 결과물일 뿐이다.
목적의식을 가지고 자료 조사와 취재를 해왔다면, 자신이 만들려는
다큐멘터리는 머릿속에서 점점 뚜렷한 형태를 띠게 된다. 아직까지는
상상 속에 존재하는 그 다큐멘터리를 가시화할 수 있는 상태로 종이 위에
고정해보는 것이 이른바 촬영구성안 작업이다. 이것은 작곡가의 악상을
악보에 옮겨놓는 것과 같다. 어떤 멜로디인지, 어떤 박자인지, 어떤 느낌으로
연주를 해야 하는지…… 머릿속에 있는 비전을 구체적으로 옮겨놓는
것이다. 다시 말하면 막연한 '구상'으로만 있던 무엇을, 어떻게 '시각화'할
것인지 구체적 방법론을 동원하여 '실체'로 확립해보는 첫 단계인 것이다.

촬영구성안은 촬영 작업 지시를 시나리오의 형태로 제시한다. 비디오

항에는 촬영할 그림의 내용을, 오디오 항에는 그 그림에 배치되기를 바라는 내레이션이나 특별한 음향효과, 현장음 혹은 음악을 지시한다. 프리젠터를 쓸 것인지, 프리젠터를 현장에 투입할 것인지 아니면 스튜디오에 배치할 것인지, 화자를 어떻게 설정할 것인지, 전지적 시점의 해설을 쓸 것인지, 일인칭 시점을 차용할 것인지 등등이 모두 이 단계에서 처음 설정된다. 말 그대로 촬영을 위한 구성안이기에 장면의 지문은 무엇을, 어떻게 촬영해야 할 것인지, 이미지가 눈앞에 떠오르도록 쓰는 것이 보통이다.

쓰는 사람에 따라서 세부적인 형태는 조금씩 다르지만 본질은 같다. 처음에 이야기를 어떻게 시작하고 그것을 어떤 장면을 통해 드러낼 것인지, 끝은 어떻게 할 것인지, 누가 보더라도 만들어질 작품의 전체 스토리와 총체적인 스타일을 알아볼 수 있게 써야만 한다. 이것은 촬영 작업에 참여하는 모든 제작 인력들이 이야기의 내용을 공히 이해할 수 있도록 하기 위해서인데, 어떤 장면이 어떤 맥락에서 들어가는지 알아야 보다 효과적인 촬영, 즉 효과적인 시각화 작업이 가능하기 때문이다.

또한 촬영으로 해결되지 않는 부분에 대한 시각화 방안도 미리 제시하여 준비할 수 있게 한다. 인터뷰, 재연, 삽화, 애니메이션 등이 다 이에 해당한다. 따라서 촬영구성안 작성은 기획안에서 제시된 대강의 줄거리 혹은 시놉시스*보다 훨씬 더 구체적인 작업을 의미한다. 다큐멘터리의 촬영 구성은 미래에 태어날 건축물의 설계도를 놓고, 본격적이고 실질적인 뼈대를 세우는 작업인 까닭이다.

촬영과 편집 과정을 거치며 애초의 설계가 부분적으로 바뀌는 경우는 허다하지만, 근본 뼈대가 무너지는 일은 좀처럼 없다. 만일 그래야 할 일이 발생한다면, 이것은 '지구 멸망'과 같은 수준의 대재앙이다. 이미 제시된 촬영구성안에 의해 촬영이 진행되고 있는데 '이 산이 아닌개벼'라는 깨달음이 왔다면, 그동안의 비용과 시간과 노력을 모두 무화하고 원점으로

* synopsis. 작가가 자신의 작품을 소개하기 위해 간략하게 작성한 개요를 가리킨다. 일반적으로 주제와 기획 의도, 등장인물과 줄거리 요약이 포함된다.

돌아가 사전 작업부터 다시 점검하고 촬영 구성을 다시 해야 하는 무시무시한 일이 발생한다.

그런 일이 일어나지 않게 하기 위해 여기서 반드시 짚고 넘어가야 할 것은, 바로 이 촬영 구성 단계에 이야기 구조 틀과 서사 열차에 대한 이해가 전제되어야 한다는 사실이다. 이 책의 초반에 이야기 구조 틀과 서사 열차 이야기를 먼저 한 것은 바로 이 때문이다. 다큐멘터리의 이야기와 구조는 편집 단계에서 이루어지는 것이 아니다. 그것은 편집 단계에서 완료될 뿐이며, 기획과 사전 작업에서 발상되고 촬영 단계에서 구체적 골격이 수립되는 것이다. 촬영 구성은 자기 작품의 이야기 구조 틀을 선택하고 그것을 이룩해낼 촬영 단위들을 구체적으로 기록하여 지시하는 행위다(이후 기술될 내용 중 이야기 구조에 관련된 부분은 이 책 2~3부를 참고하기 바란다).

'안'이기 때문에
가지는 한계

그러나 동시에 기획'안'이나 촬영구성'안'에서 쓰는 이 '안'이라는 단어에 주목해야 한다. 아마도 일본어에서 유래했을 것으로 보이는 이 '안案'이라는 단어는 기획 단계도 촬영 구성 단계도 하나의 작품을 만드는 데 있어 절대적으로 확정적인 단계가 아니고, 그저 그 단계에서의 잠정적인 '제안'일 뿐이라는 사실을 함의하고 있다.

다큐멘터리 작업도 야구와 마찬가지여서 끝날 때까지 끝난 게 아니다. 하나의 다큐멘터리가 모든 가변성을 잠재우고 확정적인 형태가 되는 것은, 후반 작업을 전부 끝낸 후 방영 혹은 상영을 앞두고 있을 시점 외에는 없다. 그럼에도 불구하고 만드는 사람은 매 단계 그것이 최종적인 것이 될 것처럼 머리를 쥐어뜯으며 고민할 수밖에 없다. 그다음 단계로 나아가기 전에는 만드는 본인조차도 이후에 맞닥뜨리게 될 상황과 그 상황에 대응할 형태를 예상할 수 없기 때문이다.

크고 작은 차이는 있겠으나 다큐멘터리는 기획→촬영 구성→촬영→편집 구성→편집의 각 단계마다 변태(수정)를 거칠 수밖에 없는 장르이며, 그것이 살아 있는 현실을 다루는 장르의 특성이자 묘미라고도 할 것이다. 또한 확정할 수 없는 '안'이기 때문에 촬영구성안은 극영화 시나리오와 동일한 것이 될 수가 없다. 시나리오는 묘사된 장면 그대로를 재현해서 찍을 수 있다. 그러나 다큐멘터리는 실재하는 현실을 포착하는 것이기 때문에 재현의 한계가 너무나 극명하다. 많은 경우 다큐멘터리는 아직 도래하지 않은 시간, 구체적으로 확정할 수 없는 사건을 촬영하려 하기 때문이다. 확정할 수 없는 사건을 상상으로 규정하여 쓸 수는 없고, 확정할 수 있는 사건을 다룬다고 하더라도 배우의 대사를 쓰듯이 모든 상황과 멘트까지 세세한 것을 확정하기는 어렵다.

'학교 운동회' 장면을, 혹은 운동회 종목인 '박 터뜨리기'나 '달리기'를 찍으라고 지시할 수는 있으나, 연출해서 현장을 재현하기 전에는 그 '달리기' 현장에서 구체적으로 일어나는 어떤 상황을 찍으라고 지시할 수는 없다. 누가 넘어질 것인지, 누가 1등을 할 것인지 알 수 없기 때문이다. 구체적인 어떤 상황이 필요한 것이 아니라 운동회 하는 날의 분위기가 필요한 것이라면, 보통은 '운동회 여러 프로그램, 즐거워하는 아이들 SK(스케치)' 이런 식으로 다소 추상적인 지시를 할 수밖에 없다.

그림이 아니라 인터뷰가 필요하다고 판단해도 인터뷰이의 발언 내용을 드라마 대사처럼 일방적으로 써넣을 수는 없다. 그래서 구성안에서는 인터뷰어의 질문이 훨씬 더 중요하게 다루어진다. 누구에게 무슨 질문을 해야 할 것인지 지시하는 것은 기대하는 답변의 범주를 그려내는 일이기 때문이다. 사전 취재를 통해 끌어내고 싶은 이야기가 이미 정해져 있다 해도 촬영 현장에서 그 답이 나올 수 있게 하는 질문을 우선 개발해야 하는 것이다. 인터뷰이에게서 끌어내고 싶은 이야기는 메모 형태로 달아두는 것이 보통이다.

앞의 예에서 보다시피 가장 엄밀한 형태라도 다큐멘터리 구성안은 기본적으로 불확정한 부분들을 안고 갈 수밖에 없다는 점에서 극영화나 드라마의 대본과 다르다. 그래서 다큐멘터리 촬영구성안은 극영화나 드라마와 달리, 그 내용의 엄밀성이 경우에 따라 여러 층위의 다른 형태로 드러나게 된다.

1장 확정성이 우세할수록
촬영 구성은 정교해진다

감독이 구상하고 있는 그 무엇이, 촬영에 들어가기 전에 이미 모든 것을 명확하게 확정할 수 있는 내용이라면 촬영구성안은 보다 정교한 모양을 가지게 된다.

이를테면, 역사 다큐멘터리가 대표적이다. 고대사이건 근대사이건 현대사이건 지나간 역사의 어떤 부분을 통해 메시지를 전하는 것이라면, 카메라가 촬영해야 할 대상은 대부분 과거를 드러내주는 현재적 자료들인데, 이것들은 대개 고정태로 존재하기 때문이다. 유적, 유물, 문헌 자료 같은 것들 말이다. 과거의 일화를 재연을 통해 재현하는 경우에도 마찬가지로 확정적으로 기술할 수 있다. 이 부분들은 드라마 대본과 동일한 형식으로 쓰이게 마련이다. 역사 다큐멘터리는 스터디를 통해 해야 할 이야기를 이미 결정한 상태에서 촬영에 들어가는 것이 보통이라 완결된 구조를 설계할 수 있다. 과학 다큐도 마찬가지다. 사전 작업 단계에서 현상과 실험을 통해 결론을 추출한 후에 내용을 구조화하기 때문이다.

그러니까 내용적으로 보다 촘촘한 촬영구성안이 가능한

다큐멘터리는 장르를 불문하고 공통분모를 가지고 있다. 즉 정보가 중심이 되고, 이 정보를 재구성하여 결론을 끌어내는 설명적 방식을 지향하며, 논증형 이야기 구조 틀을 선호한다는 사실이다. 이런 유형의 다큐멘터리는 촬영이 시작되기 전, 자료 조사와 취재, 스터디 단계에서 결론이 도출되게 마련이다.

원천적으로, 결론이 도출되기 전에 촬영을 할 수 없는 것이 논증형이다. 무작정 촬영은 이런 이야기 구조 틀에서 치명적이기 때문이다. 사전 작업 단계에서 결론이 내려졌으나 이걸 어떻게 촬영할 것인지만 남겨두고 시각화를 위한 작업을 하는 것이 논증형 구조의 촬영구성안이다. 그러므로 이미 이야기의 결말이 어떻게 되어야 할지 알고 있는 작업들이 이에 해당된다.

「한국사 전傳」(KBS, 2007~2008)은 KBS 역사 다큐멘터리의 맥을 이어온 프로그램 중의 하나다. 한국사에서 되새겨봐야 할 인물들의 이야기를 다루었다. 가령, 그중 한 편인 「흥선 대원군, 왜 아들과 화해하지 못했나?」(김정균, 2008)는 아들인 고종과 아버지 흥선 대원군의 관계에 주목하고, 그 프레임을 통해 구한말의 역사적 상황을 짚어보는 작품이다. 이 작품의 모티프이자 결론은 '대원군의 장례식에 고종은 참석하지 않았다'라는 사실이다. 그 결말을 미리 예비해놓고 두 사람의 관계가 왜 그렇게 되었는지, 그렇게 되기까지 당대 한국의 정치 현실이 어떠했는지, 그것을 둘러싼 부자간의 갈등을 인과적으로 풀어나가고 있는 것이다.

프롤로그는 전체 이야기에 동기를 부여하고 관객을 흡인하는 역할을 한다. 이런 유의 다큐멘터리는 프롤로그에서부터 이야기를 전개하고 주제를 전달하는 데 가장 효과적인 내용을 배치할 수 있다(그림 6-1).

「패셔너블」은 인간의 욕망이 어떻게 패션에 투영되었는가를 탐구하는 다큐멘터리다. 1편 「코르셋: 유혹하라」는 여성복의 변화를 관통해온 열쇠는 남성 지배 사회에서 성적 존재로서만 여성의 몸을 바라보았던 남성들의 욕망이었음을 밝히고, 여성들은 이에 어떻게 순응하고 저항해왔는지를 살펴본다. 이 작품 또한 이러한 이야기를 가장 잘 설득할 수 있는 효과적인 경로로 논리를 구성하고, 이에 대한

# 사진 수록된 책 들고 오는	지난 7월
	그의 마지막 길을 담은 사진 한 장이 발견됐다.
넘기면 나오는 대원군 장례식 사진(사진 상황에 대한 현장 설명 듣고)	
장례식 사진	수많은 조문객이 찾아든 흥선 대원군의 장례식 사진.
	하지만 꼭 있어야 할 사람,
	대원군의 아들, 고종은 오지 않았다.

윤치호 일기
- 일기 표지, 그중 1989년 2월 26일 자 내용
  <대원군 문상을 가지 않았기 때문에 고종 황제는 많은 비난을 받았다.> 1
- 3월 3일 자 일기 내용
  <내가 물리친 또 하나의 건의는 독립협회가 고종 황제께 대원군 처소에 방문해야 한다고 권고해야 한다는 것이었다. 아무런 소득 없이 황제의 노여움만 살 것이기 때문이다.>

	당시 고종의 측근이었던 윤치호 일기에는, 고종이 문상을 가지 않아
	세간의 비난을 받았다고 기록되어 있다.
# 이미지)경복궁 배경	대체 무슨 이유로
고종으로 팬업	고종은 주변의 권유에도 불구하고,
	아버지의 마지막 가는 길을 외면한 걸까?
이미지)운현궁 배경의	왜 흥선 대원군은 죽음 앞에서도
대원군으로 줌인	아들의 배웅을 받지 못한 것일까?

그림 6-1. 「한국사 전 ─ 흥선 대원군, 왜 아들과 화해하지 못했나?」 촬영구성안 프롤로그*

흥미를 유발할 수 있도록 적절한 프롤로그를 채택하고 있다(그림 6-2).

- 푸른 수평선, 파도가 밀려온다.
- 덮치는 파도를 맞으며 환성을 지르는 사람들.
  돌아보면 여름 성수기의 유럽 해변 풍경이다.
- 벗은 육체들, 그중에서도 각양각색의 수영복을 입고 선탠을 하고 있는 여인들.
- 비키니 차림으로 사진을 찍는 여성들 1, 2······

        = (사이)
          여름 해변에서 옷은 거추장스러운 무엇일 뿐이다. 손수건만 한 수영복
          한 장만 걸치면 여자들이 온몸을 한껏 드러내도 뭐라 할 사람이 없는
          곳이다. 하지만 불과 100년 전만 해도 해변의 풍경은 전혀 달랐다.

- 다시 파도가 밀려오고
- E 해변 풀숏. 사람들이 사라지고 그 위로 풀숏 샵화(또는 사진)의 수영마차들이 디졸브된다. 바다의 푸
  른색 위에 흑백 드로잉의 수영마차 그림이 얹어지며 서서히 전체 샵화로 변한다.

        = (보고)
          바다 속까지 전진한 마차들의 일대 행렬. 이것은 19세기 유럽과 미국
          의 여름 해변에서 흔히 볼 수 있었던 광경이다.

- 카메라 그중의 수영마차 한 대로 줌인 또는 클로즈업.

          = 이름하여 수영마차. 귀부인들이 수영을 하려면 반드시 필요한 물건이
            었다.

- 수영마차가 보존되어 있는 혹은 재현되어 있는 곳, 박물관 복도 등 트래킹.
- 수영마차가 모습을 드러내고
- 내레이션 따라 디테일 스케치.

        = ( )에는 아직 그 마차가 보존되어 있다(또는 재현되어 있다). **바다에
          세워두기 위해 일반 마차와 차이를 두었던 점 있으면 취재, 내레이션
          에 반영. 신분이 높은 여성들은 이 마차를 타고서만 해변으로 갈 수 있
          었다. 말이나 사람이 마차를 끌고 바다에 당도하면 마차를 바다 속에
          그대로 세워둔다.

- 수영마차에서 바다로 뛰어드는 수영복 입은 귀부인.

= 여자들은 이 속에서 수영복을 갈아입고 바다로 뛰어들었던 것이다.

- 전문가 인터뷰
(또는 수영마차가 보존된 뮤지엄 큐레이터가 마차 곁에서 설명하는 방식으로)

- (왜 수영마차를 이용해야 했나?)
(이 무렵 수영복에 여자 다리 드러나. 다른 사람들에게, 특히 남자들에게 다리를 보여주면 안 되기에……)

- 최초의 수영복 당대의 사진 혹은 그림

= 여자들이 공공장소에서 수영을 하기 시작한 것은 **년경. 당시 수영복은 일상복과 다르지 않아. 그러나 시대와 함께 형태도 차츰 간편하게 바뀌어가.

- E 앞 수영복이 시대와 함께 변화하는 모습 사진 1, 2, 3, 4……
(혹은 뒤의 상황과 연결하여 빔 프로젝터로 비춰보아도 좋을 듯)
- 최종 수영마차의 수영복 여인 그림

= (보다가 수영마차 여인 나오면)

- 전문가 인터뷰,
위의 그림을 빔 프로젝터 등으로 보면서 아니면 책 속의 삽화 보며 설명.

- (당시의 수영복 굉장히 흥미롭다. 당시 여자들은 수영복 안에 코르셋을 입고 구두까지 신었다. 즉 남이 보는 몸을 의식했다는 거다. 그런데 보여주려고 이렇게 입었으면서 수영마차로 몸 전체를 가린 거다.)

- E 당대의 비슷한 수영복, 코르셋, 구두 하나씩 드로잉 삽화로 발생.
- 다시 해변으로 와서 여자들의 모습 위에 내레이션 할 수 있음.

= 수영복만이 아니다. 몸을 감추면서 동시에 몸을 드러내려는 욕망. 오랜 역사 동안 여자의 패션은 이 모순 사이에 존재해왔다.

= 당신이 여자라면, 당신이 옷을 입고 있다면, 당신의 욕망은 그 어디쯤에 자리 잡고 있는가?

그림 6-2. 「패셔너블―1편 코르셋: 유혹하라」 촬영구성안 프롤로그*

우리나라의 경우, 논증형 구조의 다큐멘터리를 방송을 제외한 다큐멘터리영화에서는 찾아보기 드문 것이 사실이다. 액티비즘이 한국 독립 다큐멘터리의 바탕이므로 사회적 사건이 주 관심사였던 것은 분명하나, 사건을 바라보는 시각이 좀 달랐던 것이다. 객관적인 물증으로 제3자를 논리적으로 설득시키기보다, 피해자의 입장에서 감성적으로 접근하는 경우가 많았다. 이것은 방송사처럼 사회적 권력을 갖지 못한 개인 활동가들에게는 어쩔 수 없는 선택이었을 수도 있다.

그러나 한국 독립 다큐 사상 거의 처음으로 냉정한 증거자료를 교직하여 사건을 재구성해낸 「두 개의 문」 이후 상황은 달라지고 있다. 「자백」 「공범자들」 등 방송사 출신 감독이 가세하고, 「피의 연대기」 등 젊고 재기발랄한 감독들의 새로운 화법이 등장하면서 그 가능성은 더 넓어지고 있다. 논리에 대한 동의 여부는 제쳐두고 「그날, 바다」 등도 이에 해당한다.

그렇다고 해서 이들이 모두 사전 촬영구성안을 쓸 수 있는 것은 아니다.

2장 불확정성이 우세할수록
촬영 구성은 간소해진다

시사 다큐는 논증형 구조 틀을 활용하는 또 하나의 대표적인
장르다. 그러나 취재 단계에서 방향성을 확보하고 결론을 낼 수는
있지만(내야 하지만), 그것을 공적으로 가시화해줄 수 있는 원본의
현실과 증언을 확보하기는 쉽지 않다. 그렇기 때문에 이 경우에는
구성 방식에 여러 층위가 생길 수밖에 없다.

인물의 증언이
중심이 될 때

객관적 자료보다 인물(들)의 증언이 중요할 경우, 무엇을 촬영할
것인지를 구체적으로 시나리오화하기보다 우선 인터뷰에 주력하는
것이 유리하다. 특히 한 인물을 중심으로 한 스토리라면 그 사람의
경험과 감정이 무엇보다 중요하므로 무조건 그의 이야기부터 듣는
것이 필요하다. 그 인터뷰를 바탕으로 하여 촬영 내용을 설계하는

것이 훨씬 효율적이기 때문이다.

넷플릭스 오리지널 콘텐츠로 공개된 「어느 세균학자의 죽음」이 대표적인 경우일 것이다. 이 작품은 1950년대 CIA에 근무했던 과학자 프랭크 올슨의 죽음에 얽힌 미스터리를 논증적으로 풀어나가고 있는데, 그 중심에는 프랭크의 아들 에릭 올슨이 있다. 그는 아버지의 죽음에 대한 의문을 추적하는 데 60 평생을 바쳤다. 이 작품은 미국 정보기관의 추악한 민낯을 드러내는 추리물인 동시에 아버지의 죽음에 매달려 삶의 대부분을 소모해버린 그 아들의 쓰디쓴 인생을 조명하는 영화이기도 하다. 그러므로 이 다큐멘터리에서는 에릭 올슨의 진술이 절대적일 수밖에 없다. 극영화를 방불케 하는 재연 장면은 피터 사스가드, 크리스천 카마고, 팀 블레이크 넬슨 같은 배우를 기용하여 촬영했는데, 프랭크 올슨의 과거를 매우 스타일리시한 미장센*으로 구현하고 있는 이런 부분들은 에릭 올슨의 인터뷰를 기준 삼아 철저한 시나리오에 의해 재현된 것이 분명하다.

국내 시사 다큐멘터리에서도 이는 일반적이다. KBS 「추적 60분」, MBC 「PD수첩」, SBS 「그것이 알고 싶다」 등 방송사 시사 탐사 프로그램에서도 관련 문제에 대한 인터뷰 목록부터 만들고 질문지부터 작성한다. 여기서 확보한 증언들이 논점에 대한 문제 제기를 하거나 해답을 던져주고, 이를 거점으로 논리적 맥락을 풀어나갈 수 있게 해주기 때문이다. 풍부하게 확보된 인터뷰는 촬영 구성을 할 수 있는 확실한 나침반이 되어준다.

---

* mise-en-scène. 화면 안에 시각적 구성 요소를 배치해 하나
의 이미지를 구성하는 작업.

촬영 대상을
확보하기 어려울 때

그러나 사회적 이슈가 과거의 것이 아니라 현재적인 것이면, 인터뷰를 하는 것도 쉽지 않고 촬영하는 것도 쉽지 않은 경우가 많다. 제작진이 공유하고 있는 결론은 있지만, 그 내용을 화면에서 증명해내는 것이 쉽지 않은 것이다.

해당되는 사례를 취재해야 하는데, 그게 사회적 지탄을 받는 쪽이라면 어디서도 협조를 못 얻는 일이 벌어진다. 가령 마약 성범죄로 이슈가 된 버닝썬 클럽 사건을 계기로 한국의 클럽 문화를 돌아보고자 했을 때, 어떤 클럽에서 취재에 응할 것인가. 인터뷰이로 선택한 A가 불가하면 A에서 B로, B에서 C로 대상을 바꾸어 시도한다. 내부 고발자나 제보자가 있다고 해도, 그 내용을 뒷받침해줄 수 있는 현장이나 자료를 확보해야 신뢰를 담보할 수 있다. 여기가 안 되면 저기를, 저기가 안 되면 거기를 두드려보고 그마저 안 되면 다른 방법을 고안해야 한다. 진행되는 상황에 따라 논점 구성을 다시 해야 할 수도 있다.

이렇게 촬영을 쉽게 확정할 수 없는 상황이므로 방송사 시사 탐사 프로그램들에서는 촬영 전에 치밀한 촬영구성안을 짜는 일이 거의 불가능하다. 그뿐만 아니라 매일매일 취재 상황을 점검하고 그때그때 대응책을 찾아내야 하므로 제작 기간 동안 연출은 물론 작가, 리서처들이 거의 상시 대기 상태로 임하게 마련이다. 따라서 이 유형의 다큐들이 구체적인 시나리오를 쓸 수 있는 것은 편집구성안 단계에 이르러서다.

그러나 이렇게 촬영 불확정성이 높은 작품의 경우에도 거친 형태로나마 사전 구성은 필수적이다. 사전 구성 없이 무작정 이것저것 촬영을 해나가다 보면 방향감을 상실하기 쉬운 데다 그만큼 낭비도 많아지기 때문이다. 다큐의 주제만 추상적으로 걸어놓은 채 관련 있다 싶은 내용을 따져보지도 않고 무작정 촬영해서 쌓아놓는 경우, 나중에 편집하려고 보면 의외의 수확도 있지만 자칫 논리가 성립되지 않는 기묘한 함정에 빠지기 십상이다. 재료가 아무리 많아도 꼭 필요한 내용이 없으면 그것이 무슨 소용이겠는가. 이것저것 맥락 없이 정보만 늘어놓다가 황급히 마무리되는 다큐멘터리는 대개 이 때문이다.

이런 유형의 작품은 자료 조사와 취재 당시 세운 가설이 합당한지와 그것을 증명할 수 있는지 점검하고, 기본적인 논리 경로를 세우며, 그 경로의 주요 논점마다 꼭 촬영해야 할 내용이 무엇인지를 체크하는 것이 보통이다. 이러한 개요를 문서로 남기느냐, 메모 형태로 공유하느냐, 회의석상에서 말로 공유하느냐는 연출자의 스타일 문제이긴 하지만, 개략적이라도 문서화하는 것이 좋다.

방송사의 시사 탐사 프로그램에서는 촬영 전 구성이 그대로 촬영에 적용되기 어려운 점을 알기 때문에 '촬영 구성'이라는 용어보다는 '가구성' '구성 개요' '취재 라인' 등 여러 이름으로 지칭된다.

MBC 「PD수첩」 1156회 방송분이었던 「목소리로 범인을 찾아드립니다: 소리박사 배명진의 진실」(서정문, 2018) 편은 '소리박사'로 널리 알려진 인물의 성문 분석 감정에 대한 진실성을 검증하는 내용이다. 이 프로그램의 최초 가구성은 다음과 같은 형태로 기술되었다(그림 6-3). 이런 '가구성'은 프로그램의 기본적인 논리

〔배명진 취재 라인〕

#.배명진은 누구인가? (캐릭터 부여 확실히)
- 수많은 TV 프로그램에서 '소리 분석 전문가'로 활동, 본인 스스로 밝히는 언론 출연 횟수가 3천 건 이상(MBC, SBS 등 출연 영상 / 각종 억지스러운 분석들).
- 처음 언론의 주목을 받기 시작한 건 1999년 전자 에밀레종(MBC 뉴스 영상).
- 대한민국을 뒤흔든 사건마다 배명진이 해결사로 등장, 2007년 보성 어부 살인 사건의 범인, 2010년 천안함, 2014년 세월호 등 여러 사건을 해결했다고 스스로 밝힘(영상, 배명진 이력서, 책).
- 그뿐만 아니라 목소리 성문 분석 관련 논문 및 연구 과제를 천 건 이상 수행함(각종 억지스러운 논문들).
- 서울특별시장, 행안부장관, 국방부장관 등으로부터 감사표창을 받았다고 함(배명진 본인 작성 이력서 **확인 필요).

#.법과학의 영역에까지 진출한 배명진
- 소리 관련해 워낙 유명하다 보니 배명진에게 각종 사건, 소송 관련 의뢰도 쏟아진다(2008년 『조선일보』 인터뷰 "사건이나 소송 관련 의뢰 많이 들어온다").
- 비용은 1분에 천만 원(2008년 『조선일보』 인터뷰 "교수가 돈, 돈 한다고 하는 사람도 있는데 돈 없으면 연구 못 한다").
- 최근 워너원 욕설 논란에서 배명진이 감정해줌. 워너원 팬들은 이 감정서를 근거로 악플러 고발하기로 했다고.
- 배명진이 맡은 굵직한 사건들 중 대표적인 건 성완종 - 이완구 뇌물 사건. 1심에서 유죄 판결인데 2심 전에 이완구 측이 배명진에게 의뢰. 1심과 전혀 다른 감정 결과 도출. 이후 2심에서 무죄 판결 나서 대법원 확정(신문 기사, 뉴스 영상).

〔하략〕

그림 6-3. 「PD수첩 ─ 목소리로 범인을 찾아드립니다: 소리박사 배명진의 진실」 가구성 일부*

구조를 제시하고, 취재의 방향성과 촬영 대상의 범주를 그려준다.
참고 자료도 링크로 달아준다. 완전한 촬영구성안은 아니지만 제작진
모두가 내용을 공유할 수 있게 배려하는 것이다.
「목소리로 범인을 찾아드립니다」 편 '취재 라인'에서 제시된
시퀀스의 맥락은 다음과 같다.

#. 배명진은 누구인가? (캐릭터 부여 확실히)

#. 법과학의 영역에까지 진출한 배명진

#. 학계 전문가들의 의심

#. 배명진의 소리 분석, 신뢰할 수 있는가?

#. 배명진의 분석 오류, 단순 실수인가 의도된 것인가?

#. 배명진의 감정은 법과학적으로 치명적인 오류를 갖고 있다.

#. 배명진, 유명세를 이용해 돈벌이에 나선 사기꾼인가?

#. 감정 시스템의 허술함

가구성은 큰 범주를 그리고 있을 뿐이므로 실제 촬영된 내용은 양적으로 훨씬 풍부하고 질적으로도 훨씬 조밀한 내용을 담게 된다. 이 촬영 소스들은 프리뷰를 거쳐 편집 단계에서 이야기를 구축하는 실질적인 재료가 되는데, 아래 제시한 같은 프로그램의 편집구성안을 보면 이야기가 얼마나 세밀하게 구체화되는지 알 수 있다. 가구성과 편집 구성은 엄청나게 다르다(그림 6-3, 그림 6-4 비교). 그러나 이야기의 순서나 밀도가 달라져도 기본 논리 자체는 크게 달라지지 않는다는 점을 유념해야 한다. 초기의 방향 설정이 그만큼 중요하다는 말이다.

VTR 1. 소리 공학의 대가, 배명진의 '과학'?

「PD수첩」, 배명진 등장하는 '층간 소음' 편   * 숭실대 전자공학과 배명진 교수.
「PD수첩」, 배명진 등장하는 또 다른 편   * 소리 분석에 관한 한 국내 일인자로 알려진
　(배명진 싱크 잠깐 살려주고)   시청자들에게 너무나 친숙한 인물.

　배명진> (TV조선, 2015년 1월) 김정은 2년 전보다 자신감 60퍼센트 증가했다고 볼 수 있습니다.
　배명진> (TV조선, 2015년 10월) 김정은 3년 전보다 자신감 80퍼센트가량 증가.

배명진 교수 영상
(배명진 출연 CF)

*그런데 우리는 여러 음성학자들에게 뜻밖의 이야기들을 들었습니다.

○○○, ○○대 교수> (318/ 0108) 아니 초반에 그걸 잡아야지 그걸 거의 모든, 예를 들어서 지금 10여 년 동안 온갖 일들을 다 만들었는데 언론에서 요구하니까 그대로 따라준 거 아닌가 싶은데요./ 그렇지 않으면 어떤 사람이 그 신의 영역에 가깝게 뭐 딱딱 도사처럼 이야기할 수 있어요.

○○○, ○○대 교수> (332/ 0120) 얼마나 과학적인 신뢰가 있는지 믿기가 힘든, 그다음에 저희는 한 번도 들어보지 못한 거고. (1544) 배명진 교수의 어떤 대외 신뢰도 같은 거 언론에서 너무 많이…… 언론 때문에 책임이 있는 거 아닌가.

배명진 교수 작업하는 혹은 배명진 교수 사진

*CG - 배명진 이력

*숭실대학교 정보통신전자공학부 음성통신전공 배명진 교수. 공학 박사.
*1981년 창립되어 현재 3천여 명의 학계 및 산업체의 회원 소속, 한국음향학회 회장 역임.
*숭실대 부속 소리공학연구소 대표.

「뉴스데스크」 「베란다쇼」 등 배명진 출연
(MBC 것만)
(배명진 싱크 잠깐 살려주고)

*배명진 교수 스스로 MBC에만 300여 차례 출연했다고 할 만큼, 지상파 · 종편 망라. 지난 20여 년간, 총 3천여 차례 언론 출연.
*그러나 언론이 무한 신뢰하는 동안, 학계에선 의아하게 여겨왔다는 배명진의 소리 공학 세계.

배명진> (TV조선, 2014년 1월) 2012년 대선 후보 때 45퍼센트였던 스트레스 지수는 지난달 철도 노조 파업 당시 55퍼센트까지 늘었다가, 어제 신년 기자회견 때는 20퍼센트로 떨어졌습니다 (배명진). 스트레스 지수도 작년에 비해서 올해 2.5배 정도 낮아졌다. 자신감도 생기고.

○○○, ○○대 교수> (337/ 0326) 자기네 기술 공개를 하면 그 기술에 이런 부분, 이런 부분이 잘못되었다, 만약에 논문 냈다 하면 논문으로 이런 부분 잘못했다 하는데, 다 베일에 가려져 있어요.

대전터미널, 안전요원과 싸우는 여성 (영상)
(자201-02/03)

*지난 국정농단 당시.
*대전터미널에서 안전요원에게 욕설을 퍼붓는 여성의 영상이 인터넷에 떠돌아.

TV 조선, 대전터미널 (2016년 12월 29일)

*최순실 딸 정유라와 유사하게 생겼다는 소문.

TV조선, 배명진> 89퍼센트 일치. 90퍼센트가 넘으면 본인이라고 단정할 수 있음. 85~90퍼센트 사이에 놓여 있다는 건 적어도 형제자매일 확률이 대단히 높다는 것.

○○○, ○○대 교수> (327/ 2500) 그런 것도 저는 금시초문입니다. 그런 말들은. 이런 거에 대한 과학적 근거는 없는 건가요? 제가 알기로는 그렇습니다, 네.

\# 대전터미널, 안전요원과 싸우는 여성 (영상)　　　＊대전터미널 관계자는 정유라 씨와는 전혀
　　　　　　　　　　　　　　　　　　　　　　관계없던, 다른 여성이었다고.

대전터미널 관계자> (324/ 0020) 하하하~ 그 건이요? 그거 해프닝으로 끝났는데 그거……
(0055) 정유라 씨랑은 전혀 얼굴 자체도, 정유라 씨랑 완전 다르거든요. 그게 왜 그 이제 뭐
저기 어떤 매스컴에, 어떤 언론에 나갔는지 이해가 안 되겠어요. 저도. 솔직히.

\# 국조특위 - 박영선 의원, 최순실 녹취록 폭로하는　　＊그리고 일군의 학자들을 놀라게 했다는 사건.
(2016년 12월 14일)
국조특위 SOV> 정신 바짝 차리고 걔네가 (태블릿 PC) 조작품이고 이걸 훔쳐서 이렇게 했다는
걸로 몰아야 된다.

\# 국조특위　　　　　　　　　　　　　　　　　　＊국조특위. 박영선 의원이 최순실 전화 녹취
　　　　　　　　　　　　　　　　　　　　　　공개, 최순실이 태블릿 PC가 조작된 것으로
　　　　　　　　　　　　　　　　　　　　　　몰아가야 한다고 지시. 파문이 일어.

\# 배명진 교수 작업하는 (영상/ 자203 담스)　　　＊그런데 다음 날. 배명진 교수는 각 언론사
　　　　　　　　　　　　　　　　　　　　　　기자들에게 이메일. 박영선 의원 측의 전화
　　　　　　　　　　　　　　　　　　　　　　음성 분석이 틀렸다는 것.

\# KBS 뉴스 (2016년 12월 16일)　　　　　　＊KBS 뉴스입니다.
소리 분석 전문가인 배명진 숭실대 교수가/ '최순실 녹음파일 녹취록'에 이의를 제기했다.
"최순실이 지인과의 통화에서 잘못 알려진 '최순실 PC'의 조작품이라고 불어야(말해야)
한다는 취지로 말했지만, 박영선 의원이 공개한 녹취록에는 '몰아야 한다'고
표기하여서 최 씨가 사전 모의 지시했다는 의미로 잘못 쓰여 있다"고 지적했다.

\# 신문 기사 도배된 [배명진 의견 실어준　　　＊언론들 일제히 배명진 교수 자료 받아쓴.
신문들 다 촬영]　　　　　　　　　　　　＊배명진 교수 분석 녹취록대로라면 사전 모의가
　　　　　　　　　　　　　　　　　　　　　　아니라, 최순실이 자책(우려?)한 거라는.

○○○, ○○대 교수 INT> (14/ 2720) 제가 신문 기사를 읽고 깜짝 놀라서요./ 제가 그 청문회를
들었거든요. 근데 제가 들을 때는 별 문제가 없어서 녹취록에 그렇게 큰 문제가 있었나?/
왜냐하면 배명진 교수님이 주장하신 내용이 맞다면 녹취록의 내용이 완전히 달라지고
뭔가 이렇게 흐름을 바꿀 수 있는 그러한 주장이었거든요.

바른언론연대 집회하는 (영상 자료)

* 친박 계열 바른언론연대, 배명진 교수 분석 토대로 성명서 내면서, 태블릿 PC 조작됐다는 주장의 근거 중 하나로 사용.

바른언론연대 성명서

모든 언론은 최 씨가 태블릿 PC에 대한 시나리오를 (최순실이) 지인에게 지시한 것이라 보도했다. 하지만 소리 분석 전문가(배명진)가 직접 청취하고 작성한 녹취록은 그 내용이 판이하게 달라, 박영선 의원이 공개한 녹취록은 조작이라는 주장이 대두됐다.

진용옥 대표 만나고 인사하고

* 우리는 바른언론연대 진용옥 대표를 만났다.
* 그 역시 음향학회 회장 역임.

바른언론연대, 진용옥 대표> (15/ 1832) 나는 같은 전공자로서 그 배명진 교수의 증언은 상당히 신빙성이 있다고 봅니다. 평소에 학문적 소양이나 그 양반의 연구 성과로 봐서 우리 소리 공학에서 일인자에 해당합니다 현재로는. (2520) 전문가를 믿으세요. 우리 사회에서 말이죠. 가장 악랄한 사람들이 전문가의 의견을 무시하는 것입니다. 그게 우리 사회의 혼란의 주범입니다. 나는 그렇게 믿습니다. 내가 그 후배라서 두둔하는 게 아니라 전문가 말을 안 믿고 누굴 믿겠습니까.

작가들 3명 앉아서, 교수들에게 이메일 보내는 [분석 요청서]

* 과연 어느 쪽의 분석이 타당한가.
* 우리는 국내 음성 분석 전문가들에게 녹취록을 분석 의뢰했다 (음성학회, 음향학회 포함).

음성학회, 음향학회 홈페이지 검색하는/ 전화하는

그림 6-4. 「PD수첩—목소리로 범인을 찾아드립니다 : 소리박사 배명진의 진실」 편집구성안 시퀀스1*

전체 이야기 속에
진행형 사건이 포함될 때

촬영 대상이나 요소가 확정되지 않아 촬영구성안을 미리 쓰지 못하는 경우도 있지만, 촬영해야 할 사안의 결과가 미지수라 촬영구성안을 쓰지 못하는 경우도 많다. 정보 중심의 논증 구조라 하더라도 전체 이야기 속에 진행형 구조를 많이 포함하고 있다면 이 구성안의 불확정성은 더 커진다. 단순한 '실험'들이 포함될 때, 그 불확정한 부분들은 '예상치'로 제안되게 마련이다. 과학적으로 이미 그 재현성이 입증된 실험은 결과를 충분히 예상할 수 있다.

그러나 예상이 불가능한 진행형 사건들도 있다. 결국 이런 작업은 목표를 명확히 하는 데 만족하고, 결과에 대한 대략의 기대 내용만을 공유한 채 촬영에 돌입해야 한다. 이 경우는 편집구성안 작업에서야 본격적인 이야기 만들기가 이루어질 수 있다.

「김군」은 5·18 당시 광주에 북한군이 내려왔다는 지만원과 극우 세력의 주장을 결과적으로 논박하는 내용을 담고 있다. 지만원은 5·18 당시 사진의 인물들을 특정하여 북한에서 내려왔다고 주장하며, 이들을 '광수'란 이름으로 지칭한다. 감독은 제1광수로 지칭된 이 인물의 신원을 찾기 위해 시민군 생존자들을 찾아다니며 탐문한다. 그리고 마침내 그 '제1광수'가 실은 광주 어느 다리 아래 머물던 넝마주이 '김군'이라는 사실을, 그의 죽음을, 당시 광주에는 그렇게 숨져간 수많은 이름 모를 '김군'들이 있었음을 증언한다.

광주에 북한군이 내려왔다는 것은 억측에 지나지 않으며 사법적 판단이 끝난 사실이므로, 이 다큐멘터리의 결말이 어찌 될지는 쉽게 짐작할 수 있다. 그러나 그 결말에 이르기까지 감독이 선택한 방법론은 '김군'을 실제로 찾는 것이었다. 계획을 세울 수 있는 것은 누구를, 어디를 탐문할 것인가 하는 정도다. 이것은 감독 자신조차도 결과를 알 수 없는 도전이다. 결과를 알 수 없으므로 사전 구성안을 만들기는커녕 자칫하면 작품 자체가 성립되지 않을 수도 있는 모험인 것이다.

「더 코브」도 마찬가지다. 원래 돌고래 조련사였으나 이제 돌고래 보호를 위해 싸우고 있는 릭 오배리와 제작진은 일본의 작은 마을 타이지에 잠입하여, 이곳에서 벌어지는 대규모 돌고래 사냥을 촬영해 고발하기로 한다. 그러나 마을 전체는 이들의 접근을 거부한다. 제작진은 촬영이 가능하도록 온갖 전략을 짜내고, 마침내 피로 물든 타이지 포구의 대학살극을 촬영하는 데 성공한다. 이 역시 촬영이 성공하지 않았으면 나오기 어려운 작품이다.

「슈퍼 사이즈 미Super Size Me」(모건 스펄록, 2004)는 패스트푸드의 문제를 고발하는 내용이지만 그 전체가 진행형 사건이다. 감독이 자신의 몸을 실험 대상으로 삼아 한 달간 패스트푸드만 먹으며 그 변화를 기록하고 있기 때문이다. 패스트푸드가 건강에 좋지 않은 영향을 준다는 것은 짐작할 수 있지만, 그 구체적인 경과와 결과가 어떤 형태로 나타날지는 감독 자신도 모르는 것이다.

이렇게 불확정성이 커지면 커질수록 촬영구성안은 만들어지기 어렵다. 그래서 구조의 설계라는 임무는 편집구성안 단계로 넘기게 된다.

전체 이야기가
진행형 구조 틀일 때

기본적으로 촬영 구성을 요구하는 논증형 구조 틀의 다큐도 그 제작 방식의 조건에 따라 촬영구성안을 성립할 수 없게 하는 요소들이 있는데, 구조 틀 자체가 진행형일 경우는 더 말할 나위가 없다. 진행형 구조 틀을 채택하는 작품들은 원천적으로 촬영구성안을 건너뛰고 편집구성안을 활용한다. 그러나 앞에서 논증형 구조의 여러 층위를 보았듯이, 촬영구성안을 쓰지 않는다고 해서 목표와 계획까지 없는 것은 아니다. 촬영구성안을 쓸 수 없으므로 오히려 더 섬세한 고려가 필요한 것이 사실이다.

진행형 구조 틀은 대상과 카메라의 시간이 일치하여 진행하는 방식이므로 오지 않은 미래를 확정할 수 없고, 앞으로 촬영될 내용에 대해서도 예단할 수 없다. 그러나 바로 그렇기 때문에 그때그때 현장에서의 순발력 있는 대응이 몹시 중요한 형식이다. 현장에서 감독이 어떤 감을 갖고 무엇을 포착해내느냐가 작품의 품질을 좌우하는 결정적 관건이므로, 감독 역량의 편차가 극명하게 드러나는 구조이기도 하다. 이러한 불확정성에 대한 위험부담을 최대로 줄이려면 완벽한 촬영구성안은 아니더라도 사전에 촬영의 목표와 전략을 분명하게 수립할 필요가 있다.

첫째, 대상에게서 드러내려는 것이 무엇인지, 즉 이 다큐멘터리의 목표가 무엇인지 분명히 한다. 촬영 도중에 목표가 바뀔 수도 있지만, 잠정적이라도 목표를 세워야 촬영에 방향성이 생긴다.

가령, 나이 50에 회사 간부직을 내던지고 요리사 인생에 도전한 한 사람이 있다고 치자. 소재로 보면 당장 누구나 '제2의 인생 도전' 유의 상투적인 주제를 떠올리게 마련이지만, 막상 취재를 거치고 나서 결정된 것은 '중년의 순애보'였다. 취재를 해보니 그가 요리사라는 직업을 선택한 것은 요리가 취미라서이기도 하지만, 더 결정적으로는 아내 곁에 있기 위해서라고 했기 때문이다. 외지에 있는 공장을 책임지고 있었던 그는 아내가 큰 수술을 했을 때도 곁에 있어주지 못했다는 자책으로 괴로워하다 사표를 냈고, 요리사 자격증을 따기 위해 요리학원부터 다녔다. 지금도 아침에 일어나 제일 먼저 하는 일이 아내를 위한 기도란다(「인간극장―남편이 돌아왔다」, 임은정, KBS, 2007).

둘째, 취재 과정에서 알게 된 모든 정보를 놓고 무엇을, 어떻게 찍을 것인지 예정한다. 진행형 구조에서는 사전 취재가 정말 중요한데, 「남편이 돌아왔다」처럼 취재 과정에서 얻은 정보가 주제 전체를 바꿀 뿐만 아니라 향후 촬영할 수 있는 '건수'를 확보할 수 있게 하기 때문이다. 미래에 일어날 일이라고 전부 다 미지의 일은 아니다. 제작진은 남편이 매일 아침 일어나 아내를 위한 기도를 한다는 사실, 아내를 위해 밥을 한다는 사실, 시장에 직접 가고 식당에서는 예약만 받아 직접 요리한다는 사실을 알고 있다. 그러면 그 일이 일어날 시점에 카메라가 대기하면 되는 것이다.

향후에 일어날 행사에 대해서도 찍을 필요가 있다고 여겨지면 촬영 계획을 잡아놓는다. 가령, 가족의 결혼식이라든가 생일이라든가 시험이 있다든가 여행 계획이 있다든가 누가 방문할 예정이라든가…… 즉 진행형 구조라고 해서 무작정 카메라가 따라다니는 것이 아니라 무엇을 주요하게 찍어야 할지 상당 부분을 알고 있어야 하고, 그것이 왜 이 작품에서 주요하게 촬영되어야 하는지도 이해하고 있어야만 예정된 부분 외에도 현장에서 발생하는 수많은 상황들에 대해 순간적인 판단이 가능해진다. 촬영할지 말지, 한다면 어떻게 할지 등등. 이 판단이 가능할 때, 예정된 '건수' 외에 주제를 보강해줄 더 풍부한 재료들을 '건져올' 수가 있다.

이 단계에서 '예정된 상황' 중심으로 일정을 짜서 촬영할 것인지, '예정된 상황'을 포함해 주기적으로 대상을 방문하여 촬영을 이어갈

것인지도 정한다. 촬영 기간이 짧을수록 '예정된 상황' 중심으로
촬영이 이루어지기에, 촬영구성안이 없더라도 완성본의 형태를
예상하기 쉽다. 그러나 촬영 기간이 길어지면(독립영화의 경우 촬영
기간이 4~5년에 이르기도 한다) 도중에 목표도 달라질 수 있고,
'예정되지 않은 상황'도 많아지며, 전체 소스 분량이 너무 많아져
편집구성안 짜기가 험난해진다.

3장 다양한 시각화 전략

촬영구성안 작성 시의
장점과 단점

촬영 전에 구성안을 정교하게 짤 수 있는 경우의 장점은, 작업의
효율성을 극대화할 수 있다는 것이다. 촬영구성안이 정밀한 경우 실사
촬영을 해야 할 내용, 재연 등 이미지 촬영을 해야 할 내용에서부터
촬영 방식까지 사전에 일목요연하게 정리되기 때문에 인력과 시간과
비용의 측면에서 낭비 요소가 적다. 버리는 촬영 소스가 가장 적은
방식이다.

　　불가항력적 상황이 발생하지 않는다면 이후 단계에서 변화할
가능성도 그만큼 적다. 모든 일이 순조롭다면 촬영구성안의
내용을 편집 단계까지 일관되게 가져갈 수 있어서 중간 과정에서
엎치락뒤치락하는 일도 그만큼 줄일 수 있다. 또한 만들어질 작품
전체를 일종의 조감도처럼 한눈에 파악할 수 있기에, 내용을 탄탄하게
구축하는 데도 유리하다. 구조적 결함을 미리미리 잡아내 수정하거나,

관객의 흥미를 높이기 위해 기교적 배치를 하거나, 촬영으로 커버되지 않는 부분에 대한 다양한 '시각화 전략'을 미리 설계할 수 있다는 얘기다. 이 시각화 전략을 잘 활용하면 뜻밖의 실험적 작품도 생산할 수 있다.

효율성이라는 측면에서 방송 다큐가 가장 많이 애용하는 방식이기도 하다. 방송은 조직 운용상 제작 기간과 결과를 예측할 수 있는 작업을 선호하기 때문이다.

단점도 있다. 촬영 대상의 확정성이 강할수록 비주얼은 안정적이나 이미지 자체에서 오는 자극과 충격은 덜하다. 날것의 현실과 부딪힐 때의 현장감이 없다는 이야기다. 화면에서 예기치 못한 상황이 발생할 가능성이 거의 없으므로 따분할 수도 있는 것이다. 슈팅 전에 세심하게 구조를 설계하기 때문에 너무나 정제된 느낌이 작위적으로 보이기도 한다. 내레이션이 과다하면 주입형 교육 프로그램 같아서 흥미도는 더 떨어진다. 그렇기 때문에 이런 유의 촬영구성안을 쓸 때는 더욱 고심해야만 한다.

우선 구성을 할 때, 현장의 리얼리티와 생동감을 전해줄 수 있는 진행형 사건을 논증형 구조 속에 편입시켜 설계하면 좋다. 그것이 불가능하다면 논증형 구조의 구성이 주로 정보에 의존한 설명적 방식을 취한다는 사실을 기억하고, 이것을 역으로 활용하는 것도 좋다. 정보의 새로움과 흥미로움이 현실의 역동성을 대체할 수 있기 때문이다. 정보의 새로운 발굴만으로 아연 긴장을 부여할 수 있다. 시사 다큐멘터리의 '특종'은 어떤 극영화보다도 더 강력하게 관심을 불러 모은다.

혹은 예기치 못한 현실 대신 예기치 못한 시각화 전략을 활용하여 눈길을 사로잡을 수도 있다. 완전히 새로운 관점으로 관심을 모으거나 이야기 전개 방식 자체를 바꾸어서 흥미를 유도할 수도 있다. 요컨대 정밀하면서도 성공적인 촬영구성안을 만들기 위해서는 현실의 요행보다는 인위적 노력이 더 커야 한다는 점은 분명하다.

다양한 시각화 전략

방송에서는 오래전부터 논증형 구조의 단점을 극복하기 위한 다양한 시각화 전략이 개발되어왔다.

「위대한 로마」(정재웅, 2013) 3부작은 EBS 「세계문명사대기획」이라는 큰 시리즈의 일환으로 기획되었는데, 콜로세움과 폼페이라니!

「위대한 로마 ─ 황제들의 정치무대 콜로세움」
대규모 재연과 컴퓨터 그래픽의 합성으로 만들어진 장면들. 콜로세움에서 재현된 해전과 베스파시아누스 황제의 등장. 크로마키 앞에서의 재연 영상(왼쪽). 컴퓨터 그래픽을 합성해 완성한 영상(오른쪽).

* [실사+CG] 1세기경의 로마. 밤하늘 아래 고즈넉이 잠든 로마의 불빛들 보인다.

    - 2천 년 전 로마의 어느 밤, 로마 사람들은 잠을 설쳤다.
    내일 시작될 엄청난 축제에 대한 기대감 때문이었다.

* [실사] 서서히 밝아지는 아침 하늘.
* [재연] 로마병 주악대 줄지어 축제일을 알리는 나팔(튜바).

    - (듣고)

* [재연] 한 방향으로 거리를 달려가는 사람들.

    - (보다가)
    서기 80년의 그날. 축제의 날이 밝았다. 이 대단한 구경거리를 놓치지
    않으려는 사람들은 아침부터 집을 뛰쳐나왔다.

* [재연] 황제의 행차를 알리는 주악대의 나팔(튜바).

* [재연] 티투스 황제의 얼굴. 호위대에 둘러싸여 경기장으로 향하고 있다. 그 곁을 달려가며 환호하는
시민들.

    - (나팔 소리 듣고)
    신임 황제 티투스는 오늘부터 시작하여 장장 100일간 축제가
    계속될 것임을 선포했다. 그것은 새로운 원형 경기장의 개장을
    기념하기 위한 대축제였다.

* [재연] 경기장 부근 인산인해로 밀려드는 인파들.
경기장 내부 검투 연습, 나우마키아 등 짧은 편집, 외부의 인파와 교차 편집.

    - 경기장 주변은 몰려든 인파로 북새통을 이루었다. 경기장이 건설을
    시작하여 개장하기까지 걸린 시간이 어언 8년. 경기도 경기이지만
    건축물 그 자체로도 로마사상 최고의 위용을 갖춘 구경거리였다.

    - 로마의 시인 마르티알리스Marcus Valerius Martialis는 그의
    『공연에 관한 책Liber de Spectaculis』에서 황제의 원형 경기장을
    이렇게 칭송했다.

* [CG] 피라미드의 대장관, 바빌론의 공중 정원 등을 유려한 카메라 워킹으로 다음 재연 컷과 연결할 것(마르티알리스의 시는 본문 내레이션과 다른 성우가 읽을 것).

- '야만적인 이집트인들아,
피라미드를 자랑하지 말라.
아시리아인들아, 바빌론을 입에 담지 말라……//
황제의 새 원형 경기장 앞에서
이들이 설 자리는 없으니, 모든 명성은 이를 위한 것,
모두가 이 그림자에 가려지리라.'

* [재연+CG] 인파가 운집한 콜로세움 부근. 카메라 붐업하며 콜로세움의 형태를 짐작할 수 있게 보여준다(결코 전모를 다 보여주지 말 것!).

- 시인이 비길 데 없이 위대하다고 일컬은 황제의 원형 경기장,
그것이 바로 콜로세움이다.

〔하략〕

그림 6-5. 「위대한 로마 — 황제들의 정치무대 콜로세움」 촬영구성안 프롤로그*

너무나 익숙한 소재이고 전 세계에서 너무나 많은 다큐들이 이미 나와 있는 상황이라 차별화가 거의 불가능하다고 생각된 소재였다. 그러나 1년에 가까운 스터디 기간 중 콜로세움에 대한 새로운 학술적 발견을 접하고, 콜로세움에 대한 접근 방향성을 완전히 바꾸게 된다. 콜로세움이 당대 로마 시민들에게 제공된 오락의 장이었지만, 동시에 황제들이 정치적으로 이용한 공간이었다는 새로운 정보에 주목한 것이다. 그리고 그 내용을 전달하기 위한 수단으로 실사 외에 대규모 재연과 그래픽이 동원되었다(그림 6-5).

SBS의 「그것이 알고 싶다」는 미제 범죄 사건이나 범죄를 통해 들여다볼 수 있는 사회문제를 많이 다루어왔다. 그러다 보니 실사 촬영이 불가능한 경우가 많아서 그 대안으로 재연이라는 수단을

* 내가 작성한 원문 그대로 게재하였다.

1) 프롤로그 - '디지털 성폭력'이라는 이름의 연쇄살인

(자판기 이미지 재연)

# 눈을 떠보니 좁은 상자 안에 갇힌 여자 - 아무리 둘러봐도 탈출구가 없는데	N. 그 끔찍한 악몽은 어느 날 갑자기 시작됐습니다.

# 도와달라며 상자를 두드리며 	
  소리치는 여자
	* 피해자 오디오 INS (19/1110)
	- 지인들 한두 명씩한테 연락이 막 와가지고 "이거
	  혹시 너 아니냐," 그래서 '뭐지?' 하고 봤는데……

# 상자 밖: 알고 보니 상자는 자판기 - 다가오는 남자, 100원짜리 동전 넣고 - 음흉한 눈으로 메뉴를 골라 누르면	N. 안에서는 결코 열 수 없지만 밖에서는 누구나 동전 몇 개로 안을 훤히 들여다볼 수 있는 상자.

# 모니터에 도와달라고 소리치는 	
  상자 안 여자의 영상 PLAY되는
	* 헤비업로더 오디오 INS (28/25240)
	- 당연히 개인이 찍은 거죠. // 여자 분의 동의를 받았다는
	  생각이 안 들고 당연히. 저거를 퍼뜨리기를 원하는
	  여자는 없을 거 같아요. 지구상에.

# 그 모습을 웃으며 바라보다 그냥 가버리는 남자, 여러 명	N. 하지만 수많은 사람들이 돈까지 내며 피해자의 고통을 그저 관람만 할 뿐, 아무도 그녀를 도우려 하지 않습니다.

# 상자 안: 절망 속에서 죽어가는 여자 	
  두드리고 소리 지르다
  지쳐 쓰러지는 여자
	* 피해자 오디오 INS (14/5915)
	- 이게 영상이 한번 유포가 되면 제가 고인이 돼도
	  그 영상은 죽지 않아요. 자살을 하면 유작이라는
	  제목으로 재유포가 되기 때문에……

# 상자 안: 여자 울다가 의식 잃는 모습 # 상자 밖: 자판기 모니터 심장박동 멈추는	N. 가해자가 누군지도 모른 채, 평생을 작은 화면 속에 갇혀 서서히 죽음에 가까워지는 잔인한 범죄.
# 뉴스의 경우 그 화면을 모니터에 CG로	* 뉴스 오디오 INS - 성관계 동영상 유출로…… - 피해자가 자살했습니다.

=> 또는	* 피해자 인터뷰 (7/1707)
	- 웹상에선 난 이미 죽었어. // 살인당했어.
	  (19027) 근데 죽었으면 죽은 건데
	  죽지도 않아요. 계속 죽어요. 계속 있으니까.

# 검은 모자 눌러쓰고, 자판기로 다가온 남자 뒷모습 들고 있는 열쇠 보이는	N. '디지털 성폭력'이라는 이름의 연쇄살인. 이 잔혹한 사건의 진짜 범인은 대체 누구일까……?

〔하략〕

그림 6-6. 「그것이 알고 싶다─죽어도 사라지지 않는, 웹하드 불법 동영상의 진실」 편집구성안 프롤로그*

* 신진주 작가가 작성한 원문 그대로 게재하였다.

활용해왔다. 이 프로그램에서는 증언 확보를 위한 인터뷰를 먼저 한 다음, 그를 기반으로 재연 장면별 촬영구성안을 작성하고 후에 이를 포함한 전체 구성안을 다시 짜는 다단계 공정을 거친다.

재연에도 여러 종류가 있다. 단순히 상황을 보여주는 재연도 있지만, 상징성을 담은 재연도 가능하다. 웹하드 불법 동영상 문제를 다룬 「그것이 알고 싶다」 1131회 「죽어도 사라지지 않는, 웹하드 불법 동영상의 진실」(김병길, 2018)은 실제 인터뷰와 재연 화면으로 구성되었는데, 재연이 어떻게 전체의 주제를 압축하여 전달할 수 있는지 잘 보여주고 있다(그림 6-6). 기술의 발전과 인식의 변화는 단순한 상황 재연을 넘어 끊임없이 새로운 형태의 시각화 전략을 모색하는 바탕이 되었다.

버추얼 스튜디오*는, 지금은 개표 방송 등에도 쓰이는 일반적인 기법이 되었지만 처음에는 대단한 도전이었다. 컴퓨터 그래픽으로 지은 황룡사 목탑을 실제 인물이 올라가보는 장면(「영상복원 황룡사」, 황용호·이정수, KBS, 1996)은 당시로선 센세이셔널한 것이었다.

한국 방송사상 최초의 현대사 다큐 정규물이었을 뿐 아니라 드라마 제작 팀을 투입하여 본격 재연을 선보였던 「다큐멘터리극장」(KBS, 1993~1994)은 단순 재연을 넘어선 다양한 변형을 시도하기도 했다. 이미 고인이 된 과거의 역사 인물들(배우)을 불러내어, 현재의 MC가 그들을 직접 인터뷰하는 실험적 기법은 이후 「TV 조선왕조실록」에서는 아예 하나의 고정 코너로 자리 잡았다.

문익환을 다룬 「인물현대사―더 큰 하나를 위하여: 문익환」

---

* virtual studio. 실제 세트에 컴퓨터 그래픽을 합성해 구현한 가상 세트를 일컫는다. 크로마키를 활용한 기법으로, 선거 개표 방송은 버추얼 스튜디오의 대표적인 사례다. 크로마키에 대해 서는 285쪽 각주 참조.

〔전략〕
* WIPE 문목 기내에서 체포되어 연행되는 모습.
* 수인복 차림으로 등정하는 모습. SM.

      - 1989년 4월 13일 평양에서 돌아온 문익환 목사는 비행기가 공항에
        도착하자마자 기내에서부터 공안 당국에 의해 연행되었다. 법정은 그에게
        보안법을 적용하여 징역 7년, 자격정지 7년형을 선고(상고 이유서에는 1990년
        2월 10일 고법에서 징역 7년, 자격정지 7년형을 선고받았다고 돼 있음).

* DIS 어두운 무대. 실루엣으로 서 있는 대역 문익환. 조명 속에서 서서히 음영 드러나며…… 소극장 무대 뒤
벽면은 스크린. 무대에는 아주 단순한 형태의 의자 두 개. 그 첫번째 의자 앞에 수의 차림의 그가 서 있다.
그가 무형의 재판정을 향하여 말하기 시작한다.
빈 관중석에 둘러싸인 무대.
    F.O

      - "1976년에도 저는 이 법정에서 유죄를 받았습니다. 1978년에도, 1980년에도,
        1986년에도 저는 유죄를 받고 감옥에 갔습니다. 그러나 시간이 흐르자 우리를
        잡아넣은 그들이 역사로부터 처벌받았습니다. 권력자의 법정과 달리 역사는
        우리에게 무죄를 언도한 겁니다. 이번에도 저는 유죄를 받을 것을 압니다. 그러나
        저는 믿습니다. 역사의 법정은 틀림없이 저에게 무죄 판정을 내려줄 겁니다." - 641

* 자막
'프로그램 중 1인극은
문익환의 재판 기록에서 발췌, 재구성한 것입니다.'

* DIS 문익환의 흑백 사진 혹은 초상화 타이틀백 뜨고 그 위에 타이틀

2. 타이틀
        "더 큰 하나를 위하여 — 문익환"

〔중략〕
* 문익환 상고 이유서
      - 문익환은 상고 이유서를 통해 그를 옭아맨 국가보안법 자체를 부정하고
        그가 북에 갈 수밖에 없었던 이유와 그 과정을 정연하게 설명한다.

* 대역 문익환 의자에서 일어선다.
      - "한국에 관한 유엔 결의에서 대한민국 통치권이 38선 이남, 지금은 휴전선
        이남에 국한된다는 것은 역사적인 사실입니다."

* 무대 위 스크린 국가보안법 제6조 2항 지령 수수에 의한 탈출 혐의와 제7조 1항 반국가단체
구성원의 활동 찬양 동조. 제8조 1항 반국가단체 구성원과의 회합 통신 조항 환등기로 뜬다.

- "그럼에도 불구하고 국가보안법은 대한민국의 통치권이 이북에도 미친다고
억지 해석을 하고 북쪽의 정권을 불법적인 반국가단체라고 규정한 것입니다."

* 대역 문익환 환등기 영사 자막 속으로 들어서며……

"그렇게 규정하고 보면 저는 분명 대한민국의 정통성을 부정하고 반국가단체의
괴수를 만나고 온 범죄 행위를 한 게 되는 것입니다."

* 문익환 얼굴

"그 해석이 맞아서 제가 대한민국의 정통성을 유린했다면 7·4 공동성명 자체가,
또 국회회담을 진행하고 있는 현 13대 국회가, 남북고위회담에 응하고 있는
내각도, 남북정상회담을 제의해놓고 있는 대통령도 다 대한민국의 정통성을
유린한 것이 되지 않겠습니까?
이 나라가 두 쪼가리로 갈라져 반목 질시하고 적대시하고 있는 한 어느 쪽도
민족사의 정통성 위에 서 있다고 말할 수 없습니다. 따라서 통일운동은 민족사의
정통성 회복운동이라고 저는 믿고 있습니다."-128

〔중략〕
* 순안비행장에서 평양으로 가는 자동차 퍼레이드

- 1989년 3월 25일 오후 5시경 문익환 일행은 평양 순안비행장에 도착,
북측의 열렬한 환대를 받았다. 문익환은 기자회견에서 이렇게 말했다.

* 기자회견 하는 환등기 영사 장면에서 팬 하면
무대 위에 간결한 책상 하나 놓고 수의 차림 그대로 문익환 앉아 있다.
(플래시 터지는 빛 효과, 오디오 효과)

- "나는 이번에 말로 하는 대화가 아니라 가슴과 눈으로 하는 대화를 하러 왔습니다.
어느 한편을 이롭게 하고 한편을 불리하게 하러 온 것이 아닙니다.
모두에게 이로운 말이 무엇이겠느냐는 걸 찾아왔습니다. 한편이 이기고 한편이
지는 일이 아니라 우리 모두가 승리자가 되는 길을 찾아왔습니다."

〔중략〕
* 스크린에 영사된 감옥의 높은 창문.
T.D 하면 그린 듯 꿇어앉아 있는 문익환.

〔하략〕

그림 6-7. 「인물현대사—더 큰 하나를 위하여: 문익환」 모노드라마 부분*

(양승동, KBS, 2004)에서는 전체를 관통하는 큰 줄기로 미니멀리즘 연극 무대를 차용했다(그림 6-7). 문익환 자신보다 더 문익환을 잘 웅변해줄 사람은 없다는 판단에서 그가 남긴 연설문을 적극 활용한 모노드라마적 무대였다.

6·10 항쟁을 다룬「인물현대사─박종철」(전우성, KBS, 2004)에서는 박종철의 애창곡이었던 노래「그날이 오면」을 스토리의 감정에 맞게 각각 편곡하여 전편을 이어가는 브리지*로 활용했다. 실내악단의 등장으로 시작한 오프닝은 실내악단의 퇴장으로 막을 내린다.「호찌민, 코끼리를 이긴 호랑이」(홍순철, MBC, 2006)는 호찌민 박물관에 보존되어 있는 유물(타이프라이터, 등사기, 샌들, 바자나무)을 매개로 각 생애의 국면을 옴니버스처럼 전개한다.

역사 다큐멘터리만이 아니다.「패셔너블」에서의 실험은 더욱 과감해서, 초상화로만 남아 있는 과거의 인물을 그래픽으로 불러내 프리젠터 역할을 맡긴다. 여성의 생리에 대한 공개적 탐구 기록인「피의 연대기」는 실사로 표현되기 어려운 영역을 감각적 애니메이션으로 소화해내 정보에 재미를 더하고 있다.

시각화의 수단으로 재연, 컴퓨터 그래픽, 프리젠터 등의 활용은 이미 전형화되었다. 그 밖에도 소재와 내용에 따라 실로 다양한 보완 전략이 동원될 수 있다. 그 결과로 이전에는 생각지도 못한 것들이 만들어지는 것이다.

「피의 연대기」
하와이 원시 부족 여성들의 탐폰
제작법을 애니메이션으로 구현했다.

---

* bridge. 장면과 장면 사이에 발생한 시간의 경과, 장소의 전
환 등을 나타내기 위해 쓰이는 영상. 301쪽 참조.

4장 어떤 다큐멘터리든지
사전 설계는 필요하다

점검과 기록

완벽한 형태를 갖춘 촬영구성안은 모든 조건이 충족되어야 가능하다. 그러나 어떤 구조를 지향하든지 사전 설계는 필요하다. 경과를 예측할 수 없다 해도 머릿속에서 여러 가지 버전의 가능성을 염두에 두고 촬영의 지형도를 그려야 한다. 정밀하든 소략하든, 그 지형도를 문서로 써보는 것이 중요하다. 기록 행위를 통해 그 내용이 우리 자신에게 확인되기 때문이다.

인간은 망각의 동물이다. 나의 두뇌가 모든 것을 기억할 것이라는 맹신을 경계하라. 더 중요한 것은 스스로가 확인한 계획만이 수정 가능하다는 사실이다. 목적지를 모르는 사람은 도착 지점이 잘못되었어도 잘못되었다는 것을 인지할 수 없기 때문이다. 그러므로 그 지형도를 잘 그리기 위해서 다음 사항을 점검해보자.

1. 자신이 하려는 다큐멘터리의 목표가 무엇인지, 어떤 구조를

지향하는지 사전에 명백하게 인식하고 있는 것이 유리하다. 그에 따라 촬영 계획이 달라지기 때문이다.

2. 주인공이 누구인지, 주요하게 다루어야 할 대상이 누구인지, 주요한 사건은 무엇인지, 누구의 시점인지를 분명히 한다. 카메라 촬영의 빈도수와 각도가 달라진다.

3. 촬영구성안을 쓸 수 있고 재연이나 그래픽의 비중이 크면, 스토리보드*로 콘티뉴이티**를 따로 만들 수 있다. 연출이 생각하는 장면의 구도를 그림으로 그려서 공유하는 방식이다. 말보다 직관적으로 화면 구도를 전달할 수 있다는 장점이 있다. 전체가 아니라 부분적으로 재연이나 그래픽을 구현할 때도 이 방식이 유용하다. 그러나 현장성이 강한 작품에서는 할 수도 없고, 할 필요도 없다.

4. 촬영구성안을 쓸 수 없으면 인터뷰 대상, 질문 내용, 상황, 장소, 이미지를 망라한 촬영 요소들을 정리하여 목록을 만든다. 이 목록의 항목들은 진행 상황에 따라 삭제하거나 추가한다.

5. 일정표를 만든다. 촬영 기간과 비용이 정해져 있으면 효율적인 일정표 짜기가 더욱 중요하다. 논증형 구조는 촬영 소재가 다변화되어 있기 때문에 주로 대상의 일정과 동선이 주요 조건이

---

* storyboard. 화면 제목과 화면 구성, 연결 화면 등 영상 촬영에 필요한 정보를 글과 그림으로 미리 구성한 계획표를 가리킨다.
** continuity. 장면 번호, 화면 크기, 촬영 각도와 위치부터 의상, 소품까지 영상 촬영에 필요한 모든 사항을 기록한 것. '콘티'로 줄여 부르기도 한다.

된다. 진행형 구조일 경우, 일정이 정해져 있는 촬영 소재를 먼저 체크하고 동선과 대상의 상황, 감정을 고려한 촬영 주기를 계획해야 한다.

6. 스타일을 고려한다. 인터뷰 중심의 다큐일지, 현장 중심의 다큐일지, 재연이나 그래픽이 중요한 요소로 들어올지, 이미지의 상징성이 극히 중요한 다큐일지 생각해야 하고, 그것들이 화면상에서 어떻게 구현되기를 원하는지 스스로 그려보는 것이 필요하다.
특정한 화면 구도나 촬영 방식이 필요하다고 생각되면 촬영감독과 미리 상의하고, 사운드가 극히 중요할 경우 음향감독을 미리 선정하여 논의해야 한다. 실패 없는 후반 작업을 위해서는 D.I* 감독과도 초반에 촬영 계획을 점검할 필요가 있다.

7. 4번의 논의 결과에 따라 카메라 기종과 렌즈, 부대 촬영 장비 및 오디오 장비를 준비한다.

8. 촬영을 다녀온 후 반드시 촬영 내용을 확인하는 습관을 들이면 좋다. 자신이 머릿속에 그리던 그림이 촬영감독의 카메라에서 어떻게 구현되었는지 확인하는 것이다. 자신의 생각과 다른 부분, 빠뜨린 부분 등을 이후 작업에서 수정할 수 있고, 이를 통해 촬영감독과 더 긴밀한 협의가 가능할뿐더러 연출과 촬영 사이에

* Digital Intermediate. 디지털 후반 작업. 촬영 단계에서 획득한 영상의 밝기, 색상, 채도 등의 차이를 후반 작업에서 일치시키는 과정으로, 디지털화된 데이터를 처리하고 색 보정 등의 과정을 거쳐 최종 상영 포맷으로 만드는 것까지 전반적인 과정을 의미한다.

항구적인 호흡을 만들어낼 수 있다. 이와 동시에 찍은 파일을
일관된 방식으로 그때그때 목록화하여 정리해둔다.

9. 이렇게 계획을 하지만 동시에 마음 한구석에 이 모든 것이 촬영
    도중에 180도 바뀔 수도 있다는 가능성을 항상 염두에 둔다.
    촬영을 하다 보면 계획 당시에 보이지 않던 것들이 보이게
    된다. 애초에 목표를 잘못 설정했다는 깨달음이 오기도 하고
    주인공을 바꾸는 것이 더 낫겠다고 판단하기도 한다. 그럴 때
    바뀐 자신의 의견에 확신이 있다면 한시라도 빨리 촬영 계획을
    수정하는 것이 낫다. 이것은 치과 치료와 같다. 초기에는 간단한
    치료로 봉합되지만, 오래 미적댈수록 데미지가 커지기 때문이다.
    자칫하면 이도저도 아닌 것이 되기 쉽다.
    그러니 철저한 계획을 세우되 과감한 변화를 두려워하지 말라.

7부

▶

촬영,
무엇을
어떻게 찍을 것인가

카메라를 든 사람의
선택적 진실

지금도 그렇겠지만 그 옛날에도 중학교나 고등학교, 대학교를 막론하고
졸업을 앞둔 학생들은 졸업 앨범을 위한 사진을 찍었다. 사진은 대개
학교에서 지정한 사진관에서 찍었는데, 사진이 나온 날은 반 아이들의 3분의
2쯤이 불만을 터뜨리기 십상이었다. 사진 속 얼굴이 바보 같아 보인다거나
살이 쪄 보인다거나, 아니면 살쾡이 같아 보인다거나…… 그런 끝없는
종알거림에 이미 익숙할 대로 익숙해진 사진사 아저씨의 대꾸는 언제나 한
가지였다. "사진은 기계가 찍는 거야. 기계가 거짓말하는 것 봤어?"

아마도 아저씨는 열대여섯 살 나이의 학생들에게 외교적 언사가
얼마나 비효율적인지 일찌감치 간파하고 있었던 게다. 따라서 아저씨의 그
무자비한 단언은 꽤 효과가 있었다.

그 말은 '기계'에 확고부동한 권위를 부여하는 것이었다. '카메라'는
즉 '기계'이며, '기계'는 오직 '있는 그대로'만을 찍어낸다는 것—그것은
의심해서도 안 되고, 의심할 수도 없는, 신성불가침의 믿음을 전파하는
말이었다. 그러나 과연 그런가?

우리는 이제 그 말을 믿지 않는다. 그렇지 않다는 것을 알기 때문이다.
우리는 오히려 이렇게 말해야 할 것이다. 카메라라는 기계는 '거짓말을

한다.' 그 기계는 '있는 그대로' 찍지 않는다. 그 기계를 믿을 수 없는 것은 그것이 '기계'이기 때문이다.

'있는 그대로'의 대상이 바로 코앞에 있어도 영상으로 그 대상의 '있는 그대로'를 보여준다는 것은 불가능한 일이다. 어떤 앵글을, 어떤 시간을, 어떤 빛을 선택하느냐에 따라 그 각각의 영상은 각기 다른 '말'을 하게 마련이다. 그리고 그 '말'은 카메라의 말이 아니라 카메라로 그 대상을 찍은 사람의 말이라는 것을 우리는 이해한다. 단 한 컷의 영상도 찍는 이의 의지가 개입하지 않고는 존재할 수 없다. 고로 카메라 바깥에 있는 삶의 총체적인 진실은, 카메라 아이*를 통과하면서 그 카메라를 든 사람의 선택적 진실로 변모하는 것이다.

무엇을 선택할 것이냐는 대상을 바라보는 통찰의 시선으로부터 나오고, 그 시선은 물론 감독의 것이다. 그러나 그 시선을 영상이라는 실체로 구현하는 이는 촬영감독인 것이다. 바로 여기서 영상 작업에서 촬영감독이 얼마나 중요한 존재인지 깨닫게 된다. 좋은 촬영감독이야말로 카메라라는 기계가 '있는 그대로'를 찍는다는 환상을 그 누구보다 철저히 불신하는 사람일 수밖에 없다.

제작 현장에서 촬영감독은 가장 중요한 인력이다. 극영화에서도 그렇겠지만 다큐멘터리에서는 좀 다른 측면에서 더욱더 그렇다. 다큐멘터리 영상은, 사전에 어느 정도 예측을 한다고는 하나, 궁극적으로는 현장에서 '발견'하는 영상이기 때문이다. 특히나 현장성이 강한 소재인 경우, 눈앞에서 막 무언가가 벌어지고 있는 상황에서는 감독이 일일이 컷을 지시하기 어려운 경우가 많다. 그럴 때는 순전히 촬영감독의 감각과 순발력으로 현장을 담을 수밖에 없다. 이때 촬영감독이 이 작품에 대해 얼마만큼 이해를 하고 있느냐에 따라 포착하는 장면이 달라지게 된다. 독립 다큐멘터리

* camera-eye. 동일한 대상을 볼 때도 인간의 눈과 카메라의 눈으로 보는 것은 다르다. 카메라는 앵글과 사이즈로 보는 대상을 제한적으로 드러냄으로써 육안으로 보는 것보다 더 특별한 감정을 만들어낼 수 있다. 이 차이를 강조하기 위한 말.

감독들이 남에게 맡기지 않고 직접 카메라를 드는 경우가 많은 것은 비용 문제도 있겠지만, 이해도의 측면에서 자신이 직접 찍는 것이 더 낫다고 느껴서이기도 하다.

그러므로 촬영에서 가장 우선적으로 명심해야 할 것은 작품에 대한 이해와 감독의 비전을 촬영감독과 공유하는 일이다. 궁극적으로 이 작품의 목표는 무엇인가? 감독이 중요하게 생각하는 것은 무엇인가? 주시해야 할 인물은 누구인가? 어떤 스타일을 추구하는가? 등등.

남들과 다른 '영상'은 남들과 다른 '생각'에서 나오고, 다른 '생각'은 다른 '발견'을 낳는다. 모든 예술은 이 '다르게 보이는 것'으로부터 출발하는 법이다. 감독이 아무리 다르게 보고 싶어도 촬영감독이 '다르게 보이는' 영상을 구현해내지 못한다면, 그것은 작품에서 드러나지 못한다. 그러나 촬영감독이 대상과 감독의 생각에 대해 잘 이해하고 있으면, 어떤 국면에서는 감독이 미처 생각하지도 못한 놀라운 장면을 구현해낸다.

1장 촬영에서
고려해야 하는 것들

촬영은 작품의 '내용'과 '스타일'까지 결정하는 핵심 과정이다.
따라서 촬영에서 고려해야 할 사항은 '무엇'(대상)을 '어떻게'(표현
방식) 찍어야 할 것인가이며, 이를 위해 가장 먼저 할 일은 촬영
일정을 짜는 일이다.

<u>촬영 일정</u>

여기서 고려되어야 하는 것은 '현재 예상되는 스토리라인은
어떤 것이냐?' '주인공은 누구냐?' '누구의 시점이냐?' '이야기를
쫓아가는 범주를 어디까지 할 것이냐?' '시각적으로 어떤 스타일을
지향하느냐?' 등이며, 그에 따른 취재 범위를 정하는 것이다.
　　촬영구성안이 나와 있는 논증형 구조의 다큐멘터리는 구성안이
일종의 로드맵의 기준이 되므로, 비교적 효율적인 일정을 짜는 것이
가능하다. 찍어야 할 상황들이 어떤 특정한 시간에 얽매이는지

아닌지를 판단하고, 이를 일자별로 배분하면서 거기에 촬영 시
동선을 고려한 장소를 배분하는 방식이다. 이때 가능한 한 중간에
비는 시간이 없게끔, 시간과 비용을 최대한 절약할 수 있게 일정을
조율하는 것이 기본이다.

그러나 촬영구성안을 미리 마련할 수 없는 진행형의 경우에는
좀더 깊은 고려가 필요하다. 진행형은 대상의 시간과 카메라의 시간이
같이 흘러가는 형태라, 미리 사건을 획정할 수 없는 난점이 있다.
따라서 앞으로 전개될 이야기에 대한 촬영 계획은 감독의 상상력에
크게 의존할 수밖에 없다. 그렇게 될지 안 될지는 알 수 없으나 소재에
마음이 끌린 그 순간, 막연하나마 기대했던 스토리를 기준으로 취재
범위를 정하고 촬영 계획을 세워야 하는 것이다.

촬영이 진행되는 동안 이 예상 스토리는 감독의 머릿속에서 수십
개의 버전으로 분화하기도 하고, 그때마다 촬영 계획이 수정될 수
있다. 그러나 출발점에서는 출발점의 의도를 존중하는 것이 기본이다.

진행형의 이야기 구조는 크게 두 가지 유형으로 나눌 수 있고,
그에 따라 촬영 계획도 달라져야 한다.

1) 사건이 중심이 되는 경우

하나의 사건이 진행되면서 그에 따른 변화를 따라가는 경우, 사건
진행 과정에서 발생하는 주요 일정들이 그대로 촬영 일정의 중요한
기준점이 된다.

가령 오래된 아파트의 철거가 중심 사건이라면, 철거 고지→
주민 공청회→이에 따른 찬반 행동→보상금 책정→철거 일정

수립 → 보상금 지급 → 주민 이사 → 철거 시작 → 철거 완료라는, 철거를 위해 필요한 과정의 변곡점들이 촬영에서도 주요한 일정 기준이 되는 것이다. 그 주요 일정 사이에 필요한 세부 사항들을 끼워 넣으면 된다.

그러나 이것이 아파트 단지 철거의 공사 진행 기록을 남겨놓자는 것은 아니기 때문에 커다란 외부적 사건이 있더라도 이 사건 속 인물이 주인공이 되는 경우가 많다. 따라서 공식적인 철거 진행 과정 속에 철거를 앞둔 가정의 사적인 일정을 겹쳐 촬영 계획을 잡게 된다. 이사를 가기 전 가재도구를 이웃에게 나누는 날, 이 아파트에서 지내는 가족 누군가의 마지막 생일, 단골집들을 들러 노부부가 작별 인사하는 날…… 같은 것들이 일정 속에 포함되는 것이다.

사건 중심의 이야기는 '사건'과 '인물'이 액션과 리액션의 관계를 취하게 되는 것이 보통이다. 정부에서 철거를 결정했다. 철거 통지서가 날아온 날, 주인공의 반응은 어떤가? 철거를 반대하는 주민들이 시위를 조직하기 시작했다. 주인공의 반응은 어떤가? 하는 방식으로 말이다. 사건의 액션에 대응하는 주인공의 리액션이 '유의미'할 것이라고 판단될 때, 그것은 촬영 계획에 포함된다.

2) 일상이 중심이 되는 경우

특정한 사건의 경과가 없이 고만고만한 일상을 찍어야 하는 소재도 있다. 많은 휴먼 다큐가 이에 해당한다. 대상 캐릭터의 매력이 작품의 동기가 된 경우들이다. 「달팽이의 별」 「님아, 그 강을 건너지 마오」 「다시 태어나도 우리」 등등이 다 마찬가지다.

결과물로 나온 작품을 보면, 이런 영화에도 사건이 있다고 보일 것이다. 그러나 그것은 예정된 것이 아니다. 오래 찍다 보니 「님아, 그 강을 건너지 마오」의 주인공이었던 할아버지가 돌아가시게 되고 「다시 태어나도 우리」의 주인공인 앙뚜가 자신의 사원을 찾아가게 된 것이지, 처음부터 이런 사건이 일어나리란 것을 예정하고 사건 중심의 촬영 계획을 짠 것이 아니라는 뜻이다. 일상을 오래 찍어나가다 보면 그 과정에서 사건이 발생하는 경우는 무척 흔하다.

이 경우 사건이 중심 소재일 때보다 효율적인 일정 짜기가 더 어렵다. 기준선으로 삼을 만한 맥락이 없기 때문에 대부분 주기적 촬영을 기본 계획으로 잡는다. 단기간 촬영이 아니고 길게 찍을 경우에는 특히나 그렇다. 일상이 대상이라 해도 모든 일상생활을 찍을 수는 없고, 밀착한다고 해도 24시간, 1년 열두 달을 동행할 수는 없기에 일주일에 한 번씩 주기적으로 간다든가, 해외의 경우는 계절이 바뀔 때마다 간다든가 일정한 간격으로 찾아가는 것을 기본으로 한다.

거기에 주인공의 사생활에서 유의미한 일정들을 미리 조사해서 촬영 일정에 포함한다. 휴가 여행을 간다거나, 멀리 떨어져 살던 형제가 방문한다거나, 장날 나가서 염소를 판다거나, 하다못해 이발소에 가서 머리를 깎는 일도 '유의미'한 사건이 될 수 있다. 이런 사소한 사건들은 장기적인 계획에 의해 일어나는 것이 아니므로, 촬영을 하는 중에 늘 체크하여 다음 일정에 반영하는 방식으로 진행한다.

사건 중심이거나 일상 중심이거나, 여기서 가장 중요한 것은 다르지 않다. 결국 무엇이 '유의미'할 것인가 하는 감독의 판단이 촬영 계획의 근간이 된다는 사실이다. 이 '유의미'의 기준은, 결국 감독이 이 작품을 통해 드러내고자 하는 것이 무엇이냐에 종속된다.

「달에 부는 바람」(이승준, 2014)은 3중 중복 장애를 가진 딸과 그 딸을 돌보는 어머니가 대상이 된 작품이다. 촬영 초기에는 딸 쪽에 초점을 맞추었으나 시간이 갈수록 어머니 쪽으로 무게중심이 옮겨간다. 보지도, 듣지도, 말하지도 못하는 대상과는 그 내면을 유추하거나 소통할 방법이 없기 때문이었다. 그러면서 화면에는 어머니가 화분을 돌보는 일상의 모습이 등장하기 시작한다. 다시 말하면 이것은 감독이 촬영하면서, 어머니의 화분과 그 화초를 돌보는 모습이 이 작품에 '유의미'하다고 판단했다는 것을 의미한다.

자신의 상태나 생각을 표현하지 못하는 식물들은 사람들과 소통이 불가능한 3중 중복 장애아에 대한 비유로 쉽게 해석된다. 그래서 그 식물을 정성스레 가꾸는 어머니의 모습은, 소통 불가능한 딸을 그래도 사랑하며 정성을 다하는 감정에 대한 중의적 이미지로 자리 잡게 된다.

이처럼 아주 사소한 일상도 작품의 지향에 따라 지극히 '유의미'한 장면이 될 수 있다. 대상이 정해졌다고 닥치는 대로 찍을 수 있는 것이 아니라는 이야기다. 촬영이 시작될 시점에는 모든 것이

「달에 부는 바람」

모호하고 막연할 수 있겠으나, 촬영이 진행될수록 자신이 무엇을
위해 이것을 찍고 있는지 명확하게 인식해야만 보다 효과적인 촬영을
할 수 있다는 이야기이기도 하다. 촬영감독이 감독의 비전을 완전히
공유하고 있어야만 하는 이유도 이와 같다.

엔딩

사건 중심의 경우에는 사건이라는 '액션'에 인물의 '리액션'을
쫓아가는 것이 기본이다 보니, 이야기의 끝이 어디쯤 될 것인지도
비교적 명확하게 잡을 수 있다. 그러나 일상 중심의 촬영에서는 대체
이 촬영을 언제 끝내야 할 것인지가 큰 과제가 된다.
　작업을 시작할 때 이 엔딩*에 대한 개념이 없으면, 촬영
자체가 끝없는 미궁이 되기 쉽다. 즉 나중에 달라지더라도 엔딩을
예상함으로써 대략의 촬영 기간도 유추할 수 있고, 촬영 기간을
유추할 수 있어야만 예상 제작비도 산출할 수 있게 된다.
　그뿐만 아니라 작품의 내용 측면에서도 엔딩을 상상한다는 것은
중요하다. 엔딩을 상상할 수 있다는 것은 예상하는 스토리 구조가
있다는 것을 의미하고, 그 스토리를 통해 '드러내고자 하는 것'을 감독
자신이 분명하게 인식하고 있다는 것을 의미하기 때문이다. 스토리와
주제에 대한 인식 없이는 엔딩을 꿈꿀 수 없다. 엔딩은 스토리의
끝이면서, 주제를 가장 함축적으로 드러내는 장면이기 때문이다.
　물론 다큐 촬영은 생각대로 흘러가지 않는 것이 정상이라
중간에 스토리가 바뀌거나 주제가 바뀌기도 하고, 심지어는 주인공이

---

* ending. 영화의 마지막 부분. 문맥에 따라 마지막 에피소드를
의미하기도 하고 마지막 신이나 컷 자체를 의미하기도 한다.

바뀌기도 한다. 그때마다 가장 좋은 엔딩도 달라지게 마련이다. 거꾸로 예상하고 있는 엔딩에 기필코 도달하려다가, 처음 예정했던 촬영 기간을 어마어마하게 넘겨버리기도 한다.

제16회 서울환경영화제에서 국제경쟁 대상을 받은 다큐멘터리 「진흙Grit」(신시아 웨이드·샤샤 프리들랜더, 2018)은 2006년 진흙 쓰나미가 덮친 인도네시아의 한 마을에 초점을 맞춘다. 가스 채굴회사인 라핀도가 지하 깊숙한 곳에 있던 진흙 화산을 건드리는 바람에 뜨거운 진흙이 분출하여 6만 명의 주민들이 삶의 터전을 잃게 된다. 그러나 거대 기업은 보상을 거부한다. 이 영화는 이에 맞서 싸우는 진흙마을 사람들의 이야기다.

감독에 의하면, 처음 이 영화를 시작할 때 2년 정도면 문제가 해결되어 촬영이 끝나지 않을까, 예상했다고 한다. 그러나 문제는 쉽게 해결되지 않았다. 그사이 대통령 선거가 치러지고 선거 유세 기간에 보상을 약속한 새 대통령도 취임 후엔 차일피일 조치를 미루었기 때문이다. 실제로 보상이 이루어진 것은 사고 후 10여 년이 지나서였다. 여섯 살 때 쓰나미 피해를 겪었던 주인공 소녀 디온이 성장하여 그 보상금으로 대학에 들어간 것이 이 사건의 커다란 결말이다. 그럼으로써 감독들은 비로소 영화의 엔딩을 만들어낼 수 있었다. 처음 예상과는 달리 영화가 완성되기까지 실로 오랜 시간이 걸린 것이다.

엔딩은 그만큼 중요하다. 그리고 어느 경우든, 촬영 중에 엔딩을 상상할 수 있는 감독이야말로 자신의 작품에 대한 확고한 비전을 가진 감독이라고 말할 수 있다.

시점과 화자

촬영이 시작되면서부터 염두에 두어야 하는 또 다른 지점으로는
'시점' 혹은 '화자'가 있다. '사건과 대상에 거리를 두고 제3자의
객관적 시점으로 갈 것이냐?' '감독이 적극적으로 개입하는 주관적
시점으로 갈 것이냐?' 하는 것이 가장 먼저 대두되는 질문이다.
이것은 촬영 방식에 직접적인 영향을 미칠 뿐 아니라 다큐멘터리
전체의 시각적 스타일도 달라지게 하므로 숙고되어야 한다.

빌 니콜스식의 분류에 따르자면, 전자는 관찰자적 양식,
후자는 참여적 양식이라고 할 수 있다. 전자가 객관적으로 대상을
묘사한다면, 후자는 감독이 화면에 노출되면서 다큐멘터리의
이야기를 형성하는 데 적극적인 역할을 하는 경우를 의미한다. 후자의
대표 주자는 마이클 무어를 들 수 있고, 한국에서는 「자백」의 감독
최승호를 예로 들 수 있다. 사적 다큐멘터리지만 자신을 전면화하여
노출하고 스스로의 변화 자체가 다큐의 주 내용이 되는 경우(「슈퍼
사이즈 미」또는 「까치발」(권우정, 2019) 등)도 처음부터 촬영 방식
자체를 달리 계획해야 만들 수 있다. 감독 자신이 액터가 되는 셈인데,
여기에는 타자를 찍는 것과 달리 자신의 변화가 허구적 액팅이
아니라는 것을 설득시킬 수 있어야 한다는 숙제가 더 따라붙는다.

또는 작품 속 등장인물 중 특정한 누군가의 시점으로 갈 수도
있다. 그 누군가가 주인공일 수도 있고 주인공을 잘 아는 다른
사람일 수도 있다. 어떤 경우에는 다중 시점이 차용되기도 하는데,
여러 사람이 등장하여 동일한 사건이나 타자에 대해 각자가 각자의
시점으로 다른 관점의 이야기를 하는 경우다. 이럴 때는 일종의

옴니버스 구성을 하게 되며, 다큐멘터리에서도 이와 같은 구성이
가능하다. 다만, 다중 시점 방식을 채택할 경우 초반부터 철저하게
계산하여 카메라가 그 각각의 시점을 살릴 수 있게끔 구사되어야 한다.
　'시점'은 보통 작품 전체를 관통하는 '화자'로도 활용될 수
있기에 촬영 시에도 이 점을 충분히 고려한다.

신의 구축

촬영에 들어간 초심자들이 가장 신경 써야 하는 것은, 지금 찍는 이
장면이 어떻게 활용될 것인가 하는 점이다. 구성안이 있는 경우는
당연히 그 장면이 어디에, 어떻게 쓰일지 시나리오에 분명히 제시되어
있고, 그를 기반으로 비교적 용이하게 비주얼 작업을 할 수 있다.
　그러나 진행형 구조에서는 의지할 수 있는 시나리오 같은
것이 없기 때문에, 찍고 있는 장면이 최종 편집본에 들어갈지 말지,
들어간다면 어떻게 들어갈지 감독 자신조차 모르는 형편이다. 특히
구현하고자 하는 목표가 뚜렷하지 못한 채 막연히 인물의 매력에 끌려
일상을 찍고 있을 때는, 그저 타성적으로 촬영을 하게 되는 경우도
많다. 그러다가 정작 편집 단계에 들어서서, 장면을 그때 이렇게
찍었으면 좋았을 걸 하고 후회하는 일도 종종 있다. 아무 생각 없이
찍었을 경우, 편집이 불가해서 버리는 그림이 많아지는 것 또한 당연한
일이다. 한 컷짜리 그림으로는 기가 막힌데, 어디다 붙일 데가 없어서
버리게 된 경험은 누구에게나 있을 것이다.
　이런 일이 벌어지지 않으려면, 최소한 어떤 상황이든 신이

구축되게 찍어놓아야 한다. 알다시피 영화는 컷의 선택적 집합, 즉 몽타주에 의해 이야기와 감정을 구축해나간다. 그래서 최소한의 몽타주가 가능해야만 편집할 수 있는 경우가 대부분이다. 카메라 앞에서 복잡한 상황이 전개되거나, 어떤 에피소드가 발생할 때는 더욱 그렇다. 노련한 촬영감독들이 기본적으로 지키는 수칙이기도 하다.

　장소가 바뀌면 반드시 풀숏*을 찍고, 건물은 외경을 찍어놓는다. 간판이 있는 건물이면 간판도 찍어놓는다. 어떻게 편집될지 모르니 공간의 각 부분을 여러 각도와 여러 사이즈로 찍어놓는다. 인물의 연속적인 행위를 원 테이크**로 가기 어려울 수 있으므로 인서트 컷을 반드시 찍어놓는다. 인서트는 행위 주체인 인물 신체의 디테일 컷***일 수도 있고, 주변 인물의 리액션일 수도 있으며, 주변 사물이 될 수도 있다. 혹은 진행되는 상황에 대한 이해가 깊으면, 이 상황을 뒷받침해줄 수 있는 다른 사물들을 찾아서 찍어놓는다. 가장 흔한 예로는 주요 인물들의 대화 속에 어린 나이에 죽은 아들이 등장한다면 그 아들의 사진을 따로 촬영해놓는 식이다. 이런 기본은 누구나 하고 있는 것 같지만, 의외로 편집할 때 보면 외경이 없어서 장면 전환이 안 되는 경우가 종종 발생한다.

　여기서 한발 더 나아가 좀더 발전된 사고를 할 수도 있다. 기계적으로 숏을 나누는 것이 아니라 이 장면이 편집에 들어간다면 어떤 용도로 쓰이게 될 것인지 유추하여 그 맥락에 어울리는 감정을 숏에 부여하는 것이다. 가령 대상 인물이 가족과 갈등을 일으키며

　＊ full shot. 풍경이나 인물, 물체를 찍을 때 그 전체 모습이 모두 나오도록 찍는 일. 또는 그렇게 찍은 화면.
　＊＊ one take. 영상을 여러 번 촬영해 이어 붙이지 않고, 단 한 번의 촬영으로 결과물을 만드는 방식.
　＊＊＊ detail cut. 대상의 전체가 아니라 각 세부를 주목하여 촬영한 화면.

부딪히는 장면을 찍었는데, 그 상황에서 감독은 가족에게조차 이해받지 못하는 주인공의 외로움을 읽었다고 치자. 감독은 싸우는 장면으로 그 상황을 마감하는 것이 아니라, 집을 뛰쳐나간 주인공을 따라 나가 비탈길을 걸어가는 뒷모습을 길게 찍을 수 있는 것이다. 이때 다큐멘터리에서는 실로 순간적인 판단을 해야만 한다. 찍을 것인가? 말 것인가? 찍으면 어떤 앵글로 찍을 것인가?

다큐멘터리 촬영에, 극영화보다 더 많은 상상력이 필요하다고 말하는 것은 이 때문이다. 이러한 순간적인 판단은 감독이 자신이 만들려는 작품에 대해 스스로 잘 알고 있어야 가능하며, 촬영 기간 내내 끊임없이 머릿속에서 수십 가지의 스토리 버전을 가상 편집해보는 사람이라야 가능한 것이다. 아니, 대부분의 기성 감독들은 작업 과정에서 자신도 모르게 이미 그렇게 하고 있다. 뛰어난 미장센을 보이는 다큐멘터리들은 특히 그렇다. 촬영을 하면서 머릿속으로는 동시에 신과 시퀀스의 편집된 그림을 떠올리기 때문에 이러저러하게 찍어보자는 시도가 가능해진다. 빛의 방향과 농도, 앵글을 다르게 잡는 것만으로도 화면의 감정은 달라진다. 이 한 컷의 전후에 어떤 컷을 배치하느냐에 따라 그 감정은 더욱 분명해진다. 따라서 카메라 앵글을 따질 수 없는 급박한 상황이 아니라면, 현장에서 감독은 신과 시퀀스에 대한 상상을 할 수밖에 없고 해야만 한다.

촬영 시 그런 장면에 부여하는 감정은, 곧 감독이 느끼는 감정이기 쉽다. 만일 관객들이 후일 실제로 편집된 그 장면을 본다면, 감독의 감정이라는 통로를 경유하여 인물에게 가닿게 되는 것이다. 다시 말하면 관객은 감독이 '해석'한 인물을 만나게 되는 것이다.

2장 어떻게 표현할 것인가

촬영에서 우선되는 것은, 감독이 작품을 통해 드러내고자 하는 그
'어떤 것'을 제대로 드러내기 위해서 가장 직접적으로 필요한 사항을
찍는 것이다. 이를테면 우리의 신체 형태를 유지하는 데 축이 되는
등뼈 같은 항목들이다. 등뼈가 없으면 갈비뼈나 팔다리뼈가 아무리
온전해도 이해할 수 있는 어떤 형상을 만들기가 불가능하기 때문이다.
그래서 이것이야말로 촬영 계획을 짤 때 가장 먼저 배치되는
항목이기도 하다.

　가령 「자백」에서 등뼈가 되는 것은 서울시 공무원
간첩조작사건으로 불리는 유우성 사건이라고 할 수 있는데, 이
사건 관련 내용이 쏙 빠져버렸다고 생각해보라. 휴먼 다큐에서도
마찬가지다. 「님아, 그 강을 건너지 마오」에서 등뼈가 되는 것은
주인공 조병만 할아버지와 강계열 할머니의 사랑이다. 그 사랑을
드러내는 행위들이 없다면 이 다큐의 감동은 어디서 나오겠는가.

　촬영할 목록을 작성하고 일정을 배정할 때는, 무엇이 등뼈인가를
명확하게 인식하고 그와 직접적으로 관련된 내용들을 먼저 체크해야

한다. 당연히 촬영할 때도 이와 관련된 내용들이 충실히 확보되도록 하는 것이 최우선이다.

그러나 촬영을 잘하기 위해서는 그것만으로는 부족하다. 여기서 우리가 다시 환기해야 할 것은, 다큐멘터리는 현실 그 자체가 아니고 영상 이미지로 재구축된 현실이라는 사실이다. 같은 상황을 찍더라도 숏과 앵글에 따라 감정의 결은 전혀 달라진다는 것을 인식해야 한다. 다큐멘터리영화가 뉴스나 르포르타주*와 다른 것은 감독의 주관과 감정이 투영된, 영화예술의 한 장르이기 때문이다. 그것을 표현하는 방식이 이른바 그 감독 고유의 스타일을 만들어낸다.

그렇다면 등뼈를 형성시켜주는 직접적인 항목 말고 무엇을 더 찍어야 할까?

시간

기능적인 측면에서 찍어놓아 유용한 것으로는 '시간'을 드러내는 광경이다. 촬영감독들이 관습적으로 찍는 이미지 컷이지만 무엇을, 어떻게 찍느냐에 따라 주는 감흥이 달라진다. 단순히 시간 경과를 나타내는 것뿐 아니라 이야기 맥락에 따라 중의적 이미지로 작용하기도 한다.

오래 찍는 작품이라면, 일반적으로 주 대상이 되는 공간에서 계절이 달라질 때의 경관을 촬영해놓는다. 그 경관이 해당 장소가 포함된 전체 외경 풀숏이나 롱숏**이 될 수도 있겠지만, 그 장소가 집이라면 창문에서 보이는 뜰의 풍경, 멀리 내려다보이는

---

* reportage. 현실의 사건과 사실을 충실하게 묘사하고 기록한 형식. 388~389쪽 참조

시가지라거나, 주인공이 출근길에 늘 보는 길가의 풍경이 될 수도 있다.

우선은 주변의 자연이 가장 직접적인 계절감을 제공하지만, 그 계절에만 등장하는 시의적 물상이 유용할 수도 있다. 겨울 골목길의 군고구마 장수 리어카, 비키니 차림의 마네킹이 등장한 쇼윈도, 구멍가게의 앞자리를 차지한 홍시 같은 것들이다. 혹은 주인공과 주인공의 주변 행위에서 그런 계절감을 찾아볼 수도 있다. 어머니가 선풍기를 내온다든지, 깊은 밤 공부하던 주인공이 문득 귀뚜라미 소리를 듣는다든지, 창문가에 방풍 테이프를 붙인다든지 등등.

계절이 아니라 몇 시간 정도의 경과 표현이 꼭 필요한 경우 가장 손쉬운 방법은 시계를 찍는 것이다. 아니면, 햇빛과 그림자의 길이를 이용하기도 한다. 계절도, 몇 시간도 아닌 어중간한 경과는 외경의 삽입이나 다른 장면의 전환으로 충분히 커버할 수 있다.

사물들

표현적인 측면에서는 빠뜨리기 쉽지만, 꼭 찍기를 추천하고 싶은 것은 '사물들'이다. 사건을 다룰 때는 사건 관련 증거가 될 수 있는 물건들을 찍는 것은 당연하다. 누구라도 이런 것은 잘 잊어먹지 않는다. 결정적 증거가 될 수 있는 사진이라든가, 문서라든가 하는 것 말이다.

순수한 휴먼 다큐에서도 사물들을 살펴보는 것은 중요하다. 취재할 때부터 이 부분을 탐정의 시선으로 유심히 눈여겨보아야 한다.

** long shot. 대상을 멀리 두고 그 전경을 넓게 찍는 촬영법.
대상보다 대상이 속한 배경이 더 많이 보이므로 전체적인 상황
을 한눈에 알 수 있게 한다. 대상과 카메라의 거리는 풀숏보다

멀고 익스트림 롱숏보다는 가깝게 느껴진다.

인물 주변에 있는 사물들은 어쩌면 그 사람 자신보다 그 사람을 더 잘 말해주기도 하기 때문이다. 사물들과 함께 인물의 사소한 습관도 관찰하면 더욱 좋다.

어떤 인물의 방에 들어갔을 때 받는 느낌 자체가 그 사람의 성품을 말해준다. 방은 어지러운가? 정갈한가? 모든 물건이 지나치게 각이 잡혀 있지는 않은가? 그 방에는 어떤 가구와 어떤 물건이 있는가? 주인공이 가장 아끼는 물건은 무엇인가? 오래되었어도 버리지 못하는 물건은 무엇인가? 그것의 의미는 무엇인가? 옷장 속 옷들은 같은 계열의 색인가? 유사한 형태인가? 옷은 걸려 있는가? 던져져 있는가? 책은 펼쳐진 채 뒤집어져 있는가? 덮여서 쌓여 있는가?

사소해 보이는 이런 것들이 그 인물이 강박적인지, 금욕적인지, 자기 관용적인지 등등을 알아채게 한다. 물건의 의미가 영화의 스토리를 풍부하게 뒷받침하기도 하고, 물건의 존재 자체가 인물의 성격을 이해하게 하는 중요한 단서가 되기도 하는 것이다.

주인공이 자주 쓰는 물건 중에서 작품상으로 유의미한 무언가를 '발견'한다면, 그 사물의 인상이 인물을 드러내는 데 백 마디 인터뷰보다 더 나을 수 있다. 또 이것이 영화의 표현을 풍부하게 해주는 하나의 은유로 작용할 수도 있다. 흔한 예를 들자면, 손때 묻고 너덜너덜해진 사전은 인물이 얼마나 노력가였던가를 말해준다. 나뭇결이 다 닳아 없어지고 코팅된 듯 반들거리는 호미 자루는 그것을 써온 노동의 세월을 말해준다. 아직도 사용되고 있는 낡은 동전 지갑은 주인의 알뜰함을 말해준다. 특히나 정감을 불러일으키는 물건 중 하나는 신발이다. 신던 사람의 걸음 습관이 만들어낸, 뒤축이

닳은 낡은 신발은 그 자체로 한 사람이 살아온 인생을 웅변하는 힘을 가졌다.

사물과 행위를 결합하면 그 상황 자체가 더욱 강한 웅변이 된다. 주방의 식탁에서 식구들이 각각 시차를 두고 따로 밥을 먹고 나간다면, 그 식탁은 다른 설명 없이도 해체되고 있는 가족 관계를 상징하는 사물이 된다. 아버지가 물려주신 다기로 차를 마시는 행위는 아버지에 대한 그리움 혹은 아버지의 가르침을 반추하는 행위가 되며, 단추를 수집하는 이성에게 자신의 가장 좋은 옷에서 떼어낸 단추를 건넨다면 그 단추는 구애의 매개체가 된다.

은유적 이미지

그 밖에 그 자체로는 어떠한 의미도 내재하지 않은 객체 이미지가 다큐멘터리의 문맥 속에서 어떤 깊은 감정이나 의미를 획득하는 경우를 볼 수 있다. 특히 현대미술이 다큐멘터리와 접합하면서, 이러한 이미지의 은유적 활용은 다큐멘터리 미장센을 만들어내는 데 더 이상 낯선 것이 아니게 되었다. 여기에는 현실에서 가져온 이미지와 인위적으로 형상화한 이미지가 있다.

1) 포착 이미지

포착 이미지는 촬영 과정에서 포착한 현실의 풍경으로, 인상적인 어떤 광경을 문맥 안에 배치시킴으로써 이야기의 감정을 더 확장시키는 역할을 한다.

「개의 역사」는 버림받은 개 백구를 매개로 백구처럼 하잘것없는 사람들의 삶을 들여다보는 다큐멘터리다. 감독은 영화 말미에 일인칭 내레이션과 함께 전경 풀숏으로 바람에 술렁이는 숲을 화면 가득 채웠다. 세세하게 구분할 수 없으나 그 하나하나의 잎이 살아 있음으로써 전체가 살아 숨 쉬는 것처럼 보이는 숲의 이미지는 이 세상의 '이름 없는 존재들'에 대한 형상화처럼 보인다.

KBS의 다큐멘터리 「전향」(김창범, 2006)은 출소한 전향 장기수들의 삶에 대한 이야기다. 2000년 9월에 63명의 비전향 장기수들이 북으로 송환되었다. 전향 장기수들은 이미 사상 전환을 했다는 이유로 송환에서 제외되었는데, 그들은 고문과 폭력에 의해 강압적으로 이루어진 전향이라며 북으로의 송환을 희망한다.

이 다큐멘터리의 말미에도 인상적인 장면 하나가 등장한다. 모든 층이 쇼윈도로 꾸며진 의류 매장 빌딩 앞에서 K가 쭈그리고 앉아 쉬는 모습이다. 빈털터리에 병까지 깊은 그는 지인의 호의로 매일 밤 모델하우스를 지키는 일을 하러 간다. 그러나 다리를 제대로 못 쓰는 그는 출근길에 한 번은 쉬어야 한다. 하필이면 그 쉬는 자리가 의류 매장 빌딩 앞인데, 휘황하게 불 밝히고 층층마다 마네킹들이 서서 고객을 유혹하고 있는 그 빌딩의 전면은 그대로 상업 자본주의의 얼굴이라 할 만하다. 그것이 이 사회에 끝끝내 적응하지 못하고 도태된 한 장기수의 모습과 겹쳐 깊은 아이러니를 만들어낸다.

「전향」

2) 인위적 이미지

촬영 현장에서 채집된 장면이 아니라, 작품의 설계 때부터 의도된
이미지들을 의도적으로 촬영하여 활용하기도 한다. 이런 이미지들은
대부분 '낯설게 하기'라는 예술적 방법론에 기반하는데, 익숙한
일상의 맥락을 비틀거나 이질적인 오브제를 틈입시킴으로써 관객의
눈길을 끌고 관객이 주체적으로 해석에 참여하게 함으로써 그 내용을
더 풍부하게 한다.
　　「위로공단」은 여성 노동의 역사를 실제 인터뷰를 기반으로
진행하면서 그 사이사이 얼굴을 가린 소녀, 숲속의 거울 등 은유적
이미지를 삽입시켜 현실의 경계를 확장시킨다.「철의 꿈」은 보다 더
관념적이다. 반구대의 고래와 울산의 제철·조선 산업이 모티프가
된 이 영화는 '철'로 상징되는 산업화 시대의 종언을 조상하고
있다. 그러나 그 맥락은 이성적인 설득의 언어로써가 아니라 고래와
거대한 철, 불교 제례의 이미지를 교차함으로써 이루어지며, 그
문명이 인간인 우리에게 무엇이었던가를 직관적인 이미지를 통해

환기시킨다.

「아름다운 것들Beautiful Things」(조르조 페레로·페데리코 비아신, 2017)은 영화 전체가 통제되고 연출된 이미지로 채워져 있다. 출연자들은 석유 시추 현장 — 화물선 — 무반향 음향 측정실 — 쓰레기 소각장에서 한 사람씩 등장하는데, 영화는 그들의 현학적인 독백과 장소 이미지의 변주만으로 이어진다. 영화는 석유로부터 생산된 온갖 제품들로 넘치는 감독의 집에서 시작하여 더욱 거대한 물신의 공간인 쇼핑몰에서 끝난다. 두 명의 무용수가 불 꺼진 밤의 쇼핑몰 내부를 종횡무진하며 춤을 춘다. 그것은 마치 소비사회의 무덤에 갇힌 우리 삶에 대한 미학적 비판으로 보인다.

「아름다운 것들」

이러한 이미지들은 철저하게 감독의 예술적 상상력 속에서 태어난다. 따라서 장면의 내용뿐 아니라 카메라 앵글과 분위기까지 감독이 장악하게 되는 것이 보통이다. 이런 경우 성공적인 이미지는 촬영감독이 감독의 비전을 얼마나 어떻게 이해하고 있는지에 달렸다.

재연

다큐멘터리의 기본은 실사 촬영이지만 카메라는 오직 '지금' '이곳'만을 찍을 수 있는 한계를 지닌다. 그러나 바로 그렇기에 모든 영상 스토리텔링 기법들은 카메라의 그 한계를 뛰어넘으려는 시도로부터 발전해왔다. 그 대표적인 시도의 하나가 '재연'이다.

'재연'은 지나간 시간 속으로 사라진, 이미 과거가 되어버린 사건, 인물, 상황 등을 극영화적 구성으로 재현하는 것을 말한다. 혹은 현재적이지만 실제 상황을 촬영하기 어려운 경우에도 쓰인다. 배우를 써서 완전히 드라마의 한 장면처럼 극적으로 연출하기도 하고(「어느 세균학자의 죽음」), 사건의 개요를 알리기 위한 수단으로 사용하기도 하고(「가늘고 푸른 선」), 실사로 표현하기 어려운 곳에 애니메이션을 동원하기도 하고(「바시르와 왈츠를」), 인형극이나 삽화를 활용하기도 한다. 어떤 수단을 쓰든 목적은 한 가지, 사라져버린 사건을 현재의 타임라인으로 다시 불러와 이야기를 잘 이해시킬 수 있게 하면서, 동시에 그 작품의 미학적 스타일을 만드는 데 기여하게 하는 것이다.

「가늘고 푸른 선」의 예를 보자. 에롤 모리스는 사건 담당 검사와 변호사, 형사와 목격자들을 인터뷰하여 그 다양한 기억을 토대로 당시 총격 사건에 대한 각기 다른 시점의 현장을 재연한다. 인터뷰의 바탕에 실제 영상이 아닌 극영화의 자료 화면을 삽입하기도 한다. 그러면서 이 작품은 에롤 모리스의 스타일적 측면에서 주목받는다. "최면을 거는 듯한 영화적 속도, 필립 글래스의 배경음악, 다중 재연에서 생생한 색감과 슬로 모션 등을 통해 자신의 미학적 스타일을 구축했다"[*]라는

*   Linda Williams, "Mirrors without memories: Truth, history, and the new documentary," *Film Quarterly*, 46(3), 1993, pp. 9~21.

것이다.

재연은 단지 이야기의 '구멍'을 매우는 역할만이 아니라 이렇게 다큐멘터리의 스타일을 구축하는 데 큰 역할을 한다는 점을 염두에 두고 촬영할 필요가 있다. 한때 독립 다큐계 일각에서는 재연이 다큐 정신의 배신이라 비판하던 시절이 있었다. 그런 시각에는 다음과 같은 말로 답을 대신할 수 있겠다. "영화라는 젊은 예술 형식에는 아무런 규칙이 없다. 다만 관객들과 맺은 계약의 어디에 한계선을 그을 것인지, 그리고 그것에 얼마나 충실할 것인가에 대한 결정만이 있을 뿐이다. (중략) 사실에 충실한 사람들은 근본적인 정의를 내리고 있지만 내 견해로는 '실재를 창조적으로 다루는 것a creative treatment of actuality'이라는 그리어슨의 정의가 아직도 유효하며, 모든 것을 포괄할 수 있는 탁월한 정의라고 생각된다."* 다시 말하지만 다큐멘터리를 영화예술이라 생각한다면 여기에는 '아무런 규칙이 없다.'

논리형 이야기 구조에서는 '재연'이 필요하면 구성안 단계에서 이미 그 자리가 예비된다. 이때는 다큐멘터리의 실제 현실과 재연 영상 이미지의 연결을 어떻게 할 것인지 충분히 계산된 시나리오가 나올 수 있고, 필요하면 스토리보드로 그림의 구도까지 확정하여 촬영할 수 있다.

그러나 진행형 이야기 구조에서는 처음부터 재연을 의도하고 촬영하는 경우는 희박하다. 대체로 촬영을 진행해나가는 도중이나 편집 단계에서 그 필요성이 인지되기도 한다. 이때 판단해야 할 것은 '이러한 재연이 실사와 구분되는 것이 유리한가? 유리하지 않은가?' 하는 점이다. 극영화적인 유려한 흐름을 만들어내고자 한다면 배경, 구도, 촬영 스타일, 조명, 색감 등 이미 촬영해놓은 실사 영상의

---

* 마이클 래비거, 홍형숙 · 조재홍 옮김, 『다큐멘터리 만들기』,
비즈앤비즈, 2010.

톤에 맞게 촬영하는 것이 유리하다. 이때는 배우를 기용하더라도 극영화적인 촬영보다 다큐멘터리적으로 촬영하는 것이 훨씬 자연스러운 흐름을 만들어낸다.

기촬영분에 뒤늦게 재연 장면을 끼워 넣는 것이 아무래도 어색하거나 실제 촬영이 어려운 상황일 때는 차라리 완전히 구분되는 이질적인 이미지로 가는 것이 더 낫다. 이렇게 하면 균질한 영상 이미지의 흐름을 깨뜨림으로써 주의 환기되는 효과가 배가된다. 이때는 이질성을 강조하기 위해 영상이 아닌 애니메이션이나 삽화, 혹은 미학적으로 구성된 자막 등 완전히 다른 재료로 대체하는 것을 추천한다.

「할매꽃」「피의 연대기」 등은 실사로 촬영하거나 설명하기 어려운 과거 역사나 여성 생리에 관한 상황을 함축적인 애니메이션으로 표현함으로써 실사를 보여주는 것보다 훨씬 더 강한 소구 효과를 불러일으킨다.

3장 인터뷰

인터뷰를 잘하기 위한 조건

한 편의 다큐멘터리에서 인터뷰는 현장 촬영만큼 중요한 요소다. 인터뷰, 내레이션, 자막 등을 전면 배제한 다이렉트 시네마*도 존재하지만, 사건과 인물의 내면을 들여다보기 위한 통로로 인터뷰를 적극 활용하는 것이 일반적이다.

인터뷰는 내레이션과 마찬가지로 영상을 보완하는 것이 그 역할이지만, 내레이션보다 더 직접적이고 더 객관적인 증거로 간주되며, 때로는 전적으로 내레이션을 대체하기도 하고 때로는 전적으로 영상을 대체하기도 한다. 앞의 경우는 이른바 노 내레이션의 다큐멘터리들이 주로 택하는 전략이고, 뒤의 경우는 인터뷰 다큐멘터리란 이름으로 특화되어 있기도 하다. 어떤 경우든 좋은 인터뷰는 그 무엇보다 강한 임팩트로 다가온다.

인터뷰를 잘하기 위한 첫번째 조건은 '인간은 거짓말을 하는

---

* direct cinema. 배우나 대본, 연출 등 감독의 인위적인 개입을 최대한 배제한 채로 관찰자에 머무르는 촬영 방식을 추구한 다큐멘터리운동을 가리킨다.

존재'임을 명심하는 것이다.

　인간은 사회적 동물로 살아가기 위해 여러 겹의 가면을 쓰고 살아가는 존재다. 가면에 하도 익숙해져서 많은 경우, 자신이 가면을 쓰고 있다는 자체도 잊어버릴 정도다. 냉정하게 말하면 우리의 하루는 나의 본질과 상관없는 거짓된 수사로 가득 차 있다. 내가 당신의 적이 아니라는 신호를 보내기 위해 직장 동료들에게 미소 짓고 친절한 인사를 던지며, 상대에게 좋은 인상을 주기 위해 차리고 싶지 않은 예의를 차리며 돌아올 이익을 계산하여 실제로는 그렇게 생각하지 않는 찬사를 늘어놓기도 한다. 문명사회란 어찌 보면 양식화된 수많은 가면의 사회다. 이런 삶에 익숙해온 사람에게 갑자기 생생한 날것의 솔직함을 기대하기란 쉽지 않다.

　내가 '진실'이라는 아름다운 단어를 좋아하지 않는 것은 도대체 진실이 무엇인지 알 수 없기 때문이다. 각자의 진실은 있을지언정 우리 전체의 진실은 없다는 것이 내 입장이다. 그리고 진실이라는 이 거대한 추상성 속에 일상의 비루한 사실들이 뭉뚱그려져 묻히기를 원하지 않는다. 일상의 비루한 사실들을 드러내어 그 사실의 총합들이 사람들로 하여금 진실을 유추하게 하는 것이 훨씬 정직한 일일 것이다.

　더욱이 카메라를 들이대는 순간, 자신을 보호하려는 사람들의 방호벽은 놀랄 만큼 빨리 작동한다. 가능한 자신을 자신이 생각하는 그럴듯한 존재로 보이기 위해 무의식적으로 자신을 분장하는 것이다. 따라서 인터뷰이가 감동적으로 멋있는 말을 한다고 속지는 말기 바란다. 특히 방송에 출연하거나 강단에 서는 직업의 특성상 말하는 데 익숙한 사람들의 능란한 말은 훈련된 것임을 의심하기 바란다.

우리가 '올바름'에 너무나 굶주렸다 하더라도 추상적으로 올바른
말이 남발될 때를 극히 경계하기 바란다.

진짜 인터뷰가 추구하는 것은 그 가면의 벽 너머에 있는 것이다.
그것이 문제의 핵심이다. 관객들은 인터뷰어인 우리보다 대상의
거짓말을 언제나 더 민감하게 알아챈다. 그러나 모든 인터뷰가 이러한
심리적 대결을 요구하는 것은 아니다. 다큐멘터리 자체의 성격에 따라
요구되는 인터뷰의 성격도 달라지기 때문이다.

인터뷰는 크게 두 가지 종류로 나눌 수 있는데, 전문가 인터뷰와
경험 당사자 인터뷰가 그것이다.

1) 전문가 인터뷰

전문가 인터뷰는 다큐멘터리의 내용에서 전문 지식이 필요한 경우
해당 분야의 전문가에게 이야기를 들어보는 것으로, 논증적 구조의
다큐멘터리에서 큰 비중으로 활용된다. 정보에 기반한 설득이 중요한
다큐멘터리에서는 필수적으로 이런 인터뷰가 들어갈 수밖에 없다. 그
분야의 전문 지식을 갖추었다고 사회적으로 인정되는 사람이 하는
발언은 보통 사람의 발언보다 신뢰도가 높고, 그 신뢰도에 기대어
다큐멘터리가 제시하는 의견의 신뢰도를 높일 수 있기 때문이다.

역사, 과학, 의학, 경제, 시사 고발 등 객관적 지식과 정보를 기반
으로 하는 다큐멘터리에서 활용도가 높다. 정보형 다큐가 많은 방송에
서 가장 흔히 쓰이지만,「푸드 주식회사Food, Inc.」(로버트 케너, 2008)
와「몸을 죽이는 자본의 밥상What the Health」(킵 앤더슨 · 키건 쿤, 2017)
등에서 보다시피 동일한 분야의 다큐멘터리영화에서도 필수적이다.

2) 경험 당사자 인터뷰

좀더 까다로운 것은 경험 당사자의 인터뷰다. 경험 당사자 인터뷰는
우리가 다큐멘터리에서 다루고 있는 어떤 문제를 경험했거나 경험하고
있는 사람들의 경험, 느낌, 생각, 의견을 들어보는 것을 말한다.
    여기서는 인터뷰이의 직업이나 사회적 위치가 중요하지
않다. 말하는 당사자가 얼마나 솔직하게 자신을 드러내느냐가
관건이 될 뿐이다. 경험 당사자의 인터뷰가 가지는 가장 큰 장점은
경험한 사람만이 드러낼 수 있는 생생한 '현실감'과 인간의 내면이
만들어내는 '미묘함'이다.
    경험 당사자의 인터뷰는 모든 종류의 다큐멘터리에서
광범위하게 사용된다. 특히 문제가 된 사건이 과거에 일어난 일이거나
카메라가 현장에 접근할 수 없는 경우, 이들의 인터뷰는 현장을
대체할 수 있는 유일한 것이라는 데 의의가 있다. 경험 당사자의,
경험의 고유성을 드러내는 인터뷰는 그 어떤 현장 못지않은 전율을
불러일으킨다.

인터뷰란 싸움이다

전문가 인터뷰를 하는 방법은 비교적 용이하다. 인간의 내면을
들여다보고자 하는 것이 아니고 필요한 지식이나 정보를 얻고자 하는
것이니 인터뷰어나 인터뷰이나 서로 큰 부담이 없기 때문이다.
    감독이 답변을 얻고자 하는 분야에 정통한 지식을 갖고 있고,

그것을 알기 쉬운 말로 잘 전달할 수 있는 인터뷰이를 선택하는 것
자체가 성공률 80퍼센트를 보장한다. 단지 이 경우에는 인터뷰어(감독
자신이거나 프리젠터)가 질문 자체를 명확하게 하는 것이 중요하다.
너무 장황하거나 모호해서 질문 자체를 이해하지 못하는 경우도 많다.
이런 식의 질문을 해놓고 명쾌한 답변이 나오기를 기대하기 어렵다.

이런 전문가 인터뷰는 질문의 취지를 명확하게 인식시키기
위해 사전 질문지를 보내도 무방하다. 또한 구성안이 미리 나와 있는
상태라 하더라도 편집의 맥락에 따라 인터뷰가 어떻게 연결될지
가변적이므로 단문 단답을 피하고 어떻게 맥락화되든 활용할 수
있도록 이야기를 충분히 듣는 게 좋다.

좀더 정교한 인터뷰 방법론이 필요한 것은 경험 당사자와의
인터뷰다. 이것도 그 당사자의 공적 경험을 대상으로 하느냐, 사적
경험을 대상으로 하느냐에 따라 질문 방식은 대단히 달라진다. 특히
권력의 자리에 있는 사람들과의 인터뷰는 그가 하고 싶은 만큼의
말을 하게 하는 자리가 되기 쉽다. 그래서 이런 인터뷰는 대개 당사자
혹은 해당 기관의 입장을 확인하는 용도 정도로 쓰이기 십상이다.

그러나 전혀 다른 경우도 있다. 20세기 후반 이탈리아의
종군기자이자 전문 인터뷰 기자, 작가로 명성을 날린 오리아나
팔라치란 인물이 있다. 헨리 키신저, 빌리 브란트, 무아마르 알
카다피, 야세르 아라파트, 인디라 간디, 덩샤오핑, 달라이 라마 등
당대 전 세계의 수많은 권력자들, 명사들과 인터뷰를 했고, 그만큼
수많은 에피소드를 남겼다. 그녀의 인터뷰는 대단히 공격적이고
직설적이었다. 인터뷰이들의 과오를 직격탄으로 지적하며 추궁하여
인터뷰이들이 이성을 잃고 분노하여 속내를 털어놓게 하곤 했다. 헨리

키신저 전 국무장관에게 "베트남 전쟁은 어리석은 전쟁이었다"라고
털어놓게 하여 그로 하여금 평생을 후회하게 만들었다는 일화는
유명하다. '분노'가 그녀의 인터뷰 방법론이었다.

"인터뷰란 싸움이다. 남녀의 육체적 관계와 같은 것이다. 상대를
발가벗기고 자신도 발가벗은 채 서로가 숨기는 것 없이 인격 전부를
걸고 맞서는 싸움이어야 한다." 그녀가 자신의 인터뷰에 대해 했던
말은 깊이 새겨볼 만하다.

지극히 사적 경험을 묻는 인터뷰에서도 그것은 일종의
'싸움'이다. 무의식적으로 작동하는 대상의 방어벽을 무너뜨려
무장해제를 시키고, 사람의 가장 밑바닥에 있는 그 무언가를
들여다보는 것이 어찌 심리적 싸움이 아니겠는가.

기본적으로 가장 중요한 것은 인터뷰어와 인터뷰이 사이에
신뢰 관계가 형성되어 있어야 한다는 사실이다. 오랜 시간을 들여
인간관계를 형성한 경우에는 숨 쉬듯 자연스러운 답변이 나온다. 그런
신뢰가 쌓이려면 상대를 실제로 깊이 이해하고 있어야 한다. 상대의
어떤 부분에서 끌어내고 싶은 이야기가 있는지 인터뷰어 자신이 먼저
통찰하고 있어야만, 당사자도 미처 인식하지 못했던 어떤 부분을
건드리는, 그런 섬세한 질문을 할 수 있게 된다.

그래서 나는 필요한 인터뷰를 하기 전에 우선 다큐멘터리의
중심인물들에 대해서는 그들이 살아온 생애의 이야기를 들어보기를
권한다. 주인공을 길게 쫓아가는 휴먼 다큐에는 이 과정이 꼭
필요하다고 믿는다. 태어났을 때부터 지금까지, 어떻게 태어났고
무엇을 했고 무엇이 기뻤고 무엇이 슬펐는지 지금은 어떤지 구술사를
듣는 심정으로 들어보면, 생애의 중요한 사건들뿐 아니라 그의

가치관, 성품, 숨겨진 자부심과 열등감 등 실로 많은 것을 알 수 있게 된다.

상대를 안다는 것은 동시에 더 많은 질문거리도 파생시키는 일이다. 휴먼 다큐에서 좋은 인터뷰는 결국 그 인간을 드러내는 것이다. 그래서 그 인간을 '아는' 것이야말로 보다 예리하고 보다 풍부한 인터뷰를 할 수 있게 하는 자원이 된다.

인터뷰,
어떻게 해야 하나

기술적인 측면에서는 어떻게 해야만 할까?

첫째, 가장 기본은 도식적인 질문을 하지 않는 것이다. 도식적인 질문을 하면 도식적인 답이, 추상적인 질문을 하면 추상적인 답이 나온다. 가끔 계절이 바뀔 때 뉴스를 보면 유원지에 놀러 나온 가족에게 "여기 나오니 어떠세요?"라는 질문을 하고 "너무 좋아요" 같은 답변을 따 붙여놓는데, 이런 '답정너' 짓을 수십 년이 지나도록 왜 되풀이하고 있는지 모르겠다. 이런 것이 도식적이고 추상적인 답의 극단이다. 이런 답은 얻어봤자 작품에 안 쓰일 확률 99.9퍼센트다.

상대를 깊이 이해하고 있는 인터뷰어는 결코 이런 도식적인 질문을 하지 않는다.

둘째, 인터뷰는 '문답'이 아니라 '대화'라고 생각해야 한다.

질문도 대화가 되도록 구성하는 것이 낫다. 상대가 내 이야기에 진정으로 관심이 있다고 느낄 때, 인터뷰이도 진정으로 답을 하게 된다. '질문'은 종종 '심문'처럼 느껴질 수가 있다. 그래서 '질문'에 답하는 것은 당황스럽고 어색할 수 있지만, '대화'는 어색하지 않다. 인터뷰의 기술이 아니라 대화의 기술이 동원되어야 한다.

셋째, 그러므로 질문에는 변주가 필요하다. 방송에서 여러 피디와 일을 하다 보면, 취재를 다녀와서는 미리 준비한 인터뷰 질문에 기대했던 답이 안 나왔다고 말하는 경우를 종종 보게 된다. 외형적인 사건이나 상황에 대한 설명은 비교적 쉽게 얻을 수 있다. 그러나 인터뷰이가 다시 돌아보기 싫은 어떤 개인적 경험에 대해서라면 그 질문 자체에 거부감을 가질 수 있다. 그냥 의례적인 응대를 하거나 답변 자체를 거부하기도 하고, 또는 질문이 가지는 의미를 제대로 파악하지 못하여 전혀 엉뚱한 답변을 하기도 한다. 이때는 상대가 답변을 잘못했다기보다 질문을 잘못한 경우가 더 많다. 즉 인터뷰는 질문을 어떻게 할 것인가의 기술인 것이다.

무엇보다 인터뷰의 질문은 단문이 되어서는 안 된다. 동일한 목표를 지향하더라도 여러 경로로, 여러 각도로 물어보는 것이 좋다. 가령 5·18 당시 시민군이었던 사람에게 "당시 시민군 활동을 하면서 뭘 느꼈나?" 같은 질문은 "여기 나오니 어떠세요?"와 거의 같은 수준의 질문이다. 대답하기가 몹시 난처하므로 도식적인 답변이 나오는 것이다. 그렇기 때문에 질문도 구체적으로 하는 것이 좋다.

"선생님은 당시 시체실로 쓰이던 상무관에 배정되었다는데 첫날 상무관에 들어섰을 때 뭘 보셨나요? 그 광경을 좀 설명해주세요."

"시체실에 하루 종일 있는 것이 쉽지 않았을 텐데…… 가장 힘든 게 무엇이었나요?"

"밥은 어떻게 먹었나요?"

"아는 사람이 시신으로 상무관에 온 적도 있었나요?"

등등 대상이 당시를 떠올릴 수 있도록 세부적인 사항을 하나씩 짚어주는 것도 좋다. 이렇게 얘기하다 보면 저절로 당시의 감정이 되살아나게 되고, 상황 설명을 넘어 당시 자신의 감정을 토로하기에 이른다.

또는 전혀 다른 방식으로 접근해볼 수도 있다.

"5월이면 꽃이 많이 필 땐데 도청 화단에 무슨 꽃들이 피었는지 기억나시나요?"

"사람이 죽은 것을 본 적이 있었나요? 처음 시신을 보았을 때 뭐가 가장 먼저 보였나요?" 등등.

뻔하게 예상되는 질문이 아니라 전혀 다른 방향의 질문이 나올 때 인간의 두뇌는 준비되지 않은 '날것'의 답변을 돌려준다. 그리고 그것으로 아무것도 거두지 못할 수도 있지만 의외의 강렬한 감정을 끌어내기도 한다.

묻는 사람이 내심 '정답'으로 생각하는 답을 끌어내려고 유도하지 말자. 자신이 정답으로 간주한 그것을 상대가 눈치채고 얘기해주는 것은 너무나 따분하고 진부한 일이다. '정답'을 유도하는 대신에 다각도의 질문을 개발하여 답하는 사람의 내부에서 묻는 사람도 예상하지 못한 어떤 기억과 감정을 끌어내도록 하자.

넷째, 인터뷰는 '말'이라는 생각을 버려라. 인터뷰는 말하는

사람의 태도, 표정, 시선, 무심한 손동작, 단어와 단어 사이의
침묵까지를 포함하는 것이다. 때로는 침묵이 말 이상의 웅변을 담아낼
수도 있다. 말 끝났다고 바로 카메라를 꺼버리는 조급증을 경계하라.
말 다음의 긴 침묵이나 표정이 더 많은 것을 느끼게 할 수 있다.

저 유명한 「쇼아Shoah」(클로드 란즈만, 1985)는 독일 나치의 유대인
학살을 다룬, 무려 아홉 시간이 넘는 인터뷰 다큐멘터리다. 감독은
아우슈비츠 등 유대인 학살 관련 장소에서 수감자와 부역자, 당시
공무원, 군인 등 수많은 관련자들을 만나 과거에 대해 묻는다. 감독은
어떤 가치판단이 배제된, 대상의 기억을 소환하는 방식으로 인터뷰를
진행하는데, 트레블린카 집단 처형장의 이발사였던 아브라함 봄바의
인터뷰에서 그런 놀라운 침묵과 맞닥뜨리게 된다.

가스실로 벌거벗은 채 들어오는 여성과 아이 들의 머리를 자르던
이야기 도중, 고향 친구의 부인과 여동생을 마주친 대목에 이르자
그는 갑자기 말을 잇지 못한다. 카메라는 무려 2분 이상 침묵하는
봄바의 얼굴을 클로즈업으로 보여준다. 그 말없는 2분은 "명령을
받아서 어쩔 수 없었다"라는 그 자신의 합리화가 무너지는 고통을 그
어떤 말보다 강력하게 웅변한다.

다섯째, 특별한 사건이 아닌, 일상을 찍어나가는 다큐라면
동일한 질문을 시기를 달리하여 여러 번 시도해보는 것도 좋다.
질문은 사고를 유도하고 감정을 자극한다. 처음에는 아무 생각
없이 무의미하거나 의례적인 대꾸를 하던 사람도, 국면에 따라 다른
대답을 내놓게 된다. 대상의 내면을 단단히 감싸고 있던 인습이나
체면의 껍질을 질문이라는 도끼로 계속 찍어서 균열을 내는 방식이다.

그러다 보면 부지불식간에 진심이 드러나거나 본인도 모르게 특별한 의미가 담긴 답변이 나오기도 한다. 사실 이 방법은 여러 감독들이 꽤 애호하는 방법이기도 하다.

문창용 감독은 2017년 차도 들어가지 못하는 깊은 산골에 홀로 너와집을 짓고 사는 노인을 꽤 오랜 기간 촬영했다. 감독은 촬영을 갈 때마다 10여 차례에 걸쳐 "사람도 없는 이 산골에 왜 혼자 살고 있나?"라는 질문을 했다고 한다. 몇 차례 질문을 받은 노인은 "왜 똑같은 것을 묻냐?"라며 짜증을 내고 촬영 팀을 쫓아냈다.

그러나 다음 촬영 때도 문 감독은 굳세게 똑같은 질문을 했고, 마침내 노인은 "산을 내려가고 싶다"라는 속내를 털어놓는다. 내려가고 싶은 마음은 굴뚝같지만, 자식들에게 해준 것도 없는데 내려가서 짐 되기 싫다는 것이었다. 그것은 그의 자존심이 끝내 인정하기 싫었던 내심이었다. 노인의 말은 편집된 작품 「다큐공감 — 마지막 화전민, 사무곡의 겨울」(문창용, KBS, 2018)에 그대로 담겼다.

인터뷰;
연출

인터뷰는 말만 하는 것이 아니다. 인터뷰를 어디서 할 것인지, 배경은 무엇인지, 소도구가 필요한지, 자세는 어떻게 할 것인지, 화면 사이즈는 어떻게 잡을 것인지가 다 결정되어야 한다. 그리고 이러한 결정은 자신이 만들고 있는 전체 다큐멘터리의 성격과 톤에 걸맞은 것이어야 한다.

진행형 구조에서는 현장에서 즉시적으로 일어난 상황에 대해 당사자에게 즉각 무슨 일인지, 어떤 생각이나 감정인지 물어볼 수 있다. 이럴 경우, 일이 일어난 그 자리에서 하는 것이 즉시성이 강조되며 훨씬 생생하게 전달된다.

이런 즉시성이 강조되지 않는 경우, 인터뷰는 보통 인물의 활동 범위를 배경으로 하는 경우가 많다. 즉 자신의 집이거나 일터이거나 혹은 자주 가는 쉼터이거나…… 그 인물이 그 장소에 있어도 이상하지 않은 배경을 선택한다. 또는 인터뷰의 내용과 유관한 장소를 배경으로 진행하기도 한다. 이렇게 배려하면 편집 시 그림의 흐름이 단절감 없이 연결될 수 있기 때문이다.

모든 인터뷰가 이렇게 자연스러운 흐름 속에 있어야 하는 것은 아니다. 영상의 흐름과 단절되도록 인터뷰 배경을 일부러 별도 처리하는 경우도 종종 있다. 전문가 인터뷰의 배경을 통일된 그래픽 화면으로 처리하는 것은 방송 다큐에서 흔히 볼 수 있는데, 이 경우는 대개 장소적 배경이 너무 각양각색이라 시각적으로 깔끔하게 하려는 것 외에 다른 의도가 없는 경우가 많다. 그러나 다큐멘터리를 영화예술의 한 부분으로 인식한다면, 이렇게 별도 처리하는 데도

「노무현입니다」

이유가 있어야 한다. 배경이 깨끗하다고 반드시 좋은 것은 아니라는 뜻이다. 다큐멘터리의 모든 미장센은 감독의 의도를 반영하는 것이기 때문이다.

이런 측면에서 「노무현입니다」를 만든 이창재 감독의 소견은 참고할 만하다.

"원래 내가 다큐영화에서 유일하게 연출하는 부분이 인터뷰다. 인터뷰는 최선의 미장센을 추구해서 조명까지도 디테일하게 잡아가는 편이고 그런 면에서 극영화를 찍듯이 한다. 왜냐하면 다큐멘터리에서 감독에게 유일하게 허용된 연출 지점이 인터뷰 신이기 때문이다. 다큐 감독은 인터뷰이를 어디든 앉힐 수 있고, 어떤 장치를 활용할 수도 있다. 나는 그 지점을 상당히 적극적으로 활용하는 편이다.

그런데 「노무현입니다」에서는 '미장센을 완전히 없애버리자, 그냥 블랙이다' 했다. 만약 필요하다면 '이걸 환기시킬 만한 영상 정보만 주고, 또 뉘앙스를 유도할 만한 영상만 주고 끝내자'라고 선언했다. 인터뷰할 때 배경이란 건 때론 그 인물의 지위나 배경을, 나아가 그 심리까지도 드러내게 된다. 그러면 편견이 생긴다. 일반적으로는 인물을 설명하는 데 큰 도움이 되지만, 반대로 지위나 배경을 빨리 규정해버리잖나. 인터뷰이를 통해서 노무현이 드러나야 하는데 지위나 배경이 이를 가리면 안 되는 거라 생각했다. 노무현은 이런저런 지위나 배경에 의해서 규정되는 게 아니고, '누구나'에 의해서 드러나고 그 '누구나'는 노무현처럼 보여야 되는 거다. 그래서 처음으로 미장센을 다 죽여버리고 크로마키*에서 찍고, 여기에 필요하면 자료를 얹자고 한 거다.

* chroma-key. 단색 스크린 앞에 피사체를 배치하고 카메라로 촬영한 뒤, 이 피사체의 영상을 다른 화면에 끼워 넣는 화면 합성 기술.

인터뷰이들을 정면으로 촬영하는 건 직접 소구하는 방식을 쓴
거다. 그건 목적이 있었다. 어쨌든 나는 노무현을 인터뷰할 수 없다. 사실
노무현 인터뷰는 푸티지*가 있다. 그런데 그걸 하나도 안 썼다. 내가 아닌
다른 사람이 한 인터뷰라 내가 원하는 데까지 들어가지 못하고 원론적인
답변만 있었다. 그래서 그냥 오로지 내가 촬영할 인터뷰를 통해서
노무현을 보게 만들어줘야겠다, 인터뷰이가 일종의 아바타 역할을 해서
노무현이 드러나는 거다. 유시민을 통해서 노무현의 모습이 언뜻 보이고,
문재인을 통해서 언뜻 보일 수 있으면 좋겠다 싶었다. 그래서 가장
직접적인 사고방식으로 정면으로 카메라를 보고 가는 식으로 한 거다."**

* footage. '장면'을 뜻하는 단어이나, 보통 영화의 맥락으로
수렴되지 않은, 재료로서의 원본 영상을 일컫는 말이다.
** 이창재 · 『DOCKING』편집부 대담, 「인터뷰베리테—사유의
이유, 감독 이창재」, 『웹진 DOCKING』 6호.

4장 가변성에 대비하라

변화를 두려워하지 않는 자가
성장한다

다큐멘터리 촬영이 극영화와 극단적으로 다른 지점은 촬영을 하는
도중에 스토리나 주제가 완전히 바뀌어버리는 경우가 드물지 않다는
사실이다. 진행형 구조의 다큐멘터리에서 특히 그렇다. 제작진이
예상치 못한 '우연'이 개입할 수 있기 때문이다.

　　상황이 바뀌었는데 처음에 준비해왔던 내용에 집착하여
방향 전환을 하지 못하면 편집 때 아뿔싸 하게 되는 경우가 많다.
그러므로 다큐 감독들은 자신이 쫓고 있는 이야기가 촬영 중에도 늘
'가변적'이라는 사실을 인식하고 있어야 하고, 상황이 바뀔 때는 그에
대한 빠른 판단력과 예정되지 않은 상황에 대처할 수 있는 사고의
유연성을 가져야 한다. 이야기의 방향이 바뀌면 지금까지 중요하지
않았던 일이 중요해질 수가 있기 때문이다.

　　「경계도시 2」(홍형숙, 2009)는 2003년 가을, 재독 철학자 송두율

교수가 민주화운동기념사업회 초청으로 37년 만에 한국에 들어오게 되자 그 모국 방문기를 찍겠다는 3주 일정의 계획에서 출발했다. 그의 시선으로 한국 사회의 변모를 보자는 의도였다. 그러나 송 교수의 입국 후 사태는 예기치 못했던 상황으로 급격히 악화되어갔다. 송 교수는 입국 일주일 만에 존경받는 해외 민주인사에서 해방 이후 최대의 거물 간첩으로 추락하게 되고, 구속과 재판, 석방이 이어진다. 누구도 예측하지 못했던 광풍 속에서 한국 사회는 보수와 진보 사이에 일대 격전이 벌어지지만, 감독은 진영 논리를 넘어 그 숨 가쁜 상황을 가차 없이 따라간다. 그럼으로써 자신을 포함한 우리 모두의 갈등과 모순을 거울 앞에 세울 수 있게 된다.

급진적인 홍대 뮤지션 '밤섬해적단'을 다룬 다큐멘터리 「밤섬해적단 서울불바다」(정윤석, 2017)는 촬영 중 이 밴드의 매니저 박정근이 국가보안법으로 구속되는 사건과 마주치게 된다. 북한 계정 '우리민족끼리' 트윗을 리트윗했다는 이유에서였다. 그때까지 밤섬해적단의 음악 활동을 주로 쫓아가던 카메라는 이후 박정근의 재판 과정을 중요하게 다루기 시작한다. 완성된 영화를 보면 한국 사회 전반에 대해, 특히 이념 지향의 경직성에 대해 반동적인 퍼포먼스를 보여온 밤섬해적단의 음악에, 박정근의 국가보안법 구속이라는 실제적인 사건이 결합함으로써 이들의 음악적인 '조롱'이 현실적인 의미를 획득하게 됨을 알 수 있다.

「공동정범」은 「두 개의 문」으로 용산 참사를 다루었던 두 감독이 당시 재판에서 가장 중형을 선고받았던 용산4구역 철거대책위원장 이충연의 출소를 계기로 기획했던 후속 작품이었다. 출소 이후 다시 가게를 열겠다는 이충연을 중심인물로 삼아 감옥 밖의 그 삶을 따라가며, 아직도 진상이 규명되지 않은 용산 참사의 문제를 재조명해보겠다는 의도였던 것으로 기억한다(기획 당시에는 제목도 「공동정범」이 아니었다).

그런데 촬영을 하면서 감독들의 생각은 달라진다. 외부가 아니라 내부로 그 시선이 옮겨간 것이다. 카메라는 사건 당시 현장의 동지였으며, 공동정범으로 함께 구속되었던 사람들에게로 그 관심의 반경을 넓혀간다. 그들 사이의 의심과 불신과 갈등이 오히려 전면화되며 중심에 자리 잡는다. 그럼으로써 개발의 광풍과 공권력의 탄압이 남긴 상처는 단순히 물리적인 것 그 이상이라는 참혹함을 드러내는 것이다.

이렇게 촬영 중에 작품의 이야기와 주제와 주요 인물들이 달라지는 사례는 무수히 많다. 다큐멘터리는 확정된 사실을 확인하는 것이 아니라, 나날이 변화하는 현실을 마주하며, 그 변화 속에서 감독의 시선도 성장해가는 장르이기 때문이다. 그리고 변화를 두려워하지 않는 자만이 진실로 성장할 수 있다.

8부

▶

편집
—
이야기의 육체 만들기

시간의 선상에
세우는 건축물

촬영이 끝났다면, 이제 비로소 감독은 이야기의 육체를 만드는 길고
지난한 작업에 진입하게 된다. 이 순간에 애초의 기획 의도 따위는 아무런
힘을 발휘하지 못한다. 이제는 추상적인 생각이 아니라 실제로 촬영되어
스토리지에 담겨 있는 소스만이 자신에게 허락된 유일한 것이기 때문이다.
이야기의 우주는 오직 그 속에 있다. '작품'을 실체로서 구현하는 작업은 바로
여기서 시작되어야 하는 것이다. 그 과정이 곧 '편집'이다.

　　어떤 의미에서 편집은 '건축'과 매우 유사하다. 외형적으로 보자면,
편집은 시간이라는 선상에 '이미지'와 '사운드'라는 도구를 1차원적으로
배열하는 일에 지나지 않는다. 건축도 처음에는 평면도에서 시작한다.
평면도에서 집은 종이의 면과 필기구의 선분에 지나지 않는 것이었다.
그러나 철골과 벽돌 더미와 목재와 알루미늄 새시와 유리 등 잡다한
재료가 실물로 현장에 동원될 때, 그 각각의 재료는 명확한 '용도'를 가지고
호명되는 것이다. 파란 타일은 욕실의 벽에, 하얀 대리석은 거실의 바닥에,
벽돌은 전면 외벽 하단에, 노출 콘크리트는 외벽 상단에⋯⋯라는 식이다.
그래서 이 재료들이 제자리에 자리 잡게 되면 재료는 더 이상 재료가 아니고
창이라든가, 벽이라든가, 문이라든가 하는 이름으로 불리게 된다. 이 과정은

재료에 '질서'를 부여하는 행위라 할 것이다. 그것들이 주어진 질서에 따라 정연하게 어우러질 때 비로소 3차원의 공간이 형성된다. 그 공간은 실용의 동선과 미학적 시야를 함께 품으며 어떤 '분위기'를 만들어내고 어떤 '스타일'을 이룩한다.

편집도 이와 같다. 수많은 영상 소스들은 각각 다른 장소와 인물과 사건을 담은 각각 다른 재료들이다. 이 재료들에 저마다의 용도를 부여하여 제자리에 배치하게 되면 비로소 그것은 완결된 구조, 즉 어떤 질서를 가진 하나의 구조물이 된다. 건축과 다른 점이 있다면, 편집은 그 재료들을 공간적으로 구축하는 것이 아니라 선형적으로 구축한다는 점이겠다. 그럼에도 불구하고 영화 역시 건축과 마찬가지로 이전에 없었던 입체적인 공간을 지향하고 또 그것을 만들어낸다. 그 공간이 지상이 아니라 관객의 마음속에서, 물질이 아니라 무형의 감각과 정서로 지어진다는 것이 다를 뿐이다.

영상 재료의 선형적 배열이 '스토리'라면, 그 스토리를 구성하는 이미지의 내용과 사운드, 그것을 구축하는 방식 등이 보이지 않는 인식과 감각의 '볼륨'을 만들어낸다. 우리가 어떤 영화를 보고 '감동적'이라고 말한다면, 그것은 우리의 가슴속에 그 어떤 벅찬 '볼륨'을 받아들였다는 뜻이다. 그러므로 어떤 편집이 '평면적'이라는 말을 듣는다면, 그것은 그 구조물이 아직 이상적인 단계에 도달하지 못했다는 뜻으로 해석되어도 무방할 것이다. 즉 편집은 1차원적 스토리 나열 이상의 '입체적인' 구조물을 지향하는 무엇이다.

가령 우리가 잘 아는 전래 설화 중에 「해님달님」이 있다. 어느 깊은 산속 오두막에 두 남매와 함께 사는 어미는 떡을 팔아 생계를 이어간다. 어느 날 떡함지를 이고 고개를 넘던 어미는 호랑이를 만난다. 호랑이는 "떡 하나 주면 안 잡아먹지"라며 고개를 넘을 때마다 나타나 떡을 받아먹다가 마침내 떡이 떨어지자 어미마저 잡아먹고 제가 어미인 척 오두막을 찾아온다.

이후의 전개는 모두 잘 아실 터라 상세 내용은 생략하겠지만, 도망쳐서 나무 위에 올라간 남매는 호랑이가 나무 위까지 쫓아 올라오자 하늘에다 동아줄을 내려주기를 빌고 마침내 내려온 금 동아줄을 잡고 살아난다. 하지만 남매의 흉내를 내어 동아줄을 빌었던 호랑이는 썩은 동아줄이 내려와 중도에 줄이 끊어져 떨어져 죽는다. 이후 동생은 해가, 오빠는 달이 되었다는 것이 이 이야기의 결말이다.

이것은 단순한 스토리로, 일어난 일의 외형을 순서대로 늘어놓은 것에 지나지 않는다. 일어난 일이 대단히 극적이긴 하지만, '어떤 일이 있었다'라는 것을 순서대로 늘어놓는다고 예술이 되는 것은 아니다. 이 줄거리가 시든 소설이든 영화든 연극이든 예술작품이 되려면 창작자의 고유한 관점과 그 관점을 뒷받침해줄 표현이 동원되어야 하며, 보다 효과적으로 그것을 전달할 수 있는 구조로 플롯화되어야 한다(스토리와 플롯의 차이는 2부 3장 참조). 그래야 일어난 일의 외형을 순서대로 설명하는 방식의 이 평면성으로부터 벗어날 수 있는 것이다.

가령 전통적인 관점에서 이 설화는, 하늘이 착한 남매를 구하고 나쁜 호랑이를 벌준다는 데 방점을 찍을 수 있다. 또는 순진한 여동생을 구하려는 어린 오빠의 필사적인 노력을 주목해볼 수도 있다. 아니면 고개 하나 넘을 때마다 떡 하나씩 주다가 팔, 다리 차례로 뺏기고 마침내 잡아먹히는 어미의 공포를 극대화해볼 수도 있다. 그러기 위해서 이야기는 남매의 시점으로 전개될 수도 있고, 호랑이의 시점으로 전개될 수도 있다. 이야기의 전개 방식도 호랑이가 오두막을 찾아오는 때부터 시작하여 플래시백*을 활용할 수도 있고, 어미가 호랑이에게 쫓기는 때를 시작점으로 할 수도 있다. 혹은 호랑이의 시점과 남매의 시점을 병렬로 교차할 수도 있다.

다시 말하면 창작자 자신이 가장 중요하다고 생각하는 어떤 정서, 어떤 관념을 돋을새김하기 위해, 실제 일어난 일의 순서와 상관없이 이야기 순서를 바꾸고 어떤 장면은 늘리고 어떤 장면은 줄이며 어떤 장면은

　　　* flashback. 과거 회상을 묘사하는 영상 장면, 또는 그 기법.

확대하고 어떤 장면은 생략하기도 해야 한다는 것이다. 그런데 동원할 수 있는 것은 실제를 촬영한 영상 소스가 전부다. 게다가 이것을 단지 선형상으로 배열하여 자신이 원하는 정서와 관념을 관객이 어떤 볼륨으로 느끼게, 인식하게 해야 하는 것, 바로 이것이 편집이다.

편집을 제2의 창작이라고 부르는 이유가 여기에 있다. 촬영 때 이야기 구조며 편집을 충분히 의식하면서 했다고 해도 최종적인 형태를 갖추게 되는 것은 결국 편집 과정을 통해서다. 감독이 가졌던 애초의 의도가 아무리 좋았더라도 편집은 현실적으로 가지고 있는 영상 소스로 만들어낼 수 있는 그만큼만을 만들어낸다. 그러나 애초의 의도를 배반하지 않을 만큼 영상 소스가 풍부하다면, 감독이 상상했던 그 이상을 만들어낼 수 있는 것이 편집이기도 하다.

편집은 연출자가 마주치는 최후의 전장이다. 여기서 실패하면 더 이상 나아갈 데가 없다.

이야기의 기본 구조 틀은 앞서 설명했으므로(2~3부 참조) 이곳에서는 그것에 대한 이해를 바탕으로 실제 편집에 적용할 수 있는 영상 스토리텔링의 기본 기술을 서술하는 것을 목표로 한다.

실제 영상 소스를 활용하여 이야기를 만들 때 유의해야 할 점은 무엇인가? 진행형이든 논증형이든 그 모든 이야기를 흥미롭게 만들 수 있는 방법은 무엇인가? 이 질문에 답하기 위해서는 우선 편집의 과정을 이해해야 한다. 편집의 구체적인 순서를 간략하게 열거하자면, 1) 소스 프리뷰 2) 편집 구성 3) 편집(가편집과 최종 편집)이 될 것이다.

1장 프리뷰

프리뷰란 무엇인가

편집을 하려면 우선 자신이 촬영한 소스의 내용을 명확하게 아는 것이
첫번째 순서다. 이를 방송에서는 관습적으로 '프리뷰'라고 지칭하고,
이를 기록한 것을 '프리뷰 노트'라고 부른다(독립 다큐멘터리영화
작업자들은 이에 대해 통일된 용어를 쓰고 있는 것 같지는 않다. 필름
시대의 용어인 '러시 노트'라 부르는 이도 있고 '장면 리스트'라고
부르는 이도 있다. 이 책에서는 '프리뷰'와 '프리뷰 노트'라는 용어로
통일하겠다).

효율적인 작업을 하기 위해서는 프리뷰가 대단히 중요한
과정이다. 영상 소스의 이미지와 사운드 내용을 기록으로 남겨놓는
것은 당장의 편집구성안 작성에도 요긴하고, 이후 편집 시에도 해당
파일을 손쉽게 찾을 수 있게 해주기 때문이다.

촬영 시간이 짧아 소스가 얼마 안 될 때는 한 번 훑어보는
것만으로도 영상을 다 기억할 수 있지만, 촬영 일수가 길고 장소가

다양할 때는 보는 것만으로 기억하기는 불가능하다. 따라서 나중에 다시 기억을 환기시킬 수 있도록 이를 목록으로 정리해두는 것이 필요하다. 이때 이후 편집 시 쉽게 찾을 수 있도록 촬영 영상 목록과 프리뷰 노트 파일에 통일된 형식의 제목을 반드시 붙여야 한다. 이 파일명에 일관성이 없으면 나중에 그림을 찾지 못해 대소동이 일어나기 때문이다.

파일명은 각자가 편리한 대로 붙이면 되는데 가장 일반적인 것은 촬영한 날짜를 폴더명으로 쓰고 각 파일에 일련번호를 붙이는 방식이다. 당일에 여러 장소에서 찍었으면 날짜 뒤에 장소명을 부기해서 나중에 손쉽게 찾을 수 있도록 한다. 작업자에 따라 촬영한 장소를 폴더명으로 하여 나눌 수도 있다.

영상 파일이 크면 프리뷰의 효율상 노트를 몇 개로 쪼개기도

0626_1-1_프22

<제1병원>

0000	START
	- 박길수 할아버지 보이는 창문 FS
0124	- 손 흔들어 안녕 하는 박길수 할아버지 보이는 창문 FS
0248	- 나무 옆 손 흔드는 박길수 할아버지 보이는 창문 FS
0331	- 침대에 앉아 있는 박길수 할아버지 FS
피	할아버지 저 창밖에 한 번만 봐주세요.
여	지금 여태 내다보고 계셨어요.
피	그러니까.
백	여기서 비슷해.
피	그죠 저기 한 번 봐주세요 저기.
0346	- 창밖 보는 박길수 할아버지 옆모습 FS

그림 8-1. 「부드러운 혁명」 프리뷰 노트의 예*

하는데, 이때는 1-1, 1-2, 1-3 등으로 번호를 부기하면 된다. 작업자에 따라 각자 편리한 방식으로 파일 목록을 만들면 되지만, 한번 파일명의 방식을 정했으면 전체에 일관성이 있어야 한다는 점만은 명심할 필요가 있다.

인터뷰는 한 사람의 말을 아주 길게 담는 것이 보통이다. 이럴 때는 적절한 간격으로 끊어 타임코드*를 넣어주어야 한다. 말을 잘라 배치할 때 프리뷰 노트상으로도 그 분량을 짐작할 수 있어야 하기 때문이다. 그림 8-2를 보면 한 인터뷰 중에 문장이 끝나는 지점을 잡아 24초, 28초 간격으로 타임코드를 표기해놓은 것을 볼 수 있다.

몇 년씩 장기적으로 촬영한 작업량은 어마어마하게 많다. 이럴 경우 주요한 인물의 인터뷰를 잘 골라내기 위해 인터뷰 녹취록은 인물별로 따로 만들 수도 있다.

0851	신	제 마음을 전달할 길도 잘 모르겠고, 사실 저는 잘해주고 부드럽게 그렇게 하고 싶은데, 이 상황이 되니까 막 서운한 마음도 들고, 몸이 힘드니까, 저도 사람인지라 이게 힘에 부치니까 더 큰 소리도 나게 되고, 야속하고 또 한편으로는 이 어머니 마음이 어떨까.
0915	신	왜 이렇게까지 할까, 그런 게 참 힘든 거 같아요. 가장 힘든 과정이 이런 거 같아요. 차라리 뭔가 심폐소생술, 지금 환자 숨을 안 쉬어요, 빨리 뛰어가서 우리 CPR해요, 그게 더 손쉬운 거 같다는 생각이 들어요. 그건 저희가 알고 있는 지식을 총동원해서 주사 주고 뭔가 하고 케어를 하면 되는데, 이건 그런 기술이 아닌 거 같아요.
0943	신	근데 이제 어떤 기술이 있다고 한다면, 저희가 적절하게 활용을 하면 좀더 좋은 효과가 있겠죠. 근데 이런 과정은 매번 겪어도 매번 익숙해지지 않는 감정인 거 같아요.

그림 8-2. 「부드러운 혁명」 인터뷰 프리뷰의 예**

* time code. 영상에서 프레임을 시간 단위로 표시하는 부호.
신, 카메라, 촬영 일시 등도 기록할 수 있다.

8부   ** 프리뷰어가 작성한 원문 그대로 게재하였다.

2장 편집 구성

편집 구성이란

편집 구성은 편집 과정에서 가장 핵심적인 작업이다. 촬영 구성이
취재 내용만을 바탕으로 가상의 시나리오를 써서 촬영을 지시하는
것이라면, 편집 구성은 이미 촬영된 소스를 가지고 애초의 목표를
최대한 구현할 수 있도록 실전 구축하는 작업이다. 그렇기 때문에
논증형 구조라고 하더라도 편집구성안은 촬영구성안과 다르게
나올 수밖에 없고, 진행형 구조는 아예 편집 시점에 비로소 구성
작업에 들어가게 되니 이 단계야말로 다큐멘터리의 진짜 이야기가
만들어지는 시점이라고 할 수 있다.

그 원리는 간단하다. 촬영된 영상을 모두 프리뷰하고 프리뷰
노트를 재삼재사 들여다보며, 작품에 쓸 컷과 신을 골라내 재배열하고
인터뷰도 쓸 부분만 잘라서 그림 사이에 배치하는 것이다. 그러나
실제 작업은 그리 간단치 않다.

편집 구성에서 가장 명심해야 하는 것은, '영상 소스를 골라내는

기준이 무엇인가?' 하는 점이다. 여기에 고려해야 할 순서가 있다.

첫번째는 애초에 이 작품에서 구현하고자 하는 목표가 무엇인가를 생각하고 그 목표에 비추어 꼭 있어야 할 결정적 에피소드, 장면, 인터뷰 등을 일차적으로 선택하는 것이다. 전체 이야기의 '골격'을 이룰 수 있는 부분이다. 두번째는 첫번째에서 선택된 에피소드, 장면, 인터뷰를 보완해줄 수 있는 부가적 요소들을 선택하는 것이다. 세번째는 이 선택된 요소들을 어떤 구조로 배열할 때 연결을 용이하게 해줄 브리지들을 선택하는 것이다.

각 에피소드는 장면·인터뷰의 선택과 배열로 구체화된다. 선택은 동시에 생략을 의미한다. 장면을 구성하는 컷의 배열도 그렇지만 인터뷰에서도 마찬가지다. 촬영을 아무리 길게 했다 해도 편집 시에는 통상적으로 인터뷰 하나의 길이를 40초 정도로 기준 삼아 자른다. 너무 길어지면 듣는 사람의 집중력이 흐트러지기 때문이다. 그러나 이는 일반적인 기준일 뿐, 인터뷰 자체의 몰입도가 높다면 그 이상 가는 것도 가능하다.

하나의 인터뷰에서는 하나의 주제만을 이야기하도록 한다. 두 가지, 세 가지의 쟁점을 한꺼번에 이야기하면 오히려 초점이 흐려지기 때문이다. 이럴 경우에는 이야기의 맥락상 필요한 부분에 잘라 나누어 넣는 것이 좋다.

하나의 주제를 말하고 있는데도 말을 중언부언하거나 중간 이야기가 필요 없이 길 때는 그걸 그대로 다 넣을 필요는 없다. 그 자리에 꼭 넣어야 하는 이야기라면 중간을 생략해서 이어 붙여도 무방하다. 인터뷰의 내용을 왜곡하지 않는 이상 이것이 다큐멘터리의 리얼리티나 다큐멘터리스트의 정직성과 상관될 일은 전혀 없다.

세번째 선택 요소인 브리지 영상은 시간의 경과를 나타내거나 장소의 전환을 매끄럽게 해주는 용도로 많이 활용한다. 대개 풍경이나 외경, 사물의 이미지가 차용되기 쉽다. 그런데 이런 이미지를 단순한 브리지 장치로만 사용할 수 있는 것은 아니다. 이미지는 감정을 환기한다. 그러므로 이것들은 다큐멘터리 속 인물의 감정을 투영할 수도 있고, 그 인물이나 사건을 바라보는 감독의 해석적 감정을 투영할 수도 있다. 따라서 이런 영상들이 가지고 있는 힘을 이해하고 브리지 영상들로 십분 활용한다면, 그 작품은 정서적으로 보다 풍부한 감정의 결을 내포하게 된다.

앞에서 적시한 세 가지 요소를 적용하면 대략의 줄거리를 가진 영상 구조물의 형태가 나타나게 된다. 이 가구성의 형태를 살펴본 후 구조를 재조정하고 영상을 가감하면서 거기에 연출의 스타일을 보다 강화할 수 있는 좀더 정교한 무엇을 가미하는 것이 네번째 순서가 된다.

진행형 구조의 이야기는 이 요소들을 시간적 인과관계의 축으로, 논증형 구조의 이야기는 논리적 인과관계의 축으로 배열하는 것이 다를 뿐이다. 논증형 구조는 결론에서부터 출발하여 그 앞의 전제들을 찾아가보는 것이 이야기의 큰 아우트라인을 잡는 데 도움이 된다.

작업 순서

실제 작업은 대략 다음과 같은 순서로 진행된다.

1) 프리뷰 노트에서 유효한 부분 표시하기

방대한 영상 소스를 한번 훑어보고 바로 거기서 필요한 부분들을 척척 가려내는 것은 불가능에 가깝다. 따라서 프리뷰 노트를 보면서 유효할 것 같은 부분을 표시해나가는 것이 좋다. 절대 빠뜨려서는 안 되는 첫번째 항목에 해당되는 부분들은 물론이고, 직접적인 연관은 안 되지만 어디엔가 써먹을 만한 인상적인 이미지 등도 다 체크해둔다. 나중에 보면서 '응? 내가 왜 여기에 표시를 해두었지?' 할 수도 있으므로 간단한 메모를 부기해두는 것도 도움이 된다.

이 작업은 영상 구성을 하기 위한 워밍업 단계, 신중하게 고려해야 할 대상을 추려내는 작업이라고 생각하면 된다. 표시해둔 부분들을 대상으로 이제 진짜 고민을 시작해야 하는 것이다.

2) 이야기 얼개 짜기

유효하다고 생각되어 추려낸 부분들을 다시 열심히 읽어보고, 영상 이미지를 환기하면서 이 요소들로 가능할 것 같은 이야기의 큰 그림을 그려보는 단계다.

한 시간 이상 되는 영상 구조물을 처음부터 정교한 신 구성을 하려고 덤벼들면, 백이면 백 중간에 나가떨어지거나 내용이 산으로 가게 된다. 천재는 가능할지 몰라도 이건 안 되는 일이라고 처음부터 생각하는 것이 작업의 효율을 올려준다.

그래서 구성은 이야기의 큰 흐름을 잡는 얼개 짜기로 시작하는 것이 옳다. 얼개 구성은 한눈에 이야기 전체의 기승전결을 볼 수 있게 해주기 때문에 이야기의 흐름이 자연스러운지, 몰입도가 좋은지, 연결에 무리는 없는지 쉽게 판단할 수 있게 해준다. 나무만 보면 숲이 안 보이지만 부감으로 숲 전체를 내려다보면 어디가 공터인지, 어디에 나무가 밀집되어 있는지, 어디가 전나무 군락인지 어디가 잡목 군락인지 한눈에 파악할 수 있는 이치와 같다.

얼개 구성은 보통 큰 논리의 단락을 잡아놓고 거기 들어갈 시퀀스 단위로 흐름을 잡아보는 일이다. 그 후에 구체적인 장면과 인터뷰로 한 시퀀스, 한 시퀀스를 정교하게 채워나가는 것이 훨씬 효율적이기 때문이다.

앞에서 인용한 「해님달님」을 예로 들자면, 이 이야기를 만들어내는 큰 얼개는

1. 가난하지만 평화로운 집 → 2. 떡 팔러 가는 어미의 행로 →
3. 호랑이에게 쫓기는 어미 → 4. 오두막을 찾아온 호랑이 →
5. 남매의 구원과 호랑이의 몰락 → 6. 해와 달이 된 남매

정도로 정리할 수 있을 것이다. 이 얼개가 너무 평이하여 마음에 들지 않으면 시퀀스의 순서를 다시 바꾸어볼 수도 있다.

1. 해와 달이 된 남매 → 2. 남매의 회상, 가난하지만 평화로운 집 →
3. 떡 팔러 가는 어미의 행로 → 4. 오두막을 찾아온 호랑이(호랑이에게
쫓기는 어미, 잡아먹히는 어미) → 5. 남매의 구원과 호랑이의 몰락 →
6. 해와 달이 된 남매

이것은 철저하게 두 남매의 현재 시점에서 이야기를 재구성한 것이다. 자신이 어미인 척 오두막을 찾아온 호랑이와 문답을 하는 사이에, 어미가 호랑이에게 쫓겨 마침내 잡아먹힌 것을 알아채게 된 남매가 도망치는 것으로 재맥락화한 것이다. 그래서 오두막을 찾아온 호랑이 시퀀스 속에, 호랑이에게 쫓기다 결국 잡아먹히는 어미의 이야기가 플래시백으로 포함되었다.

얼개는 큰 이야기 덩어리의 흐름을 구상하는 것이므로 그 흐름을 여러 가지로 변주해보는 것이 유리하다.

3) 구조도 응용하기

이때 머릿속에서 도표를 응용하면, 보다 직관적으로 이야기 구조를 파악할 수 있다. 이야기가 어떤 질서를 가지고 있는지 한번에 그려지는 것이다.

가령, 한 사람이 주인공인 진행형의 이야기 흐름은 각 시퀀스가 직진형이기 쉽다(그림 8-3). 각 시퀀스는 내용적으로 결말을 향해 확장되고 전개되어가는 양상을 갖게 된다.

시간의 흐름

| A1 | A2 | A3 | A4 | A5 | A6 |

그림 8-3. 한 사람이 주인공인 진행형 구조도

이야기의 줄기가 단일하지 않을 수도 있다. 그림 8-4처럼 각각 다른 주인공 두 사람이 두 개의 트랙으로 이야기를 진행해갈 수도

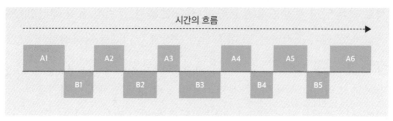

그림 8-4. 두 개의 트랙으로 구성된 진행형 구조도

있다. 물론 두 사람의 이야기는 결국에는 하나의 주제로 수렴될 수 있어야 한다. 혹은 두 사람의 이야기가 중간에 만났다가 헤어지기를 반복할 수도 있다.

이야기의 트랙을 복수로 가져갈 수 있는 경우는 인물과 인물과의 관계만이 아니다. 거시적 시대사와 미시적인 개인사를 이런 구조로 병치할 수 있다. 혹은 현실 사건의 진행과 미술적 이미지를 이런 구조로 병치할 수도 있다. 한국 다큐멘터리에서는 비슷한 구조로 전자는 「버블 패밀리」를, 후자는 「위로공단」을 떠올릴 수 있겠다.

각 시퀀스가 아무 상관 없는 사람이나 사건을 독립적으로 다루어 병치하는 옴니버스 구성이라면 그림 8-5와 같을 것이다. 독립된 이야기들이 하나의 작품 속에 묶이는 것은 그 각각이 동일한 주제에 종속되기 때문이다.

이 옴니버스가 한 번으로 완결되지 않고 반복되면서 진행될 수도 있다. 「아름다운 것들」은 '석유' '화물선' '측정' '재'라는 제목 아래

그림 8-5. 옴니버스식 구조도

서로 전혀 알지 못하는 유전 노동자, 화물선 선원, 무반향 음향 측정실 작업자, 쓰레기 소각장 인부 네 사람의 현장과 인터뷰를 담아낸다. 그들을 하나로 묶어내는 것은 석유에서 나온 물질문명의 양상에 각기 참여하고 있다는 점이다. 즉 문명의 산물들의 생산과 폐기 사이클에 기여하는 존재로서, 주제를 드러내는 일부가 되고 있는 것이다. 감독의 집에서 출발한 이야기는 네 사람의 옴니버스를 거쳐 거대한 밤의 쇼핑몰에서 끝난다(그림 8-6).

그림 8-6. 「아름다운 것들」의 구조도

이런 방식은 다른 변용도 가능하다. 평창동계올림픽 공식 다큐멘터리 「크로싱 비욘드」는 평창동계올림픽 출전을 목표로 하는 세계 각국의 선수 다섯 명을 주인공으로 삼아 다섯 개의 이야기 트랙을 진행한다. 이들은 올림픽이라는 커다란 장에서 함께 어우러졌다가 좀더 승화된 형태의 개별자로 다시 헤어지는 형태로 구조화되었다(그림 8-7).

일련의 사건이 맥락을 가지고 흘러가던 중에 지금까지의 맥락과 상관없어 보이는 상황이 툭 들어올 수도 있다. 보통 직진형의 이야기에서 신과 신, 시퀀스와 시퀀스의 연결은, 접속사로 말하자면 '그리고' 혹은 '그러나'로 연결되는 것이 보통이다. 즉 앞의 상황에서 맥락을 이어가는 상황 혹은 그 상황을 부정하는 상황으로 이어지는데, '그리고'와 마찬가지로 '그러나'도 아주 잘 붙는다.

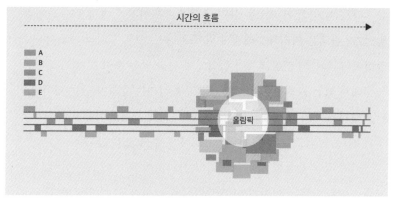

그림 8-7. 「크로싱 비욘드」의 구조도

문장으로 예를 들자면,

A는 피의자 B의 변호를 맡기로 한다 → 그러자 전국에서 격려의 편지가
답지한다.

라고 하면 '그리고'의 연결 방식이다.

A는 피의자 B의 변호를 맡기로 한다 → 그러나 B는 A의 변호를 거부한다.

라고 하면 '그러나'의 연결 방식인 것이다.
　그런데 말 그대로 '그런데……'라고 하며 전혀 상관없어 보이는
엉뚱한 다른 이야기를 꺼내드는 방식이 있다.

A는 피의자 B의 변호를 맡기로 한다 → 그즈음 지방 도시 C에서 새로운
살인 사건이 일어난다.

>>   306/307

라는 식이다. 이 새로운 살인 사건과 A의 사건이 대체 무슨 관계란 말인가? 관객은 어리둥절해질 수밖에 없다. 그런데 오히려 이것이 장점이다. 일관되게 흘러가던 이야기에 전혀 낯선 결이 툭 들어와서 느슨해져 있던 관객들을 긴장시키고 주목시키는 효과가 있는 것이다. 단조롭게 흘러가는 시냇물이 돌부리에 부딪혀 소용돌이를 이루는 것과 같다. 그러므로 이를 적극적으로 활용할 필요가 있다.

단지 유념해야 할 사항은 맥락과 상관없이 툭 들어오는 이런 에피소드를 결국은 이야기의 큰 줄기에 수렴시킬 수 있어야 한다는 점이다. 그래야만 이 곁줄기가 이야기를 강화시켜주는 역할을 하지, 그렇지 않으면 이야기 전체가 지리멸렬해진다.

A는 피의자 B의 변호를 맡기로 한다 → 그즈음 지방 도시 C에서 새로운 살인 사건이 일어난다 → 이 살인 사건의 수법을 분석해보니 B의 사건과 유사한 패턴이었다 → 그 사건 발생 시 B는 구치소에 있었다 → A는 C도시의 사건을 추적하여 다른 용의자를 찾아낸다 → A는 이를 유력한 정황증거로 법정에 제출한다.

이렇게 지방 도시 C에서의 살인 사건은 A가 변호하는 B의 사건으로 수렴되는 것이다. '그런데'의 연결 구조 방식을 도표로 그려보면 그림 8-8과 같다.

「더 코브」에서도 군데군데 '그런데'의 연결 방식이 끼어든다. 릭 오배리와 촬영 팀이 타이지를 찾아가 마을 사람들의 갖가지 방해를 무릅쓰고 마침내 학살 현장을 촬영하는 것이 이 이야기의 큰 줄기다. 그러나 그 사이사이 돌고래 조련사였던 릭 오배리가 어떻게 돌고래

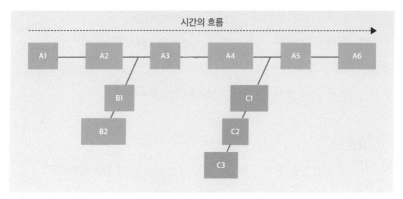

그림 8-8. '그런데'의 연결 구조도

보호의 전사가 되었는지, 현재 돌고래 종이 처한 위기는 무엇인지, 고래 고기가 과연 안전한지, IWC에 일본의 영향력이 어떻게 발휘되는지 등등이 끼어드는 것이다.

특히 논증형 구조의 이야기일 경우, 하나의 사건을 쫓아가다가 그 일이 일어난 배경을 설명할 필요가 있거나, 아니면 그와 비교할 필요가 있는 다른 사건을 이야기할 때 이런 '그런데'의 화법이 필연적으로 등장한다.

이런 이야기 단위의 연결 방식은 그대로 시퀀스 내의 각 신에도 적용될 수 있다.

4) 장면과 인터뷰 구성하기

이야기 얼개를 잡았다면, 다음은 각 시퀀스 속에 구체적인 장면과 인터뷰를 구성해 채운다. 이 과정에서 다시 앞으로 돌아가 시퀀스 전체를 바꾸게 될 수도 있다. 얼개를 짤 때 미처 고려하지 못했던 부분을 이 과정에서 발견하는 일도 있기 때문이다.

다시 「해님달님」의 시퀀스를 빌려보자. 시퀀스1은 이야기의 출발점이니 전형적인 소개의 시퀀스다. 이 가족의 오두막이 있는 주변 환경, 그들의 가정 형편, 그들 캐릭터 등이 담겨야 한다.

시퀀스1.

(1) 밤, 첩첩 산들 원경. / 깊은 산골 숲속 스케치 1, 2 / 깊은 골짜기로 구불구불 뻗어 있는 산길, 카메라 따라가면 / 불빛 보이고 / 쓰러져가는 작은 오두막 나타난다.

(2) 툇마루 아래 댓돌 위에 놓인 남자아이의 낡은 신발과 여자아이의 더 작고 낡은 신발.

(3) 방 안의 호롱불. / 오빠가 손으로 짐승 모양을 만들어 벽에 그림자를 비추어준다. 재미있어하는 동생. / 방 안의 남루한 세간살이.

(4) 부엌에서 어미가 떡을 빚고 있다. / 방에서 부엌으로 통한 쪽문 열리며 동생이 배고프다 칭얼댄다. 달래며 동생을 끌어들이는 오빠.

시퀀스1 안에 (1) 밤, 산골 신 (2) 오두막 외경 신 (3) 방 안 신 (4) 부엌의 신으로 구성되며 이 신들은 각각 깊은 산속이라는 오두막의 위치, 이들의 가족 구성, 가난한 살림살이, 오빠가 동생을 잘 돌본다는 사실, 다음 이야기의 연결을 위해 어머니가 떡을 빚는 정황까지 담아내고 있다. 더 정교하게 보면 신(1)을 구성하기 위해 여섯 개의 컷이 동원되었다는 사실도 알 수 있다.

여기에 이들 삶에 대한 정보를 좀더 알려줘야겠다고 생각한다면 필요한 현장음 대화를 살리거나 인터뷰를 삽입할 수도 있다.

3장 편집 구성의 실제

문서 구성과
카드 구성

세부적인 장면과 인터뷰를 구성하는 작업은 컴퓨터상에서 필요한
부분을 복사 붙여넣기로 하여 문서로 작성할 수도 있으나, 카드나
포스트잇에 각 신의 내용을 써서 벽면에 붙여서 배치하는 방법을
쓰기도 한다(그림 8-9).

후자는 드라마 구성에서 흔히 쓰는 방법으로 신을 이리저리
쉽게 이동시킬 수 있는 가변성이 좋다는 점에서, 그리고 전체 구성이

그림 8-9. 컴퓨터 문서 작업(왼쪽)과 카드 작업(오른쪽).

공간적으로 한눈에 들어온다는 점에서 유리하다. 하지만 일일이
신을 카드에 옮겨 써야 하고, 세부 구성을 확정하고 나서도 다시 문서
작업을 해야 한다는 번거로움 역시 따른다.

편집구성안의
실제 예시

편집구성안에서는 전체 흐름에서 논리에 단락이 생기거나 시퀀스가
바뀔 때마다 소제목을 붙여주는 것이 좋다. 그래야 쓰는 사람 자신이
그 시퀀스 혹은 신의 용도를 명확히 인지하면서 나아갈 수 있기
때문이다. 이를 인지하면서 작업해야, 각각의 이야기 단위마다 분명한
변곡점이 생겨 관객들이 이야기의 '변화'를 인지할 수 있다.

누누이 이야기하지만 이야기 혹은 이야기가 만드는 재미의 가장
기본적인 조건은 변화에 있다. 변화한다는 것은 이야기가 앞으로
'나아간다'라는 뜻이다. 이것은 영상 속 주인공 삶이나 사건의 변화를
의미할 수도 있지만, 개별 컷 내용과 컷 사이즈, 컷 길이의 변화를
의미하는 것이기도 하다. 편집은 바로 그 변화를 만들어내는 작업이고,
편집구성안은 그 변화의 내용을 구체적으로 지시함으로써 이야기를
영상으로 완성시키는 작업 지시서라고 할 수 있다.

그러므로 구성안을 구체적으로 작성하는 단계에서는 부족한
영상 소스를 보완하는 방안도 강구해야 한다. 삽화, 애니메이션, 자막,
자료 화면 등등 효과적으로 활용할 수 있는 것들을 다 기재해준다. 꼭
필요한 영상 소스가 미비하면 이때라도 보충 촬영을 해야 한다.

2. 죽어야 끝나는 전쟁 - 가족의 일상까지 파괴하는 치매

이명희 씨 집 외경   재가 환자들의 경우,

                                      가족의 부담은 훨씬 크다.

누워 있는 남편과 장난치는 명희 (0531_프2)
- 장난치는 현장음들   OO 씨의 사회 연령은 여덟 살.
- 손이 왜 이렇게 예쁜 거야? / 그러지 마.

3548 사진들   시청 공무원이었던 남편에게
- 가족 놀러 가서 찍은 사진   어느 날 갑자기 찾아온 뇌출혈.
- 아들 졸업식 사진   뇌 수술 이후, 병원에서 1년 6개월을 보낸 뒤 남편은 아이가 됐다.

프2-0225   이   우리 신랑을 내가 신랑이라고 생각을 별로 안 해요. 솔직히 얘기로다가 신랑이라는
                         개념보다는, 아 우리 남편이 가는 날까지는 내가 보호를 해줘야 되는 사람이구나.

예전 노트 (0612_프12)
- "난 당신만 내 곁에 있으면 행복해 알았지 빨리 일어나 알았지."
- "일주일만 기다려라, 행복해하자 집에서, 행복."
                             일주일만 기다리라고 했던 남편은 13년째 일어나지 못했다.
                             가장이 쓰러진 후, 더욱 힘들었던 건 경제적 어려움이었다.

프2-0649   이   제가 직장을 다니고 있었거든요. 다니고 있었는데, 우리 신랑이 출근만 하려고
                         그러면 바지 입고 자기도 따라간다고 그래서, 도저히 이 사람을 두고 갈 수가 없어서,
                         뭐를 할까 고민을 하다가/ 0758 그러면 편의점을 해보자. 퇴직을 하면서 퇴직금이랑
                         이런 걸 일시불로 받았거든요.

일러스트 + 오디오 인서트
- 편의점 구석 환자 침대 + 계산대의 명희 (화면 무빙)
- 침대 환자 일어나서 아내 찾는 듯한 모습 + 계산대 손님 앞에서 난감해하는 명희

0829   이   뒤에다 공간을 침대 하나 들어갈 공간을 빼고, 거기다가 침대 놓고 TV 한 대 놓고 해서
                         우리 신랑을 데려다 놓고 장사를 했죠. / 근데 우리 신랑 화장실을 데리고 가고, 바지
                         내려줘야 하고 올려줘야 되고 다 해줘야 하는데, 손님은 오죠. 막 너무 힘든 거예요.
- 명희 인터뷰
           이   그때 너무 많이 울었어요. 왜냐면 저는 살아야 되잖아요. 내가 돈을 벌어야만 모든 게
                         돌아갈 수가 있잖아요. 내가 돈을 벌어야 우리 신랑, 할 수 있고 아들도 살 수 있고
                         그런 상황이었는데, 그런 모습 보고 우리 아들이 있다가 엄마 나 공부 안 할래요. /
                         그래서 결국 공부를 못 했어요. 그게 너무너무 미안하죠. 지금도(눈물).

그림 8-10.「부드러운 혁명」편집구성안의 한 부분*

내레이션이 필요하면 편집할 장면 옆에 어떤 내용의 내레이션이 들어가면 좋을지 간략한 내용을 메모해둔다. 문서 편집이라는 한계가 있지만, 사운드에 대한 의견이 있으면 이 또한 잊지 않게 편집구성안에 기재해놓는다. 최종적으로 넣고 안 넣고는 실편집 과정에서 또 한 번 걸러질 것이기 때문에 아이디어를 기재해놓는 것을 두려워할 필요는 없다.

최종적으로 편집구성안은 이런 모습을 하게 된다(그림 8-10, 그림 8-11). 그림 8-10은 방송 다큐의 편집구성안, 그림 8-11은 독립 다큐멘터리영화의 편집구성안이다. 만드는 사람의 편의에 따라 구성안의 형식은 각각 다르게 구현될 수 있으나 그 기능의 본질은 같다.

시퀀스	이미지	대사	음악 / 사운드	감정선 / 표현전략
1 title sequence / 등장인물 소개 / 타이틀	한무지, 고종우, 김명진.	남성성에 대한 다른 욕망	호기심, 궁금함…… 미스터리한	남자가 되고 싶다(김명진), 남자이다(고종우), 남자로 보이고 싶다(한무지), 첫인상!!!!!
		성전환 남성의 정체성 (호르몬, 가슴, 생리 등)		커밍아웃을 하는 이유, 관객들의 시선에 대한 당부
	3×FTM			
2-1 고종우 인물소개/ 쟁점 1	경동시장/ 바지교환	아저씨! / "저거는 여자 꺼"/		생물학적 남성으로 passing, 젠더 이분법으로 인한 생계의 어려움, 기본 정보 전달 및 관객들에게 첫인상 만들기
2-2 김명진 인물소개/ 쟁점 2	육군사관학교, 출장뷔페 아르바이트	명진, * 내레이션 일기 내레이션		ftm/butch의 차이, 동성애와 이성애/ 젠더 이분법의 불평등, 성별 변경과 제도: ①결혼, 부러움, 우울…… 관객들에게 첫인상 만들기
2-3 한무지 인물소개/ 쟁점 3	병원 가슴수술	가슴축소 수술……		트랜스젠더와 의학적 조치①, 관객들에게 첫인상 만들기.
2-1 -1 고종우 인물소개	집 주변 산책 장면, 남성됨 농구 / 밤	생물학적 남성과의 차이에 대한 내적 고백		FTM으로서 살아가기 1) 관계-외로움
3-1 고종우	고시원 집 / 낮 / 인터뷰	2-1-1의 연장. 생물학적 남성과의 차이 어린 시절의 경험 : 생리의 우울		생활 환경, 성격 등 기본 정보 노출, 트랜스젠더와 의학적 조치②; 한무지와의 차이
3-2 한무지	인터뷰	어린 시절의 경험 : passing의 기쁨		트랜스젠더로서의 passing 자기 전략.
3-2 -1 한무지	동네 친구와 여행	성별 정체성의 혼란을 겪는 주변인		
3-3 김명진	대리운전 아르바이트	성별 변경→취직	힘든 시간……	성별 변경과 제도: ②취직, 성별 변경 후 기록……
3-3 -1 김명진	인터뷰	촬영을 중단한 이유		
*				관객들 감정 정리~ 다음 쟁점으로 넘어가기~

그림 8-11. 「3×FTM」 편집구성안의 한 부분*

>>   * 김일란 감독이 작성한 원문 그대로 게재하였다.

4장 편집

'리듬'을 만드는 작업

편집 구성이 영상을 이어 붙여 이야기를 만드는 데 좀더 치중했다면, 실제 편집은 그 구성을 바탕으로 '리듬'을 만드는 작업이라고 할 수 있다. '변화'는 '변곡점'이 있어야 가능한데, 그 변곡점을 지시하는 것이 음악에서는 '음표'이고, 편집에서는 '컷'이다. 단순히 컷의 길이가 리듬감을 나타내는 것은 아니다. 영상 이미지의 내용, 앵글, 사이즈 등이 모두 음악적 리듬과 정서를 내재하고 있다. 편집은 그것을 잘 활용하여 고유한 음악을 만들어내는 과정에 가깝다.

실제 편집은 가편집과 최종 편집으로 나뉜다. 편집구성안을 기반으로 하여 1차 편집을 해보는 것이 가편집이다. 이 경우는 예정 러닝타임보다 길어지는 것이 보통이다. 특히 영상 소스가 많다면, 처음부터 냉정하게 내용물을 버리는 것은 극히 어려운 일이므로 일단 편집해보는 경우가 많다. 개별 소스로 보는 것과 이야기의 흐름으로 구성된 편집본을 보는 것은 큰 차이가 있어, 무엇을 빼고 넣어야 할지 판단하는 데 유리하기 때문이다. 그러다 보면 가편집 상태에서 1차 편집본, 2차 편집본, 3차, 4차…… 등으로 수많은 편집 버전이 나오게 되고, 최종적으로 간신히 하나의 편집본이 결정된다.

그 사이에도 무수한 수정이 이루어지므로 이 최종본은 편집구성안과 상당히 다른 모양이 될 수도 있다.

이야기는 어떻게
흥미로워지는가

편집 구성에서 가장 중요한 것은 '한정된 영상 소스로 어떻게 이야기를 흥미롭게 할 것인가?'일 것이다. 이때 '흥미'라는 단어를 대중소설적인 선정성으로 읽을 필요는 없다. 여기서 '흥미'란 관객들이 관심을 거두지 않고 끝까지 작품을 보게 하는 힘이라고 해석하는 것이 좋겠다. 즉 '어떻게 하면 관객으로 하여금 이 이야기에 몰입하게 하고 내가 전달하고자 하는 정서 혹은 의견에 동의하게 할 수 있는가?' 하는 점이다. 시퀀스와 신 구성을 할 때도 가장 염두에 두어야 할 것은 바로 이 지점이다.

영상으로 이야기를 만든다는 것은 즉흥적이거나 막연한 '감'으로 되는 것이 아니고 철저히 전략적인 두뇌가 필요한 것이다. 강력한 정서적 이미지조차 그것을 거기 배치하는 것은 '이유'가 있어서다.

그래서 편집은 이 장면이 여기에 있어야 하는 이유를 스스로 납득하는 과정이며, 러닝타임 동안 관객들이 지치지 않고 끊임없는 흥미를 가지고 이야기를 쫓아오게 만드는 내면의 기술이기도 하다. 즉 이것은 관객과의 심리 게임이다. 여기서 이 장면을 보여주면, 관객이 어떻게 반응할 것인가 하는 자극과 반응의 관계를 사고하는 능력이 있어야 가능한 게임이다. 다시 말하면 관객의 눈으로 자신의 이야기를 볼 수 있어야 관객의 흥미를 만들어낼 수 있다는 뜻이다.

여기에 동의한다면 왜 설명으로 일관하거나 '가르치는' 다큐멘터리에 하품이 나오는지 이해가 갈 것이다. 아직도 이 '설명'과 '가르침'의 늪으로부터 빠져나오지 못한 방송 다큐멘터리가 상당한 것은 실로 유감스러운 일이다. 한 다큐멘터리에 새로운 정보가 다수 등장하는 것은 이상한 일이 아니지만, 정보가 다큐의 모든 것이 아니라는 것을 항상 잊지 말자.

다큐멘터리 이야기 구성의 묘는, 관객으로 하여금 현장에 동참하게 하면서 자발적으로 이야기를 쫓아오게 하고 자발적으로 결론에 동의하게 하는 것이다. 좀더 간교하게 말하자면 관객 자신이 이 다큐멘터리의 의미를 스스로 발견했다고 느끼게 하는 것이 가장 좋다는 말이다.

왜냐고? 주입식 교육의 폐해를 이미 온몸으로 겪고 있는 우리가 그런 질문을 하는 것은 곤란한 일이다. 일방적으로 주어진 메시지는 쉽게 잊힌다. 자신이 참여하여 자신이 의미 있다고 규정한 것만이 자신의 것으로 남는 법이다. '감동'이란 것은 그때 오는 것 아닌가.

어쨌든 이런 기본 전제 하에 이야기를 흥미롭게 하기 위해 유의할 요소들이 무엇인지 한번 살펴보기로 하자.

1) 도입에서 동기를 부여하라

드라마든 다큐멘터리든 영상물에 있어 이야기를 시작하는 도입부와
이야기를 끝내는 결말부는 무척 중요하다. 그러나 도입부가 중요하냐
결말부가 중요하냐고 비교한다면 두말할 것도 없이 답은 도입부가
되어야 할 것이다. 시간적 진행을 하는 영상의 특성상, 아직 도래하지
않은 후반부의 흥미로움으로 전반부의 관객을 잡아놓을 수가
없는 탓이다. 보는 사람들에게 이 작품을 보아야 할 강력한 동기를
유발하는 것이 도입부의 주목표라 해도 지나치지 않다. 특히 관람을
포기하기가 쉽지 않은 극장보다, 간단히 채널을 돌려버릴 수 있는
TV에서 더 유념해야 할 조건이다.

　　사람들이 한 작품에 흥미를 느끼는 원인은 다양하다. 그러나 어떤
작품이든 성공적인 도입부의 미덕은 두 가지로 요약된다. 첫째, 어떤
이야기를 하려는 것인지 내용을 궁금하게 만드는 것. 둘째, 그러기
위해선 도입부의 장면이나 이야기가 늘 보던 어떤 것이 아니어야
유리하다는 것. 즉 상투적인 것이 아니어야 한다는 것이다.

　　「허니랜드Honeyland」(루보미르 스테파노브·타마라 코테브스카,
2019)는 마케도니아의 어느 시골에서 양봉을 하며 사는 50대 여인
아티제의 이야기다. 어느 날 옆집에 일곱 아이를 거느린 부부가 소
떼를 몰고 이사 와 대량 양봉을 시작하면서 그녀의 삶은 피폐해진다.
자연주의적 삶과 대량생산 체제의 폐해를 대비한 이 영화는 아티제가
험한 돌산을 기어올라 석청을 따는 희귀한 장면으로부터 시작한다.

　　「프레젠트.퍼펙트.Present.Perfect.」(셩즈 주, 2019)는 중국의
개인 방송 진행자들을 담은 다큐멘터리다. 장애인, 성소수자 등

「허니랜드」

소외된 개인들이 실시간 스트리밍을 통해 외부와 소통하고 돈도
번다. 이 영화의 서두를 장식하는 것은 그런 기괴하기까지 한 개인
방송 진행자들의 면면이다. 타워크레인 위에서의, 농부의, 거리를
누비는 춤꾼의, 시골 화장실을 소개하는 다소 엽기적인 개인 방송에
이르기까지.

2) 시퀀스와 신의 용도를 명확히 인식하라

대단히 중요하기 때문에 여기서 다시 한번 강조한다. 어떤 시퀀스를
쓰고 어떤 신을 쓰는 것은, 전체 이야기의 맥락상 그것이 거기 있어야
하는 이유가 있기 때문이다. 각 신과 시퀀스가 이야기의 변화를
드러내주는 단위들이라면, 누구보다 만드는 사람이 이것이 무슨
변화를 의도하고 있는 것인지 알아야 이야기를 진행시킬 수 있다.
　각 신과 시퀀스는 다음 신과 다음 시퀀스를 촉발하는 디딤돌이
되면서 이야기를 계속 앞으로 전진시키는 역할을 한다. 그러나 때에

따라서는 의도적으로 이야기를 제자리걸음시킬 수도
있다(그림 8-12). 이야기가 나아가는 것보다 그 지점에서 다양한
사례를 보여줄 필요가 더 클 때다. 가령, 내가 다루는 것이 A라는
노동자의 부당 해고에 관한 이야기라고 하자. 이 A가 부당하게
해고당한 경위를 설명하면서, 이것이 특정한 한 사건이 아니고 이런
식의 부당 해고가 비일비재하다는 것을 강조하고 싶을 때 B, C, D 등
다른 부당 해고 경위를 함께 열거한다. 이때 이야기 맥락상에서는
'부당 해고 경위'라는 지점에서 더 앞으로 나아가고 있지는 않지만,
사례를 두텁게 하여 '부당 해고가 만연하다'라는 인식을 강화하는
효과를 낳는다.

　이야기는 사건의 변화와 이런 사례의 병치를 되풀이하면서
나아가게 된다. 여기에 대한 명징한 인식이 없으면, 신과 시퀀스의
배치를 그냥 '꼬리에 꼬리를 무는 식'의 연결로 이어가기 쉽다.

　이런 병치의 의도를 명확하게 이해하고 사용하면 효과적이지만,
잘못 사용하면 전체 이야기가 동일한 지점에 멈추어 있는 다양한
정보의 덩어리에 그치게 되는 경우도 있다. 가령 여행 프로그램 같은,
이른바 정보형 다큐멘터리라 불리는 영상물에 이런 경우가 상당히

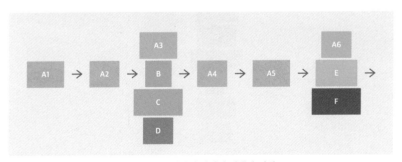

그림 8-12. 이야기 단위의 진행과 병치

있다. 처음부터 끝까지 '아시아 각국의 새해맞이 풍습'을 소개한다고
생각해보자. 이건 다큐멘터리라기보다 그저 다양한 정보의 나열에
지나지 않는다. 즉 감독의 시선이 없고, 따라서 이야기의 지향점이
없는 것이다(그림 8-13).

　잘못 배치된 신과 시퀀스는 이야기에 기여하기보다 전체를
산만하게 만든다. 잘못 배치된 정보는 이야기를 한자리에 멈추게 한다.

　기본적으로 이야기는 반드시 앞으로 나아가야 한다. 시냇물이
중간에 머물러 웅덩이를 만들어도 다시 흐름을 이어가듯이 말이다.
실험적인 의도가 있지 않고서는 변화하지 않는 이미지, 변화하지 않는
이야기를 고수할 이유는 없다. 변화의 폭이 인지할 수 없을 정도로
미미할 때는, 즉 이야기가 제자리걸음을 하고 있다고 느낄 때는
관객들은 필연적으로 졸음에 빠지게 된다.

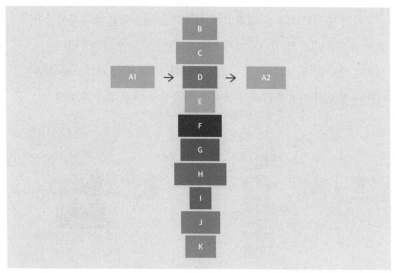

그림 8-13. 정보의 병치만으로 이루어진 영상 구조

3) 수수께끼를 갖게 하라

관객들이 끊임없이 그다음을 궁금하게 해야 한다. 진행형 구조에서는 다음에 무슨 일이 일어날까를 알고 싶게 해야 하고, 논증형 구조에서는 나아가는 국면마다 새로운 질문을 만나도록 해야 한다.

의문을 느끼기도 전에 미리 다 설명해버리는 다큐만큼 재미없는 것도 없다. 주인공이 어떻게 될까? 무슨 일을 또 저지를까? 사건이 어떻게 진행될까? 사건의 결말은 어떻게 될 것인가? 이런 자발적인 궁금증이 관객으로 하여금 이 다큐멘터리에 스스로 참여하고 있다고 느끼게 한다.

이야기를 흥미롭게 하고자 할 때 가장 일반적으로 쓰이는 기법은 이른바 '서스펜스'의 기법이다. 'suspense'는 사전에서 '영화, 드라마, 소설 따위에서, 줄거리의 전개가 관객이나 독자에게 주는 불안감과 긴박감'이라고 정의되어 있다. 결과가 어떻게 될 것인가? 액션과 스릴러, 혹은 호러를 동반하는, 관객으로 하여금 손에 땀을 쥐게 하는 그 '불안감과 긴박감'을 일컫는 것이다.

'이걸 다큐멘터리에 왜?'라고 생각하겠지만 사실 컷 하나에도 서스펜스의 원리는 적용된다. 흔한 카메라 기법인 틸트업을 보자. 보통 이런 워킹을 인물에 적용할 때는 인물의 전신을 자세히 훑어보며 관찰할 필요가 있거나 그가 누구인지 정체가 궁금한 경우다. 후자의 경우, 인물을 소개하는데 그 인물이 누구인지 곧바로 공개하지 않고 발에서부터 시작하여 몸통을 거슬러 누군지 식별할 수 있는 얼굴로 올라갈 때까지 시간을 지연하는 것이 핵심인 기법이다. 궁금한 대상을 보여줄 듯 보여줄 듯 안 보여주면 궁금해 죽을 지경이 되는 것은 인지상정이니, 시간을 지연하는 동안 관객들은 감질나게 마련이다.
즉 긴장감이 고조된다. 사물을 대상으로 한 틸트업도 마찬가지다.
시간을 끌다 마지막으로 홀드되는 그 지점에 가장 중요한 내용이 있는
것이다.

　이 원리를 이야기 전개 과정에도 적용하면 좋다는 것이다. 정작
궁금한 해답을 즉각적으로 주지 않는 것이 요령이다. 지연할 수 있는
만큼 지연하는 것이 더 효과적이라는 이야기다.

　평범한 일상을 다루는 작품이라 하더라도 이의 응용은 가능하다.
어느 새벽, 주인공 가족들이 그날따라 일찍 일어나 짐을 챙긴다.
'왜 저러나?' 할 때 해답을 금방 주지 말고 관객들이 가족의 행로를
따라가게 한다. 상황 속에서 그 의문이 풀릴 때까지 관객은 계속
대상을 주시하게 된다. 궁금하면, 의문이 생기면 주목도는 더
높아지기 때문이다.

　「슈퍼 사이즈 미」는 매일 패스트푸드만 먹으면 어떻게 되는지
자기 몸으로 실험해보는 내용이다. 과연 그 몸은 어떻게 변화할
것인가? 「피아노를 히말라야로Piano to Zanskar」(미하우 술리마, 2018)는

「피아노를 히말라야로」

영국 런던의 피아노 조율사가 히말라야의 산골 마을로 피아노를
운반해달라는 주문을 받는 것으로 시작한다. 사람이 빈 몸으로도 가기
힘든 길을, 피아노는 과연 무사히 도착할 수 있을 것인가?

이렇게 초반부터 의문을 던져놓는 과제 수행형 다큐멘터리는
의문을 풀고 싶어 하는 인간의 본성을 잘 이용하고 있는 것이다.

4) 정보는 나누어주라

앞의 3번과도 관련되는 것으로 '정보 나누어주기'가 있다. 작품이
끝날 때까지 관객들의 관심을 유지하기 위해서 가장 기초적으로
배려해야 할 것은, 만드는 사람들이 갖고 있는 정보를 유효적절하게
나누어 배치하는 일이다.

초심자들은 인물이나 사건에 대한 정보를 초반에 한꺼번에
소개해버리는 경우가 많은데, 이런 총체적 소개의 방식이야말로
흥미를 떨어뜨리는 첩경이 된다. 이렇게 했을 때 발생하는 또 다른
문제는 그다음 다음으로 진행되는 영상(이야기)이 새로운 정보를
주지 못하고 중언부언하게 되는 경우가 많다는 사실이다. 중언부언은
이야기의 흥미를 유지하는 데 결단코 피해야 하는 금기 사항이다.

다큐멘터리의 이야기는 한 사람을 알아가거나 어떤 사건을
알아가는 과정과 같다고 생각해야 한다. 한꺼번에 모든 정보가 주어진
다음에 판단하는 것이 아니고, 양파 껍질이 한 겹 한 겹 벗겨지듯이
시간의 진행과 함께 점점 본질로 나아가게 되는 과정이라는 뜻이다.

따라서 이야기를 구성한다는 것은 결국 정보를 효과적으로
나누어주는 과정임을 인식해야 한다. 시간적 진행과 함께 매번 새로운

상황이 주어져야 하는데, 새로운 상황이라는 것은 곧 새로운 정보가 내포된 상황이라는 뜻이다. 사건이나 에피소드의 배열은 그 속에 포함되어 있는 정보의 배열이며, 그것을 관객의 머릿속에 순차적으로 구축함으로써 감정을 쌓아가는(혹은 인식을 확장해가는) 작업인 것이다. 이것이 영상 소스에서 장면을 선택하고 배열하는 하나의 기준이 되어야 한다.

5) 가장 중요한 이야기는 후반에 배치하라

구성을 훑어볼 때는 드라마 그래프를 상기해보면 좋다. 드라마는 전개 과정에서 갈등이 고조되며 제1의 위기, 제2의 위기가 가속화되어 그 위기가 최고의 정점에 이르렀을 때 극적으로 모든 갈등이 해결되는 클라이맥스가 온다. 다큐멘터리는 장르의 특성상 반드시 이 드라마의 전개 과정과 일치할 수는 없으나 갈등의 전개 과정을 담론의 전개 과정으로, 클라이맥스를 '메시지의 완결부'라고 생각하면 드라마 그래프의 곡선과 거의 유사한 이야기 곡선을 갖게 된다. 할 이야기를 다 했다고 생각되는 시점 이후의 뒷이야기는 길어질 이유가 없는 것이다. 그래서 하강의 곡선은 드라마나 다큐멘터리나 짧은 것이 정석이다.

이야기의 앞부분에서는 뒷이야기를 계속 보고 싶게 하는 매력을 던져주는 것이 주안점이고, 가장 본질적이고 결정적인 이야기는 정보와 감정을 차곡차곡 쌓은 후반에 내놓는 것이 바람직하다.

6) 관객의 기대를 충족시키며 또 배반하라

다큐멘터리의 이야기는 내개 양면성을 가진다. 관객들은 동질적 경험에 더 잘 공감하지만 동시에 너무 잘 아는 익숙한 이야기는 진부하다고 식상해한다. 이야기의 흥미를 조율하는 것은 이 사이에서 줄타기를 하는 것과 같다.

익숙한 상황과 그 상황을 배열하는 익숙한 순서는 보는 사람을 편안하게 하지만, 이와 같은 상황이 계속되면 몰입도가 떨어진다. 관객이 미처 생각할 수 없는 '의외성'을 부여하는 것은 주목도를 높인다. 가령 추석이라면 시골, 익어가는 벼논, 마당에 고추가 말라가는 시골집, 방문에 기대어 행여 누가 오나 기다리는 노인의 얼굴…… 이런 것들이 으레 떠오를 것이다. 이런 익숙한 광경이 불러일으키는 안정적인 감성도 있다. 그러나 다음 순간, 뒷마당에서 닭을 잡으려다 놓쳐서 할머니가 이리 뛰고 저리 뛰는 장면이 붙는다면, 이 장면에 아연 주의가 집중되는 것은 당연한 일일 것이다. 무료한 툇마루에서 노인이 파리채로 탁탁 파리를 내려치는 장면 하나로도 그런 의외적인 긴장을 불러일으킬 수 있다. '그런데'의 이야기 전환 용법도 이 의외성을 활용한 것이다.

또한 관객들은 자신들이 잘 아는 이야기보다 잘 알지 못하는, '미지의 것'에 더 큰 흥미를 보인다. '미지의 것'이라고 해서 무슨 엄청난 비경을 소개하거나 비밀을 파헤쳐야만 되는 것은 아니다. 한 인간에 대해서도 개략적인 것은 누구나 범상하게 다 아는 것이라 느끼지만, 섬세한 어떤 부분들은 타인들에게 전혀 미지의 것이다. 아주 사소하고 극히 구체적인 어떤 부분들은 타인들에게는 낯선

무엇이면서, 동시에 그 인간을 하나의 고유한 인간으로 살아 있게
하는 요소가 된다.

「달팽이의 별」에서 시청각 중복 장애인 영찬에게 손은 세상과
대화하는 유일한 소통의 도구다. 손가락을 두들겨 대화하는 그
손가락 동작의 반복되는 클로즈업은 인물의 상징처럼 느껴진다. 집
안에서 운동한다고 제자리 뛰기를 했는데 제자리가 아니라 뒤로
갔음을 깨닫는 장면은 '사소함'을 통해 장애인으로서 그의 정체성을
보여주는 대표적 장면이다. 보통 사람들에게는 그런 사소함이
'미지'였기에 흥미로웠고, 그래서 그 인물은 전형화된 장애인이
아니라 생동하는 인간으로 다가올 수 있었다.

다큐멘터리스트가 인간을 볼 때, 상투적으로 보아서는 안 되는
이유가 여기에 있다. 구체성과 깊이가 곧 타인에게는 '미지'인
것이다.

대상에게서 남들이 알지 못하는 어떤 부분을 끌어내는 것에서
나아가 좀더 인위적으로 '낯설게 하기'의 기법을 동원할 수도 있다.
즉 대상에 대한 자연스러운 실사가 아닌, 인위적인 다른 요소를

「달팽이의 별」

삽입하는 방식이다. 퍼포먼스, 삽화, 애니메이션, 자막 등 기존의 영상 흐름과 다른, 여러 가지 이질적인 요소를 삽입함으로써 관객들의 주의를 환기시킨다. 여성 노동자들의 현실적인 이야기 사이사이 추상적인 퍼포먼스 이미지를 배치했던「위로공단」이 여기서도 한 예가 될 수 있을 것이다.

7) 현장이 가장 설득적이다

두말하면 잔소리지만 다큐멘터리에서는 현장이 가장 설득적이다. 백 마디 설명보다 상황 자체가 주는 울림이 더 크고 직접적이기 때문이다.

휴먼 다큐는 대부분 현장을 따라가는 방식이기에 이를 특히 유념할 필요가 없다. 그러나 역사, 사회적 사건, 경제, 과학 등의 분야를 다룬 다큐멘터리는 자료 화면, 도표, 문헌, 과거의 기사, 사진 등등으로 점철되는 비참한 경우를 드물지 않게 맞닥뜨리게 된다. 물론 자료 화면이나 문헌이 관객을 설득시키는 증거가 될 수는 있다. 그러나 자료 화면의 나열이나 정적인 문헌, 기사, 도표 등이 나열될 때 집중력을 가질 수 있는 관객은 거의 없다고 보아야 한다. 그러려면 텍스트가 더 효과적이지 영상은 왜 하냐고 묻고 싶을 것이다.

그러므로 어떤 소재든 현장을 발굴하는 것은 창작자의 소명이다. 물론 이 경우 기획 시부터 이미 계산되어 촬영이 그렇게 되어 있어야만 가능한 일이다. 현장성이 박약한 소재일수록 실사로 찍을 수 있는 이야기를 중심 맥락으로 잡고 현장을 확보하는 것이 절대적으로 유리하다. 창의력은 이럴 때 쓰라고 있는 것이다. 가장 손쉽게 예를 들 수 있는 것은 거시사와 미시사의 병치다. 거대한 시대의 서사를 이해하기 위해서 구체적인(현장을 찍을 수 있는) 일가족의 이야기를 큰 줄기로 잡는 방식이다. 다른 방식으로는 거시적 주제를 탐구하는 개인의(현장을 찍을 수 있는) 이야기를 맥락으로 삼을 수도 있다.

추상적인 설명도 현장의 구체적 상황을 통해 전달하는 것이 훨씬 생생하고 이해가 빠르다.

8) 인물은 이야기를 운반하는 도구가 아니다

몇몇 휴먼 다큐에서 인물의 해석이 상투적이라고 평가되는 이유는 그 인물이 전형성을 벗어나지 못하게 그려진 데 있다. 방송에서 이런 전형적인 인물을 특히 많이 볼 수 있다. 전형적인 인물은 그를 찍는 감독이 인물을 대하는 사고의 전형성을 넘어서지 못했기 때문이기도 하고, 시간적 이유로 적당한 선에서 얼버무리기 때문이기도 하다. 그 결과 인물이 인물 자체로서 살아 움직이지 못하고 그저 줄거리를 운반하는 도구로 전락하는 경우가 종종 있다.

자식들 다 외지로 떠나보내고 시골에 홀로 살고 있는 어머니는 사계절 허리 펼 날 없이 부지런히 일하는 성실한 인물이다. 추수한 농작물을 자식들 주려고 꾸러미 꾸러미 갈무리하는 정 많은 어머니는 명절날에도 오지 않는 자식들에 대한 서운함과 외로움을 애써 감춘다……와 같은 서사가 대표적이다. 해마다 추석 때면 TV에서 이런 프로그램을 본 것 같은 기시감이 드는 것은 이런 내용이 현실적이지만 또 그만큼 진부하기 때문이다. 그 어머니의 고유성은 없고 오로지 뭇 인간의 두뇌에 새겨진 '어머니 일반'의 전형성에 꿰맞추었기 때문이라 말하면 지나치게 가혹한 것일까?

인물이 그 자신의 고유성을 잃어버리고 단지 줄거리를 운반하는 도구로서 존재하는 다큐멘터리는 당연히 재미없다. 인물을 다루는 다큐멘터리에서는 줄거리보다 더 중요한 것이 그 캐릭터의 고유성을 발견하는 일이다. 고유성이 곧 그 캐릭터의 매력이다. 그 매력은 거대한 것보다 사소한 것에 있다는 사실을 잊지 말자.

9) 일상과 거리가 먼 소재일수록 개인적 삶과의 관계를 환기시켜라

원론적인 의미에서 다큐멘터리 장르의 목표가 현실을 변화시키는 것이라면, 작품을 본 관객의 생각부터 변화시킬 수 있어야 하고, 생각을 변화시키려면 마음부터 움직여야 한다. 그러기 위해서는 우리가 다큐멘터리에서 다루고 있는 이 이야기가 당신의 삶과 직접적으로 어떤 연관이 있는지를 환기시켜주어야 한다.

인간은 본능적으로 자신의 삶과 유관한 것에 관심을 기울이게 되어 있다. 휴먼 다큐가 상대적으로 대중적 인기가 높은 것은 다큐멘터리의 주인공과 관객이 인간의 조건이라는 공통분모를 가지고 있어서 그 상황에 대한 이해나 감정이입이 쉽기 때문이다.

그러나 요즘 한창 관심이 커지고 있는 환경 문제만 해도 직접 감정이입이 되기 쉽지 않다. 아마존 삼림이 3주째 불타고 있다는데, 그게 당장 나랑 무슨 상관이지? 태평양에 쓰레기 섬이 부유하고 있다지만, 나는 일회용 컵을 포기할 수 없어⋯⋯라는 식이다.

"지금부터 50년 뒤 미래 세대에게 무엇을 넘겨줄 것인가?"라는 질문을 담은 다큐멘터리 「너의 작은 노랑 장화Little Yellow Boots」(존 웹스터, 2017)가 2060년대에 태어날 증손녀에게 보내는 영상 편지의 형식으로 만들어진 것도 이와 무관하지 않을 것이다. 「잡식가족의 딜레마」에서 감독이 자신의 가족을 대상으로 하여 육식을 하려는 남편과의 다툼을 그대로 보여준 의도도 다르지 않을 것이다.

　　지금 내가 말하고 있는 이것이 당신의 삶과 관계가 있다는 것을 어떤 방식으로든 환기시켜야만, 이야기는 관객의 가슴속으로 전달된다.

10) 영상은 직관적 감성적 매체임을 인식하라

극장이든 TV든 모바일이든, 플랫폼이 여하하든 영상은 이성적이기보다 감성적인 매체다. 텍스트는 읽고, 따져보면서 읽고, 다시 돌아가 읽는 것도 가능하지만 영상은 그렇지 않다. 이성적으로 따지는 것보다 느끼는 것에 더 적합하다. 보는 순간의 정서가 즉각적으로 전달되는 매체인 것이다.

　　진행형 구조에서는 현실 묘사가 이어지는 형태가 주축이므로, 자연스럽게 느낌의 세계로 이행된다. 논증적으로 풀어가는 이야기는 그 속성상 영상에는 잘 맞지 않는 구조라고도 할 수 있다. 그러나 그렇기 때문에 논증형 구조에서 이 점을 잘 활용하면 이야기의 울림을 오히려 훨씬 더 크게 증폭할 수 있다.

　　「삽질」(김병기, 2018)의 예에서 보자. 4대강에 보를 쌓고 나서 수질이 얼마나 악화되었는지 알려주는 데는, 실제 실험실에서 나온 계량적 수치보다 끝 간 데 없이 강물을 덮은 녹조와 그 강가에 죽은 물고기 시체가 더 크게 다가오는 것도 같은 이치다.

「삽질」

11) 결론을 강요하지 말라

다큐멘터리에서 결말부는 도입부 다음으로 신경을 쓰게 되는
부분이다. 시간순으로 진행되는 진행형 다큐라 하더라도 엔딩에
어떤 장면을 골라 배치할 것인지는 여전히 과제다. 논증형은 더
말할 나위가 없다. 이때 장면을 고르는 기준은 두 가지쯤 될 것이다.
하나는 전체 이야기의 연장선상에서 지난 이야기의 의미를 함축하는
장면이어야 한다는 것. 다른 하나는 '여운'이 남는 장면이 좋다는 것.
　여운이란 무엇일까? 할 이야기는 이미 다 끝났다. 그런 후에
관객이 지나간 이야기의 의미를 되새기면서 그 이야기를 감정의
차원에서 충분히 느끼는 시간을 준다는 의미라고 나는 해석한다.
관객이 주체가 되어 느끼는 시간을 주라는 뜻이다. 그렇기 때문에
도입부의 장면이 그러하듯이 엔딩의 장면도 기억에 남을 만큼
인상적이면 좋다. 그래야 관객은 자신의 해석과 감정을 갖고 현실로
돌아가게 된다.
　내레이션이 있는 다큐라면 더욱 주의해야 하는 것이, 결말부에
쐐기를 박듯이 설명적 결론을 줄줄 읊어주는 것은 절대 삼가야 한다는

것이다. 본론에서 이미 다 한 이야기를 되풀이하거나, 누구나 예상할
수 있는 뻔한 이야기를 하는 것은 결론을 위한 결론일 뿐이다. 만일
꼭 내레이션을 써야 한다면 그 또한 영상과 마찬가지로 여운을
남기는 방식이어야 한다.

하나의 이야기는 이야기 구조와 이야기 단위의 연결 방식, 표현
방식의 조합에 따라 실로 다양한 형태로 변화될 수 있다. 그때 관객을
설득할 수 있는 형태를 만들어내는 사람은 자신의 이야기를 타자의
눈으로 볼 수 있는 사람이다. 냉정한 타자의 시선으로 바라보면
이야기의 허점이 무엇인지, 관객이 요구하는 것이 무엇인지를 비교적
재빨리 알아챌 수 있다.

12) 관객의 눈을 가져라

다큐멘터리든 극영화든 관객의 주목을 받을 수 있는 가장 기본
조건은 이전의 어떤 작품과도 차별화되어야 한다는 점이다. '개성'
'고유성' '독창성' 이런 단어들은 결국 당신의 작품이 어떤 것과도
'다르다'라는 것을 말해주는 것이다.

소재부터 차별화된다면 더할 나위 없다. 그러나 살펴보면
비슷한 소재들이 수없이 되풀이되어오고 있다는 사실도 발견할
수 있다. 비슷한 소재들을 각각 다른 작품으로 만드는 것은 주제의
차별화, 이야기 방식의 차별화에 달렸다.

객관의 눈으로 자신을 바라보는 것은 훈련이 필요하다. 어쩌면
이 훈련은 다큐멘터리의 이야기 구성뿐 아니라 우리 삶의 여러
국면에서도 큰 쓸모가 있을 것이다.

9부

▶

부가적 장치들

1장 내레이션

다큐멘터리 스토리텔링을 도와주는 부가적 장치들은 수없이 많다.
사운드 측면에서는 내레이션, 음악, 현장음, 효과음 등이 있고, 비주얼
측면에서는 촬영 외에 별도 진행되는 요소로 삽화, 애니메이션, 자막,
컴퓨터 그래픽 등이 있다. 그중에서도 후반 작업에서 가장 주요하게
고려되는 요소로는 내레이션과 음악을 들 수 있다.

내레이션이란

내레이션은 편집된 다큐멘터리 영상에 보이스 오버로 흐르는 해설을
말한다. 내레이션은 기본적으로 영상을 보완하기 위한 수단으로
쓰인다. 보다 면밀하게 말하자면, 만든 이가 자신이 영상으로 재현한
현실(다큐멘터리)에 대해, 관객들이 반드시 보고 알고 느끼기를
원하는 것을 효과적으로 전달하기 위해서 내레이션을 활용하는
것이다. 내레이션이 전달에 방해가 되거나, 필요가 없을 때는 쓰지

않을 수도 있다.

내레이션에 관한 한 경우의 수는 다양하다. 내레이션을
의도적으로 쓰지 않을 수도 있고, 소재나 서술 구조의 특성에 따라
내레이션 사용이 불가피한 경우도 있으며, 내레이션을 영상의
종속변수가 아니라 독립변수로서 보다 더 적극적으로 활용할 수도
있다.

한때 한국의 독립 다큐 신에서는 내레이션 사용이 금기시되기도
했다. 내레이션의 작위성이 다큐멘터리의 순결성을 저해한다고
보았던 것 같다. 내레이션 따위는 방송 다큐멘터리에나 쓰는 것이지,
진짜 다큐멘터리영화는 내레이션을 쓰지 않는다는 맹목적인 믿음이
통용되던 시절이었다. 그러나 내레이션의 유무가 다큐멘터리의
진정성을 판가름해주지는 않는다. 내레이션은 앞에서 지적한 대로
연출의 의도에 따른 선택적 부가 장치일 뿐이다.

내레이션의
시점

1) 삼인칭 시점

내레이션에는 몇 가지 시점이 활용되고 있는데, 크게 삼인칭 시점과
일인칭 시점으로 나눌 수 있다. 삼인칭 시점이란, 화자의 존재는
드러나지 않은 채 '그' '그녀' 등 삼인칭을 주어로 서술되는 것을
말한다. 반면에 일인칭 시점은 화자 '나'가 주어가 되어 일인칭으로

서술되는 것을 말한다.

　문학적 구분으로는 삼인칭 시점은 관찰자 시점과 전지적
시점으로 나뉜다. 관찰자 시점이란 밖에서 관찰하는 사람의 시선으로
서술하는 것으로, 관찰자로서는 알 수 없는 사건의 내막이나 대상의
내면 심리 등은 서술하지 않는다. 따라서 관찰자적 시점의 문장은
팩트 중심으로 드라이하게 전달되기 쉽고, 결론이나 판단을 모두
보는 이에게 맡기게 된다. 그러나 이러한 시점의 서술은 소설에서는
가능하지만 영상 다큐멘터리에서는 적용하기 어렵다. 관객은 그
자신의 눈으로 영상 속에서 일어나는 상황을 '관찰'할 수 있기
때문이다.

　그런 까닭에 다큐멘터리에서 활용하는 삼인칭 시점은 거의
전지적 시점이다. 전지적 시점이란 화자가 전지전능한 입장에서
등장인물 혹은 사건에 대해 모든 것을 알고 서술하는 것을 말한다.
화자의 존재는 드러나지 않기에, 더욱 신적인 권위를 부여받으며
그 권위가 서술의 정당성을 뒷받침한다. 이러한 전지적 시점은
다큐멘터리영화보다 방송 다큐멘터리에서 주로 활용된다(그림 9-1).

　전지적 시점은 제작 주체의 의견을 강력하게 주입하는 데 유리한
서술 방식이다. 그러나 모든 것을 아는 주체의 화법은 설명적이기
쉬우며, 설명적 화법은 자칫 시청자를 가르치는 태도로 받아들여지기
쉽다. 주체가 아는 것을 듣는 이 역시 알기를 강요하는 성격을 띠게
되므로, 시청자의 거부감을 불러일으킬 수도 있다. 바로 이런 점이
독립 다큐영화 신에서 내레이션을 기피해온 한 이유가 될 것이다.

　방송에서 내레이션의 관행이 이렇게 굳어온 데는 '화자가
누구인가?' 하는 문제가 도사리고 있다. 방송 다큐멘터리의 목소리는

* 강에서 노래하는 아이들 9"

      - (현장음 살리다)
      아이들은 어디서나 즐겁다.

* 여자 내다보고
  수상 빈민촌 풀숏 ― 노인 10"

      - 그러나 그들의 미래는 밝지 않다. 부모로부터 물려받은 가난이
      그들의 미래를 짓누르고 있기 때문이다.

* 빨래
  빈민촌 골목길 ― 아이 ― 남자 ― 아이2S 18"

      - 가난하다는 것은 단순히 돈이 없다는 문제가 아니다. 가난하다는 것은
      굶주림과 질병을 일으킬 뿐 아니라, 인간으로서의 존엄성과
      모든 권리를 빼앗긴다는 것을 뜻한다. 그것은 늘 죽음의 위협 속에
      살아간다는 뜻이며, 실제로 죽어간다는 뜻이기도 하다.

* 골목길에 누운 걸인
  신발 팬 파리 끓는 걸인의 머리 20"

      - 하루 1달러 이하로 생계를 유지하는 극빈층이 오늘날 전 세계적으로
      10억 명에 이른다. 가난으로 죽어가는 아이들은 매일 3만 명에
      이른다. 우리는 그들을 바라보며 가난을 퇴치하는 것은 불가능하다고
      말한다. 그러나 그 말은 옳은가?

그림 9-1. 전지적 시점의 내레이션의 예 「방글라데시발 희망혁명」 중 *

오랫동안 개인의 것이기보다 해당 방송사의 것으로 간주되어왔다.
그래서 방송사의 다큐멘터리 제작자들은 구체적 '개인'인 '나'를
화자로 설정하는 데 불편함과 어색함을 느끼며, 화자가 드러나지
않은 삼인칭 전지적 시점의 관행을 선호해온 것이 아닌가 생각된다.
사실 '나'라는 일인칭 화법을 쓰고 싶어도 피디들이 개별적 존재로
드러나지 않는 마당에 '나'라는 인칭의 사용이 효과적이지도 않을

것이다.

2) 일인칭 시점

일인칭 시점은 '나'를 화자로 하여 내가 보고, 느끼고, 생각한 것을 서술한다. '내가 관찰한 것' 혹은 '내가 느끼고 생각한 것'이라는 범주가 분명하므로 전지적 시점에서 주어지는 절대적 정당성이라는 부담이 없고, 보다 인간적이고 정직한 느낌을 준다.

일인칭 시점의 서술 방식은 구체적 '주체'가 누구인지 분명히 드러나야만 효과가 있다. 즉 '나'의 입장과, '나'와 '대상'과의 관계가 분명할수록 그 관계에서 오는 긴장이 서술의 긴장이 된다. 화자는 화면에 노출될 수도 있고, 노출되지 않을 수도 있다.

일인칭 시점으로 가장 광범위하게 활용되는 것은 예로 든 「로저와 나」에서 보이다시피 카메라를 든 감독의 시점으로 이루어지는 진술이다(그림 9-2). 독립 다큐멘터리영화, 특히 사적 다큐에서 흔하게 쓰이는 방식이다.

「버블 패밀리」「개의 역사」, 그리고 「내 친구 정일우」(김동원, 2017) 등 이러한 유형의 내레이션을 활용하는 다큐멘터리는 수없이 많다. 영화의 영상이 감독의 의지에 따라 맥락화되므로 동일한 시선의 진술이 부가되는 것은 감독 자신에게도, 관객에게도 매우 자연스러운 느낌을 준다.

또한 일인칭 시점의 서술은 삼인칭 전지적 시점처럼 전능한 존재가 아니라 보는 이들과 같은 '사람'의 시선이란 점이 분명하게 드러나기에, 같은 '사람'의 조건을 지닌 이들에게서 공감을 끌어내는

* 팻 분 쇼(노래)
* 팻 분, 다이나 쇼, 아버지

     - 어렸을 때 나는 오직 세 사람만이 GM을 위해 일하는 줄 알았다.
     팻 분, 다이나 쇼, 그리고 나의 아버지.

* 플린트 시가 자료 화면
* 노동자들 — 공장 — 자동차 공정 — 플러그 시가행진

     - 내 고향인 미시간 주 플린트 시는 세계적인 기업인 GM이 탄생한 곳이다.
     고향에는 세계 어느 곳보다 많은 자동차 공장과 노동자들이 있었다.
     우리가 만들었던 것들은 캐딜락, 뷰익, 피셔 차체, 트럭, 쉐보레,
     그리고 전기 점화 플러그들이었다.

그림 9-2. 일인칭 시점의 내레이션의 예 「로저와 나」 중

데 유리하다. 또한 그 사람의 '개성'이 매력으로 작용하기도 한다.
이러한 강점이 있으므로 일인칭 시점의 내레이션은 감독의 시점이
아니어도 전략적으로 선택되는 경우가 있다.

   그 하나로 다큐멘터리 속 인물을 직접 화자로 삼아 그의 진술을
일인칭으로 듣는 방식이 있다. 감독을 대행하는 인물을 현장에
투입하여 그의 일인칭 진술을 채택하는 것이다. 방송 다큐멘터리에서
흔히 볼 수 있는 전략인데, 이는 전지적 시점이 주는 교조적 태도를
극복하기 위한 대안으로 생각된다. 방송사 여행 다큐멘터리에
나오는 '리포터'에서 주로 그런 전형을 볼 수 있다. 다른 장르에서도
현장에서 일어나는 상황이 없고 정적일 경우 화면의 활기를 위해서
계획된 인물을 투입하고, 그 인물을 매개로 상황을 유발하는 방식을
흔히 활용한다. 생동하는 현장이 거의 없는 역사 다큐멘터리의 경우
이 방식은 특히 유효하다. 카메라가 인물을 쫓아가며 그의 시선으로
현장을 바라보면, 현장은 이 인물이 서술하는 경험과 감정을 통해

관객에게 전달되는 것이다.

또 다른 하나는 촬영 대상 중 중심인물이 직접 화자가 되는 경우다. 이른바 일인칭 주인공 시점이다. 다 같은 일인칭 시점이라도 앞의 경우가 관찰자적 시선이라면, 이 경우는 보다 적극적으로 자신의 이야기를 한다는 점이 다르다.

「어느 세균학자의 죽음」은 시종일관 에릭 올슨의 시각으로 이야기가 전개된다. 그는 1950년대 CIA에서 일했던 프랭크 올슨의 아들로, 아버지의 죽음에 대한 의혹을 밝히기 위해 평생을 바쳐온 인물이다. 그의 인터뷰가 이야기를 끌고 가는 중심축으로 작용하며, 인터뷰 보이스 오버가 내레이션처럼 활용된다. 일인칭 주인공 시점은 주로 이렇게 인터뷰 보이스 오버를 애용한다. 촬영 후 작성되어 더해진 해설보다 훨씬 진정성이 느껴지기 때문이다.

그러나 이렇게 한 인물의 진술이 이야기를 끌어가는 큰 줄기로 활용된다면, 편집 후 해설 대본을 작성하여 몇 군데 집어넣는다 하더라도 인터뷰 보이스 오버와 거의 구분할 수 없이 매끄러운 구조를 갖게 된다.

좀더 미묘한 경우도 있다. 「리슨 투 미 말론」은 영화배우 말론 브란도의 삶을 다룬 다큐멘터리영화다. 이 영화의 내레이션은 모두 일인칭 시점, 생전의 말론 브란도의 육성으로 구성되어 있다. 그러나 이것은 이 영화를 위한 인터뷰가 아니라 생전에 말론 브란도가 직접 녹음한 자기 독백적 음성 메모와 여러 인터뷰를 채집하여 그 속에서 브란도의 음성을 중심으로 재구성한 것이다. 이것은 마치 말론 브란도가 자신의 사후에 생전의 자기 인생을 회고하는 것처럼 보인다.

「아름다운 것들」에서는 '석유' '화물선' '측정' '재'라는 제목의 네 개 챕터에 네 명의 인물이 등장하여 각각 자신의 삶에 대해 길고 사념적인 독백을 한다. 인터뷰를 해서 답변으로 받은 것이라기엔 독백의 내용이 너무나 관념적이라 생각했는데, 2018년 제10회 DMZ국제다큐멘터리영화제에 초빙되어왔을 당시 GV*에서 감독은 사실 그 각자의 독백은 자신이 써준 것이라고 밝혔다. 단지 출연자에게 충분히 취재를 해서 썼으며, 그 내용을 각 출연자에게 보여주며 본인의 생각과 다른 것은 삭제하라고 했다는 것이다.

이에 대한 윤리적 판단은 별도의 문제라 여기서 논하지는 않겠다. 다만 여기서 강조하고 싶은 것은, 내레이션 또한 다큐멘터리를 만든 사람의 창조적 산물이라는 사실이다. 감독 자신의 말이건, 출연자의 말이건, 글로 쓴 대본이건, 인터뷰 보이스건 상관없이 그러한 말을 요구하고 해석하고 선택하고 배열하는 것은 감독의 특권인 것이다. 내레이션을 사용하는 방법에는 여러 가지 변용이 있을 수 있겠으나, 그 어떤 경우도 결국은 감독의 의지와 취향에 따라 재구성되는 것이란 점에서는 다르지 않다.

내레이션의
기능

그렇다면 내레이션은 왜 쓰는가? 방송 다큐멘터리에서는 대부분 내레이션을 쓴다. 반면에 다큐멘터리영화에서는 내레이션을 쓰지 않는 쪽이 더 우세하다. 내레이션을 쓰느냐 쓰지 않느냐 또는 어떤

* Guest Visit. 영화 상영 이후 감독이나 배우, 평론가 등 영화 관계자가 등장해 관객과 대화를 나누는 행사.

방법으로 쓰느냐는 전적으로 어느 쪽이 전달에 더 효과적이냐에
달렸다.

관객에게 제작 주체의 의견을 강요하지 않겠다는 의사를
전면화하고자 할 때는 의도적으로 내레이션을 배제할 수도 있다.
내레이션을 쓰지 않을 때는 좀더 객관적인 거리감이 주어지기
때문이다. 이 경우 영상을 보완하는 역할은 현장음과 인터뷰, 자막
등이 한다. 그러나 내레이션을 쓰지 않는다고 제작 주체의 의견이
무화되는 것은 아니다. 사실상 제작 주체의 의도를 떠난 객관 그
자체의 영상 구조물은 존재할 수가 없기 때문이다. 내레이션을
배제하는 것도 하나의 스타일일 뿐이다.

내레이션을 쓸 때도 마찬가지다. 방송 다큐멘터리에서는 그저
관습적으로 내레이션을 쓰는 경우가 많은데, 왜 내레이션을 쓰는지
분명한 목적의식을 가질 필요가 있다. 그러기 위해서는 내레이션이
영상과의 교집합 속에 어떤 기능을 하는지 살펴보자.

첫째, 영상의 정보를 보완한다. 다큐멘터리는 장르의 속성상
극영화와 달리 이야기를 전달하는 영상이 불완전할 수밖에 없다.
충분히 예비된 장면을 찍는 것이 아니기 때문이다. 내레이션을 쓰는
가장 일반적인 이유는 영상으로 전달하고자 하는 정보를 보완하는 데
있다.

한 사람의 순례자가 순례길을 걷고 있을 때 여기가 어디인지,
목적지까지 얼마나 남았는지 알 필요가 있으면 순례길의 영상 위에
그러한 내용을 내레이션으로 알려주게 된다. 장면과 장면의 연결이
비약적일 때도 내레이션으로 이를 묶어서 이을 수 있다. 현 시점에
과거의 무엇을 환기할 필요가 있을 때도 영상을 다시 불러올 필요

없이 내레이션으로 알려줄 수 있다.

이러한 속성 때문에 내레이션이 가장 효과적으로 활용되는 다큐멘터리는 정보성 다큐멘터리다. 즉 정치, 사회, 역사, 과학, 경제 등 새로운 정보를 알려주는 것이 주요한 다큐멘터리에서는 영상만으로 이를 완벽하게 표현하기가 불가능하기 때문에 다양한 인터뷰뿐 아니라 내레이션의 도움을 받는 경우가 많다. 더욱이 이런 종류의 다큐멘터리는 대부분 이야기 구조를 논증형 구조로 가져가는데, 논증형 구조에서는 내레이션이 불가피하다고도 할 수 있다.

진행형 구조가 사건이 진행되는 양상을 눈으로 따라가기만 해도 알 수 있는 시각형 이야기 구조라면, 논증형 구조는 머릿속으로 논리를 구축해야 알 수 있는 두뇌형 이야기 구조라서 영상의 흐름만 보고 이야기의 맥락을 잡기 쉽지 않은 까닭이다. 내레이션을 사용하지 않으려면 해설적 인터뷰를 용의주도하게 활용해야 한다.

가령 영상에 대영박물관의 미라가 나오고 그 미라의 치아를 클로즈업으로 보여주는 장면이 있다. 왜 치아를 보여주는가? 보는 것만으로는 이해가 안 되지만, 이것을 보여주는 데는 보아야 할 이유가 있는 것이다. 이때 내레이션으로 이 미라의 어금니가 대단히 크며 앞니 역시 어금니처럼 평평하다는 것을 지적하고, '고대에 인간의 치아는 곡채식을 갈아먹기 좋은 구조로 되어 있었다는 것' 즉 인간은 원래 채식동물이었다는 것을 환기하면, 이런 내레이션 혹은 인터뷰 보이스가 영상의 의미를 100퍼센트 살려내게 되는 것이다.

둘째, 영상 속의 상황에 대해 관점을 제공한다. 내레이션이 단순히 설명적 정보만을 제공하는 것은 아니다. 어떤 장면에서 장면의 외형이 아니라 거기서 어떤 의미를 읽어야 하는지 관점을 제공함으로써 관객을 감독의 의도에 보다 강하게 수렴시킨다.

동일한 한 장면이라고 해도 보는 사람에 따라 그것은 각기 다르게 보일 수 있다. 영상 이미지 자체가 가지고 있는 포괄성, 다의성 때문이다. 드넓은 광야를 걸어가는 순례자의 모습에서 어떤 이는 평화로움을 느끼고, 어떤 이는 고독을 느낀다. 그때 내레이션이 관객으로 하여금 감독의 관점을 벗어나지 않게 함으로써 전체 작품의 일관성을 지키고 감상의 밀도를 높일 수 있게 한다.

셋째, 영상 속의 상황에 대해 정서적 반응을 증폭한다. 또한 영상 자체가 갖고 있는 정서를 보다 강화하여 보는 사람의 감정을 증폭하기도 한다.

넷째, 전체를 하나의 완결된 이야기로 묶어낸다. 내레이션은 조각난 컷들을 하나의 이야기 단위로 묶어주는 역할을 할 뿐만 아니라 궁극적으로 전체 줄거리를 하나의 이야기로 통합시키는 기능을 갖는다. 내레이션이 각각의 장면에만 치중하면, 나중에 전체 줄거리를 이해할 수 없는 파편적인 이야기의 무더기가 될 수도 있다. 영상의 신이나 시퀀스가 그렇듯이 내레이션도 한 단락마다 각각의 작은 테마를 갖고 있으며, 그 테마들이 연관되어 이어지면서 전체 이야기를 발전시켜나가야 하는 것이다.

그러므로 내레이션을 쓰거나 인터뷰 보이스로 흐름을 잡아나가려면, 한 장면 한 장면에만 매몰되어서는 안 되고 머릿속에 늘 전체의 이야기 흐름을 그려가며 부분을 맞추어나가야 한다. 이를테면 이것은 모자이크화나 점묘화를 그리는 것과 같다. 세부를 이루는 각 부분이 모여서 궁극적으로 하나의 큰 그림을 그려낼 수 있게 하는 것이 관건이다.

어떻게 써야
하는가?

그러면 내레이션을 어떻게 써야 하는가?

가장 중요한 것은 내레이션이 독자적으로 존재하지 않고 영상을 위해 복무한다는 사실을 아는 것이다. 즉 내레이션은 영상에 중층적으로 작용하는 것이다. 그럼으로써 영상 이미지뿐 아니라 음악, 현장음, 효과음 등 다른 요소들과도 어우러져 궁극적으로 작품 전체에 플러스알파의 상승효과를 줄 수 있는 것이어야 한다. 그렇기 때문에 내레이션을 쓰고자 할 때는 다큐멘터리 자체를 입체적인 영상 구조물로 생각해야 하고 내레이션이 그 입체 효과를 살려주어야 한다.

그런 점을 고려하면 내레이션을 구사하는 방식도 결코 한 가지일 수가 없다. 영상에 더했을 때 상승효과를 줄 수 있을 것이라 판단한 방식을 택하면 되는 것이다.

「그림자꽃」(이승준, 2019)은 탈북 브로커에게 속아 남한으로 온 북한 주부 김련희가 평양의 가족에게 돌아가기 위해 노력하는 7년의 시간을 그리고 있다. 이 다큐멘터리에는 내레이션이라고 인식될 만한 내레이션이 없다. 그러나 자세히 들여다보면 감독의 육성으로 아주 짧고 건조한 내레이션이 몇 군데 들어가 있는 것을 발견하게 된다. 주어는 없다. 단지 재판에서 김련희에게 적용된 국가보안법 조항과 판결 내용을 읽어주었을 뿐이다. 그 건조한 법률 조항과 김련희의 현재 처지를 그려낸 그림 사이에는 커다란 감정의 격차가 발생하고, 그 사이에 보이지 않는 공간의 볼륨이 만들어진다. 그 공간에서 관객들의 생각, 느낌 들이 생겨나게 되는 것이다.

다큐멘터리가 주체의 의견을 대놓고 관객들에게 강요하는 느낌을 주지 않으려면, 이렇게 객관적인 정보를 짧고 냉정하게, 극소량 처방하는 것이 답이다.

그러나 이와 정반대의 경우도 있다. 2019년 IDA 다큐멘터리 어워즈 작품상과 유러피안 필름어워즈 다큐멘터리상을 받은 화제작 「사마에게For Sama」(와드 알-카팁·에드워드 왓츠, 2019)는 정부군의 공격을 받는 시리아 북부 도시 알레포에서 5년을 보낸 기록이다. 이 영화의 기록자이며 출연자인 와드는 그사이 폭격 환자를 돌보는 의사 함자와 결혼했고 딸아이 사마를 낳았다. 이 영화의 내레이션은 편지 형식이다. 감독인 그녀가 딸 사마에게 보내는 편지가 처음부터 끝까지 일관되게 이어진다.

그 편지에는 알레포의 상황에 대한 설명적 정보도 있다. 그러나 포위당한 채 폭격과 수많은 죽음 사이에서 처참한 시간을 겪고 있는 그녀 자신의 혼란과 절망과 슬픔도, 천사와 같은 딸아이에 대한 사랑도 그대로 문면에 담겨 있다. 영상의 참혹한 정경 위에 이처럼 풍부한 감정을 담은 내레이션이 덮이면서 만들어내는 정서적 공간은 관객들의 감정 또한 크게 증폭시키는 효과를 일으킨다.

내레이션 또한 이렇게 창조적 변형이 얼마든지 가능하기에, 어떻게 쓰는 것이 좋은가를 기술하는 것은 불가능한 일이다. 그러나 여기에도 기본적인 수칙은 있다.

「사마에게」

1) 중계방송하지 마라

최악은 영상에서 벌어지고 있는 상황을 중계방송하는 것이다. 눈으로 보면 다 파악되는 상황을 또다시 글로 설명하는 것은 낭비일 뿐 아니라, 다큐멘터리가 전할 수 있는 공간의 볼륨을 지극히 납작하게 눌러버리는 결과를 가져오게 된다.

기본적으로 설명으로 일관되는 내레이션은 지극히 따분하다는 사실을 기억하자.

2) 말을 아껴라

영상 작품에서는 영상이 우선이다. 영상이 충분히 말하게 하고 그것을 효과적으로 보완하는 방법을 생각해야 한다. 그러려면 말이 많은 것보다 적은 편이 더 낫다. 언제나 문제가 되는 것은 부족한 내레이션이 아니라 과잉된 내레이션에 있다.

말이 영상을 보완하는 것이 아니라 거꾸로 영상이 말에 의존하는 경향을 띠는 것은, 현장성을 가장 중시하는 다큐멘터리로서는 치명적이라 하겠다. 적당한 밑그림에 설명적 내레이션을 깔아서 해결하려고 하는 경향이 강한 방송 다큐멘터리가 특히 이 점을 유념했으면 좋겠다.

3) 귀로 듣는 말임을 잊지 말라

읽기 어려운 말, 소리로 뜻이 구분되지 않는 말들은 되도록 쓰지 않는다. 한 번 들어서 단번에 이해되는 문장이 가장 좋은 문장이다. 읽기 좋은 문장이 듣기도 좋으니, 처음 내레이션을 쓸 때는 반드시 소리 내어 읽어보는 것이 도움이 된다.

4) 단문으로 써라

듣는 글은 절대적으로 단문이 유리하다. 단문은 문장의 핵심 의미가 그때그때 분명한 임팩트로 전달되는 데 반해, 장황한 만연체 문장은 전달력이 현저히 떨어진다.

5) 중언부언을 피하라

간결하게 써라. 지나친 설명보다는 모자란 설명이 낫다.

6) 현장음에 유의하라

전체를 내레이션으로 가득 채우는 것보다 현장음을 잘 살리는 것이 더 효과적이다.

7) 반복하지 말라

특별히 의도적으로 강조하기 위해서가 아니면 동일한 단어나 어구, 어미를 반복하지 말라. 소리로 들을 때는 대단히 부자연스럽게 들린다.

8) 내레이션도 음악이다

영상에 부가되는 모든 오디오는 음악적 요소를 가진다. 내레이션도 마찬가지다. 말의 내용뿐만 아니라 소리로서 그것이 환기하는 느낌, 뉘앙스를 살려라.

9) 영상과 내레이션은 대화의 관계임을 명심하라

영상과 말이 동시에 일치할 수도 있지만 때로는 영상이 먼저 제시되고 내레이션이 뒤를 받쳐주기도 하며, 또는 내레이션이 먼저 치고 나간 뒤 영상이 화답하듯 뒤따를 수도 있다. 대화의 순서를 결정하는 것은 어느 쪽이 효과적인지를 판단하기에 달렸다.

2장 음악

사운드 작업 중에 감독들이 가장 신경 쓰는 것은 음악이다. 음악은
편집 후에 의도적으로 만들어지고 배치된 '소리'라서 효과적으로
절제되어 쓰인 음악은 감동을 배가시키지만, 장면의 정조와 맞지
않거나 과잉된 음악은 다큐멘터리의 리얼리티를 현저히 손상시킬
수도 있기 때문일 것이다.

내레이션과 마찬가지로 음악을 쓸 것인가 말 것인가도 감독의
선택에 달렸다. 그러나 내레이션과 달리 음악은 사용하지 않는 경우가
극히 희소하고 사용하는 것이 당연한 것처럼 일반화되어 있다.

음악의 역할

다큐멘터리에 음악을 사용한다는 자체가, 다큐멘터리가 예술로서의
영화 영역의 한 부분임을 대변해준다고 나는 생각한다. 왜냐하면
음악은 현실 그 자체가 아니라 현실에 대한 감정을 인위적으로

증폭하는 데 가장 효과적인 수단이기 때문이다. 비언어적이기에 감독의 의도를 보다 직관적으로 전달하여 관객의 정서를 조율할 수 있는 것이다. 그리고 이에 거부감이 없다는 것은 다큐멘터리스트 대다수가 무의식중에 그러한 예술적 재현물로서의 다큐멘터리를 이해하고 있는 것이라고도 할 수 있겠다. 그러니까 현실을 다룬다고 해서 다큐가 현실 그 자체가 아니며 감독이라는 프리즘을 거친 독창적 현실 해석의 산물이라는 것을 말이다(그래서 '한국의 독립 다큐 신에서 음악을 사용하는 데는 거부감을 느끼지 않으면서, 내레이션 사용에는 거부감을 느끼는 것은 일종의 자기모순 아닌가?'라는 생각을 한때 하기도 했다. 음악은 직관적인 도구이나, 내레이션은 언어로 표현되는 것이라 복잡한 고려와 공정을 거쳐야 하므로 보다 더 인위적인 작용으로 느껴진 것이 이유가 아닐까 추측한다).

한국의 대표적인 다큐멘터리 감독들도 다큐멘터리에서 음악의 역할에 대해서는 대부분 비슷한 생각을 하는 것으로 나타났다. "음악은 스토리의 감정적 요소를 보다 섬세하게 관객에게 전달하는 역할을 할 수 있다."(문창용 감독) "대상의 감정, 즉 슬픔과 기쁨 등을 좀더 섬세하게 표현한다거나, 신과 신을 이어주는 스토리텔링의 역할을 하기도 하며, 다큐의 구성으로는 부족해 보이는 빈 공간을 채워주는 역할을 하기도 한다. 또한 특정한 감정선 즉 긴장감, 두려움, 서스펜스 등을 강조, 부각시키기 위한 역할을 하는 등, 다큐가 가지는 성격에 따라 음악을 사용할 수 있다."(윤재호 감독) "음악은 작품의 감성적 생명력을 들었다 놨다 할 수 있을 만큼의 힘을 가졌어도 양념으로서의 성격이 매우 강하여 그림과 소리의 후순위로 생각하는 것이 대부분이지만 중요도에서도 후순위는 아니다."(진모영 감독)

따라서 다큐멘터리 음악이 극영화 음악과 그 기능에서 다르지 않다는 생각도 분명하다. "음악은 이야기를 정서적으로 전달하는 데 아주 효과적인 기능을 담당한다. 다큐멘터리가 단순한 현실의 기록이 아니고, 연출자가 새로 현실을 재구성해 만들어낸 이야기라는 것을 인정한다면 음악이 다큐멘터리에 쓰이는 이유는 영화에 음악이 쓰이는 이유와 다르지 않"으며,(이승준 감독) "극영화에서 음악이 사용되는 것과 마찬가지"(김일란 감독)다.

그러면서도 한편으로는 음악의 과잉과 오용에 대한 경계심도 뚜렷했다. "음악이 언제나 꼭 필요하진 않다. 없을수록, 적을수록 좋다. 현장감이 떨어지면 음악이 요구된다. 혹은 감독이 불안하면 쓴다"(김동원 감독)라는 의견도 그런 측면에서 경청해볼 만하다. 방송 다큐멘터리에서 조금의 공백도 참지 못하고 시종일관 음악을 넣는 관습은 반성해야 마땅하다.

다큐멘터리에서 음악은 과연 어떤 역할을 하는가? 내러티브와 음악의 관계에 대한 이창재 감독의 답변은 보다 구체적이어서 여기 전문을 소개한다.

오디오는 비디오보다 대상에게 즉효적인 반응을 일으킨다. 즉효적이라 함은 매체를 수용하는 데 있어 상대적으로 적은 주의로 큰 효과를 본다는 뜻이다. 예컨대, 운전 중 DMB 시청은 법으로 금하는 데 반해 오디오 청취를 법으로 금지하지는 않는다. 오디오의 즉효성이 내러티브를 수용시키는 데 용이한 역할을 한다. 최근의 영화를 보면 1990년대 이전보다 음악이 양적으로 훨씬 많이 사용된다. 쉬운 예로 「인터스텔라」의 블랙홀 시퀀스는 전체 길이를 다 영화음악으로

덮고 있다. 블랙홀이라는 체험 불가능한 상황에 대해 관객은 어떤 감정을 이입할 수 있을까? 관객이 각자의 감정으로 블랙홀 시퀀스를 상상해버리면 감독이 의도한 이야기적 방향은 길을 잃고 만다. 감독은 음악을 통해 이야기적·정서적 방향을 잡아가는 편이다. 특히 내러티브 영화는 감정을 통해 주제를 전달한다. 느낌으로 전달되지 않는 주제는 내러티브에 기여하지 못한다. 감정을 소구하는 도구로서 음악은 효과적이다. 물론 다르덴 형제나 하네케와 같은 감독들은 음악을 극히 절제하면서도 음악적 리듬과 정서를 영상으로 구현하기도 한다. 하지만 나의 입장은 '감독이 이야기를 전달하기 위해, 더 나아가 감독이 의도하는 감정을 전달하기 위해 최선을 다해야 한다'이다. 과하지 않은 범위 내에서, 그리고 다큐멘터리에서 요구되는 윤리의 테두리 내에서 가능한 모든 도구를 활용할 필요가 있다. 강의 때 표현을 빌리자면 스토리와 정서 전달에 총력전을 펼쳐야 한다."

7인의 감독들이 말하는
음악 사용법

이 책을 쓰기 전에 일곱 명의 다큐멘터리 감독에게 약식 설문조사를 했다. 감독들이 실제 작업을 할 때 음악을 어떻게 적용하는지 궁금해서였다. 그 답변을 공유하는 것이 나의 개인적인 견해보다 더 유용하고 흥미로울 것으로 판단되어 여기 큰 가감 없이 소개하기로 한다(가나다순).

1) 작품의 이런 지점에 이런 음악을 요구한다

김동원

작품의 리듬이나 호흡을 조절할 필요가 있을 때. 말하자면 장면이나
시퀀스의 분위기를 많이 바꿔나가야 할 때. 한 장면 안에서라도
내레이션이 길어지는 등 지루해질 위험이 있다고 판단될 때. 기타
여러 의미의 재미를 주고자 할 때.
　　음악감독에게 주문하는 사항은 별로 없다. 내 생각을 말하고
나머지는 맡긴다.

김일란

내 경우에는 멜로디, 선율이 강한 음악은 거의 사용한 적이 없는
듯하다. 멜로디가 강하면, 무언가 지나치게 선명해져서 감독이 하고자
하는 이야기를 강요하는 것 같다고 느끼기 때문이다. 멜로디보다는
비트와 뉘앙스에 신경을 많이 쓰거나 혹은 앰비언스*에 가까운 음악을
사용했다.
　　15년 동안 한 명의 영화음악감독과 작업을 해왔는데, 처음에는
서로 소통하는 것이 어려웠으나 지금은 그냥 가편집만 봐도 내가
원하는 것이 무엇인지 잘 알아채는 듯하다. 내 경우에는 음악감독에게
개입할 수 있는 공간을 내준다. 오히려 음악감독이 주도적으로
이끈다고도 할 수 있다.

---

　　* ambience. 촬영 현장에서 만들어진 자연 발생적인 배경 소
　　리를 가리킨다. 자동차 소음이나 기계 작동 소음 따위가 이에
　　해당한다.

문창용

나는 감정의 높낮이를 이어가는 부분에서 현장음만으로 충분하지
못한 경우 음악을 넣으려고 한다. 그렇다고 오디오가 빈 곳을 메우기
위한 것은 아니다. 때로는 현장음이 약하거나 빈 것이 영상의 힘을 더
강조하기 때문이다.

음악감독에게는 상황마다 다르지만 과하지 않게 현장 분위기에
맞아야 한다고 말한다. 그렇지 못한 경우 과감하게 음악 없이 가야
한다. 절대 웅장하게 만들지 말아 달라고 부탁한다.

윤재호

다큐에서 음악을 사용하는 주된 이유는 '감정'을 위한 것이다. 음악은
영화 전체 구성에서 신과 신을 서로 이어주는 역할을 하기도 하며,
어느 특정 부분을 강조하는 역할을 하기도 한다. 그 감정은 차가울
수도 있으며, 뜨거울 수도, 미지근할 수도 있다. 어떤 선택을 하든 그
온도의 차이에는 다 이유가 있어야 한다.

음악감독에게 가장 강조하는 것은, 우선 다큐의 구성이 가지는
감정선이다. 어떤 감정을 가진 성격의 다큐인가를 먼저 파악하는 것을
매우 중요시하기에 그것에 맞는 음악을 요구하는 편이다.

이승준

① 인물의 감정 묘사 — 늘 음악을 사용하지는 않는다. 현실의
재료들로 충분히 전달되거나, 현실의 재료들이 훨씬 더 효과적으로
전달할 경우 음악을 쓰지 않으려 하는 편이다. 하지만 음악이
주인공의 심리를 보다 강하게(그러면서 과도하지 않게) 드러낼 수

있다면 사용하는 편이 더 좋다고 생각한다.

　② 시퀀스의 분위기 묘사—즐거운 분위기, 긴장감이 고조되는 분위기, 흥분되는 분위기 등 시퀀스 자체의 분위기를 효과적으로 전달하기 위해 음악을 사용한다.

　음악감독에게는 대체로 악기를 많이 쓰지 않은 단순한 음악을 요구하는 편이다. 음악이 도드라지지 않도록 만들어줄 것도 요청한다. 감정의 절제를 늘 강조한다. 다큐멘터리에서는 현실의 재료들이 버무려져서 연출자의 의도가 잘 전달되는 것이 가장 우선이라고 생각한다. 음악은 그 현실 재료들을 통한 정서의 전달에 부수적인 역할을 하는 것이다.

이창재

① 이야기적 방향성이 모호한 경우—앞의 예와 같이 블랙홀 같은 체험 불가한 상황에서 감독이 끌어가고자 하는 이야기적 방향성과 관객의 반응 사이에 균열이 있는 경우, 혹은 소스의 한계로 인해 충분히 내러티브적이지 않을 때 음악은 파편화된 신을 하나의 이야기적 단위로 묶어주는 역할을 한다. 내레이션의 완화된 형식으로 볼 수 있다.

　② 감정적 방향성이 모호한 경우—다큐멘터리영화에서 감독이 의도한 감정대로만 관객을 끌고 간다면 아주 도그마적인 작품이 나올 것이다. 이는 거의 사실 왜곡에 해당할 만큼 위험하다. 하지만 다수의 작품들에서는 이와 반대되는 결과를 보는 경우가 더 많다. 많은 작품들에서 관객이 어떤 감정을 느껴야 할지조차 모르는 어정쩡한

상황 연출이 보인다. 즉, 문법적으로 하자가 있는 경우가 허다하다. 다큐멘터리는 태생적으로 온전한 영상 문법을 구축하기가 어렵다. 음악은 다큐멘터리의 이러한 약점을 보완하는 장점이 있다.

③ 나는 거의 예외 없이 음악 작업을 하는 기간 내내 음악감독과 함께하는 편이다(물론 대부분의 음악감독들은 내가 옆에 있는 걸 좋아하지 않는다. 하지만 그들은 성격이 좋다). 나는 정서를 상세하게 설명한 음악 큐시트*를 준비하고, 가이드 음악도 각 신당 서너 곡까지 준비하는 편이다. 이것도 모자라 옆에서 해당 신의 감정을 계속 설명한다. 이유는 간단하다. 시나리오와 스토리보드, 카메라 맵**도 있는데 영화감독이 왜 현장에서까지 연출을 하는가 하는 질문과 같다. 음악은 상당히 섬세한 영역이기 때문에 보다 살아 있는 연출이 필요하다. 또한 모든 과정 중 음악 작업이 내가 가장 좋아하는 작업이기도 하다(예전에 방송 다큐를 할 때는 거의 대부분 직접 선곡을 했다. 당시 방송 다큐는 음악 저작권에 어느 정도 자유로웠기 때문이다).

④ 다큐멘터리에서 음악이 어느 정도 범위에서 이야기를 끌어갈 수 있는가 질문해볼 필요가 있다. 나는 음악의 톤을 잡을 때 '사운드적 음악'을 선호한다. '사운드적 음악'은 현장 사운드인지 음악인지 구분이 모호한 음악을 가리키는데, 나는 그런 음악을 주문하는 편이다. 예를 들어 지하철을 배경으로 한 신에서 음악이 필요한 경우, 지하철의 각종 현장음을 가이드로 삼고 이를 이야기적 방향에 맞춰 고조시키는 방식으로 주문한다. 그러니까 프롤로그나 에필로그 등을 제외하고는 엔니오 모리코네식의 음악은 선호하지 않는다. 그것은 과한 감정

* cue sheet. 프로그램의 전 제작 과정을 세부적으로 표시한 계획표.
** camera map. 카메라와 배우의 포지션을 부감으로 배치한 도면.

분출이다.

⑤ 음악에도 감정적 강도가 있다. 나는 가능한 한 중성적이면서 약간만 기운 감정을 선호한다. 예컨대, 슬픔을 -10으로, 기쁨을 +10으로 놓는다면 다큐멘터리에서 기쁨에 대한 느낌을 끌어가려 할 때 음악적 관용도는 +1~+5 사이로 둔다. +5를 넘어서는 경우는 극히 드물다. 하지만 아마 모 방송사의 인기 다큐멘터리를 보면 늘 +5~+10까지 오락가락한다. 물론 감독의 문제라기보다는 매체의 한계다. 다큐멘터리영화는 큰 스크린을 대상으로 고민해야 한다. 방송 기준의 자막 크기를 영화관에서 그대로 보여주면 관객들은 경악할 것이다.

진모영

음악은 흡사 여인들의 핸드백에 들어 있는 화장품과도 닮았고 전장의 위생병 가방에 들어 있는 의약품과도 닮았다. 가볍게 터치해주면 좋았던 것이 더 좋아지기도 하고, 향수까지 뿌려주어 매우 강력한 매력을 발산하게 하는 역할이 음악이다. 표현하고 싶은 것을 모두 다 담을 수 없는 한계로 고통스러워하는 우리 다큐 창작자들에게 음악은 또한 비상구급키트의 역할을 한다. 마지막 힘을 발휘해야 하는 부분에 뒷심이 부족하면 음악으로 한 고비를 넘기고 음악을 강하게 사용함으로써 감정의 강도를 조절하여 서사를 제 궤도에 올리는 처치를 하기도 한다.

음악은 좋을 때도 쓰고 나쁠 때도 쓴다. 반드시 사용해야 하는 것이 아니기도 하지만 반드시 사용해야 하는 때가 있다.

다큐멘터리를 시사하는 자리나 극장 등에서 관습적으로 듣는 말이 있다. 음악이 너무 많은 거 아냐? 음악이 너무 큰 거 아냐? 하는 말.

음악감독들과 일하면서 이런 말을 거의 하지 않는다. 작품을 음악감독 스스로 해석하면서 음악이 필요하다고 생각하는 지점을 만난다면 음악의 양이 많고 적음과 음악의 존재감이 크고 작음을 생각하지 말고 충분하게 써도 좋다는 말을 주로 한다. 작품마다 모두 다른 것이지, 어떤 관습적 기준으로 대소와 다소를 논하는 것은 무의미하다. 오직 기준은 '진정 필요한 것인가?'이다.

이것은 테마곡을 만들어 계속 변형하며 전체에서 사용할 것인가 혹은 부분마다 거기에 맞는 곡을 작곡하여 사용할 것인가와도 같은 질문이고 또 같은 대답이다.

2) 가장 만족스러웠던 내 작품 속의 음악

김동원

「송환」 중 사건의 맥락을 알려주거나 혹은 과거로 넘어가는 부분에 음악을 사용했는데, 음악이 큰 역할을 한 것 같다. 또 「내 친구 정일우」 프롤로그에 주제가 격인 「노란 셔츠 입은 사나이」를 느리게 연주해서 넣었더니 분위기와 시간이 딱 맞았다.

김일란

「두 개의 문」에서 경찰 특공대가 망루 안으로 진입할 때 사용된 음악이다. 처음에 가편집본을 본 음악감독이 자신의 느낌대로 음악을 보내왔는데, 내가 느꼈을 때는 좀 과잉되어 있었다. 그래서 음악감독에게 수정을 요구했다. 그러고 나서 다시 한번 그 구간을

보았는데, 그 과잉된 느낌이 오히려 이 영화에서 말하고자 하는
특공대의 자괴감과 잘 어울린다는 생각이 들었다.

문창용

「다시 태어나도 우리」의 프롤로그 음악이다. 당시 음악을 맡아준
방준석 감독은 프롤로그 영상에 나오는 사원의 티베트 불경
소리에서 작곡의 영감을 얻어 그 운율로 테마곡을 만들었다. 애초
나는 티베트 음악을 사용하고 싶었지만, 문화적 이질감 없이 다양한
관객층이 라다크를 배경으로 전개되는 영화 「다시 태어나도 우리」를
공감했으면 했다. 그래서 방준석 감독의 음악은 나의 고민을 해결해준
고마운 음악이었다.

윤재호

개인적으로 아주 만족스럽다고 느껴본 적이 단 한 번도 없다. 음악의
사용은 항상 어렵다. 보는 이의 감정선이 늘 변화하기에, 일정한
감정을 만들어낸다는 것이 정말 어렵다. 그나마 나쁘지는 않다는
느낌을 받은 것이라면 「마담B」에서 중국을 떠나 태국으로 넘어오는
과정의 배경음악이다. 지나친 감정선을 배제하고, 조금은 차가울
수도 있는, 조금은 꿈같은 느낌의 감정을 살리고 싶었는데, 나쁘지는
않았다고 생각한다.

이승준

딱 하나만 들기는 힘들다. 「달팽이의 별」의 경우 대단히 기계적인
음들을 사용해 음악을 만들었는데, 보지 못하고 듣지 못하는 주인공의

내면세계를 드러내는 것 같아서 아주 좋았다. 그 음악은 테크노 음악을 전문적으로 만드는 음악가를 통해 만들었다. 비장애인들이 느끼는 것과는 전혀 다르게 주인공이 느끼는, 혹은 상상하는 소리로 음악이 만들어졌다.

　최근 공개한 「그림자꽃」의 경우 특이한 시도를 했는데 노래를 만든 것이었다. 다큐멘터리에서 잘 시도하지 않지만 주인공이 노래를 잘하고, 음악감독이 노래를 만든 경험이 있고, 연출자로서 나는 전달하고 싶은 이야기를 간접적으로, 또 다른 방식으로 전달할 수 있어서, 음악감독이 "노래를 하나 만들면 어떠냐?"라고 했을 때 흔쾌히 받아들였고, 결과적으로 노래 자체도, 그를 전달하는 주인공의 노래도 아주 만족스러웠다.

이창재

국악계 거장 중 한 분인 오대환 감독이 「사이에서」 음악을 맡아주었다. 오대환 감독은 거의 반쯤 무당인 아티스트로, 국악을 다루는 그가 가장 존경하는 이는 지미 헨드릭스다(오 감독은 몇 년 전 워싱턴까지 가서 지미 헨드릭스의 묘비에 헌화하고 작은 제사까지 올렸다. 덕분에 나는 지미의 음악을 거의 다 섭렵하게 되었다). 「사이에서」는 그의 첫 영화음악이었던 까닭에 내가 주문한 수준보다 음악적 강도가 무척이나 셌다. 그러니까 거의 +7~+10을 오락가락했다. 지미 헨드릭스만큼 광기에 가까운 감각과 열정을 소유한 분이라 이를 어떻게 소화하면 될지 고민했다. 타이밍과 카코포니.* 이것이 「사이에서」와 오 감독의 접점이었다. 어떤 타이밍에 넣는가에 따라 미친 듯한 음악이 질서로 보이기도 했고, 설명적인 죽은 신이 살아나기도 했다. 묘한 경험이었다. 지금 봐도 어떤 부분은 수용이 어려울 만큼 카코포니한 신이 많다. 하지만 만신이라는 비현실적 존재를 표현하는 데 그 같은 분출은 때로는 무척 효과적이었다. 돌아보면 오대환 감독이 없었다면 「사이에서」는 「영매」와 「만신」 사이에 애매하게 끼인 작품이 되었을 것 같다.

진모영

「님아, 그 강을 건너지 마오」의 마지막 장면은 8분 20초의 긴 음악과 함께 끝난다. 다소 무겁고 느린 피아노 연주가 주를 이루는 이 곡은 며칠에 걸쳐서 이뤄지는 장례식과 삼우제까지의 긴 시간을 하나의 시퀀스로 묶어내고 자극적이고 슬픈 장면을 쓰지 않으면서도 가슴 아픈 이별의 정서를 통일되게 유지하며 관객의 마음을 사로잡았다.

    이는 편집을 끝내고 작곡가에게 요청한 것이 아니다. 편집 단계에서부터 모든 시퀀스를 관통하는 서사의 흐름과 음악적인 리듬감을 함께 가겠다고 결정하고 진행한 결과이다. 서사 자체에도 리듬감이 있고 음악 자체에도 서사가 있다는 것을 이해하는 에디터는 정말 귀한 존재다. 그런 측면에서 「님아, 그 강을 건너지 마오」의 현진식 에디터는 뮤지션인 자신의 본능을 유감없이 발휘한 편집을 한 것이다. 디렉터들이 주로 서사를 생각하며 설명과 해설에 매몰되어 리듬감 없는 편집을 하는 함정에 빠지는 것을 우리는 주변에서 많이 봐왔다.

3장 음향

현장음, 효과음
그리고 무음

현장음은 현장에서 일어나는 자연 소음이나 사람들이 자연스럽게
대화하는 소리, 자연 발생적인 음향 등을 아울러 이르는 말이다.
현장음은 현장의 리얼리티를 살려주는 기본 중의 기본이다. 인위적인
내레이션이나 인터뷰보다 실제 대화나 현장의 소리를 통해 전해지는
정보가 더 생생한 현실감을 제공한다.

  효과음은 말 그대로 어떤 효과를 위해 의도적으로 만들어진
음향을 말한다. 비 오는 소리, 바람 부는 소리 등도 실제 자연음보다
그 소리를 더 강조하기 위해 효과음으로 삽입되는 경우가 흔하다.
혹은 또 다른 무언가를 강조하기 위해 자연음이 아닌 음향을 만드는
경우도 있다. 그러나 효과음의 작위성이 강할수록 역시 다큐멘터리의
리얼리티를 훼손한다는 점을 잊지 말아야 한다.

  작위성이 강조되지 않는 선에서는 현장의 소리라 하더라도

서사의 흐름에 따라 강화시킬 수도 있고 약화시킬 수도 있다. 혹은
장면에 선행할 수도 있고 후행할 수도 있다. 단순히 현장적 요소뿐
아니라 '음악적 요소'로도 활용할 수 있다. 시냇물 흐르는 소리,
새소리, 바람 소리, 멀리 골목길에서 아이들 노는 소리…… 그런
온갖 소리들은 보는 사람들의 감정에 특별한 정서적 반향을 일으킬
수 있기 때문이다. 그래서 현장음이라고 해도, 감독들은 현장에서
수음된 소리들을 장면의 감정과 필요성에 따라 후반 작업에서 다듬게
마련이다.

현장음만으로 구성된
다큐멘터리

모든 사운드는 감정을 불러일으킨다. 그중에서도 음악은 좀더
직접적이다. 그래서 음악을 쓰지 않고 현장음만으로 다큐멘터리를
만드는 것은 또 다른 특별한 사운드 전략이라고 할 수 있다. 다만,
음악을 쓸 때와 마찬가지로 현장음도 현장음만을 고집해야 하는
이유가 있어야 한다는 것만은 분명하다.
　　「위대한 침묵Into Great Silence」(필립 그로닝, 2005)은 프랑스 알프스
샤르트뢰즈 산맥 정상에 있는 그랑드 샤르트뢰즈 수도원에 사는
카르투시오회 수사들의 일상생활을 담고 있는 다큐멘터리영화다.
이 영화에는 내레이션은 물론 인공조명도 음향효과도 없다. 오직
자연광으로 찍은 영상과 현장음이 있을 뿐이다. 이것은 수도원 측이
감독에게 요구한 조건이기도 했지만, 이러한 선택이 속세와 격리된

수도원이라는 세계의 특수성을 더욱 돋보이게 하는 결과로 작용했다.

최근의 한국 다큐멘터리 중에서는 음악을 배제하고 현장음만으로 구성된 작품으로「언더그라운드」(김정근, 2019)를 들 수 있다. 지하철과 지하 공간, 그리고 그곳에서 일하는 노동자들에 대한 이야기다. 감독이 음악을 쓰지 않은 이유는 "굳이 필요하지 않을 것 같아서"였다. 지하철과 그 공간에서 발생하는 기계음과 현장음 자체가 음악적 효과를 대체하고 있고, 무엇보다 지하 노동 현장의 핍진성을 음악이 오히려 훼손할 수도 있다는 경계심으로 읽혔다.

설문 조사에 응한 감독들은「상계동 올림픽」이나「그리즐리 맨Grizzly Man」(베르너 헤어조크, 2005),「세 자매Three Sisters」(왕빙, 2012) 등을 언급했다. 김일란 감독은 "베르너 헤어조크 감독은 음악을 잘 사용하지 않긴 하나, 특히「그리즐리 맨」에서 주인공 티머시 트레드웰이 촬영한 푸티지를 그대로 사용한 것은, 그 푸티지에 담긴 자연의 소리들, 바람 소리, 풀 소리, 곰들의 소리를 살리는 것 자체에 의미를 두었기 때문일 것 같다"라고 했고, 윤재호 감독은「세 자매」에서 보듯이 오랫동안 대상을 관찰자의 역할로 지켜보는 왕빙 감독의 작업 방식이 매우 흥미로우며, 대단히 사실적인 현장음들 또한 왕빙 다큐의 큰 매력"이라고 말해주었다.

어느 작품이든 왜 감독이 이 작품에서 음악을 배제했을까를 생각해보는 것은 무척 흥미로운 탐구일 것이다.

사일런트

현장음을 어떻게 쓸 것인가가 사운드 전략인 것처럼, 소리가 없는,
일반적으로 현장에서 '사일런트silent'라고 일컫는 무음의 공간을
배치하는 것 역시 또 하나의 사운드 전략이라고 할 수 있다. 우리가
'고요하다'라고 느끼는 공간도 실제로는 미세한 백색소음으로
가득 차 있다. 그래서 편집 과정에서 컷이 바뀔 때는 이 소음을 함께
깔아주어야 장면의 연속성을 느끼게 되는 것이다. 그런데 의도적으로
어느 장면에서 일체의 소리를 삭제해버린다면, 그 부분은 어떤
굉음보다도 더 강렬하게 존재감을 드러내게 된다.

극영화에서는 긴장감이 극대화된 어떤 극적인 순간에 이런
사일런트 기법을 도입하는 것을 종종 볼 수 있다. 반면에 이러한
기법이 너무나 인위적이기 때문에 다큐멘터리에서는 전면적인
음향 삭제를 보기는 어렵다. 그러나 그럼에도 불구하고 장애를 가진
이들의 경험을 감각하기 위해 특별한 선택을 하는 경우도 있다.
시각장애 소녀들을 다룬 다큐멘터리 「마이 아이즈My Eyes」(에르란드
E. 모, 2006)는 영상의 흐름 속에 그녀들의 시각 체험 같은 블랙
화면을 삽입한다. 그처럼 청각장애를 다룬 다큐멘터리에서는 소리를
제거하기도 한다. 이것은 장애의 세계를 추체험하는 실증적인 용도에
가깝지만, 영화 속에서 이러한 시도는 그들의 세계를 보다 농밀하게
전달함으로써 감정을 확장하는 데 기여함이 분명하다.

「트라이브The Tribe」(미로슬라브 슬라보슈비츠키, 2014)(윤재호
추천)가 그렇다. 청각장애인 기숙학교에서 일어난 일을 다루는
이 작품은 주인공들이 모두 청각장애인이라 대사가 없고, 수어를

해석해주는 자막도 없고, BGM도 없다. 청각장애 세계에 대한 영화적 사실성의 극단이라고 해야 할까? 그러나 이 영화는 포스터의 카피가 그렇듯 수어가 '소리 없는, 가장 격렬한 언어'임을 증명한다. '소리 없음'에 대비되는 사운드의 활용은 더 극적인 효과를 가져올 수 있다. 윤재호 감독은 "이 영화 전체가 고요하기에 결말부에 잠깐 사용된 사운드가 더욱 충격적이고 인상적"이라고 말한다.

사실 다큐멘터리에서는 인위적 무음보다 소리와 행위의 공백을 견디는 어떤 순간들을 '사일런트'라고 지칭하는 경우가 더 많다. 소리와 행위의 공백이 통상보다 길어질 때 그 시간을 견디는 것 자체가 작품 내에서는 상당한 용기를 필요로 하는 일이다. 인물이 아무 말도 하지 않고 아무 행위도 하지 않는 시간이 무의미한 것이 아니라는 사실을 감독이 알아야만, 이 장면을 의도적으로 길게 배치할 수 있는 것이다.

「쇼아」(김동원 추천)에서는 강제수용소의 생존자들, 나치 협력자들, 그리고 학살 작업에 동원되었던 사람들이 고통스럽게 그들의 과거를 카메라 앞에 드러내는데, 그들의 말과 말 사이 공백을 감독은 참을성 있게 견딘다. 특히 집단 처형장에서 일했던 이발사 아브라함 봄바가 과거로부터 어느 정도 거리를 두고 인터뷰에 응하다가 침묵하는 2분간, 카메라는 끈질기게 그를 응시한다. 그 침묵의 시간 동안 봄바의 내면에서 무언가가 격렬하게 일어나고, 관객은 그 어떤 말보다 많은 것을 느끼게 되는 것이다.

4장 그 밖의 장치들

그 밖에 비주얼 요소에서도 삽화, 애니메이션, 자막, 컴퓨터 그래픽 등이 부가적 장치로 활용될 수 있다.

삽화, 애니메이션

살아 있는 현실을 쫓는 다큐멘터리 카메라는 준비된 장면을 찍는 극영화 카메라와는 달리 영상만으로 완벽한 스토리를 구현하기가 극히 어렵다. 특히 사건의 배경이나 과거의 사실 등 현재의 카메라로 포착하지 못하는 부분들을 '가시화'하는 데는 곤란함이 크다. 그래서 인터뷰나 내레이션, 삽화나 애니메이션이 동원되기도 한다.

   엄격한 리얼리즘 근본주의자들은 이러한 부가 장치에도 거부감을 느끼겠으나 삽화나 애니메이션은 어떤 부가 장치보다 실사 영상에 가장 근접한, 직관적 형태로 제시된다는 장점이 있다. 더불어 실사 영상으로는 결코 구사할 수 없는 함축적 은유와 상징이 가능하다는 점도 큰 매력이다.

　이와 같은 예는 「할매꽃」「피의 연대기」 등의 작품에서 그대로 확인할 수 있다.

자막

자막은 화면에 부가되는 설명적 요소로 사용되어왔다. 인물의 이름이나 장소, 시간, 그 밖에도 알려주어야 할 정보를 자막으로 나타내온 것이다. 그러나 자막도 비주얼의 한 요소라는 점이 인식되면서 그 쓰임새가 진화하고 있다. 단순히 설명을 위한 것이 아니라 화면 조형의 도구로 쓰인다는 이야기다.

　「밤섬해적단 서울불바다」는 그라인드코어 밴드 밤섬해적단의 멤버들을 쫓으며, 북한을 희화화하는 그들의 놀이가 현실의 위기를 맞게 되는 과정을 통해 한국 사회의 심부를 들여다보는 다큐멘터리다. 여기서 밴드가 부르는 노래 가사는 단순한 자막이 아니라 감독에 의해 재해석된 사이키델릭한 형태와 색감, 운동태를 지닌 중요한 비주얼 요소로 제시된다. 그 자체가 다큐멘터리 스토리텔링의 맥락 속에서

「밤섬해적단 서울불바다」

영상을 대체하고 있는 것이다.

컴퓨터 그래픽

한국에서 컴퓨터 그래픽은 방송 다큐멘터리 외에는 아직 활발하게
활용되고 있는 것 같지는 않다. 고작해야 문서의 어떤 부분을
조명하거나 현상을 좀더 돋보이게 하는, 눈에 띄지 않는 부분들에서
사용될 뿐이다.

　　그러나 이는 장르의 문제일 수도 있다. 과학, 경제, 사회 각
장르에서 우주 등 너무나 거대하여 비가시적인 부분을 축소하여
보여주거나, 세포나 원자의 세계 등 너무 미소하여 비가시적인 부분을
확대하여 보여주거나, 건축의 평면도 즉 2차원적인 세계를 3차원의
입체로 보여주거나, 통계학적으로 유의미한 부분을 한눈에 판단하게
해준다거나 하는 부분들이 반드시 이야기되어야 하는 장르라면,
언어에 의존하기보다는 이런 시각적 수단에 의존하는 것이 훨씬
효율적이기 때문이다. 또한 「김군」이나 「이타미 준의 바다」(정다운,
2019)에서 보듯 통계나 연보 등 설명적 요소의 그래픽을 미학적으로
활용할 수 있다는 점도 염두에 둘 만하다.

　　애니메이션과 그래픽은 촬영할 수 없는 현장을 동적으로
재현하는 기술이란 점에서 현장 대체 수단으로 환영받고 있을 뿐
아니라, 조형적·미학적 표현 수단으로서도 주목받고 있다. 다만 이런
부가적 수단이 활용될 때는 다큐멘터리에서 주체의 의견이 강하게
두드러진다는 점은 염두에 두어야겠다.

어쨌거나 이런 부가적 장치들의 진화는 영화에 대한 관객의 심미적 수준이 높아지는 것과 비례한다. 화면에 나타나는 사운드, 앵글, 색감, 질감, 화면 전환의 기법, 배치되는 자막 등 모든 것에 장면적 필연성과 미학을 요구하게 된 것이다.

궁극적으로 이런 욕구가 부가적 장치의 진화를 촉진시키고 있으며 이들을 창조적으로 사용하는 일은 앞으로 더 많은 탐색을 필요로 하고 있다.

「김군」
극우 인사들은 사진 속 인물들을 북한 공작원으로 지목했다. 그 주장을 컴퓨터 그래픽 발생 화면으로 시각화했다.

질문과 응답

『다큐의 기술』은 2017년 3월부터 2019년 12월까지 웹진 『DOCKING』에
연재되었다. 아래 글은 연재 종료 후 독자들로부터 받은 질문과 그 답을
정리한 것이다. 현재 한국 다큐멘터리 지형에 관련된 문제, 또는 직접
연출하면서 부딪힌 실질적 문제들에 대해 본문에서 미처 다루지 못했던
부분들을 추려 전재한다.

1. **근래 들어 다큐와 미술 등의 경계가 허물어지고 실험 영화인지 다큐인지 알
   수 없는 작품들이 많아진다. 이런 형태적 다양성을 어떻게 받아들여야 하나?**

   이 질문은 '현재 생산되고 있는, 형태적으로 다양한 다큐멘터리들이
   장르적으로 다큐멘터리에 속하는가?'와 같은 단순한 질문은 아닐
   것이다. 장르 구분이 시험 문제에 나오는 것도 아니고, 굳이 장르를
   의식하는 것이 관객들에겐 그리 중요한 일도, 필요한 일도 아니다.
   다시 말해 영화의 장르는 보는 자에 의해 규정되는 것이 아니고,
   만드는 자가 자신이 만드는 것을 무엇으로 인식하고 있느냐의 문제인

것이다.

그렇다면 이 질문이 함의하고 있는 것은, 대략 다음과 같은 의문일 것이다.

감독 자신이 다큐멘터리로 인식하고 있는 작품들이 형태적으로 다양해지는 것을 어떻게 해석해야 하는가? 관습적인 다큐멘터리와 다른 외형을 취하고 있는 작품들이 스스로 다큐멘터리라고 주장한다면, 다큐멘터리에 대한 고전적 정의는 수정되어야 하는가? 즉 형태의 변화는 다큐멘터리란 장르가 지향해오던 내적 가치의 변화 또한 의미하는가?

다큐멘터리임을 주장하는 내면의 이유

다큐멘터리와 대척점에 있는 것은 두말할 것도 없이 극영화다. 극영화와 다큐멘터리를 가르는 경계는, 실체적 현실이 작품의 질료가 되고 있는가 하는 지점이다. 사실 넓게 보자면, 모든 영상 저작의 질료는 우리 삶의 '현실'을 벗어날 수 없다. 모든 극영화, 드라마의 서사도 따지고 보면 우리 삶에서 일어났던, 혹은 일어날 법한 일을 경험에 기반한 상상력으로 그리고 있으며, 결국은 우리 삶에 대해 이야기하고 싶어 하는 것이기 때문이다. 그러나 극은 허구적 장치와 서사를 동원하여 그 경험을 보다 극적으로 재구성하는 데 반해, 다큐멘터리는 일어났던, 혹은 일어나고 있는 일에 대해 허구적 장치를 배제하고 보다 '실체적'으로 접근한다는 차이가 있다. 간단히 말하면 카메라에 '현장'이 담기느냐가 가장 큰 변별점이다. 그럼으로써 다큐멘터리는 자신이 카메라로 담고 있는 현실 그 자체에 대하여 보다 직접적인 '발언'을 하는 것으로 인식된다. 그리고 때로 그 현장이

가진 절실함과 생생함이 어떤 정교한 극적 장치보다 큰 감정으로
우리를 압도하여, 다큐멘터리의 존재 가치를 여지없이 입증하기도
한다.

그런데 다큐적인 현장과 실제 인물들이 등장하는 극영화가
나오고, 허구적 장치를 차용한 다큐멘터리영화들이 나오기
시작하면서 이 장르의 외형적 경계는 극히 애매해졌다. 그렇다면
질문을 바꾸어볼 필요가 있다.

'영화의 장르가 만드는 자에 의해 규정되는 것'이라는 전제 하에,
'한 감독이 다큐멘터리에 대한 전통적인 구분을 허물어뜨리면서도
굳이 자신의 작품을 다큐멘터리라고 인식한다면 그 이유는
무엇인가?'라고 말이다. 가령 한국에서는 박경근, 박찬경, 임흥순
등 미술 쪽에서 활동하던 작가들이 넘어오고, 김동령, 안건형,
오민욱, 임철민 등의 실험적인 작품 활동까지 가세하면서 그 형태적
다양성은 크게 확장되었다. 그럼에도 불구하고 이들이 자신의 작품을
다큐멘터리라고 인식(하고 있지 않을 수도 있다, 혹은 전통적 장르
개념이 무의미하다고 느낄 수도 있다)한다면, 그 이유는 외형에
있는 것이 아니라 내면에 있을 것이다. 즉 자신들의 작품이 이야기의
소재가 아니라 현실에 대한 직접적인 발언이라고 인식하고 있을
거라는 추정이다.

예술의 차원으로 위치 이동할 때 드러나는 것

이것은 외형이 다큐멘터리 장르의 규범적 조건이 아니라는 인식에
기반한다. 이러한 인식은 한국 독립 다큐멘터리 신이 전통적으로
취해온 액티비즘의 태도를 벗어나, 다큐멘터리를 '예술'의 차원으로

위치 이동시킴으로써 가능해진다. 액티비즘이 카메라가 향하고 있는 '대상'을 중요하게 생각한다면, 예술은 그 대상을 바라보는 '창작자의 시선'을 더 중요하게 생각한다. 액티비즘이 '대상의 진실'을 드러내는 것을 더 중요하게 생각한다면, 예술은 그 대상을 바라보는 '창작자의 시선 전달'을 더 중요하게 생각한다. 그럼으로써 관객들에게 자신이 보고, 느끼고, 인식한 것을 어떻게 전달할 수 있을 것인지에 대한 탐구가 끊임없이 다양한 형태적 실험으로 나타나는 것이다. 즉 실험 영화이면서 다큐멘터리인 것은 얼마든지 가능하다는 말이다.

나는 근본적으로 예술로서의 다큐멘터리를 지지한다. 형태에 집착하며 전통적인 접근 방식만이 다큐멘터리의 진정성을 담보해준다고 생각하는 것은 착각이다. 또한 형태적 실험을 했다고 해서 그 작품이 반드시 '예술적'으로 우월하다고 생각하지도 않는다. 형식과 개개 작품의 성패는 별개인 것이다.

우선되어야 할 전제는, 모든 예술이 그렇긴 하나 다큐멘터리라는 장르는 더욱더 특별히 관객과 '소통'해야 하는 장르라는 사실이다. 앞에서도 누차 이야기했지만 다큐멘터리는 '지금,' '이곳'의 '현실'에 대해 발언하고 '지금,' '이곳'의 관객들과 교감하여 '지금,' '이곳'의 현실을 보다 나은 것으로 변화시키려는 욕망을 내재하고 있기 때문이다.

그런 관점에서 보자면, 작품의 형식적 태도가 어떠한 것이든 간에 그 작품이 관객과 소통하는 데 과연 성공했느냐가 작품의 성패를 가르는 분기점이 아닐까 싶다.

액티비즘 다큐멘터리—익숙한 전형성을 깨뜨리는 시도들

액티비즘의 태도를 고수하고 있는 작품들이 내용의 일차적 전달이
쉽다는 점에서 관객과 소통하는 데 성공률이 높을 거라고 생각하지
말기를 바란다. 제작자의 진정성이 관객에 대한 전달율로 환치되지
않는다. 미디어 활동가의 작품들은 대개 문제적 현장의 사람들과
교감하며 그들의 지지와 협조를 바탕으로 제작된다. 현장의 사람들은
자신의 입장을 대변해줄 매개로서 해당 작품의 제작을 환영하지만,
바로 그렇기 때문에 영화가 이들의 입장을 벗어나는 태도를 취하기가
극히 어렵다. 그렇게 제작된 영화는 완성된 후에도 동일한 입장에
있는 사람들에게 열렬한 환영을 받을 수 있다. 그러나 그 밖의
사람들에게도 과연 그런가?

　중요한 것은, 액티비즘의 지향점이 동류의식을 가진 사람들끼리
자신들의 동류의식을 확인하기 위한 것은 아니라는 사실이다.
문제를 확산하기 위해서는 오히려 이 문제를 잘 모르거나 무관심한
사람들에게 전파력을 가져야 한다. 영화에 대한 교감 바로미터를
외부인에게 두어야 한다는 뜻이다.

　나는 액티비즘 다큐멘터리스트들의 문제의식과 그분들의
삶의 태도를 깊이 존경한다. 그러나 이런 다큐멘터리가 도덕적으로
우월하다고 보지 않으며, 무엇보다 무의식적으로 영화 보기를
도덕주의적 의무감으로 종용하는 태도가 있어서는 안 된다고
생각한다. 영화는 보는 사람이 그 어떤 것이든 그 영화에서 '보는
즐거움'을 발견해야 하고, 그 즐거움 속에서 자기 나름의 의미를
찾아낼 수 있어야 한다. 그런 의미에서 이분들이 다큐멘터리의
'프로파간다'성을 좀더 깊이 생각했으면 좋겠다. 자신이 가진 의견을

자신과 같은 생각을 가지지 않은 사람들에게 확장하려고 할 때, 어떤 태도와 어떤 방식으로 해야 전달 효과가 높아질지에 대한 치열한 탐구가 필요하다. 이런 유형의 다큐멘터리들이 다른 현장과 다른 문제와 다른 사람들을 다루고 있음에도 왠지 '익숙한' 느낌을 주는 것은 무엇 때문인지, 왜 일반 관객들에게 선뜻 '보고 싶다'는 욕구를 불러일으키지 못하는지 말이다.

이렇게 생각하면 문제의 초점이 대상이 아니라 '전달하는 방식'으로 옮겨질 수밖에 없다는 것을 깨닫게 된다. 즉 감독 개개인의 개별적 시선이 영화에서 느껴져야 하며, 그러려면 '익숙함,' 즉 '전형성'을 깨부수려는 노력이, 또 그 개별성을 외재화할 수 있는 형식적 개성이 필요한 것이다. 다시 말해 한국 다큐멘터리에서 전통적 액티비즘 영화라 할지라도 일정 부분 예술에 가까워져야 한다고 생각한다. 사실 그런 시도는 이미 이루어지고 있으며 성과를 거둔 영화들이 상당수 있다. 즉 액티비즘이 예술을 배제하는 것은 아니라는 것이다.

예술 다큐멘터리—관객과 소통하는 또 다른 방식

그와 반대로 또 다른 극단에 있는 '예술적' 다큐멘터리(실험 영화를 포함한) 또한 액티비즘 다큐멘터리와 똑같은 문제를 안고 있다고 생각한다. 단지 이 작품들의 문제는 익숙함이 아니라 '생경함'에 있다. 기본적으로 이쪽 항에 속하는 작품들은 기존의 관객들에게 낯선 무엇일 수밖에 없다. 우선 관심사(대상)의 스펙트럼이 넓다. 아주 미시적이거나 아주 거시적이거나 아주 관념적이거나 아주 직관적이거나. 이야기 구조 또한 전통적 다큐멘터리 서사의 문법을 깨뜨리고 있어 기존의 독법으로는 이해하기 어렵다. 이해할 수 없으니 '대략 난감'의 지경에 빠지는 것이다.

이런 영화를 보는 것은, 통속적으로 비유하자면 한때 유행했다는 방탈출 게임과 같다. 다 아시겠지만, 방탈출 게임은 일단 입장하면 그 방안에서 주어진 '단서'(힌트)를 가지고 정해진 시간 안에 문제를 다 풀어야 방을 탈출할 수 있는 게임이다. 단서에서 문제를 풀 수 있는 방법을 추리해내는 것이 핵심이다. 이와 마찬가지로 모든 영화는 그 영화를 이해할 수 있는 단서를 영화 내에 가지고 있다. 그것이 무엇인지 찾아내기만 하면 영화를 이해하기가 어렵지 않은 것이다.

예술가는 자신만의 독창적인 방식으로 자신의 작품에 내재적 질서를 부여한다. 그의 작품 세계를 이해한다는 것은, 그가 창조한 세계의 질서를 이해한다는 말과 다르지 않다. 한 예술가가 자기만의 독특한 질서를 구현해낸다면 그것을 그의 '작품 세계'라든가 '스타일'이라고 말하기도 하고, 그 질서의 패턴이 크게 변화하는 시점을 분기점으로 예술가의 창작 시대가 구분되기도 한다. 가령 피카소의 작품 세계를 청색 시대, 장밋빛 시대, 큐비즘 시대……라고 나누는 식으로 말이다.

이런 경우 영화가 달라졌으니 관객도 '보는 눈'을 바꾸어야 한다. 고정관념을 버리고 감독이 이 작품의 구조를 어떤 질서로 설계했을지, 그 의도가 무엇일지 '추리'해보는 것을 권한다. 한 번 봐서 파악이 안 될 때 두 번 보면 훨씬 더 알아채기 쉬워진다. 그런데 서사의 방식이 다르거나 서사가 아예 없는 유형의 다큐멘터리는 보는 사람에 따라 해석이 달라지고 그 해석의 편차가 무척 커지기도 한다. 어떤 관객에게는 가슴이 쿵 내려앉게 새로운 충격을 주는 작품이,

어떤 사람에게는 마냥 졸립기만 할 수도 있는 것이다. 다양한 예술적 경험으로 단련된 사람에게는 해석될 수 있는 무엇이 그렇지 않은 사람에게는 불가사의한 무늬로만 인식되기도 한다.

그럼에도 불구하고 관객은 바보가 아니다. 영화가 던져주는 단서를 한번 알아채면 금방 그 설계에 적응하고 그것을 즐길 줄 안다. 관객을 두려워하라는 말이 그래서 나온 것이다.

그런데 유감스럽게도 예술 지향적인 감독은 카메라의 '대상'을 훌쩍 넘어 자신이 '대상을 보는 시선' 쪽으로 점점 더 경도되기 쉽다. 그러다 보면 관객이 있다는 사실도 잊어버리고 자신의 '발성법'에만 주의를 기울이게 될 수도 있다. 관객이 자신의 작품을 어떻게 받아들이든 상관없다는 태도가 예술가적인 태도로 불리기도 한다. 예술이 가지는 본질적인 모호성으로 인해 이것이 좋은 것인지, 나쁜 것인지 작품에 대한 평가도 산지사방 분열하게 된다.

표현의 영역을 확장하는 것은 언제나 환영할 만한 일이다. 그러나 자신의 질서를 창조하는 데 실패했음에도 예술의 모호성에 기대 관객이 그 단서를 찾지 못했다고 강변해서는 곤란하다.

이런 경우에 예술 다큐멘터리의 가장 나쁜 전형은 액티비즘 다큐멘터리의 가장 나쁜 전형과 마찬가지로 관객을 도외시한다는 데 있다. 더 나쁜 것은 그것을 관객의 '무지'로 돌리는 경향이다. 왜냐하면 다큐멘터리가 진실로 변화를 지향하는 장르라면, 이 장르의 가장 큰 가치는 여전히 관객과의 소통일 수밖에 없기 때문이다. 관객과 '불통'했다면 그것의 책임은 만든 사람에게 있지, 관객에게 있지 않다.

다큐멘터리의 본령을 잊지 않는 한 형태는 상관없다

결론적으로, 관객들과 소통하고, 관객들에게 우리 현실에서 가려져
있던 무엇, 의미 있는 무엇을 일깨우고, 관객들에게 일관된 메시지를
전달할 수 있으며, 관객들이 어떤 측면에서건 감동받는 작품은
그 형태가 어떠하든, 무엇으로 불리든 좋은 다큐멘터리라 말할
수 있을 것이다. 좋은 액티비즘 다큐멘터리는 예술적으로도 좋은
다큐멘터리일 가능성이 높고, 좋은 예술 다큐멘터리는 액티비즘의
측면으로도 좋은 다큐멘터리일 가능성이 높다고 믿는다.

2. 방송 다큐멘터리와 다큐멘터리 영화는 어떻게 다른가?

방송 출신들의 영화 제작 —디딤돌과 걸림돌

근래 방송 다큐멘터리를 제작해온 독립피디들 사이에
다큐멘터리영화에 대한 관심이 높다. 현재 작업하고 있는 피디들도
많다. 독자적으로 투자할 자본이 없으면, 아무리 좋은 작품을
만들어도 저작권을 가질 수 없는 한국의 방송 현실에서 촉발된
것이기도 하지만, 해외 영화제에서 높이 평가받거나 관객 동원에
성공한 작품의 감독들 중에 방송 다큐멘터리 경력자가 많다는
사실에서도 고무받은 바 크다고 생각된다. 문창용, 이승준, 이창재,
진모영 등은 이미 확고한 위상을 가졌고 박혜령, 정관조, 지혜원 등의
신예들이 그 뒤를 잇고 있다. 같은 계열은 아니지만 한국에서 영화로
성공하기는 어렵다고 여겨지던 시사 고발 다큐로 흥행을 끌어낸
최승호의 영화도 여기 한몫 거든다.

바로 여기에 생각해볼 지점이 있다. 방송 경력자들의 다큐멘터리영화는 왜 성공률이 높은가? 여기에는 디딤돌과 걸림돌이 함께 있다.

TV라는 조건의 특수성

방송 다큐멘터리와 다큐멘터리영화는 다큐멘터리라는 본질에서는 다르지 않다. 그러나 TV와 극장이라는 매체 환경이 다르고 제작 조건이 다른 데서 오는 차이는 분명히 있다. 또한 방송이 가진 제약 때문에 용인되어온 관행이 관습으로 굳어져 반성 없이 이어져오고 있는 측면도 있다.

방송 다큐멘터리의 특성을 만들어낸 가장 큰 요인은 TV가 놓인 환경적인 조건이다. TV는 극장과 대단히 다른 환경을 가지고 있다. 극장 안의 어둠과 대형 스크린은 누구의 방해도 없이 영화에 몰입할 수 있는 환경을 제공한다. 그러나 TV는 그렇지 못하다. 일상생활 공간 속에 놓여 있어, 수시로 주변의 간섭과 방해를 받을 수밖에 없다. 이런 산만한 일상 환경 속에서도 주의를 집중시키고 이야기의 맥락을 잃지 않게 하기 위해서 방송 다큐는 거의 전적으로 내레이션을 채택하고 있다.

또한 TV는 관객이 스스로 영화를 선택하여 입장하는 극장과 달리, 연령과 성별, 취향이 다른 불특정 다수에게 무방비 노출되는 매체다. 시청자를 제한하는 데는 상황적 한계가 있으므로 방송은 타깃 시청층에 따라 시간대 배치를 달리하는 편성 방식을 쓴다. 다큐멘터리 메인 시간대가 주로 밤 10시 이후에 위치하는 이유다. 그런데 이런 사정은 다른 방송사도 마찬가지라 같은 시간대에 배치된 다른 프로그램과의 경쟁은 피할 수 없는 운명이 된다. 방송에서 살아남을 수 있는 가장 중요한 잣대가 시청률이기 때문이다. 경쟁 조건이 본방은 일회성이라 극장에서보다 훨씬 더 가혹하다.

따라서 보다 많은 시청자들의 선택을 받기 위해서, 방송 다큐멘터리는 기본적으로 대중성이 높은 소재를 선호한다. 또한 중간에 채널을 돌리는 일 없이, 이야기가 시청자들을 잘 견인할 수 있도록, 드라마와 유사한 극적인 구조를 선호한다.

바로 이런 환경에서, 이런 방식으로 훈련되어온 것이 방송 다큐멘터리 피디들이므로, 이들이 소재 선택이나 이야기 설계 측면에서 대중의 마음을 움직이는 역량이 보다 뛰어난 것은 당연하다. 그러나 방송 다큐멘터리의 이러한 대중 추수주의적 특성이 과하면 영화 작업에서는 독으로 작용할 가능성이 크다.

'강요'의 문법과 자발적 해석의 공간

방송 다큐멘터리와 다큐멘터리영화의 변별점으로는 크게 두 지점이 있다. 첫째는 '강요'의 문법이다.

방송을 하다가 영화 작업을 하게 될 때, 가장 유의해야 할 점은 자신도 모르게 강요의 문법을 활용하고 있지 않은지 돌아보는 것이다. 현상적으로 방송 다큐와 영화의 가장 큰 차이는 강요의 문법 유무에 있다.

앞서 말했듯 TV가 놓인 곳은 일상의 생활 공간이기에 시청자가 방송에 100퍼센트 집중하기 어렵다. 따라서 내레이션이나 인터뷰로 시청자를 견인해가야 할 필요성이 일부 인정된다. 그러나 내레이션과 인터뷰로 모든 것을 설명하게 될 때, 시청자는 그 작품에 참여할

공간을 잃어버리고 철저히 수동적인 존재가 된다. 어떤 경우에는
출연자의 감정을 설명하거나, 시청자가 느껴야 할 감정까지
지시하기도 한다. 대단히 친절하지만 이런 친절이야말로 시청자의
사고를 무력화하는 압제가 될 수 있다. 이것은 결국 시청자에게
일방적인 해석을 주입하는 강요의 형태이기 때문이다.

그러나 영화는 관람 환경이 다르다. 아무에게도 방해받지 않는
어두운 공간에서 과다한 설명은 오히려 몰입을 방해하는 요소가 된다.
그래서 영화는 설명을 최대한 아낀다. 많은 영화들이 아예 내레이션을
쓰지 않는 것도 이 때문이라고 할 수 있다. 관객이 스스로 느끼고
해석할 수 있도록 공간을 열어두는 것이다. 외부의 스피커보다,
관객이 영화 속에서 스스로 발견한 의미나 감정이 훨씬 더 마음 깊이
가닿는다.

방송에서는 내레이션이 문제를 해결하는 쉬운 수단으로
오·남용되어온 것도 사실이다. 그림이 부족해도, 연결이 이상해도,
내레이션으로 덮어서 넘어갈 수 있었다. 그러나 강요의 문법을 취하지
않기로 한다면, 이것은 단순히 내레이션을 쓰지 않는 문제에서
그치지 않는다. 음성 언어로 된 설명 없이 어떻게 이야기를 전달할지
영상구문을 다시 직조해야 하는 과제를 안게 되는 것이다.

상투성과 독창성

둘째는 감독의 '독창성'이다. 방송 다큐멘터리는 아직도
대외적으로 '누가' 만든 것이냐보다 '어느 방송사에서' 만든
것이냐가 더 중요하게 여겨진다. 만드는 사람의 '자기다움'보다는
'대중이 좋아하는 것'이 훨씬 중요하게 여겨진다. 같은 방송사

프로그램이라도 드라마와 예능은 연출자의 이름을 걸어 홍보하는 데 반해, 다큐멘터리는 방송사 브랜드로만 홍보를 한다. 업계 내부에서나 누구의 연출인지를 알지, 대외적으로 방송사 다큐멘터리 연출은 익명성을 벗지 못한다.

그러나 다큐멘터리영화에서는 '누가' 만든 것이냐가 극히 중요하다. 영화는 예술의 영역이다. 그 때문에 영화는 감독 개인의 이름으로 기억되며, 그 영화의 성취에 감독의 어떤 '작가적 지문'이 남았느냐가 무엇보다 중요하게 여겨진다. 단순히 대중이 좋아하는 것을 넘어 감독의 독창적인 세계가 드러나야 한다.

이 '독창성'이란 단어 속에는 여러 가지가 함의되어 있다. 즉 그가 보는 것은 무엇인가? 그가 본 것을 통하여 말하려는 것은 무엇인가? 그가 말하려는 것은 어떤 가치를 가지고 있는가? 그가 말하려고 하는 것은 어떻게 표현되고 있는가? 그리고 그 모든 것은 다른 사람의 것과 어떻게 '다른가?'

방송에서 가장 나쁜 예를 들어보자. 방송은 제작 기간이 정해져 있다. 정해진 시간에 맞추어 촬영해야 할 내용들을 조율할 수밖에 없다. 그러다 보면 정해진 공식에 맞추어 '들어가야 할 것들'을 찍고 있게 된다. 여기에 날것의 진실한 순간이 있기는 어렵다. 이런 상투적인 내용은 누가 찍어도 비슷한 모양의 결과물이 나오게 된다.

그러나 영화는 소재를 보는 눈에서부터 '자기다움'을 요구받는다. 영화를 만들 때 감독은 대상이 되는 인물의 사연을 소개하는 것이 아니라 그를 통해 감독 자신이 하고 싶은 이야기를 하기를 원하고, 영상 이미지를 설명의 도구가 아니라 표현의 도구로 활용하기를 원한다. 적어도 좋은 영화를 만들고 싶다면 말이다.

질문과 응답

이 세계에서는 대중이 좋아하는 것이 전부가 아닌 것이다. 방송의
관습성에 매달려 있게 되면, 이 지점에서 자신을 증명할 길이 없다.

3. **언젠가부터 내레이션이 교조적이라며 구박을 받아오는데 내레이션은 다**
   유죄인가? 내레이션은 어떻게 써야 하나?

내레이션은 단순한 설명 수단 이상

내레이션에 대해서는 앞의 2번에서도 언급되고 있지만, 이 책의 9부
1장에서도 충분히 설명되고 있다. 그러나 다시 한번 강조하자면
내레이션이 비판받는 것은 내레이션 자체가 아니라 내레이션이
효과적으로 쓰이지 않고 있기 때문이다. 특히 방송 다큐멘터리에서
전지전능한 시점으로 모든 것을 설명하는 '변사형' 내레이션,
'설명성애형' 내레이션이 문제가 된다.

그러나 세상은 끊임없이 변하고 있다. 최근에는 KBS의 다큐멘터
리 시리즈 「모던코리아」(2019~2020)처럼 방송에서도 내레이션 없는
다큐멘터리들이 선을 보이고 있으니 말이다. 변화라면 내레이션에 강
력한 거부감을 갖고 있던 독립 다큐가 근년에는 일인칭 내레이션을 선
호하는 양상을 띠게 된 것도 그 하나일 것이다. 그러나 이것이 일인칭
으로 하는 설명 이상의 것을 목표로 하고 있는지는 불분명하다.

내레이션을 정말 효과적으로 활용하려면 단순한 설명 수단
이상으로 생각할 필요가 있다. 내레이션은 영상 이미지에 언어적
의미와 사운드를 조합함으로써 동시간과 공간 내에서 보이지 않는
입체적 구조물을 만드는 일이다.

4. 다큐멘터리와 르포르타주는 어떻게 다른가?

이야기 구조로서의 완결성 유무

『두산백과』에 따르면 르포르타주는 다음과 같이 정의된다. "어원은 보고report이며 '르포'로 줄여 쓰기도 하는데, 어떤 사회 현상이나 사건에 대한 단편적인 보도가 아니라 보고자reporter가 자신의 식견을 배경으로 하여 심층 취재하고, 대상의 사이드 뉴스나 에피소드를 포함시켜 종합적인 기사로 완성하는 데서 비롯되었다. [중략] 르포르타주는 신문의 보도 기사와 기록 문학 사이의 영역을 메우는 것으로 해석할 수도 있다."

방송에서 이것은 심층 보도에 가깝다. 방송에서는 별다른 분류항이 없으므로 이런 성격의 프로그램은 다큐멘터리에 넣기도 하지만, 엄밀하게 따지자면 그 성격은 좀 다르다고 생각한다. 르포르타주가 어떤 '현장을 좀더 깊이 알기 위해 심층 취재한 리포트'라면, 그 '현장'에서 파악되는 정보에 좀더 무게중심이 가게 된다. 이에 반해 다큐멘터리는 보다 뚜렷한 주제 의식을 갖고 이야기 구조로서 '완결성'을 가지는 쪽에 무게중심을 둔다. 가령 쪽방촌을 찾아가 그곳이 어떤 곳인지, 환경은 어떤지, 누가 사는지, 쪽방촌 살이의 어려움은 무엇인지 등을 두루 살펴본다면 이는 르포에 속하겠지만, 쪽방촌에 사는 한 노인을 주인공으로 사회의 주류에서 배제된 약자들의 불안한 삶을 조명하고자 한다면, 이는 다큐멘터리로 분류될 것이다.

현재 방송되고 있는 프로그램을 예로 들자면 KBS「다큐 3일」 같은 프로그램이 르포적 성격이 강하다. 시사 탐사 프로그램에서 홍콩 사태나 시리아 상황 등 현재 진행되고 있는 사태를 취재해 내보내는 것도 르포적 접근이라고 볼 수 있겠다.

5. 다큐멘터리는 사회적 이슈를 많이 다룬다. 이때 시의성은 얼마나 중요한가? 시의성이 떨어지는 소재는 어떻게 다루어야 하나?

'시의성'보다 '절실함'

다큐멘터리 기획을 할 때 중요하게 따지는 조건 중의 하나가 '시의성'이다. 특히 방송에서 그렇다. 현재 많은 사람들의 관심이 집중되고 있는 문제를 다루는 것이 다큐멘터리에 대한 관심도 견인하기 때문이다.

정규 방영되는 시사 프로그램은 더욱 이에 민감하다. 프로그램을 준비하는 데 너무 오랜 시간이 걸리면 그사이 새로운 사건이 터지고 사람들의 관심사가 금방 바뀌어, 준비하던 소재가 이미 한물 간 '구문'이 되는 경우가 없지 않기 때문이다. 시청률 추이를 보면, 현 시점에서 사람들의 관심도와 시청률은 대체로 비례함을 알 수 있다.

그런데 문제는 이 시의성의 '시의'가 과연 어느 때를 지칭하느냐 하는 것이다. 사실 이 시의성이라는 단어는 대단히 자의적이다. 때문에 위클리 프로그램처럼 그 시의를 주간 단위로 촘촘하게 생각할 수도 있겠지만, 봄 여름 가을 겨울 계절을 반영하는 느슨한 시의도 있을 수 있다.

다큐멘터리영화의 제작에는 평균적으로 방송 다큐멘터리보다 훨씬 더 긴 시간이 소요된다. 따라서 영화의 시의성이라 할 때는 방송처럼 주간, 월간, 계절의 개념이라기보다 '동시대'라는 개념으로 이해하는 것이 좋다. '지금 이 시대'에 유효한 주제가 무엇인지 생각하고, 그 주제를 반영할 수 있는 사건 혹은 인물을 대상으로 삼는 것이다. 여성 문제, 환경 문제 등을 범지구적인 동시대 문제의 예로 들 수 있다.

또한 시의성을 따질 수 없는 주제도 훌륭한 다큐멘터리 소재가 될 수 있다는 것을 잊지 말아야 한다. 시대를 초월하여 모든 시대 모든 인간이 관심을 가질 수밖에 없는 문제는 굳이 시의성을 따지지 않더라도 사람들의 반향을 불러일으킨다. 영국 다큐멘터리 「56업56 Up」(마이클 앱티드·폴 앨먼드, 2012)은 한 유치원에 있던 일곱 살 아이들을 7년마다 56세가 될 때까지 49년 동안 찍어서 만든 다큐멘터리다. 인생이 무엇인지 한눈에 개관해준다고나 할까? 출연자들의 거의 전 생애를 개관하는 이런 다큐멘터리가 시의성과 무슨 상관이 있겠는가? 「트윈스터즈Twinsters」(서맨사 푸터먼·라이언 미야모토, 2014)는 각자 다른 나라, 다른 부모에게 입양된 쌍둥이 자매가 우연히 만나게 되는 이야기인데, 시의성을 좇았다기보다는 어느 날 자신에게 일어난 놀라운 사건에 카메라를 들이댔을 뿐인 것이다.

최근 개봉한 한국 다큐멘터리 영화 「김군」이나 「기억의 전쟁」(이길보라, 2018), 「밥정」(박혜령, 2018) 등도 마찬가지다. 광주항쟁 당시 한 장의 사진으로 남은 '김군'을 찾아가는 여정, 베트남 전쟁에 대한 가해자와 피해자의 각자 다른 기억의 충돌, 자연 요리 전문가 임지호의 요리에 반영된 어머니에 대한 그리움 등이 이 영화들의 내용이다. 주목해야 할 것은 이 영화들이 시의성을 좇아 기획된 것이 전혀 아니라는 사실이다.

이것이 말해주는 바는 자명하다. 다큐멘터리 기획에서 가장 중요한 것은 그때가 언제든 자신이 말하고 싶어 하는 것의 '절실함'에 있다.

6. 감독이 역사적 가해자에 대해 반감을 가지고 있다면, 그들을 비난하거나 조롱하는 등 대상화하는 태도가 작품에서 나타나지 않을까 우려된다. 그럴 때 어떻게 만드는 사람의 감정을 드러내지 않으면서 대상을 형평성 있게 다룰 수 있을까?

다큐멘터리는 팩트를 통해 판단을 제시한다

우선 분명히 해야 할 것은, 다큐멘터리는 '팩트'를 다루는 장르라는 사실이다. 두번째로 분명히 할 것은 다큐멘터리는 자신의 감정을 내보이는 통로가 아니라 관객에게 감정을 일으키도록 작용하는 통로라는 사실이다.

'나'는 개인적으로 역사적 가해자에 대해 반감을 가질 수 있다. 그러나 '나'는 이 다큐에서 나의 반감을 제시하는 것이 아니라, 나와 반대되는 입장에서 반론을 들고 나오지 못할 정도로 확실한 팩트를 제시해야 한다. 그러려면 판사나 검사처럼 그 역사적 행위에 관련된 사료들을 샅샅이 검토해야 한다. 그런 후에야만 그런 팩트를 제시할 수 있기 때문이다.

다큐멘터리에 대해 '객관성'이나 '형평성' 등의 단어를 이야기하는 것은 가해자의 행위에 대해 판단을 하지 말라는 뜻이 아니다. 오히려 다큐멘터리는 모든 것에 대해 판단을 하는 장르라고도 할 수 있다. 단지 다큐멘터리는 자신의 판단을 근거 없이 주장하는 장르가 아니라는 것이다.

하나의 사건에 대해 상반된 진술이 있으면 두 가지를 다 들어본다. 그리고 팩트를 가지고 불합리한 진술을 반격한다. 이런 건 인터뷰 순서를 조율하는 것만으로 얼마든지 가능하다. 가령 상상해보자. 당시 신군부 측에서는 '광주에 헬기 총격이 없었다'고 주장한다. 그러나 이런 인터뷰 뒤에 '광주에서 헬기 총격을 했다'고 고백하는 헬기 조종사의 고백이 붙는다면 어떻게 될까? 인터뷰 기회의 형평성을 지켰고, 감독의 감정을 노출하지도 않았지만, 결론적으로 '광주에 헬기 총격이 있었다'는 강력한 고발이 되는 것이다. 그 뒤에 건물의 벽면에 남은 총탄 자국을 분석, 공중에서 쏜 것으로 판단되는 탄도와 사각의 증거를 제시한다면 '헬기 총격'은 더욱더 움직일 수 없는 사실이 된다. 그 후에 광주의 그 거리에서 자식을 잃은 어머니의 이야기를 붙여보자. 그 어머니의 통곡은 관객의 가슴에 전이되어 분노를 불러일으키게 될 것이다.

이런 것이 다큐멘터리스트가 자신의 감정을 직접적으로 노출하지 않고, 관객들에게 감정을 불러일으키는 방식이다. 그러나 이런 정공법만 있는 것은 아니다. 목표를 다르게 세우면, 다큐멘터리도 문제적 인간들과 문제적 현상에 대해 '조롱'하거나 '희화화'할 수 있다. 좀 오래되었지만「애국자게임」(경순 · 최하동하, 2001)을 한번 보시면 그 길을 발견할 수도 있다.

7. 어떤 사건을 다룰 때, 피해자가 가해자의 출연을 기피하는 경우가 있다. 가해자를 배제하고 자신의 입장만을 대변해달라는 것이다. 그런데 피해자의 요구대로 피해자 일방의 이야기만 전달하게 되면 관객 입장에서는 편향적으로 느껴져 매력이 반감할 수 있다. 이런 경우의 해결책은 무엇인가?

다큐멘터리 연출의 시작은 출연자

방송가 드라마 판에서는 이런 이야기가 전해온다. "드라마 연출은 작가 연출부터 시작"이라고. 자신과 호흡이 맞을 만한 작가를 선택하고, 그 작가에게 자신이 그리고 싶은 세계에 대한 꿈을 공유하고, 줄거리도 함께 개발하며, 매회 에피소드에도 아이디어를 제공하는 그런 연출자들의 이야기다. 이것이 간섭이나 억압이 되어서는 안 되겠지만, 작가에게 전적으로 대본을 맡겨놓았다가 나중에 현장에서 제멋대로 뜯어고치는 연출자에 비해서 100배는 더 이상적인 모습이라고 생각한다.

드라마에서 연출의 시작이 작가라면, 다큐멘터리에서 연출의 시작은 출연자에게 있다. 질문자의 문제의식은 매우 타당하다. 대상이 피해자라 할지라도, 감독도 내심 그 피해자의 억울함을 풀어주고 싶은 욕망이 있더라도, 다큐멘터리는 어느 한쪽의 대변자 역할을 하는 것이 아니다. 어느 한쪽의 일방적인 스피커가 된다면 그것은 '홍보 영화'에 지나지 않을 것이다. 피해자 홍보 영화는 생각만큼 효과가 없다. 왜냐하면 영화를 보고 판단하는 것은 관객이니까 말이다. 피해자의 피해 사실이 신뢰할 만한 팩트라는 사실을 관객이 스스로 수긍해야만, 진정으로 피해자에게 감정이입할 수 있는 것이다.

진실을 말하자면, 가해자를 출연시키는 것은 계량적 형평성을

담보하기 위해서가 아니라, 피해 사실을 일방적인 주장이 아니라
신뢰할 만한 팩트로 만들기 위해서인 것이다. 가해자의 주장을 움직일
수 없는 증거로 반박할 때라야 관객은 그 팩트를 신뢰하기 때문이다.

따라서 이러한 논리로 피해자를 설득하는 것이 최선의 방법이다.
피해자를 설득하는 것부터가 다큐멘터리 연출의 시작인 것이다.
그리고 이때부터 출연자와 감독 사이의 '신뢰'도 시작된다.

정말 설득이 불가하다고 판단된다면 다른 방법을 생각해봐야
한다. 가해자의 직접 출연은 안 되더라도, 다른 매체에 이미 나온
인터뷰 등이 있다면 그 자료를 활용하고, 육성이 아니더라도 그의
발언이 담긴 문건 등을 활용할 수도 있다. 재연을 도입할 수도 있다.
사건이 이미 오래전 일이어서 가해자가 이미 세상을 떠난 후라면 대개
이 방식으로 다큐멘터리를 제작한다.

그러나 이 방식은 최소한의 방어이기에 그 자료들이 충분할지
면밀히 검토를 해봐야 한다. 다른 매체에 출연한 영상이나 오디오
자료 그 자체가 강력하다면 효과가 나쁘지 않다.

이마저도 불가능하다면 포기하거나 작품의 방향을 바꾸는
수밖에 없다. 즉 사건에 대한 진실을 밝히는 대신, 사실의 진위 여부가
민감하지 않은 일개인의 삶을 다룬 휴먼 다큐로 전환하는 방식이다.
그런데 감독이 애초 관심을 가졌던 것이 '역사적 진실'이라면,
다큐멘터리의 목표를 바꾸는 것은 용이하지도, 바람직하지도 않다.

8. 작품의 주인공이 촬영 중 '이제 그만 찍자'거나 '저런 건 안 보여줄
거다'라거나 '이건 이렇게 한 걸로 하자'라고 요구할 때가 있다. 감독은

생각이 다른데, 주인공의 의사를 무시하기도 힘들다. 그렇다고 그의 뜻대로 들어주기만 하면 감독은 뭐 하는 사람인가 무력감이 들기도 한다. 어떻게 하는 것이 좋을까?

권력형과 친밀형

이 갈등에 정답은 없다. 다큐멘터리, 특히 방송 시간이 이미 정해져 있는 정규 편성된 다큐멘터리를 만들 때 가장 나쁜 것은 출연자가 너무 마음에 안 드는데 시간 문제로 무를 수가 없을 때다. 이럴 때 카메라는 출연자의 내면 깊이 들어갈 수가 없게 된다.

흔히 만날 수 있지만, 가장 곤란한 출연자로는 대략 두 가지 유형이 있다. 첫번째는 권력형. 이 작품이 만들어지는 데 자신이 대단히 중요한 위치에 있다는 것을 알고 그것을 권력으로 휘두르며 작품을 자기 원하는 대로 끌고 가려는 유형이다. 요즘은 대다수 사람들이 미디어의 속성을 잘 알아서 미디어를 자신이 유리한 쪽으로 이용하려는 욕망이 강하다. 이런 분들의 특징은 카메라용 얼굴과 일상용 얼굴이 다르기 쉽다는 것이다.

이런 분들을 상대하려면 감독도 '권모술수형'이 되는 것이 유용하다. 출연자가 절대로 그런 내색을 하지 않고 '나 안 해도 그만'이라는 언사를 즐겨 쓰더라도 내심, 이 다큐멘터리가 세상에 나오기를 바란다는 걸 알면 일단 유리한 고지에 선 거다. 벼르고 벼르다가 결정적 기회를 잡아 정말 철수할 수도 있다는 강경한 태도를 보여주어야 하는데, 이때는 상대가 위축될 정도의 강력한 결기를 보이는 것이 요점. 다큐가 만들어지는 게 자신에게 정말 필요한 일이라고 생각하고 있는 상대라면, 깜짝 놀라 수그러드는 것이 일반적인 경향이다.

단, 이 방법은 여러 번 쓸 수 있는 카드는 아니다. 그리고 출연하기를 정말 꺼려한 사람을 삼고초려 끝에 억지로 모셔왔다면, 이 방법은 전혀 통하지 않을뿐더러, 백약이 무효다. 이런 경우에는 꼭 필요한 최소분만을 촬영한다고 생각하고 임해야 한다.

두번째 유형은 친밀형. 이 경우는 출연자가 감독을 너무 친밀하게 생각해서, 다시 말해 감독이 '만만해서' 자신이 하고 싶은 대로 하려는 유형이다. 이건 상호 관계가 대단히 좋은 상태에서 발생하는 일이기 때문에 감독도 '좋은 게 좋은 거'라고 대략 수용하면서 관계를 깨뜨리지 않으려고 노력하기 쉽다.

그러나 출연자에게 감독의 '권위'를 인정받지 못하면, 이런 상황은 시종일관 계속되고, 출연자는 그런 행위가 '사소한' 것이며 감독이 자신에게 해주어야 할 당연한 배려라고 생각하게 된다. 그러다가 어쩌다 감독이 그런 배려를 거부하게 되면 마음을 다치기까지 한다.

이런 출연자의 유형과 상관없이 모든 출연자들이 저항하는 것은, 자신이 숨기고 싶은 사생활을 감독이 침범하려 할 때다. 이것은 인지상정일 것이다.

출연자에게 휘둘려서는 안된다

그런데 그 모든 경우를 통틀어, 좋은 작품을 만들기 위해서 감독이 가져야 하는 원칙적인 태도는 출연자에게 '휘둘려서는 안 된다'가 정답이다. 촬영 기간이 길어질수록 감독과 출연자 사이의 관계도 끈끈해지지만, 그 관계가 유착이 된다면 득보다 실이 더 많다.

질문과 응답

감독의 역할에 대한 일종의 권위를 출연자가 인정하도록 초기부터 의식적으로 대처할 필요가 있고, 그러려면 '유착'이 아니라 약간의 '사회적 거리'가 요구된다.

배우가 아니라 실제 인간의 삶 속으로 들어가야 하는 다큐멘터리는, 이런 '인간관계'를 운영하는 것이 가장 어려운 일에 속한다. 감독과 출연자가 신뢰 관계를 구축해야 하는 것은 당연한 일이지만, 그 신뢰가 출연자의 의사를 무조건 받아주는 것으로 형성되지는 않는다. 가장 좋은 것은 출연하기 전에 촬영 내용에 대해 가능한 한 상세하게 명시하여 계약서를 작성하는 것이다. 특히 출연자가 꺼려할 만한 내용일수록 촬영 전에 미리 내용을 알리고 서면으로 동의를 구하는 것이 필수다. 사람의 마음이란 이상한 것이, 구두로 약속한 것보다 서면으로 약속한 것이 더 큰 구속력을 발휘하기 때문이다.

9. 관찰적 다큐멘터리에서는 출연자가 카메라를 의식하거나 제작진의 촬영 과정에 참여하려는 행동이 방해물로 인식된다. 그러나 출연자들이 제작진과 교류하는 과정을 노출하고 그것을 작품의 핵심적인 줄기로 삼는 작업들이 더 흥미로울 수도 있다고 본다. 관찰적 태도를 견지하려는 그것이 오히려 더 작위적이지 않은가?

제작진 노출이 불가할 이유는 없다, 필요한 이유가 있어야 할 뿐 이에 대한 논의는 1960년대 다이렉트 시네마와 시네마베리테 논쟁에서 이미 여과된 것이다. 카메라가 어떤 인위적인 개입도

하지 않고 '벽에 앉은 파리'처럼 대상을 관찰한다는 것이 다이렉트 시네마의 기본 이론이라면, 장 루슈로 대표되는 시네마베리테 이론은 대상과 연출자의 상호작용을 허용하고 심지어는 촉발시키기도 함으로써 다큐멘터리가 추구하는 '진실'의 실체에 더 가까이 갈 수 있다고 보았다(이와 관련한 사전적 지식은 많은 책에 나와 있으니 상세 내용 생략). 즉 질문자가 관찰적 다큐멘터리에 대해 느낀 부자연스러움은 이미 1960년대에 시네마베리테에 의해 제기되고 발전적으로 계승되었다는 뜻이다.

그러나 여기에 내 개인적인 생각을 보태자면, 1960년대와 지금의 환경은 몹시 다르다. 오늘날 다큐멘터리를 찍는 사람들 대부분은 어떤 이론적 학습 없이도 시네마베리테적 태도를 반영하고 있다.

가령 특별히 실험적 의도가 없으면 인터뷰를 기본적으로 삽입한다. 그런데 인터뷰는 시네마베리테의 대표적인 기법이다. 인터뷰라는 행위 자체가 이미, 영화를 만드는 사람이 대상에게 개입하고 있으며 그 사실을 노출하고 있는 행위다. 당시 인터뷰어가 답변을 유도하는 질문을 하거나 인터뷰이가 카메라 앞에서 말하는 것이 진실하지 않을 수 있다는 지적에 대해 장 루슈는 '영화적 진실'이라는 용어로 답한 바 있다.

그 때문에 영화의 제작 과정이나 제작진이 영화 속에서 노출되는 것이 금기 사항이 될 수는 없다. 거기 카메라가 있다는 사실 정도는 관객이 이미 알고 있기 때문이다. 그러나 그런 노출이 자신의 영화에 왜 필요한지는 감독이 답할 수 있어야 한다.

10. 다큐멘터리 출연자의 인건비 지급에 대해 어떻게 생각하는가?

상품인가 아닌가의 문제

이 질문자는 '출연자에게 지켜야 할 제작진의 기본적인 윤리란 무엇인가?'라는 질문도 함께 보내주셨는데 이에 대한 답변은 이미 알고 있을 것 같아 한마디만 하고자 한다. 감독은 주요 출연자들을 자신의 작품을 만들기 위한 도구로 생각하기 쉽다. 그런데 그들은 도구가 아니다. 아마도 이 한마디로 족할 것이다. 제작진과 출연자가 제작 기간 동안 상호 신뢰하는 '인간 대 인간'의 관계였다면 이후에도 그 관계는 변질될 수 없다.

출연료 문제를 말하자면, 액티비즘의 전통 속에서는 출연자(주인공)에게 돈을 지급하는 것이 그 인물에 대한 '모독'(?)으로 여겨지기도 했다. 출연자를 상업적 수단으로 취급했다는 징표쯤으로 생각했기 때문일 게다.

그러나 다큐멘터리가 시장에서 판매되는 '콘텐츠'가 되면서(이것은 잘 팔리느냐 못 팔리느냐가 아니라 시장에 나왔느냐 아니냐의 차원이다) 이 문제는 보다 미묘한 것이 되었다. 대다수 다큐멘터리영화가 제작비를 보전받지 못하는 적자 구조이기에 이 문제에 대해서는 타협적 사고를 할 수밖에 없다. 출연자가 다큐멘터리를 제작하는 뜻에 적극 동의하고 다큐멘터리가 세상에 나오는 것이 그의 입장에서도 도움이 되는 것이라면, 촬영에 필요한 제반 비용을 부담하는 것으로 출연료를 갈음할 수 있다. 그러나 출연자의 형편이 넉넉지 않아 약소하더라도 출연료가 도움이 되는 상황이라면, 본인이 요구하지 않아도 출연료를 지급한다.

최근에 들어서는 출연자 자신이 출연료를 요구하는 경우도
늘어나고 있다. 극장 상영을 목표로 흥행이 기대되는 경우에는 특히
그렇다. 이런 경우에는 출연료를 회피할 수는 없다. 앞으로 계약서를
쓰는 관행이 정착되면 저작권 문제가 뒤따라 거론될 것이고, 이와
연동하여 출연자의 초상권 사용료, 즉 출연료 요구는 당연시될 수
있다. 이에 대비할 필요가 있다.

11. 한국 다큐 연출가가 극복해야 하는 가장 큰 문제는 무엇일까?

살아남는 것.

**12. 한국 다큐에서는 작가라는 존재가 있다. 한국 다큐 작가의 위상과 역할,
지분에 대한 생각을 알고 싶다.**

세계 유일의 한국 방송 다큐멘터리 작가 직군—압축 성장의 결과
한국의 방송 직군 속에는 다큐멘터리 작가 직군이 있다. 그러나 이는
세계적으로 한국에만 있는 현상이다. 해외에서는 다큐멘터리 전문
작가 직군이 별도로 존재하지 않는다. 몇 해 전 방송작가 재교육
사업을 하면서 다큐멘터리 작가들을 영국으로 해외연수를 보낸
적이 있다. 그런데 현지 진행 업체가 난감해하면서, 영국 방송사나
방송 관계자들이 '다큐멘터리 작가' 직군을 이해하지 못한다고
작가 일행을 '프로듀서'로 소개했다. 그랬더니 그 관계자들이

놀라워하면서, "아니, 한국의 다큐멘터리 프로듀서들은 왜 이렇게 여자 일색이냐?" 했다는 후문을 들은 바 있다.

나는 한국의 비드라마 방송작가 직군의 존재는 한국의 경제 개발과 마찬가지로 압축 성장의 결과라고 본다. 한국 경제 성장의 기초가 된 수출 주도 전략이 성공한 배경에는 저임금 노동자들의 희생이 있었다. 그들의 저임금을 디딤돌로 삼아 세계 시장의 가격 경쟁에서 우위를 차지할 수 있었기 때문이다. 한국 방송도 마찬가지 전략을 구사했다고 생각한다.

1970년대 본격적인 텔레비전 시대를 맞아 생겨난 비드라마 분야 방송작가들은 1980년대 컬러TV가 도입된 이후 그 수가 폭발적으로 늘어났다. 일일 방송 시간이 늘어나면서 비드라마 프로그램들이 질적 · 양적으로 급속히 확장되었는데, 이 프로그램들을 만들 정규직 인력을 충원하는 대신, 대학을 졸업한 고급 인력을 싼 값의 비정규직으로 대거 고용하여 분업화시킨 것이다. 나는 이것이 비드라마 분야 작가의 기원이라고 추정한다. 방송 다큐멘터리 작가는 이런 환경 속에서 만들어진 직종이었다.

업무 영역이 나뉘지 않는 공동 작업의 함정

방송에서 한 편의 다큐멘터리가 만들어지기까지는 ① 아이템 선정 ② 취재 방향 설정 ③ 취재 ④ 메시지 수립 ⑤ 촬영구성안 작성 ⑥ 촬영 ⑦ 편집구성안 작성 ⑧ 편집 ⑨ 원고 작성이라는 과정을 거쳐야 한다. 이중 ①~④는 피디와 작가가 함께 수행하고 이후 ⑥, ⑧은 피디가, ⑤, ⑦, ⑨는 작가가 담당하는 식으로 업무 범위가 나뉘는 것이 보통이다. 현장은 피디가, 문서 작업은 작가가 담당하는 것이다.

그러나 이러한 구분이 엄격하게 지켜지는 것은 아니다. 작가의
문서 작업에 피디가 관여하거나 수정할 수도 있고, 피디의 현장
촬영이 부족하면 작가가 재촬영을 요구하기도 하기 때문이다. 사실
촬영구성안과 편집구성안을 작가가 쓰는데 이것이 문서 작업이라고
해서 촬영이나 편집에 관여하지 않았다고 말하기도 어렵다. 더욱이
가편집은 피디 혼자서 하지만 완편집은 작가가 함께 들어가 뺄 건
빼고 붙일 건 붙이면서 함께 편집을 하는 것이 관행이다. 사실은 전
과정이 '공동 작업'인 셈이다. 그런데 이 '공동 작업'이 함정이다.
업무의 영역이 분명히 나뉘지 않기 때문이다.

　　드라마는 대본의 영역과 연출의 영역이 비교적 분명하게 나뉜다.
그래서 대본의 공과와 연출의 공과가 별개로 드러나게 마련이다.
그런데 다큐멘터리는 전 과정이 공동으로 엮여 있어 누구의 공과인지
대외적으로 전혀 알 수가 없다는 것이 문제다. 내면적으로는 전체를
끌고 가는 것이 작가일 수도 있고 피디일 수도 있지만, 밖에서는 그
기여분이 어떻게 되는지 알 길이 없다. 그 때문에 결과적으로 공로는
늘 연출자에게 돌아가게 된다. 왜냐하면 진행상의 '최종 결정권'과
결과로서의 작품에 대한 '책임'은 정규직인 피디가 진다는 것이
불문율이기 때문이다(물론 그 반대의 경우도 있다. 작가가 별로
기여한 바가 없거나 해악이 되었어도 이 역시 외형적으로는 별로
구분되지 않기 때문에, 작품이 성공하면 그것이 자신의 공로인 양
자랑스럽게 전시하는 작가들도 없지 않다).

　　또한 이러한 공동 작업의 구조가 지금까지 작가들에게 피디들의
노동을 이전해온 배경이 되어왔다. 비정규직 노동자에게 정규직
노동자들의 업무를 별도의 비용 없이 이관해온 것이었다. 1980년대

초반에 비해 현재의 작가들은 더 많은 일을 한다. 과거 피디들은 스스로 프로그램의 주인이라고 생각하여 '섭외'는 책임자인 자신이 해야 한다고 여겼다면, 현재는 섭외도 작가가 한다. 과거에는 촬영구성안 하나 넘기면 중도에 상황이 바뀌어도 최초의 구성에 준해 피디 자신이 조율하면서 촬영했다. 요즘은 촬영 나갈 때마다 그날 촬영할 내용을 '써드리고' 인터뷰 질문들을 빽빽이 '써드린다'고 한다. 심지어는 편집구성안에 타임코드를 '써드리게' 된 지도 벌써 오래된 일이다.

　이 기회에 방송사 다큐멘터리 피디들에게 맹성을 촉구한다.

공동 연출인가? 프로듀서인가?

앞에서 열거한 작업의 과정을 고려했을 때, 다큐멘터리 작가는 '공동 연출'의 역할을 수행하고 있다고 본다. 단지 작가에게는 명시적이고 법적인 '결정 권한'이 없을 뿐이다. 굳이 그 역할을 외국의 사례에 견주어본다면 크리에이티브 프로듀서와 제작 프로듀서와 에디터의 역할을 조금씩 다 겸하고 있다고나 할까?

　방송사에서 오래 다큐멘터리 작가 생활을 했지만, 늘 방송 다큐멘터리 작가가 불완전하고 기형적인 직종이라고 생각해왔다. 보상을 생각하지 않고, 뭔가 새로운 것을 만들어낸다는 기쁨으로 만족하지 않으면 버티어내기 어렵다.

　그런데 최근 들어 독립 다큐멘터리 신에서도 작가를 기용하는 경우가 조금씩 늘어나고 있다. 분명히 말하지만 나는 이 현상이 좋은 것이라고 생각하지 않는다. 부디 독립 신에서 방송 쪽에서의 전철을 밟지 말기를 바란다. 자신의 노동을 저비용으로 전가하는 것이

편해서, 타자의 창의성을 자신의 이름으로 빌리는 것이 유용해서
작가를 기용하지 말라는 뜻이다. 뜻을 같이하는 그룹에서 역할을
나누어 맡는 것에 대해서는 전혀 반대할 의향이 없다.

노동의 분업이 필요해서 외부의 인력을 '고용'하는 것이라면
업무의 영역을 명확하게 계약서에 기재하고 그 한계를 넘지 않으며,
해당 노동에 대한 대가를 명확하게 지불하는 것이 필요하다. 여기서도
반드시 계약서를 쓸 필요가 있다. 계약서를 쓰지 않으면 영화가
성공한 이후에 더 많은 문제가 발생할 소지가 있기 때문이다. 업무의
영역이 명확하지 않기 때문에 지분을 나누는 것도 명확할 수 없으니
말이다.

작가적 역량이 없는 감독은 성공하지 못한다

무엇보다 다큐멘터리라는 장르는 감독 자신이 작가적 역량이 있어야
가능하다는 사실을 잊지 말기를 바란다. 감독에게 작가적 역량이 '1도
없는데' 외부 작가의 눈을 빌려서 작품을 할 수는 없다. 더욱이 작가를
기용한다고 무조건 작품이 좋아지는 것도 아니다. 작가적 영역을
판단할 능력이 없으면 작가가 작품을 개선하는지 개악하는지도
알아차리기 어렵다. 요컨대 결론으로, 가장 이상적인 것은 작가를
기용할 생각 말고, 본인이 진정한 작가가 되는 것이다.

작품 목록(가나다 순)

「**가늘고 푸른 선** The Thin Blue Line」(에롤 모리스, 1988)
1976년 경찰 살해범으로 체포되어 종신형에 처해진 랜들 애덤스의 사건을 재구성했다. 사건 담당 검사와 변호사, 형사와 목격자들, 200명이 넘는 사람들을 취재하고 그중 20여 명의 다양한 기억을 토대로 당시 총격 사건에 대한 각기 다른 시점의 현장을 재연하거나 극영화의 자료 화면을 삽입하기도 하여, 에롤 모리스의 스타일적 측면에서 주목받은 다큐멘터리.

「**개의 역사**」(김보람, 2017)
서울의 어느 변두리 공터에 늙은 개 백구가 산다. 얼핏 개에 대한 이야기로 생각되지만, 이 다큐멘터리가 실제로 드러내는 것은 백구를 매개로 하여, 감독 자신을 포함한 '이름 없이 떠도는, 보잘것없는 사람들의 존재'다. 그러므로 이 영화는 '이름

없는 것들의 찾지 못한 이름들'과 '사라져버린 것들의 지워져버린 시간'에 대한 호명이라 말할 수 있다.

「**거미의 땅**」(김동령·박경태, 2012)
세 여성이 기지촌이라는 공간에서 각자 겪은 트라우마의 경험을 전한다. 다이렉트 시네마적인 오래된 사실주의 전통을 벗어난 접근 방식이 주목되는 작품. 유령 마을 같은 쇠락한 풍경을 무대로 현재의 인물이 과거의 자신을 재연하는 등 실험적인 표현 전략으로 또 다른 기억의 재현을 성취한다.

「**경계도시 2**」(홍형숙, 2009)
2003년 가을, 재독 철학자 송두율 교수가 민주화운동기념사업회 초청으로 37년 만에 한국에 들어온다. 단순한 모국 방문 목적이었으나 예상치 못하게 입국 1주일 만에 그는 해방 이후 최대의 거물 간첩 혐의

로 구속된다. 한국 사회는 일대 광풍에 휘말리며, 보수와 진보 사이에 일대 격전이 벌어지고 감독 자신을 포함한 우리 모두의 갈등과 모순이 거울 앞에 세워진다.

「공동정범」(김일란 · 이혁상, 2016)

용산 재개발 당시 남일당 망루에서 마지막까지 저항했던 이들은 결국 실형을 받고 수감되었다. 경찰의 기습 작전 속에서 벌어진 뜻하지 않은 화재로 몇몇의 죽음을 겪은 후였다. 형이 끝나고 사회로 돌아왔으나, 공동정범이었던 그들은 서로를 외면하고 반목한다. 그들의 내면에서 용산 참사는 끝나지 않았다. 그것이 과연 그들 자신의 문제일까? 영화는 그들 사이의 내적 갈등을 날카롭게 그려내며, 인간을 파괴하는 도시 재개발의 야만성을 다시 한번 소환한다.

「공범자들」(최승호, 2017)

2008년 미국산 쇠고기 수입 문제 보도로 MB 정부가 큰 타격을 입자 본격적인 언론 장악이 시작된다. KBS와 MBC가 권력에 의해 무너지고, 더 이상 공영방송이 아닌 정권의 홍보 기지로 전락하게 된다. 감독은 지난 10년 동안 공영방송을 망친 주범과 그들과 손잡은 공범자들의 실체를 밝히기 위해 달리고 또 질문한다.

「광주는 말한다」(연출 남성우, 글 · 구성 김옥영, KBS, 1989)

MBC 「어머니의 노래」와 함께 한국 방송 사상 최초로 방영된 5 · 18 다큐의 한 편. 감정을 절제한 냉정한 태도를 취했고, 사건의 발단에서 종료까지 시간적 흐름을 따라가며 중간 중간 쟁점을 부각하는 방식으로 내러티브를 구성했다. 당시까지도 광주 문제의 진상이 밝혀지지 않은 상황이라 시청자에게 실체적 진실을 알려야 한다는 강력한 목표 의식을 내재하고 있다.

「그것이 알고 싶다—죽어도 사라지지 않는 웹하드 불법 동영상의 진실」(연출 김병길, 글 · 구성 신진주, SBS, 2018)

리벤지 포르노, 불법 촬영물, 불법 동영상, 몰래카메라 등 웹하드 속 불법 동영상은 왜 사라지지 않는가? 유출 영상이 돈벌이가 되는 현실 속에서는 피해자들의 고통이 멈추지 않고 반복 재생산될 수밖에 없다. 업계 내부자들의 증언을 통해 동영상을 만드는 자, 올리는 자 그리고 방조하는 자들의 연결고리를 추적한다.

「그날, 바다」(김지영, 2018)

2014년 4월 16일, 세월호의 출발부터 침몰까지의 여정에만 집중하는 다큐멘터리다. 당시 정부가 첫번째 공식 증거로 내놓은 AIS(Auto Identification System, 선박의 항해 정보가 자동 원격으로 인식된 기록)에 대해 의혹을 제기하여 고의 침몰 가설을 뒷받침하려 한다.

「그리즐리 맨Grizzly Man」(베르너 헤어조크, 2005)

환경운동가 티머시 트레드웰은 회색곰과 그들의 서식지를 보호하는 것이 자신의 사명이라 여겼다. 그는 곰들과 진정한 교감을 나눌 수 있다고 믿었으나 바로 그 회색곰에게 목숨을 빼앗겼다. 감독은 티머시 트레드웰이 죽기 전 마지막 5년간 여름 동안 촬영해둔 100시간 분량의 비디오 녹화 자료를 기반으로 티머시 트레드웰의 삶과 그 이면의 행로를 쫓아간다.

「그림자꽃」(이승준, 2019)

중국의 친척을 방문했던 주부 김련희는 탈북 브로커에게 속아 남한으로 와 억지로 남한 시민이 되었다. 7년이 넘도록 평양의 가족에게 돌아가기 위해 노력하지만 격변하는 남북의 관계 속에서 그 희망은 아득해지기만 한다. 남한에 갇혀 있는 시간이 길어질수록 평양의 가족들에게 그녀의 빈자리는 점점 깊어만 가고, 이제 그림자처럼 기억에만 남는 존재가 될까 두려워진다.

「기억의 전쟁」(이길보라, 2018)

화려한 휴양 도시 베트남 다낭에서 20분이면 닿는 마을, 매년 음력 2월이면 마을 곳곳에 향이 피워진다. 1968년, 한날한시에 죽은 마을 주민들을 위해 살아남은 이들은 위령비를 세우고 50여 년간 제사를 지내

왔다. 그들이 기억하는 가해자는 한국군이나, 한국은 이 사실을 공식적으로 인정하고 있지 않다. 베트남 전쟁에 대한 가해자와 피해자의 각자 다른 기억의 충돌을 그린 영화.

「김군」(강상우, 2018)

1980년 5월, 광주 도심 곳곳에서 포착된 한 남자. 군용 트럭 위 군모를 쓰고 무기를 든 매서운 눈매. 군사평론가 지만원은 그를 북한특수군 '제1광수'로 명명하고, 누군가는 그를 한동네에 살았던 '김군'이라고 기억한다. 감독은 광주항쟁 당시 한 장의 사진으로 남은 '김군'을 찾아가는 여정을 통해 광주의 진실과 조우한다.

「까치발」(권우정, 2019)

지후(딸아이)가 한 살 때, 의사에게 충격적인 선언을 들었다. "아이가 뇌성마비일 수 있어요." 그리고 일곱 살이 된 지금도 지후는 여전히 까치발로 걷는다. 이 영화는 딸아이의 까치발을 계기로, 때로는 나 자신도 용납할 수 없는 내 솔직한 감정의 파고들을 대면한다. 다큐멘터리 감독이자 엄마이며 여성인 한 인간의 자기 성찰기이다.

「낮은 목소리」(변영주, 1995)

서울 혜화동의 한 한옥엔 일곱 명의 할머니들이 모여 살고 있다. 사람들은 그 집을 나눔의 집이라고 부른다. 할머니들은 제2차 세계대전 당시 일본군에 의한 전시 성

노예로 피해를 겪은 여성들이다. 영화는 그 여성들의 1년 반 동안의 삶을 기록하며, 그녀들의 투쟁과 일상의 모습을 보여주고 있다.

「내 친구 정일우」(김동원, 2017)

1988년 감독은 헝클어진 머리, 볼품없는 옷을 입은 한 신부를 만났다. 매일같이 커피, 담배, 술로 하루를 시작하고 오늘은 또 무슨 장난을 칠까 궁리했던 개구쟁이였으나 그는 예수의 삶을 삶으로 실천한 인물이었다. "가난뱅이가 세상을 구한다"는 믿음으로 모든 가난한 이들의 친구가 되었던 '파란 눈의 신부'는 그렇게 우리들의 삶에 스며들었다.

「너의 작은 노랑 장화Little Yellow Boots」(존 웹스터, 2017)

지금부터 50년 뒤 우리는 미래 세대에게 무엇을 넘겨줄 것인가? 이것이 2060년대에 태어날 증손녀에게 보내는 영상 편지에서 감독이 품고 있는 질문이다. 노랑 장화를 신은 증손녀는 현재 우리가 아는 것과는 매우 다른 해안선을 따라 걷게 될 것이다. 감독의 상실의 경험에서 출발한 영화는 핀란드, 러시아, 마셜 군도를 거쳐 뉴욕까지 정신적이고 육체적인 여행을 떠난다.

「노무현입니다」(이창재, 2017)

국회의원, 시장 선거 등 출마하는 선거마다 번번이 낙선했던 만년 꼴찌 후보 노무현이 2002년 대선 당시 대한민국 정당 최초로 도입된 새천년민주당 국민참여경선에 출사표를 던진다. 제주를 시작으로 전국 16개 도시에서 치러진 경선을 통해 노무현의 이름이 전국을 뒤흔들기 시작한다. 무엇이 무명의 그를 대통령 후보로 밀어 올렸을까? 이 영화는 노무현을 통해 그 시대의 꿈을 그려내고 있으며, 그리하여 시대의 표상으로서 노무현의 존재를 드러낸다.

「논픽션 다이어리」(정윤석, 2013)

1994년 추석, 온 국민을 충격에 빠뜨렸던 사상 초유의 지존파 연쇄살인이 잠잠해지기도 전, 성수대교가 무너지고 다음해인 95년엔 삼풍백화점이 연달아 붕괴된다. 영화는 이미 형장의 이슬로 사라진 지존파를 현실 속에 재소환하여 그들의 삶과 행적을 통해 시대를 통찰한다. 압축 성장을 해온 한국의 경제 개발과 그 결과를, 거대한 탐욕을 동력으로 움직여온 자본주의 시스템의 야만성을 말이다.

「님아, 그 강을 건너지 마오」(진모영, 2014)

89세 소녀 감성 강계열 할머니, 98세 로맨티시스트 조병만 할아버지. 이들은 어딜 가든 고운 빛깔의 커플 한복을 입고 두 손을 꼭 잡고 걷는 노부부다. 백발 노년에도 어린 소년과 소녀의 감성으로 동화 같은 사랑을 나누던 노부부의 삶은 할아버지의 병과 죽음을 만나면서 돌연 큰 변곡점을 그리게 된다. 그때 지나간 일상의 편린은 관객의 기억 속에서 새로운 의미로 재배치된다.

「다시 태어나도 우리」(문창용·전진, 2016)
전생을 기억하는 조금 특별한 아홉 살 린 포체 앙뚜. 오직 그를 위해 자신의 모든 것을 헌신한 스승 우르갼. 몇 번의 겨울을 함께 보내며 삶의 동반자가 된 두 사람은 앙뚜가 전생에 살았다는 티베트 캄의 사원을 향해 떠나게 된다. 끝내 사원에는 가닿지 못했지만 오랜 여정을 통해 제자와 스승의 관계는 더욱 깊고 굳건해지며 이별마저 가장 아름다운 화음을 만들어낸다.

「다큐공감—마지막 화전민, 사무곡의 겨울」
(문창용, KBS, 2018)
산에 불을 질러 밭을 만든 화전은 농부들의 막장이었다. 강원도에만 3만 호 넘게 존재하던 화전민은 1975년 대대적인 이주 정책에 따라 역사 속으로 사라졌다. 그러나 태백준령 사무곡 마지막 남은 굴피집에는 혼자 남은 화전민 정상홍 노인이 살고 있다. 카메라는 네 살에 들어와 여든네 해를 산속에서 보내고 있는 그의 삶을 조용히 응시한다.

「달에 부는 바람」(이승준, 2014)
태어날 때부터 시청각 중복 장애를 안고 살아온 예지는 단 한 번도 무엇을 보거나

들은 적이 없다. 예지의 평생을 함께해온 엄마지만 성질부리며 머리를 박고, 때리고, 발 쿵쿵 구르는 예지의 행동들을 다 이해할 수 없다. 하지만 들리지 않아도, 말하지 않아도, 보이지 않아도 서로가 통하는 빛나는 순간을 느낀다. 빛과 소리 없이도 가능했던 엄마와 딸의 세상에서 가장 오래된 사랑의 대화가 시작된다.

「달팽이의 별」(이승준, 2012)
보이지 않는 눈과 들리지 않는 귀를 가졌기 때문에 마치 달팽이처럼 오직 촉각에만 의지해 아주 느린 삶을 사는 영찬 씨. 영찬 씨가 세상에서 가장 아름다운 여인이라고 생각하는 순호 씨는 척추장애로 조금 작은 몸집을 가졌지만 영찬을 세상 밖으로 이끌어 꿈을 향해 도전할 수 있도록 돕는 생명줄 같은 역할을 한다. 감독은 영찬 씨의 장애가 아니라 장애 너머 위대한 삶의 긍정을 바라본다.

「더 블랙」(이마리오, 2018)
2012년 12월 11일, 국가정보원 '블랙' 요원이 오피스텔에서 야당 대통령 후보에 대한 비방 댓글 생성 작업을 한다는 제보가 있었다. 해당 요원은 '셀프 감금'으로 사실 확인을 거부하고 선거에서는 새누리당 박근혜 후보가 당선된다. 이듬해 검찰은 특별 수사팀을 구성하여 사건을 수사하려 하지만, 청와대와 법무부, 국정원 등은 수사를 방해한다. 2013년 12월 31일, 평범한 시민

이남종은 이에 분격하여 박근혜 대통령의 퇴진과 특검 실시를 요구하며 분신한다.

「더 코브: 슬픈 돌고래의 진실The Cove」(루이 시호요스, 2009)

매년 2만 3,000마리의 야생 돌고래가 포획되어 학살되는 일본의 타이지 마을. 감독은 돌고래 보호를 위해 싸우고 있는 릭 오배리와 함께, 수중 촬영 카메라맨, 녹음 전문가, 특수 효과 아티스트, 세계적 수준의 프리다이버 등 전문가들로 팀을 구성하여 외부인의 접근을 막고 있는 타이지 마을에 잠입한다. 마을 전체의 방해에도 불구하고 돌고래 학살의 현장을 잡기 위한 그들의 노력은 첩보 영화를 방불케 한다. 마침내 그들이 포착한 현장은 보는 이를 전율하게 한다.

「두 개의 문」(김일란 · 홍지유, 2011)

2009년 1월 20일, 철거민 다섯 명, 경찰 특공대원 한 명 사망. 생존권을 호소하며 망루에 올랐던 이들은 불과 25시간 만에 싸늘한 시신이 되어 내려왔고, 살아남은 이들은 범법자가 되었다. 이 참사의 원인은 철거민의 불법 폭력 시위에 있는가? 공권력의 과잉 진압에 있는가? 진실 공방의 긴 싸움은 법정으로 이어지고, 카메라는 사실의 촘촘한 재구성을 통해 그날의 진실을 탐색한다.

「뚜르: 내 생애 최고의 49일」(임정하 · 전일우 ·

박형준 · 김양래, 2016)

스물여섯 윤혁은 희귀 암 말기 판정을 받는다. 그러나 그는 침대에 누워 있기보다 평생 꿈꾸던 자전거 경주 투르 드 프랑스에 도전하는 길을 택한다. 그를 위해 모인 9인의 드림팀과 함께 온갖 어려움을 겪으면서도 그는 마침내 3,500킬로미터를 완주하는 데 성공한다. 그 생애의 마지막을 장식한 최고의 49일이었다.

「로그북」(복진오, 2018)

2014년 4월 16일, 세월호 침몰 뉴스를 접하고 현장으로 달려간 민간인 잠수사들의 이야기. 수색 체계도 질서도 채 갖춰지지 않은 상황에서 그들은 바다 속 선체에 갇힌 희생자들을 한 명씩 안아 올려 수습한다. 수색이 장기화되면서 한 잠수사가 수색 도중 사고로 사망하게 되고, 해경은 어느 날 이들을 현장에서 퇴출시킨다. 뭍으로 돌아왔으나 그들의 삶은 이전과 같지 않다. 현장의 트라우마가 그들을 또 다른 죽음으로 몰고 간다.

「로저와 나Roger & Me」(마이클 무어, 1989)

미시간 주 플린트 시는 감독의 고향이자 세계 최대의 자동차 회사 GM의 탄생지다. 어느 날 GM은 미국 내 노후 공장 열한 곳을 폐쇄하기로 결정한다. GM 공장이 생산 기반의 전부였던 플린트는 경제적 나락으로 떨어지게 되고 나날이 황폐해져간다. 이런 상황을 질문하기 위해 감독은 GM 회장

로저 스미스를 만나려는 온갖 시도를 다 한다. 그것은 기업의 이윤이 인간의 삶을 좌우하는 현실에 대한 질문이기도 하다.

「리슨 투 미 말론Listen to Me Marlon」(스티밴 라일리, 2015)
말론 브란도만큼 전설과 비극이 엇갈리는 연기자도 없다. 그는 이름만으로도 영화 역사의 한 페이지를 쓰는 몇 안 되는 배우 가운데 한 명이다. 이 다큐멘터리는 그런 그의 세계적 명성, 위대한 걸작들, 이면에 아들이 저지른 살인 사건과 딸의 자살 등 불행했던 개인사를 다룬다. 생전에 말론 브란도가 직접 녹음한 자기 독백적 음성 메모와 여러 인터뷰를 채집하여 일인칭 시점의 육성 진술로 구성되었다.

「마이 아이즈My Eyes」(에르랜드 E. 모, 2006)
시각장애 소녀들의 세계를 감각적으로 다룬 단편 다큐멘터리영화. 벽을 더듬어가는 손으로 시작하는 영화는 각자의 상황을 설명하기보다 그들이 감각하는 촉감, 공간감, 음감의 세계를 그들의 느낌을 통해 전달하고자 한다. 그래서 영상의 흐름 속에 그녀들의 시각 체험 같은 블랙 화면을 삽입하기도 한다.

「마지막 수업Être et avoir」(니콜라 필리베르, 2002)
프랑스 중부의 한적한 오지 마을 오베르뉴의 작은 학교와 이곳에서 35년간의 교직생활을 마감하는 조르주 로페즈 선생님의 마지막 6개월을 그린 다큐멘터리다. 4살 반부터 중학교에 입학하기 전까지 나이가 다른 아이들 열세 명이 선교생으로 이들이 한 학급에서 복닥거리며 공부하는 내용을 겨울부터 그다음 해 여름까지 그야말로 느린 호흡으로 따라간다.

「몸을 죽이는 자본의 밥상What the Health」(킵 앤더슨·키건 쿤, 2017)
발암 물질인 가공육과 붉은 고기를 보건단체들이 식단으로 추천한다. 왜 이런 모순이 발생하는가? 세상은 국민의 건강이 아니라 '돈'으로 돌아가고 있다. 정부와 축산업계 및 제약업계가 결탁하여 대중을 병들게 하는 부패한 현실을 폭로한다.

「바시르와 왈츠를Waltz With Bashir」(아리 폴만, 2008)
감독은 20여 년 전 이스라엘 군에 복무했으나 특정한 시기에 대한 기억이 없다. 그 기억을 찾기 위해 옛 동료들을 찾는 여정 속에서 1982년 레바논에서 있었던 참혹한 전쟁의 비극이 수면 위로 떠오른다. 그 기억들을 애니메이션으로 때로 초현실적인 이미지로 그려냄으로써 다큐멘터리의 표현적 영역을 더욱 확장한 영화로 평가받는다.

「밤섬해적단 서울불바다」(정윤석, 2017)

그라인드코어 밴드 밤섬해적단은 한국 사회의 이념 지향의 경직성에 대해 반동적인 퍼포먼스를 즐겨왔다. 그러나 북한을 희화화해온 그들의 놀이는 현실의 위기를 맞게 된다. 북한 선전매체 트위터 계정의 트윗을 리트윗했다는 이유로 그들의 데뷔 앨범은 국가보안법 재판에 회부된다. 그 과정을 통해 한국 사회의 심부를 들여다보는 다큐멘터리.

「밥정」(박혜령, 2018)

친어머니와 양어머니에 대한 아픈 사연을 간직하고 있는 자연요리 전문가 임지호. 지리산에서 만난 김순규 할머니를 세번째 어머니로 10년간 모시지만, 끝끝내 세번째 이별이 찾아왔다. 임지호는 낳아주신, 길러주신, 그리고 마음을 나눠주신 세 명의 어머니를 위해 3일 동안 108접시에 그의 그리움을 담아 음식을 장만한다.

「버블 패밀리」(마민지, 2017)

어린 시절 감독은 잘나가는 부모님의 '집장사'로 안락한 삶을 누렸으나, IMF 외환위기의 도래와 함께 집안은 몰락하여 경제 사정은 바닥으로 떨어진다. 그러나 비가 새는 집 안에서도 부동산에 대한 부모님의 환상은 꺼지지 않는다. 감독은 투기를 부채질하던 당대 한국의 부동산 광풍이 어떻게 그의 부모와 개인들을 왜곡시켰는지 직시하려 한다. 그럼으로써 이 영화는 '가장 개인적이면서 가장 사회적인 이야기'가 될 수 있었다.

「베를린 필과 춤을Rhythm Is It!」(토머스 그루베 · 엔리크 산체즈 랜쉬, 2004)

베를린 필이 기획한 대규모 예술교육 프로젝트를 다루었다. 이들은 클래식 음악을 들어본 적도 없고, 발레 교습을 받은 적도 없는 소외 계층의 청소년 250명을 모아 춤을 가르치기 시작한다. 처음 접해보는 무용 훈련에 아이들은 당혹스러워하고 진도는 지지부진하기만 하다. 그러나 놀랍게도 아이들은 하루하루 달라져가고 마침내 베를린 필과 성공적인 협연을 펼친다. 그 순간의 감동을 향하여 다큐멘터리의 시간은 3개월을 달려온 것이다.

「볼링 포 콜럼바인Bowling for Columbine」(마이클 무어, 2002)

1999년 4월 20일, 미국 콜로라도 주 리틀턴의 콜럼바인 고교에서 총기 난사 사건이 일어났다. 두 소년이 학생 열두 명과 교사 한 명을 죽이고 자신들도 목숨을 끊었다. 콜럼바인뿐만이 아니다. 유독 미국에서 이렇게 총기 사고가 많은 이유는 무엇인가? 감독은 그 답을 찾기 위해 과거와 현재를 넘나들고 미국 전역과 캐나다를 누빈 끝에 근본 원인으로 총기 자유화 정책을 고발한다. 그것은 만인을 만인의 적으로 간주하는, 공포와 증오에 기초한 정책이기 때문이다.

작품 목록

「부드러운 혁명」(연출 고희영, 글·구성 석영경, KBS, 2019)

치매 환자도 한 '인간'으로 존중하면, 돌봄만으로도 상태가 달라진다. 미국과 유럽 등지에 도입되어 주목받고 있는 휴머니튜드 케어법. 이를 국내 최초로 도입하여 두 개의 요양 병원에서 열네 명의 중증 치매 환자들을 대상으로 적용하고 60일간의 변화를 관찰 기록했다. 놀라운 변화에 환자도, 간호사도, 보호자도 함께 울었다.

「사람이 산다」(송윤혁, 2015)

창현은 부족한 기초수급비 때문에 부정 수급 단속의 눈을 피해 몰래 아르바이트로 생계를 이어간다. 쪽방에서 태어나 자라온 일수는 스물일곱 살의 젊은 나이에 질병으로 기초수급자의 삶을 살고 있다. 이제 막 쪽방에 들어가 새로운 시작을 해보려는 남선은 부양의무제도로 수급을 포기한다. 가난한 사람들이 모여 있는 쪽방촌 1년의 기록을 통해 빈곤의 굴레를 본다.

「사마에게For Sama」(와드 알-카팁·에드워드 왓츠, 2019)

정부군의 공격을 받는 시리아 북부 도시 알레포. 기록자인 와드는 전쟁으로 폐허가 되어버린 이 도시를 지키며 결혼을 하고 딸 사마를 낳았다. 이 다큐멘터리는 알레포에서의 그 5년간을 기록한 것이다. 그녀는 엄마와 아빠가 왜 여기 남았는지, 무엇을 위해 싸웠는지를 어린 딸 사마에게 들려주는 편지 형식으로 서술하고 있다.

「3×FTM」(김일란, 2009)

FTM이란 'Female To Male Transgender'의 줄임말. 여성으로 태어나 성전환수술을 통해 남성의 삶을 지향하는 이들을 가리키는 용어다. 이 영화는 생물학적으로 여성으로 태어나 '남자가 되어가는 중'인 FTM 세 명의 고민과 일상을 담았다.

「삽질」(김병기, 2018)

이명박 정부의 4대강 살리기는 대국민 사기극이었다. 이 거대한 '삽질'은 정부가 기획하고 언론이 참여하고 건설 업체가 판벌인 것이었다. 총 판돈 22조 2,000억 원의 도박판. 그 결과 금강, 영산강, 한강, 낙동강을 녹조가 뒤덮고 60만 물고기가 떼죽음을 당했다. 4대강 사업이 어떻게 강을 죽였는지에 대한 실증적 보고서.

「상계동 올림픽」(김동원, 1988)

88올림픽을 대비한 도시 미화 작업의 일환으로 달동네 재개발이 강행된다. 상계동 주민들을 비롯한 서울 200여 곳의 달동네 세입자들은 아무 대책도 없이 몇 십 년씩 살던 집에서 쫓겨나야 했다. 많은 사람이 다치고 죽었지만 언론마저 침묵했던 시대, 감독의 카메라만이 그들의 투쟁과 함께한다.

「서산개척단」(이조훈, 2018)

1961년 박정희 정권은 '대한청소년개척단'의 이름으로 전국에서 청년과 부녀자들을 납치해 땅을 개간했다. 이들은 매일 매 맞고 무임금으로 일했으나 "고생은 땅으로 보상한다"는 국가의 약속을 믿었다. 그러나 황무지가 옥토로 바뀌자 정부는 그 땅이 국가 소유라고 말을 바꾼다. 오랜 시간 어둠에 묻혀 있었던 역사의 진실을 증언한다.

「세상의 모든 라면박스」(최근영, KBS, 2006)

당신이 여자이고 노인이고 가난하다면, 그래서 쓸모없어 보인다면, 효율성이 지배하는 이 사회에서 어떻게 살아남을 것인가. 폐지 줍는 다섯 명 할머니들의 사연을 옴니버스 형식으로 다루었다. 내레이션 없이 각 할머니의 사연을 은유한 다섯 곡의 노래가 판타지처럼 펼쳐지는 독창적인 양식을 취하고 있다.

「세 자매Three Sisters」(왕빙, 2012)

중국의 한 산골 마을, 세 자매의 일상이 시작된다. 낡은 집에서 부모 없이 살아가는 어린 소녀들은 가까운 친척 집에서 끼니를 때우며 노동으로 날을 보낸다. 기다리던 아버지가 돌아오지만 형편이 더 나아지지는 않는다. 소녀들의 지루하고 힘겨운 일상은 마치 한 편의 극영화처럼 전개된다. 가난한 생활의 고단함과 가난으로 인해 해체되어가는 가족의 모습이 가슴을 서늘하게 한다.

「송환」(김동원, 2003)

감독은 비전향 장기수들과 한동네에 살게 되면서 그들의 일상을 카메라로 담는다. 1999년부터 본격적인 송환운동이 시작되고 2000년 6·15 남북공동선언과 함께 송환운동은 급물살을 탄다. 송환이 현실이 되자 남쪽이 고향인 장기수들, 옥중에서 전향을 하여 북으로 갈 요건이 안 되는 이들, 결혼을 발표하여 동료들의 비난을 받는 이에 이르기까지 크고 작은 갈등 상황이 빚어진다. 비전향 장기수 63명은 2000년 9월 2일 북으로 송환된다.

「쇼아Shoah」(클로드 란즈만, 1985)

제2차 세계대전 당시 독일 나치의 집단 학살에 대하여 관련 인물들의 인터뷰로 구성한 아홉 시간이 넘는 다큐멘터리다. 강제수용소의 생존자들, 나치 협력자들, 그리고 학살 작업에 동원되었던 사람들은 고통스럽게 그들의 과거를 카메라 앞에 드러낸다.

「슈퍼 사이즈 미Super Size Me」(모건 스펄록, 2004)

미국 성인의 60퍼센트 이상이 과체중이다. 매일 네 명 중 한 명이 패스트푸드 음식점을 찾는다. 한 괴짜 영화감독이 비만의 주범으로 혐의가 짙은 패스트푸드의 폐단을 몸소 체험하며 변화하는 자신의 신체를 기록한다. 짓궂은 아이디어와 도발적인 방법으로 자신의 신체가 어떻게 망가져가는지를 그대로 보여주는 이 별난 감독은 죽도록 먹어대는 미국인, 나아가 현대를 살아가는 우리들의 라이프스타일에 장난기 가득한 얼굴로 진지한 일침을 가한다.

「승려 W The Venerable W」(바벳 슈로더, 2017)

악은 어떤 얼굴을 하고 있는가? 미얀마 불교 지도자로 존경받는 아신 위라투. 매력적이고도 위엄 넘치는 승려 위라투의 말은 영화가 진행될수록 혐오의 수사학을 드러내고 그 말은 곧 거대한 사회적 반향을 일으킨다. 영화는 로힝야 족을 비롯해 이슬람 종교를 믿는 소수민족을 방화하고 공격하고 살해하는 동시대 역사를 위라투의 시선에서 풀어낸다.

「아름다운 것들 Beautiful Things」(조르조 페레로 · 페데리코 비아신, 2017)

출연자들은 석유 시추 현장-화물선-무반향 음향 측정실-쓰레기 소각장에서 한 사람씩 등장하는데, 영화는 그들의 현학적인 독백과 장소 이미지의 변주만으로 이어진다. 영화의 시작은, 석유로부터 생산된 온갖 제품들로 넘치는 감독의 집이고, 영화의 끝은 더욱 거대한 물신의 공간인 쇼핑몰이다. 두 명의 무용수가 불 꺼진 밤의 쇼핑몰 내부를 종횡무진하며 춤을 춘다. 그것은 마치 소비사회의 무덤에 갇힌 우리 삶에 대한 미학적 비판으로 보인다.

「알레포의 마지막 사람들 Last Men in Aleppo」(스텐 요하넨센 · 페라스 파이야드, 2017)

7년 동안 계속된 시리아 내전의 참혹상을 민간 구조대 화이트헬멧 대원인 칼레드와 그 주변 인물들을 통해 전하고 있다. 계속되는 폭격으로 폐허가 되어가는 도시 알레포에서 구조 활동을 하면서도 떠나야 할까 남아야 할까를 갈등하던 칼레드. 그는 영화의 말미, 주검이 되어 등장하고 그 동료들도 모두 사망한다.

「애국자게임」(경순 · 최하동하, 2001)

유사 이래 연령, 성별, 빈부의 차이와 정치적인 입장을 불문하고 일거에 국민을 통합해온 '애국심'이라는 성역에 일침을 가하는 다큐멘터리. 3년간 100여 명을 인터뷰했고, 우리 사회 구석구석에서 애국심과 민족주의가 강요되는 현장을 발굴하여 카메라에 담았다. '민족'과 '국가'가 모든 가치를 압도하며 공동체 구성원들을 세뇌하고, 그러므로 결국 모든 인본주의적 가치를 억압하는 도구로 쓰이게 되는 데 대한 심오한 조롱이라고나 할까.

「액트 오브 킬링 The Act of Killing」(조슈아 오펜하이머 · 크리스틴 신, 2013)

40년 전, 공산주의자 100만 명 이상을 학살했던 옛 인도네시아 군부와 그 군부의 의뢰를 받았던 정치 깡패들을 만나, 그들이 저질렀던 학살을 다양한 장르로 변주하여 학살자들에게 직접 재연하게 하는 독특한 전략을 택한다. 그 결과 이 영화는 학살자들의 현재와 그들이 스스로 연출, 연기하는 과거가 초현실적인 이미지와 뒤섞이면서, 무어라 말할 수 없는 기괴한 분위기를 빚어낸다. "전대미문의 방법으로 인간의 도덕성을 뒤흔드는 충격적인 다큐멘터리"라는 평을 얻었다.

「어느 세균학자의 죽음Wormwood」 (에롤 모리스, 2017)

1950년대 CIA에 근무했던 과학자 프랭크 올슨의 죽음에 얽힌 미스터리를 풀어나간다. 아들 에릭 올슨은 그 의혹을 추적하는 데 60 평생을 바쳤다. 이 작품은 미국 정보 기관의 추악한 민낯을 드러내는 추리물인 동시에 아버지의 죽음에 매달려 삶의 대부분을 소모해버린 그 아들의 쓰디쓴 인생을 조명하는 영화이기도 하다. 배우들을 기용한 재연 장면은 극영화를 방불케 하는 스타일리시한 미장센으로 구현되었다.

「어머니」 (태준식, 2011)

큰아들 전태일의 죽음 이후 이소선은 이전과는 전혀 다른 삶을 살게 되었다. 노동자의 권리를 외치며 분신한 아들의 뜻을 되새기며 그녀는 이후 40여 년간 이웃의 고통을 함께해왔고, 전쟁 같은 그들의 삶을 넓은 품으로 품어주었다. '사람 사는 세상'을 꿈꾼 모든 이들의 어머니였던 그녀의 마지막 2년간의 이야기.

「어머니의 노래」 (김윤영, MBC, 1989)

KBS 「광주는 말한다」와 함께 한국 방송사상 최초로 방영된 5·18 다큐의 한 편. 한 희생자의 어머니가 주인공이 되어서 어머니의 시선으로 5·18을 진술하는 방식을 택했다. 무고한 죽음들과 그 죽음들이 낳은 슬픔과 한을 통해 5·18의 비극성을 부각한다. 시청자들의 정서적 공감을 불러내는 데 역점을 두었다.

「언더그라운드」 (김정근, 2019)

도심 곳곳을 오르락내리락하는 열차에 올라타는 끝도 없는 사람들. 모두 잰걸음으로 땅 위 삶을 향해 지하를 거쳐갈 때, 이 반듯한 공간 '언더그라운드'를 움직이는 사람들이 있다. 오늘도 시끄럽게만 돌아가는 세상 아래, 지하에서의 삶은 어떤지 그들에게 다가간다. 지하철과 그 공간, 그 공간에서 일하는 노동자들에 대한 이야기다.

「업사이드 다운」 (김동빈, 2015)

2014년 4월 16일, 세월호 참사로 인해 네 명의 아버지는 누구보다 사랑하던 아이들을 잃었다. 왜 그 배가 침몰해야만 했는지, 왜 우리 아이들이 차가운 몸으로 돌아와야만 했는지, 여전히 이유를 모르는 아버지들이 가슴에 묻지 못한 이야기를 꺼낸다. 이와 함께 해양공학 교수, 변호사, 언론인, 심리학 박사 등 열여섯 명의 전문가가 세월호를 둘러싼 한국 사회의 모순을 밝힌다.

「여자와 빙하Woman and the Glacier」(오드리우스 스토니스, 2016)

리투아니아 과학자인 오스라 레부타이테는 중앙아시아 카자흐스탄과 키르기스스탄 사이에 걸쳐 있는 톈산 산맥 계곡에서 30년을 보내고 있다. 해발 3,500미터에서 충견과 회색 고양이 한 마리와 함께 투웍수 빙하의 기온 변화를 연구한다. 고독과 고요를 사랑하는 그녀와 큰 변화 없는 비슷한 나날이 아름다운 풍광 속에 그려진다.

「영상복원 황룡사」(연출 황용호·이정수, 글·구성 이영숙, KBS, 1996)

1238년 몽골 침략으로 불타버린 높이 80.18 미터의 황룡사 9층 목탑을 컴퓨터 그래픽과 초보적인 버추얼 스튜디오로 재현했다. 제작팀은 황룡사의 국내 발굴 자료, 현장의 건물 기록, 경주 남산의 신라 불탑의 흔적, 그리고 일본과 중국의 유사 불탑 비교 분석에 상상을 더해 황룡사를 살아 있는 모습으로 보여준다. 문화재 영상 복원의 첫걸음이라 할 만한 작품.

「56 업56 Up」(마이클 앱티드·폴 앨먼드, 2012)

한 유치원에 있던 일곱 살 아이들을 7년마다 56세가 될 때까지 49년 동안 찍어서 만든 다큐멘터리. 어린 시절 큰 차이가 없던 출연자들의 삶이 세월과 함께 어떻게 서로 달라지는지, 무엇이 그들의 삶을 변화시키는지 타인의 생애를 개관하면서 인생이 무엇인지 생각해보게 된다.

「오월愛」(김태일, 2010)

1980년 5월 27일 항쟁의 마지막 날까지 도청과 광주 외곽을 지켰던 시민군들, 가난한 삶 속에서도 주먹밥을 해주었던 시장 상인들은 청년에서 중년을 훌쩍 넘었다. 기록에서 제외된 수많은 사람들은 각자의 기억을 가슴에 묻은 채 살아가고 있다. 몸과 마음에 남은 상처는 여전히 선명하지만, 스스로의 힘으로 아름다운 공동체를 만들어냈던 그 기적 같은 봄날의 그들은 누구보다 아름다웠다.

「위대한 로마」(연출 정재웅, 글·구성 김옥영·정종숙, EBS, 2013)

2,000년 전 인류가 만든 지상 최대 건축물 콜로세움이 완공되고 지상 최대 재앙인 베수비오 화산의 폭발로 폼페이가 사라졌다. 이 두 가지 사건에 초점을 맞추고 콜로세움을 통해서 당대 로마의 정치 사회를, 폼페이를 통해서는 경제 사회를 들여다보는 2부작 다큐. 실사 외에 대규모 재연과 그래픽이 동원되었다.

「위대한 침묵Into Great Silence」(필립 그로닝, 2005)

프랑스 알프스 샤르트뢰즈 산맥 정상에 있는 그랑드 샤르트뢰즈 수도원에 사는 카르투시오회 수사들의 일상생활을 담고 있는 다큐멘터리 영화다. 이 영화에는 내레이션은 물론 인공조명도 음향효과도 없다. 오직 자연광으로 찍은 영상과 현장음이 있을 뿐이다. 이것은 감독에게 수도원 측이 요구한 조건이기도 했지만, 이러한 선택이 속세와 격리된 수도원이라는 세계의 특수성을 더욱 돋보이게 하는 결과로 작용했다.

「위로공단」(임흥순, 2014)

'구로공단'이 '구로디지털단지'로 변모했지만, 여성 노동자의 삶을 그렇게 달라지지 않았다. 40여 년을 아우르는 그들의 과거와 현재가 데칼코마니처럼 펼쳐진다. 다큐멘터리의 중심축을 이루는 것은 과거로부터 현재까지 이어지고 있는 그 엄혹한 노동의 조건과 그 속에서 저항하는 노동자들의 인터뷰들이다. 감독이 구현한 미술적 이미지들이 보는 이의 감정을 확장한다.

「의자가 되는 법」(손경화, 2014)

의자가 만들어진다. 버려진다. 던져진다. 부서진다. 다시 만들어진다. 그러나 실은 이것은 의자에 대한 이야기가 아니다. 버려진 의자 같은 존재, 하잘것없고 미미한 존재들인 우리가 서로를 다시 눈여겨보게 하고 어떻게 살아야 할지 새로운 질문을 던지게 하는 것으로 보이기 때문이다.

「이타미 준의 바다」(정다운, 2019)

한국 이름은 유동룡. 재일 한국인 건축가였던 이타미 준은 경계인이었다. 그 경계에서 그만의 길을 찾았고 자연과 시간의

결이 깃든 건축을 선물했다. 이타미 준의 생애와 건축을 이해하게 하는 다큐멘터리 안내서.

「인간극장 ─ 남편이 돌아왔다」(연출 임은정, 글·구성 김성희, KBS, 2007)

남자는 나이 50에 회사 상무직을 내던지고 요리학원을 다녔다. 회사 일에 치여 가족을 돌보지 못했던 그는 인생 후반기 아내의 곁에 머물기 위해 요리사 인생을 선택한 것. 일식 요리사 자격증을 따고 집을 식당으로 개조했다. 아침에 일어나 제일 먼저 아내를 위한 기도로 하루를 시작하는 중년의 순애보.

「인물현대사 ─ 더 큰 하나를 위하여: 문익환」(연출 양승동, 글·구성 김옥영, KBS, 2004)

재야 민주화운동가이자 통일운동가였던 문익환의 생애를 그의 방북을 중심으로 구성했다. 전체를 관통하는 메인스트림으로 미니멀리즘 연극 무대를 차용했고, 문익환 자신보다 더 문익환을 잘 웅변해줄 사람은 없다는 판단에서 그가 남긴 연설문을 적극 활용하고, 생전의 육성, 노래 등을 그대로 들려준다.

「인물현대사 ─ 박종철」(연출 전우성, 글·구성 김옥영, KBS, 2004)

제5공화국 시절 치안본부 고문실에서 죽은 박종철은 6·10 항쟁의 불씨가 되었다. 한 방울 물이 어떻게 바다에 이르게 되는

지 6월 시민항쟁을 폭발시킨 역사의 이행 과정을 박종철을 중심으로 돌아본다. 박종철의 애창곡이었던 노래 「그날이 오면」을 브리지로 활용했다.

「자백」(최승호, 2016)

2012년 탈북한 화교 출신의 서울시 공무원 유우성 씨가 국정원에 의해 간첩으로 내몰린다. 국정원이 내놓은 명백한 증거는 동생의 증언 '자백'이었다. 그러나 그 자백은 강압에 의한 것이었고, 국정원이 또 다른 증거로 제시한 중국 정부기관의 북중국경 출입국 기록은 위조된 것이었다. 한국, 중국, 일본, 태국을 넘나드는 40개월간의 추적 끝에 스파이 조작 사건의 실체가 드러난다.

「잡식가족의 딜레마」(황윤, 2014)

구제역이 전국을 휩쓸던 어느 겨울날, 육아에 바쁘던 감독은 산골마을 농장을 찾아가 살아 있는 돼지를 만난다. 돼지들은 뜻밖에 영리하고 사랑스러운 존재들이었다. 돼지들을 알게 될수록, 농장의 이면을 알게 될수록, 더 이상 돼지고기를 편하게 먹을 수 없다. 육식파 남편과 어린 아들에게 무엇을 먹여야 할 것인가? 감독의 갈등은 깊어만 간다.

「전향」(연출 김창범, 글·구성 김옥영, KBS, 2006)

전향 장기수들의 출소 이후 어떻게 살아왔는지를 들여다보는 인터뷰 다큐멘터리. 2000년 9월 63명의 비전향 장기수들은 북으로 송환되었으나, 전향 장기수들은 이미 사상 전환을 했다는 이유로 송환에서 제외되었다. 그러나 그들은 전향이 고문과 폭력에 의해 강압적으로 이루어진 것이라며 북으로의 송환을 희망한다. 그들의 희망은 이루어질 수 있을 것인가.

「진흙Grit」(신시아 웨이드·샤샤 프리들랜더, 2018)

2006년 진흙 쓰나미가 인도네시아의 한 마을을 덮쳤다. 가스 채굴회사인 라핀도가 지하의 진흙 화산을 건드렸고 그로 인해 깊숙한 곳에 있던 뜨거운 진흙이 분출하게 됨으로써 6만 명의 주민들이 삶의 터전을 잃었는데, 거대 기업은 보상을 거부한다. 이에 맞서 싸우는 진흙마을 사람들의 이야기.

「철의 꿈」(박경근, 2013)

한반도에서 가장 오래된 그림인 고래 암각화가 그려져 있는 울산. 감독은 이곳에서 오래전 푸른 바다를 넘실대던 고래의 꿈을 철의 꿈으로 바꾼 사람들을 만난다. 고래는 언제 어떻게 '철의 꿈'으로 바뀌었던 걸까? 이 영화는 고래와 거대한 철, 불교 제례의 이미지를 교차하며 철로 상징되는 산업화 시대의 종언을 조상한다.

「체코 드림Czech Dream」(비트 클루삭·필립 레문다, 2004)

영화학교 학생인 두 감독은 거짓 쇼핑몰 광고를 낸다. 감독들은 수행적 방식으로 스스로 이 희대의 사기극을 진행하며 카메라로 그 과정을 따라간다. 사기극은 대성공이어서 존재하지 않는 쇼핑몰 개장일에 모여든 시민들이 2,000여 명에 이르렀다. 체코의 꿈은 과연 무엇인가? 사회주의 가치관의 붕괴 후 체코에 밀려오는 상업 자본주의와 그에 휩쓸리는 사람들을 신랄하게 조롱하는 영화.

「춘희막이」(박혁지, 2015)

홍역과 태풍으로 두 아들을 잃은 큰댁 막이는 집안의 대를 잇기 위해 작은댁 춘희를 집안으로 들인다. 영감이 떠난 지 한참이 지나도록 둘은 모녀인 듯, 자매인 듯, 친구인 듯한 애매한 관계를 46년간이나 유지하며 함께 살았다. 모질고 질긴 두 할머니의 특별한 인연. 이제 서로의 마지막을 지켜줄 유일한 사람으로서 세상에서 가장 아름다운 동행을 이어간다.

「크로싱 비욘드」(이승준, 2018)

스포츠의 가치는 경쟁이 아니며 올림픽의 가치는 승리에 있지 않다. 인간이 자신의 경계를 뛰어넘는 순간 꽃이 핀다. 이 영화는 국적과 인종, 성별, 종교, 그리고 지역적 한계를 넘으려는 다양한 선수들이 장벽을 무너뜨리고 꽃을 피우는 순간으로서

의 올림픽을 이야기한다. 2018 평창동계올림픽 공식 다큐멘터리영화.

「타네이션Tarnation」(조너선 카우에트, 2003)

20년 이상에 걸쳐 촬영한 오래된 슈퍼 8밀리미터 필름, VHS 비디오테이프와 사진 그리고 전화 응답기의 메시지를 이용한, 수백 시간의 푸티지로 만든 다큐멘터리영화로 자막과 록 음악을 활용, 현란하고 환각적인 경험을 갖게 한다. 자전 영상의 진정성과 아방가르드적 실험, 멜로드라마의 감성까지 더해 진한 휴머니즘의 감동을 준다.

「트윈스터즈Twinsters」(서맨사 푸터먼·라이언 미야모토, 2014)

아나이스 보르디에는 어느 날 유튜브에서 자신과 똑 닮은 서맨사를 발견한다. 프랑스에 살고 있는 아나이스와 미국에서 살고 있는 서맨사는 알고 보니 쌍둥이었다. 각각 다른 나라 다른 부모에게 입양된 쌍둥이 자매가 25년 동안 서로의 존재조차 모르다가 우연히 만나게 된 기적 같은 이야기.

「파란나비효과」(박문칠, 2017)

어디보다도 보수적이었던 경상북도 성주에서 들불처럼 일어난 사드(THAAD) 배치 반대 투쟁. 그 중심에는 젊은 엄마들이 있었다. 처음엔 전자파로 아이들이 겪을 피해가 걱정되어 시작한 투쟁이었지

만, 사드에 대해 알아갈수록 이 땅 어디에도 필요 없는 무기임을 알게 된다. 사회 문제에 별 관심 없었던 그녀들이 이제는 누구보다 앞장서 한반도 평화를 노래하며 별고을 공동체를 만들어간다.

「80년 5월 푸른 눈의 목격자」(장영주, KBS, 2003)

1980년 5월, 한국 광주에서 일어난 참혹한 사태가 유럽 전역에 알려졌다. 한국인들에게는 언론 통제가 되었던 사실들이 해외에 먼저 보도된 것이었다. 그 주인공은 북독일방송국(NDR) 도쿄 특파원이었던 힌츠페터 기자였다. 그가 몰래 진입해 찍었던 영상들을 토대로 그해 광주에서 대체 어떤 일이 있었는지 적나라한 실상을 펼쳐 보인다.

「패셔너블」(연출 조선종, 글·구성 조정화, KBS, 2015)

패션은 무엇을 드러내고 무엇을 감춤으로써 인간의 욕망을 가장 효과적으로 드러내는 도구다. 중세부터 현대까지, 한국은 물론 영국, 프랑스, 독일 등 대륙을 넘나들며 패션에 담긴 인간의 원초적 욕망을 역사적 사실을 통해 탐구해본다. 1부는 패션에 담긴 성적 의미, 2부는 권력의 의미를 다룬다.

「푸드 주식회사Food, Inc.」(로버트 케너, 2008)

오늘의 식품업계를 점령하고 있는 패스트 푸드를 통해 농업과 축산업이 어떻게 왜곡되었으며 그것이 지구의 환경과 우리의 삶에 어떻게 위협이 되고 있는지, 그 연쇄적인 관계를, 그야말로 꼬리에 꼬리를 물고 밝혀낸다.

「프레젠트.퍼펙트.Present.Perfect.」(성즈 주, 2019)

이 영화는 유튜브 영상들의 재구성을 통해 버려진 사람들이 소통하는 모습을 보여준다. 등장인물들은 모두 영향력을 얻고자 하는 유튜버들이다. 장애인, 성소수자 등 소외된 개인들이 실시간 개인 방송을 통해 외부와 소통하고 영향력을 얻으며 돈도 번다. 감독은 '라이브 스트리밍'이라는 언어를 가지고 중국의 현재를 새로운 시각으로 매핑한다.

「플라스틱 차이나Plastic China」(왕지우리앙, 2016)

중국 칭다오 부근의 쓰레기 집하장에서 사는 이지에라는 열한 살 소녀와 그 가족의 삶을 통해 일회용 쓰레기에 대한 환경 문제를 환기한다. 전 세계 재활용 쓰레기가 모이는 이곳에서 폐플라스틱은 재활용 공장에서 재생되어 다시 전 세계로 팔려나간다. 「플라스틱 차이나」는 쓰레기를 처리하는 사람들의 눈을 통해 세계의 소비 문화를 바라본다.

「PD수첩─목소리로 범인을 찾아드립니다」 (연출 서정문, 글·구성 이아미, MBC, 2018)

배명진 교수는 소리와 관련된 사건 사고가 있을 때마다 신문과 방송에 빠지지 않고 등장해온 국내 최고의 음향전문가. 하지만 그의 분석은 과연 신뢰할 만한가? 제작팀은 배 교수의 분석이 빗나갔던 사례들과 그의 잘못된 분석이 '미제 사건'에 부정적 영향을 미쳤던 사건들을 소개하고 그 음석 분석의 문제를 파헤쳐본다.

「피아노를 히말라야로Piano to Zanskar」 (미하우 슐리마, 2018)

평생을 런던에서 피아노 조율사로 일해온 65세의 데즈먼드는 은퇴를 앞둔 어느 날, 히말라야의 산골 마을로 피아노를 운반해달라는 주문을 받는다. 길도 없는 오지 잔스카르의 학교로 가는 대장정이 시작된다. 사람이 빈 몸으로도 가기 힘든 길을 피아노는 과연 무사히 도착할 수 있을 것인가?

「피의 연대기」(김보람, 2017)

한 달에 한 번, 일 년에 열두 번, 살아가면서 적어도 400번…… 여자들은 생리를 한다. 그러나 생리는 그 이름을 입 밖에 소리 내어 말하는 것조차 금기시되어왔다. 생리가 죄인가? 그날, 대자연, 마법, 반상회 등 익명으로 불려왔던 생리에 대해 공개적으로 노골적으로 탐구하는 다큐멘터리.

「한국사 전─흥선 대원군, 왜 아들과 화해하지 못했나?」(연출 김정균, 글·구성 정종숙, KBS, 2008)

흥선 대원군의 장례식에 아들 고종은 문상하지 않았다. 부자가 끝내 화해하지 못한 이유는 무엇인가? 두 사람 모두 나라의 운명을 걱정했으나 대원군의 쇄국 정책과 고종의 개화 정책은 충돌할 수밖에 없었다. 부자 관계였으나 정치적 라이벌이 되어야 했던 고종과 대원군. 그들의 선택과 그 선택이 낳은 비극을 역사의 눈으로 들여다본다.

「할매꽃」(문정현, 2007)

감독이 자신의 가족사를 들여다보는 작품이다. 돌아가신 작은 외할아버지의 일기장을 통해 알게 된 것은 반세기 전 산골 작은 마을에서 일어난 계급과 이념의 갈등이었다. 그것이 남과 북, 일본 땅으로 일가가 뿔뿔이 흩어진 이산의 원인이 되었다. 자신의 가족 속에 한국 현대사의 비극이 그대로 집약되어 있었던 것이다.

「허니랜드Honeyland」(루보미르 스테파노브·타마라 코테브스카, 2019)

마케도니아의 어느 시골에서 양봉을 하며 사는 50대 여인 아티제의 이야기. 어느 날 옆집에 일곱 아이를 거느린 부부가 소떼를 몰고 이사 와 대량 양봉을 시작하면서 그녀의 삶은 피폐해진다. 소박한 자연주의적 삶과 물질 만능주의에 기반한 대량생산 체제의 폐해가 극적으로 대비되고 있다.

작품 목록

「호스트 네이션」(이고운, 2016)

2년간의 취재를 통해 26세의 필리핀 여성, 마리아가 이주 연예인으로 일하게 되는 과정을 따라간다. 그 과정에서 한국의 독특한 성매매 산업인 미군 클럽에 외국인 여성들이 수입되는 경로가 드러난다. 그 경로에는 한국과 필리핀에 걸쳐 다양한 수혜자들이 존재한다. 기지촌 여성들이 공급되는 국제적인 산업 시스템을 폭로하는 영화.

「호찌민, 코끼리를 이긴 호랑이」(연출 홍순철, 글·구성 김옥영, MBC, 2006)

베트남에서 국부로 추앙되는 호찌민. 그 리더십의 정체성을 탐구한다. 생전의 그를 보좌했거나 지지했거나 반대했거나 혹은 적이었던 다양한 인물들을 인터뷰하고, 호찌민 박물관에 보존되어 있는 유물(타이프라이터, 등사기, 샌들, 바자나무)을 매개로 각 생애의 국면을 옴니버스 형태로 전개한다.

* 네이버에서 제공하는 영화 정보를 참고해 정리하였다.